공산주의의 현실성

The Actuality of Communism, by Bruno Bosteels,
originally published by Verso 2011
Copyright © Bruno Bosteels 2011

This edition is a translation authorized by the original publisher via Best Agency.
Korean Translation Copyright © 2014 by Galmuri Press

이 책의 한국어판 저작권은 베스트에이전시를 통해 Verso 출판사와의 독점 계약으로 도서출판 갈무리에 있습니다.

 카이로스총서32

공산주의의 현실성 The Actuality of Communism

지은이 브루노 보스틸스
옮긴이 염인수

펴낸이 조정환
책임운영 신은주
편집부 김정연
홍보 김하은
프리뷰 김소라 · 김새롬

펴낸곳 도서출판 갈무리 등록일 1994. 3. 3. 등록번호 제17-0161호
초판인쇄 2014년 9월 19일 초판발행 2014년 9월 29일
종이 화인페이퍼 출력 경운출력 · 상지출력 인쇄 중앙피엔엘
라미네이팅 금성산업 제본 은정제책

주소 서울 마포구 서교동 375-13호 성지빌딩 101호 [동교로 22길 29]
전화 02-325-1485 팩스 02-325-1407
website http://galmuri.co.kr e-mail galmuri94@gmail.com

ISBN 978-89-6195-084-8 04300 / 978-89-86114-63-8(세트)
도서분류 1. 사회과학 2. 경제학 3. 정치학 4. 사회학 5. 철학 6. 문화연구

값 22,000원

이 책은 실로 꿰매는 사철 방식으로 제책되어 오랫동안 견고하게 보관할 수 있습니다.

이 도서의 국립중앙도서관 출판예정도서목록(CIP)은 서지정보유통지원시스템 홈페이지(http://seoji.nl.go.kr)와 국가자료공동목록시스템(http://www.nl.go.kr/kolisnet)에서 이용하실 수 있습니다. (CIP제어번호 : CIP2014024953)

The Actuality of Communism

공산주의의 현실성

현실성의 존재론과 실행의 정치

브루노 보스틸스 지음
Bruno Bosteels

염인수 옮김

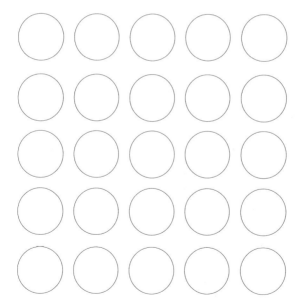

옮긴이 일러두기

1. 이 책은 Bruno Bosteels, *The Actuality of Communism* (London : Verso, 2011)을 완역한 것이다.

2. 부호 사용
1) 역자가 의미를 보충하기 위해 쓴 말은 [ ] 안에 넣었다. 저자 자신이 외국어를 번역하며 사용한 [ ]는 ( )로 표기했다.
2) 영어 원문에서 사용된 콜론과 세미콜론은 맥락에 맞게 최대한 제거하는 것을 원칙으로 삼았다.
3) 영어 원문에서 사용된 맞줄표는 될 수 있으면 그대로 남겨두려고 했다.
4) 우리말로 옮기면서 지나치게 길어진 수식구문은 맞줄표 안에 넣어 전체 문장을 이해하기 쉽게 하려고 했다.
5) 책 제목에 쓰인 이탤릭체는 『 』로 표기하였고, 논문 제목에 쓰인 따옴표는 「 」로 표기하였다.
6) 저자 보스틸스가 첫 글자를 대문자로 쓴 개념어들은 〈 〉로 표기하였다.

3. 본문 가운데 강조를 위해 쓴 이탤릭체는 진하게 표기해서 강조의 의미를 전달하려 하였다.

4. 인명과 고유명사는 혼동을 야기할 수 있다고 생각되는 경우를 제외하고는 본문에 원어를 병기하지 않았으며 찾아보기에 병기했다.

5. 지은이 주석과 옮긴이 주석은 같은 일련번호를 가지며 옮긴이의 주석에는 [옮긴이]라고 표시하였다.

공산주의의
현실성

차례

공산주의의
현실성

　이 책의 상당 부분은 집단적 기획의 결과물이다. 당연히 모두 다는 아니지만, 이 책에서 논의의 대상이 된 저자들 중 몇몇 사람들이 이 기획을 공유하였다. 그 직접적인 계기를 제공한 것은 알랭 바디우와 슬라보예 지젝이 공동으로 조직하여 2009년 11월 런던에서 개최한 〈공산주의의 이념〉 학술대회이다. 이 학술대회가 그토록 성공을 거두어서 곧이어 2010년 베를린, 2011년 뉴욕, 2013년 서울에서 뒤따라 대회가 개최될 줄은 그 누구도 예견하지 못했을 것이다. 이런 성공은 여러 가지 정황이 하나로 집중되었기 때문에 이루어졌다. 세계는 2008년의 전례 없던 일련의 위기와 소요, 거리 시위를 갓 목도한 상태였는데, 이는 아마 일찍이 2006년에 멕시코의 소위 와하카 코뮌Oaxaca Commune[1]을 통해 예상되었던 것이다. 여기서 더 거슬러 올라가 이 위기와 직접 이어지지는 않는다 하더라도 2001년 아르헨티나에서도 역시 금융 위기, 약탈, 도로 봉쇄, 공장 점령이

---

1. [옮긴이] 2006년 멕시코 와하카 지역의 시민운동 조직, 노동조합, 농민, 원주민, 여성운동 단체 등이 연대하여 조직한 〈와하카민중회의〉(APPO)가 주지사 퇴진을 요구하고 지방 정부를 장악했던 상황을 가리킨다.

발생했던 바 있다. 이 사건 가운데 몇몇은 다음 수순으로 또 다른 국면을 준비하고 그에 영감을 주었다. 이 국면은 2011~2012년 사이에 미국 오클랜드와 월스트리트에서부터 스페인의 뿌에르따 델 솔 광장을 거쳐 이집트의 타흐리르 광장과 터키의 게지 공원에까지 이르는 소요, 점령, 그리고 일종의 코뮌 같은 어떤 것을 건설하려는 다소 한시적인 시도로 나타났다.

이와 같은 봉기와 운동들은 대부분의 경우에 공산주의2, 코뮌의 형성communization, 혹은 적어도 공통적인 것the

2. [옮긴이] 'communism'을 우리말로 옮길 때에, 기존의 번역어인 '공산주의'를 대체하고자 하는 시도가 2000년대를 전후하여 이루어진 바 있다. 대안적 번역어로는 코뮌주의, 코뮌주의, 코뮤니즘 등이 제출되었다. '공산(共産)주의'라는 역어가 애초에 'communism'에서 의미의 중심을 이루는 'commune'(공동체, 공통성)이라는 단어가 담을 수 있는 여러 복합적 맥락(소유의 문제, 사회운동으로서의 문제, 'commune'이 국가(state)와 맺는 관계 등의 맥락) 중 일부인 산(産)을 함께한다는 의미만을 지시한다는 것이 무엇보다 중요한 이유였을 것이다. 이뿐만 아니라 '공산주의'라는 말이 역사적으로 이미 패배한 현실사회주의 국가의 '전체주의적 실천'을 상기시킨다는 점도 다른 번역어를 찾게 만든 중요한 이유였던 것으로 보인다. 그럼에도 불구하고 이 번역서에서는 'communism'의 우리말 번역으로 다시금 '공산주의'라는 말을 사용하였다. "'communism'은 무엇의 이름인가?"라는 첫머리의 질문이 함축하는 바와 같이, 이 책에서 관건으로 삼는 것은 우리에게 'communism'이라는 단어로 알려져 있는 대상의 의미를 오늘날 사유의 맥락에서 재검토하는 일이며, 그렇기에 우리에게 최대한 익숙한 말이자 'communism'의 번역어로 가장 오래 사용된 말을 쓰는 것이 옳다고 생각했기 때문이다. '共産主義'라는 단어는 1898년의 신문기사(『황성신문』, 3월 8일)에서도 확인할 수 있다. 이것이 일본 혹은 중국의 한자 역어를 그대로 옮긴 것이라 하더라도, 이 말은 20세기 벽

commons을 위한 투쟁이라는 관념을 다시 의제에 올린 것처럼 보인다. 하지만 바디우, 지젝, 안토니오 네그리, 자크 랑시에르를 포함한 일군의 사상가들이 런던에서 만났을 때, 이들은 무엇이 도래했는지에 대해서 그저 산발적인 징조들만 손에 쥐고 있었을 뿐이었다. 그것은 칼 맑스가 『정치경제학 비판 요강』에서 쓴 것과 같이, 한 줌에 불과한 "미래에 대한 전조"였다. 맑스가 쓴 바에 따르면 자본주의 ― 그토록 오랫동안 전지구화 또는 신자유주의 따위의 완곡어법을 광범위하게 사용해야 한다는 금기Taboo가 작용하고 있었으며, 2008년 금융위기가 일어나자마자 곧바로 이 금기를 벗어던진 단어 ― 는 사실 역사적 생성의 기나긴 과정의 결과이며, 조만간 거의 존재의 항구적 체제eternal system of being로서 이식되겠지만, 어떻게 보면 직접 스스로를 파괴하지는 않는다 하더라도 최소한 자신과 함께 이 행성과 우리 인류를 파괴할 능력을 가진

두부터 내내 한국에서 사용되었고, 따라서 나름 우리말 사용자들의 머릿속에 뿌리내린 말이라고 생각하였다. 이뿐만 아니라 코뮤주의, 코뮌주의, 코뮤니즘 등의 '새로운' 역어가 이 책에 포함된 사유의 가장 주된 출발점 중 하나인 맑스, 엥겔스의 『공산당 선언』이 담고 있는 실질적 충격을 묘하게 우회하고 있는 것 같다는 생각도 '공산주의'라는 역어를 선택한 이유 중 하나이다. 만약 오늘날 한국에서 살고 있는 사람들에게 '공산주의'나 '공산당'이라는 말에 대한 뿌리 깊은 거부감이 있다면, 그렇기 때문에라도 '공산주의는 지금 무엇의 이름인가'를 물으며 시작하는 이 책에서 'communism'의 번역어는 '공산주의'가 되어야 한다고 보았다. 다만 앞서 언급한 대로 '공산주의'라는 말 속에 '공통성', '공동체'라는 의미 또한 함축되어 있다는 점을 기억해 주기를 당부한다.

유한한 생산양식으로서 자신의 순수하게 우연적인 정수를 폭로하는 순간에 처해 있는 것일 수도 있다.[3] 런던 학술대회의 참석자들이 이와 같은 징조와 전조들을 체계적인 이론적 개요와 함께 제시하려는 무모한 야망을 가지고 있었을 것이란 점은 말할 필요도 없다. 특히 플라톤적이거나 칸트적인 이념Idea으로서 공산주의에 대한 철학을 제안하는 일 같은 것이 ─ 물론 바디우의 작업이 이런 것이지만 ─ 다른 경우에는 대체로 실제 운동으로서의 공산주의에 공감하고 그것에 활동적으로 참여한 이들을 포함한 친구들과 동지들 사이에서 보통 받아들여졌다. [그러나] 그 야망은 너무 덜 거창했고 그 목적은 너무 많이 소박하여 그것을 앞질러 간 위기의 정황들과 긴축 계획 및 재정지원에 대항하는 시위들에 비해 뒤늦은 것일 뿐이었다. 그 목적은 유사한 견해를 가진 일군의 이론가들을 한데 모으는 것이었으며, 이들은 단 한 가지 요구에 동의하였다. 그 요구는 바로, 소비에트 연방 및 아메리카 합중국과 대립하는 냉전 논리와 결부된 것으로서 교조적이거나 전체주의적인 극단으로서의 공산주의가 아니라, 해방 정치의 "중간적 해결책"이거나 "최소한의 요구"로서의 공산주의에 대한 것이다. 베르톨트 브레히트의 시

---

3. Karl Marx, *Grundrisse: Foundations of the Critique of Political Economy (Rough Draft)*, trans. Martin Nicolaus (London: Penguin, 1973), 461 [칼 맑스, 『정치경제학 비판 요강』 I, II, III, 김호균 옮김, 그린비, 2007].

중에 이런 것이 있다.

현존질서를 뒤엎으라고 요청하는 일은
끔찍한 일일 수 있다 하지만
현존하는 것은 질서가 아니다
강제력 가운데 피난처를 구하는 일은
악할 수 있다 하지만
늘 작동하는 것이야말로 강제력이며
여기에 특별할 건 하나도 없다
공산주의는 그 어떤 부분도 실현될 수 없는
극단적 한계가 아니다 그리고
공산주의가 완전치 않게라도 현실에 나타나기 전까지는
상황은 견딜 수 없는 것이 되리라 참으로
무감각한 사람에게조차도
공산주의는 정말 가장 최소한의 요구이다
공산주의는 우리 눈앞의 이치에 맞는 중간항이다
그렇기에
공산주의에 반대하는 사람은 다르게 생각할 줄 아는 게
아니다 그이는
생각이 없는 사람이거나 자기만을 생각하는 사람이다 그
이는
인류의 적이다

끔찍하고

악하며

무감각한

그리고 무엇보다

가장 극단적인 것을 원하면서, 가장 작은 부분만 실현하는 일은

모든 인간을 파멸로 밀어 넣는다.[4]

그렇기에, 예를 들어 런던 학술대회에 참석하기 위해서 모든 발표자와 토론자 들은 공산주의라는 이름을 긍정적인 해방의 시각에서 주장하는 일이 갖는 가치에 대한 최소한의 믿음을 확언하기를 그저 요청받았을 뿐이었다.

이런 맥락에서 최근 몇 년간 아주 평범해진 불안감 중 몇 가지를 떨쳐 버리기 위해 런던 학술대회가 어떻게 이루어지게 되었는지 돌이켜 보는 일은 여기에서 유용할 것 같다. 이 학술대회의 먼 뿌리는 2001년이나 2002년에 뉴욕에서 개최될 예정이었던 이론적인 학술대회에 대한 계획까지 거슬러 올라갈 수 있다. 이 학술대회와 관련해서 바디우와 내가 희망했던 바는 에르네스토 라클라우, 가야트리 스피

---

4. Bertolt Brecht, "Der Kommunismus ist das Mittlere [공산주의는 중간 항이다]," in *Die Gedichte* [시집] (Frankfurt am Main : Suhrkamp, 2000), 700~701.

박, 주디스 버틀러 같은 이론가들의 참여였다. 아마도 열 명 정도 되는 이론가들이 자기들의 작업을 논의하는 일을 받아들였던 것 같다. 각자가 오늘날 정치적인 것과 정치[5]의 상태에 관하여 그 혹은 그녀의 입장을 노출해야만 하는 문건 ─ 한 사람당 쓸 분량이 고정된 문건 ─ 에 근거해서, 비공개로 논의하는 일을 말이다. 바디우는 그와 같은 학술대회를 위한 제안서를 작성하기도 했고, 우리는 일차로 참석할 사람들과 접촉을 시작했지만, 결국에 그 기획은 성사되지 못하였다. 정반대로 얼마 지나지 않아 몇몇 사람들의 우정은 깨졌고 적대감은 이론적이거나 정치적인 수준에 머무르지 않고 개인적인 것으로 바뀌었으며, 그 결과 동시대의 이 사상가들 사이의 공통 기반은 훨씬 더 위태로워졌다. 이런 맥락 가운데서 희망을 향한 근거는 거의 없었다. 그 몇 년 뒤 바디우가 사르코지에 관해 쓴 그의 작은 책 마지막 장에서 공산주의의 이념Idea이 부활할 준비가 되었다는 생각을 내세우기 전까지는 말이다. [그에 따르면] 맑스와 엥겔스가 1848년에서 1871년 사이에 공산주의가 실존한다는 가설을

---

5. [옮긴이] 이 책에서 'la politique'는 맥락에 따라 '정치[정책]' 혹은 '정치'로 통일하였고, 저자 보스틸스가 'la politique'의 영어 번역어로 'politics'를 사용함에 따라(221쪽 각주 33번 참조) 'politics'는 모두 '정치'로 통일했다. 'the political', 'le politique'는 '정치적인 것'으로, 'police', 'la police'는 모두 '치안'으로 통일하되, 드물게 'police'가 동사적으로 쓰일 때는 '경찰하다'로 옮겼다.

출발시켰던 첫 번째 주기와, 레닌, 스탈린, 마오(뿐만 아니라 카스트로나 티토)가 1917년에서 1976년 사이에 단일한 공산주의 혹은 사회주의 당국가party-State라는 형식으로 이 가설을 실현하려고 했던 두 번째 주기 이래로, 공산주의의 새로운 주기 혹은 새로운 시대가 아마도 벌써 형성되고 있는 중이었다.[6] 이 논의에 답하여 피터 홀워드는 2008년『급진철학』지에 바디우의『사르코지의 의미』에 관한 주의 깊은 리뷰를 썼다. 이 리뷰는 바디우의 책에 제시된 공산주의 정치의 제한된 잠재력을 다소 우울하게 평가하면서 끝났다.[7] 피터는 이메일을 통해 지젝 및 나 자신과 그 리뷰 내용을 공유하였다. 나는 그때, 순진하다고까지는 말할 수 없겠지만 명백한 단순성을 띠고 있음에도 불구하고 [바디우의] 이 글이 공산주의의 지시대상의 시대구분을 제기하는 일은, 아직은 예견할 수 없는 새로운 주기를 열자고 하는 제안과 더불어서 폐기되어서는 안 되며 국제적인 규모로 지속적으로 논의할 가치가 있다고 지적하였다. 나의 지적에 대해 슬

---

6. Alain Badiou, *The Meaning of Sarkozy* [사르코지의 의미], trans. David Fernbach (London : Verso, 2008).

7. Peter Hallward, "review of *De quoi Sarkozy est-il le nom?* by Alain Badiou [알랭 바디우의 '사르코지는 무엇의 이름인가?'에 대한 리뷰]," *Radical Philosophy* [급진 철학] 149 (2008) : 50~52. 이밖에 Peter Hallward, "Order and Event : on Badiou's Logics of Worlds [질서와 사건 — 바디우의 세계의 논리에 관하여]," *New Left Review* [뉴레프트 리뷰] 53 (2008) : 97~122.

라보예는 즉각 전적으로 동감하면서 우리가 당장 움직여서 바디우에게 그와 같은 토론을 제안해야겠다고 덧붙였다. 물론 그는 그렇게 하였고, 그 결과로서 런던 학술대회가 개최되었다.

별 것 아닐지 몰라도 이상의 간략한 설명은 학술대회에 참석한 청중의 숫자에 있어서나 학술대회에 대한 반응의 지적 강렬함에 있어서나 〈공산주의의 이념〉이 거둔 성공이 이것을 조직한 사람들을 어째서 그토록 놀라게 만들었는지 그 이유를 이해하는 데 도움을 줄 수 있을 것이다. 이 학술대회 이전에 지젝은 이와 유사하게 버크벡 칼리지 인문학 연구소에서 유물론에 관한 내용을 포함한 이론 혹은 철학 학술대회를 조직했던 적이 있었지만, 많게 잡아 100명 정도의 청중들이 참석했을 뿐이었다. 그러니 〈공산주의의 이념〉 학술대회에서 사람들이 참석할 공간을 더 넓힐 필요에 대한 준비는 하나도 되어 있지 않았다. 그런데 마지막 날이 되어서 1,200명이 넘는 사람들이 왔고, 나는 바로 그때에 우리 모두의 마음속에서 무언가가 덜커덕 움직였다고 말하는 것이 옳겠다고 여긴다. 그것은 몇 년간의 패배주의와 이론적이고 이데올로기적으로 근본적으로 잘못된 방향설정 ― 비록 이것이 우리의 유한함이 빚어내는 넘어서기 힘든 한계에 대한 존중이라는 이름으로 고상한 철학적 자격 증명을 얻은 방향설정이라고 할지라도 ― 으로부터 빠져나올 길을 마침

내 약속하는 것처럼 보이는 새로 발견된 에너지였다. 바로 이와 같은 맥락에서 나는 결국 이 책을 끝내야겠다고 마음먹었다. 책의 제목을 바꾼 것도 —『공산주의의 현실성』이라는 제목을 확정하기 전까지 나는 오랫동안『사변적 좌파』라는 제목을 매만지고 있었다— 분위기나 주관적인 생각에서의 이런 중대한 변화와 관련된 것으로 이해된다. 서론과 1장, 2장에서 다루고 있는 사변적 좌익주의 비판에 관심을 덜 쏟게 되면서, 나는 그와 같은 이론적인 지반들을 강화하여 뒤이은 세 장에서는 차츰 구실을 붙이지 않고서 공산주의의 실질적인 현존 혹은 공산주의의 현실적인 현존의 방향을 향하기로 결심하게 되었다.

이런 의미에서 바로 이 책뿐만 아니라 지금까지 〈공산주의의 이념〉 학술대회의 결과 출판된 서적들에 포함된 거의 대부분의 기고문에서 마치 만트라[■]처럼 되풀이되고 있는 핵심 단락은『독일 이데올로기』에서 인용한 바로 다음과 같은 것임에 틀림없다. 여기에서 맑스와 엥겔스는 그들이 공산주의라는 말로 이해하는 바로 그 대상을 규정한다. "우리에게 공산주의는 어떤 확립되어야 할 **사태**state of affairs, 현실이 스스로를 맞추어 나가야 할 어떤 **이상**ideal이 아니다. 우리는 공산주의를 사물의 현상태를 철폐하는 **실제의**real 운동이라고 부른다. 이 운동의 조건은 현존하는 전제들에서 비롯된다."[8] 맑스와 엥겔스가 공산주의를 유토피아적이거나 교조적인 이상으로 불러내려는 그 어떤 탄원도 거부하는 한, 이 단락의 앞 부분은 약간의 어려움을 제기한다. 이와 같은 명백한 거부 자체가 맑스에게서 계급 없는 사회의 미래의 정확한 본성이 무엇을 지시하는지 분명하지 않다는 점을 지적하는 그 모든 비판을 퍼뜨리기에 충분한 것으로 여겨질 수 있는 것이다. 맑스는 아르놀트 루게에게 보내는 편지에서 다음과 같이 쓰고 있다. "따라서 [이상으로 불러내려는 모든 탄원을 거부하므로] 나는 우리가 교조적인 깃발을 높이 들어 올리는 일을 꺼립니다. 오히려 완전히 반대로, 우리는 교조주의자들이 자신들의 이상을 명료하게 만드는 일을 도우려고 해야 합니다. 무엇보다 특히 공산주의란 교조적인 추상인 바, 나는 공산주의[라는 단어]를 통해 어떤 가능성의 차원에 놓인 상상된 공산주의를 가리키는 것이 아니라, 현실로서 실존하는 공산주의를 가리킵니다."[9] 하지만 맑스와 엥겔스가 이처럼 한마디로 언급한 유토피아적 공산주의와, 현상태를 ─ 헤겔의 유명한 단어 지양^{Aufhebung}의 의미에서 ─ 지양하는 실제적이거나 현실적인 운동으로서

---

8. Karl Marx and Frederick Engels, "The German Ideology," in *Collected Works*, vol. 5 (New York : International Publishers, 1976), 49 [칼 맑스·프리드리히 엥겔스, 「독일 이데올로기」, 『칼 맑스 프리드리히 엥겔스 저작선집 1』. [이 책의 본문 중 49쪽을 참조하라. ─ 옮긴이]]

9. Karl Marx, *Early Writings* [초기 저작선], trans. Rodney Livingston and Gregor Benton (London : Penguin, 1992), 207.

의 공산주의를 [위의 인용한 단락의 뒤 부분에서] 서로 대립시키자마자, 문제는 더욱 어려워진다. 분명 이 단락은 적어도 서로 다른 두 가지 방식으로 읽힐 수 있으며, 이처럼 서로 다른 독해 방식들은 필연적으로 이어지거나 수월하게 연결되지 않는다. 오히려 이 독해 방식들은 맑스주의가 공산주의를 이해하는 문제의 핵심에서 나타나는 서로 이질적인 경향이나 방향설정을 가리킨다. 그리고 지난 몇 십 년간 이처럼 서로 이질적인 경향들이나 방향설정들은 거의 완전하게 산산이 흩어지게 되어서, 이런 끊어짐이 곧 맑스주의 전체의 위기를 요약하는 것으로 읽히는 것이 당연한 지경에까지 이른 것으로 보인다.

첫눈에 읽기에 이 단락은 의식적인 정치 운동 – 맑스와 엥겔스가 곧바로 『공산당 선언』을 통해 옹호하게 될 정당[운동]과 같은 어떤 것 – 을 가리키는 것처럼 보인다. 『공산당 선언』에서도 시작부터 고수하는 바와 같이 이와 같은 운동이나 경향은 자본주의를 철폐하기 위한 실제적이고 실질적인 실천으로 구현됨으로써 단지 유령 같거나 유토피아적인 이상에 머무르는 것 이상이 되어야만 하는 것이리라. 이와는 반대로, 다시 읽어보면 이 단락은 그 속에서 공산주의가 이미 실현되는 과정 가운데 있는 실제적이거나 실질적인 운동으로서 자본주의 그 자체를 가리킨다. 달리 말해보면 바로 자본주의 그 자체야말로 공산주의를 억압하는 자신에 대해 모순적인 운동이다. [한편으로] 맑스와 엥겔스는 『공산당 선언』의 잘 알려진 구절에서 다음과 같이 쓴다. "부르주아지가 자발적으로 촉진하지 않을 수 없는 공업의 진보는 경쟁competition에 의한 노동자들의 고립 대신에 연합에 의한 그들의 혁명적 항쟁competition을 가져온다." "그러므로 부르주아지는 다른 무엇보다 자신의 무덤을 파는 일꾼을 생산하는 셈이다." [다른 한편으로] 『정치경제학비판 요강』의 문장은 다음과 같다. "자본 자체는 운동하는 모순인 바, 〔이 모순 가운데서〕 자본은 노동 시간을 최소한으로 축소시키려고 하면서도 다른 한편 노동 시간을 부의 유일한 척도이자 원천으로 삼는다."[10]

그러나 "실제 운동"이 정치 투쟁을 정당 형태로 조직하는 일을 가리킨다기보다는 자본주의 그 자체에 내재적인 정초적 모순을 가리키는 것이 틀림없다고 한다면, 맑스와 엥겔스는 대체 왜 앞에서 인용한 『독일 이데올로기』의 단락에서 세 번째 문장을 덧붙일 필요성을 느낀 것일까? 정치경

---

10. Marx and Engels, "Manifesto of the Communist Party," in *Collected Works*, vol. 6, 496 [칼 맑스·프리드리히 엥겔스, 「공산주의당 선언」, 『칼 맑스 프리드리히 엥겔스 저작선집 1』]. 그리고 Marx, *Grundrisse*, 706 [맑스, 『정치경제학 비판 요강』]. 조슈아 클로버는 바로 이런 해석을 『공산주의의 현실성』에서 내가 "실제 운동"이라는 단어를 사용하는 방식에 반대하기 위해 끌어온다. 그의 기고문은 조디 딘과 내가 공동으로 편집한 *Communist Currents* [공산주의의 조류] 특별호, *South Atlantic Quarterly* [계간 사우스 아틀란틱] 113 (2014)에 실려 있다.

제학 비판이 자본주의의 "움직이는 모순"의 계기들을 한정함으로써 보여줄 수 있었던 바와 같이 만약 공산주의가 자본주의 내부에 현존한다고 한다면, 공산주의 바로 그것인 "실제 운동"의 정치-경제적인 조건들을 지적하기 위한 세 번째 문장으로 넘어갈 필요는 없었을 것이다. 마지막의 이 문장은 단지 객관적인 조건들이 확실히 필연적임에도 불구하고 충분치 않기 때문에 덧붙여야 했던 것이다. 다른 방식으로 말해 보자면, 주체적인 정치적 개입은 자본의 경제적 경향들의 운동하는 모순을 현실로 만들기 위해 필요하다. 정치는 해당 시대의 경제적 모순에 닻을 내리고 있으나 이 모순들이 곧바로 그 정치적 잠재력의 현실성인 것은 아니다. 이런 의미에서 나는 맑스주의의 운명이 『독일 이데올로기』에서 인용한 저 단락을 읽어내는 두 가지 방식을 동시에 고수할 가능성에 달려 있다고 말하는 것이 전혀 과장이 아니리라고 믿는다. 거꾸로 하나의 독해 방식이 특권을 얻어 나머지 하나를 손상시키기에 이를 때, 공산주의에 대한 맑스의 통일된 이해는 부서져서 한편으로 이런 정치주의의 형식에 빠져버리거나, 아니면 다른 한편으로 저런 경제주의의 형식에 빠져버릴 것이다.

이런 맥락을 따라서 보면 이론과 실천의 관계, 공산주의의 이념Idea과 거리에서의 실질적 투쟁 사이의 관계는 실체를 거울처럼 서로 비추는 두 형식으로 나뉠disarticulate수 있다. 한편으로 철학 형식을 띤 실체, 곧 플라톤적이거나 칸트적인 이념이 모든 실천적 활동과 그 정치-경제적 조건들로부터 분리되어 나올 수 있으며, 다른 한편으로 공산주의 운동으로서 정치경제학 비판 형식을 띤 실체가 자본의 모순들 가운데 이미 현시될 수 있다. 분명히 『공산주의의 현실성』에서 나는 정치경제학 비판을 거의 완전히 무시함으로써 첫 번째 매혹에 빠져버린 것처럼 보일 수 있을 것이다. 이 점에 대해서는 이 책에서 나의 목표가 다른 것이었다는 사실을 가지고서 최소한 부분적으로나마 해명할 수 있을 것 같다. 나는 그저 오늘날의 이론과 철학의 영역 내부에서 공산주의를 위한 공간을 열어젖히고자 하였다. 이런 의미에서 "공산주의"는 우리 시대의 상당수의 이론화 작업이 내세우는 정치적 약속과 그 한계를 측정할 수 있는 몹시 날카로운 도구로 판명되었다. 이 도구를 가져다 대지 않았다면 이 이론화 작업은 "좌익주의"나 "급진주의"가 발하는 흐릿한 진보의 빛이나 쬐고 있었을 것이다.

마지막으로 나는 『공산주의의 현실성』의 한국어 번역 작업에 무엇보다 깊은 감사를 표하고 싶다. 이 책이 한국어로 번역되었다는 사실 자체야말로 어떤 동향의 추가적인 증거를 제시하는 것이다. 나 스스로는 바로 이 책의 마지막 장에서 볼리비아의 부통령으로 에보 모랄레스 밑에서 재직 중인 알바로 가르씨아 리네라의 이론적인 저작들에 대한 논의를 아우름으로써 이 추세를 촉진시켜 보려고 하였다. 나는 공산주의 이론이 진정으로 전지구적인 것, 아니 국제주의적인 것이 되어가는 추세를 말하고 있다. 번역, 개방이용 유통, 해적판, 그리고 문서 공유 덕분에 이제 한국, 일본, 그리고 인도의 활동가들과 이론가들이 브라질, 볼리비아, 그리고 베네수엘라의 활동가, 이론가들과 많은 것을 공유할 수 있으며, 이 사람들끼리 공유하는 것들이야말로 이들이 소위 서구 이론 혹은 서구 철학의 정전과 전통적으로 연관된 나라들에서 나온 작업과 각자 공유하는 것보다 더 많을 수 있다는 점은 특히 명백하다. 이 책의 번역 작업이 미세한 방식으로나마 그와 같은 국제화internationalization 과정에 기여할 수 있다면 나로서는 행복할 것이다. 비록 한국어로 옮긴 결과물을 나 자신이 읽을 수는 없겠지만 말이다.

2014년 8월
브루노 보스틸스

서론

공산주의는 역사의 수수께끼에 대한 해답이며, 스스로가 해답이 되리라는 사실을 알고 있다.

— 칼 맑스, 『1844년의 경제학 철학 수고』[1] —

오늘날 우리가 직면하고 있는 문제들에 대한 해답이 되기는커녕, 공산주의는 그 자체가 어떤 문제의 이름이다. 다시 말해 이는 시장-국가의 틀이 가진 한계를 깨뜨리려는 작업, 활용할 어떤 쉬운 공식도 없는 그런 어려운 작업에 붙여진 이름이다.

— 슬라보예 지젝, 『처음에는 비극으로, 다음에는 희극으로』[2] —

공산주의의 이름으로

"공산주의는 무엇의 이름인가?" 고故 다니엘 벤사이드가 공동 창설자로 참여한 프랑스의 공산주의 비평 잡지,『콩트르탕』의 최근 특별호를 배후에서 이끌었던 질문은 바로 이것이었다. 한편으로는 코스타스 두지나스와 슬라보예 지젝이 조직하여 2009년 3월에 "공산주의 이념에 관하여"라는 주제 아래 런던에서 개최한 학술대회에 대한 응답이자, 알랭 바디우의 베스트셀러인 『사르코지의 의미』— 프랑스어를 직역하면『사르코지는 무엇의 이름인가?』— 에 대한 농담조의 인유로서, 또 한편으로는 베를린 장벽 붕괴 20주년을 맞아 2009년 11월에 열린 성의 없는 행사들에 대한 공공연한 도전이자, 벤사이드가 오랜 병환 끝에 숨진 바로 며칠 후 2010년 1월에 파리에서 열린 또 다른 국제학술대회 — 〈공산주의의 잠재적 위력puissances : 오늘날 공산주의는 무엇의 이름인가?〉— 에 대한 준비로서, 다양한 배경의 저자들은 공산주의의 이념과 실천에 대한 관심이 요사이 되살아나는 상황에 걸려 있는 문제를 나름대로 규정해야 했다. 앞서 제기

---

1. [한국어판] 칼 마르크스, 『경제학-철학 수고』, 강유원 옮김, 이론과실천, 2006.
2. [한국어판] 슬라보예 지젝, 『처음에는 비극으로, 다음에는 희극으로 — 세계금융위기와 자본주의』, 김성호 옮김, 창비, 2010.

된 질문에 뒤따르는 물음은 다음과 같은 것들이다. "공산주의의 이념과 공산주의라는 이름은 지난 세기의 국가주의적이고 관료주의적인 사용에 의해 역사에서 굴복당하여, 이제 그것을 입 밖에 낼 수조차 없는 지경에 이르렀는가? 그렇지 않다면 공산주의는 대체 어떤 것의 이름이 될 수 있는가? — 오늘날 공산주의는 다른 세상에 대한 이념, 비판적 유토피아, 해방 운동, 전략적 가설 가운데 대체 무엇의 이름일 수 있는가? 그리고 여전히 생생한 공산주의의 현실성 actuality 3은 어디에 놓여 있는가?"[4] 나는 벤사이드를 추모하

---

3. [옮긴이] 서론 말미에서 저자가 직접 논의하겠지만, 저자는 이 책의 제목에 사용된 'actuality'라는 단어를 공산주의와 관련하여 그 현실형성적 위력을 강조하기 위해 사용하고 있다. 이 말은 현존하는 현상태로서의 현실이 아니라, 이미 현실 속에 포함되어 있지만 실질이 되기 위해서는 실행이 필요한 또 다른 현실을 가리킨다. 'actuality'는 '현실성'으로, 'actual'은 '현실적'으로, 'actualization'은 '현실화'로 통일하여 옮겼으며, 'actuality'와 대비되는 단어인 'reality'는 맥락에 따라 '현실' 또는 '실제성'으로 옮겼다.

4. Daniel Bensaïd, Stathis Kouvélakis, and Francis Sitel, "De quoi le communisme est-il le nom? [공산주의는 무엇의 이름인가?]," *Contre-Temps : Revue de critique communiste* [콩트르탕 — 공산주의 비평 리뷰] 4 (Winter 2009) : 12. 우리 책 서론의 첫 번째 절에서 나는 이 잡지의 편집자들이 열어 놓은 물음에 답했던 글을 수정하고 확장하였다. 그 밖에 『콩트르탕』의 해당 호에 기고한 사람들은 베로니크 베르겐, 올리비에 브장스노, 알렉스 캘리니코스, 피에르 다르도, 이자벨 가로, 미셸 코즐로프스키, 크리스티앙 라발, 미셸 쉬리야, 엘렌 메익신스 우드이다. 2009년 3월에 있었던 런던 학술대회의 발표토론집은 코스타스 두지나스와 슬라보예 지젝의 편집을 거쳐 *The Idea of Communism* [공산주의의 이념] (London : Verso, 2010)이라는 제목으로 출간되었다. 알랭 바디우의 *De*

면서 — 개인적으로 그를 만난 적은 리스본에서 딱 한 번뿐이었지만, 타의 추종을 불허하는 그의 국제주의적 시야와 관대함은 한 사람의 지식인이 무엇을 할 수 있으며 무엇을 해야 하는가를 끊임없이 돌이켜보게 하는 바가 있다 — 이 책에서 다룰 내용이 벤사이드의 요청에 응답하면서 그의 요청이 이끄는 질문에 끊임없이 답하려는 시도로 읽히기 바란다.

애초에 나는 첫머리의 질문에 대해서, 부수적인 물음들을 새롭게 모아 제기하는 식으로 다소 소박하게 답하였다. 이런 방식은 『콩트르탕』 특별호뿐만 아니라, 파리 학술대회의 발표토론집 — 그 일부는 『오늘날의 맑스』지 특별호를 통해

---

quoi Sarkozy est-il le nom? [사르코지는 무엇의 이름인가?] (Paris : Lignes, 2007)는 데이비드 페른바흐가 The Meaning of Sarkozy [사르코지의 의미]라는 제목을 붙여 번역하였다. 바디우 책의 마지막 부분은 "The Communist Hypothesis [공산주의적 가설]"이라는 한 편의 글로 New Left Review [뉴레프트 리뷰] 49 (2008) : 29~42쪽에 발표된 바 있다. 다니엘 벤사이드가 조직한 2010년 1월의 파리 학술대회 〈공산주의의 잠재적 위력 — 오늘날 공산주의는 무엇의 이름인가?〉(Puissances du communisme — De quoi communisme est-il aujourd'hui le nom?)의 일정과 내용은 www.contretemps.eu에서 몇 편의 비디오 자료와 함께 찾아볼 수 있다. 이 학술대회 참가자 중 일부는 런던 학술대회 참가자와 중복되는데, 안또니오 네그리, 자크 랑시에르, 알베르토 토스카노, 슬라보예 지젝이 그렇다. 한편 에티엔 발리바르, 알렉스 캘리니코스, 이자벨 가로를 위시한 다른 발표자들은 바디우의 발제에 기본적으로 공감하였음에도 불구하고 드러나게 혹은 은연중에 비판적인 태도를 취했다. 이 학술대회에서 발표된 몇몇 글들은 자크 비데가 잡지 Actuel Marx [오늘날의 맑스] 48 (2010)을 위해 편집한 '공산주의?'(Communisme?)라는 제목의 특별호에서도 찾아볼 수 있다.

출판되었다 — 에 기고한 다른 많은 사람들의 방식과 다르지 않았다.

우선 첫째, 과거를 가지고 무엇을 해야 하며, 역사가 주는 부담을 가지고 무엇을 할 것인가? 우리는 공식 문서고와 비공식 문서고에 쌓여 있는 재앙의 증거와 저절로 마주치게 되는 일을 피하면서도 공산주의의 형식[5]을 체계화할 수 있는가? [이와 같은 역사의 부담을 무시하고] 우리는 과연 — 당분간 공산주의의 형식에 대한 규정으로 무엇이 타당한지를 둘러싼 논란은 중요하게 다루지 않으려고 하지만, 이념으로서 공산주의의 형식이건, 아니면 운동으로서, 혹은 가설로서, 혹은 강령으로서 공산주의의 형식이건 — 공산주의의 형식을 체계화할 수 있는가? 아니면 앞의 선택지 가운데 하나를 택하는 일이, 가령 공산주의를 실제 운동으로서가 아니라 하나의 이데올로기적 가설로 지지하는 일이 이미 그런 [재앙적] 역사와 비판적으로 대면할 우리의 능력에 강력하게 영향을 미칠 수밖에 없는 것일까? 이는 의심의 여지없이 세대와 연관된generational 질문이다. 세대라는 개념이 개인과 시대가 나란히 발전한다는 모형에 기초한 소비주의 이데올

---

5. [옮긴이] 이 책에서 'form'은 맥락에 따라 '형식' 혹은 '형태'로 번역했다. 대상의 모양과 관련된다고 생각한 경우에는 주로 '형태'라는 말로 옮겼으며, 대상을 포괄하는 원리와 관련된다고 생각한 경우에는 주로 '형식'이라는 말로 옮겼다. 이후 지젝을 다룬 장에서는 주로 '형식'을, 맑스의 가치형태의 경우에는 일반적으로 사용하는 '형태'를 사용했다.

로기에 일상적으로 침윤되어 있기에, 내게는 그것이 잘못된 시야를 제공하는 것처럼 여겨지기는 한다. 그러나 이는 또한 세대 간에, 또 세대를 가로질러 이루어지는 논쟁과 전달transmission에 대한 질문이기도 하며, 죽음을 앞둔 벤사이드가 절실하게 의식하고 있었던 문제이기도 하다. "그리하여 베를린 장벽의 붕괴(혹은 타도)에서 9·11 사이에, 20세기와 더불어 무언가가 종말에 도달하였다. 그러나 이것은 대체 무엇인가? 해답이 결정되지 않는 바로 이 질문으로부터, 부정할 수 없는 전달 속의 불안 혹은 불만malaise이 피어오른다." 벤사이드는 트로츠키주의 지식인이자, 투쟁가, 편집자였던 자크 아순에 대한 추도문에서 이처럼 썼고, 다음과 같은 물음들을 통해 이 불안 혹은 불만을 다루었다. 무엇을 전달해야 할 것인가? 어떻게 전달하는가? 그리고 왜 전달하는가? 그런데 나는 여기에 덧붙여 감추어진 [벤사이드의] 자기비판을 분명히 드러내기 위해 질문 하나를 추가하고자 한다. 우리는 늙은 스승들이 전달하거나 전달하지 않기로 애초에 결정했던 바로 그 무언가와 관련해서, 그들을 어느 정도나 신뢰해야 하는가?[6]

---

6. Daniel Bensaïd, "Malaise dans la transmission. Jacques Hassoun ou le Sage Engagé [전달 속의 불만. 자크 아순 혹은 참여하는 현자]" (벤사이드의 타자 초고) [본문에서 언급되다시피, 벤사이드는 자신의 죽음을 앞두고 있던 2009년 4월에 이 글을 썼다.]. (프랑스어로는 흔히 *Malaise dans la civilisation* [문명 속의 불만]으로 번역되는) 지그문트 프로이트

바디우가 주장하는 대로, 공산주의야말로 오늘날 유럽에 존재하는 새로운 이념이라고 한다면, 어째서 68세대는 트로츠키주의자건, 마오주의자건, 무정부주의자나 다른 무엇이건 간에, 이 새로움을 주장하는 자라면 누구나 그 과정에서 자신들의 오래된 트집과 다툼을 반복하고 있는 것일까? 공산주의는 이 "가장 견딜 수 없는 짐덩이"를 내다 버리면 안 되는가? "옛날 옛적에 있었던 일"로서 이런 짐덩이는 또한 니체가 『짜라투스트라는 이렇게 말했다』에서 말했던 것 같은 '그러하였음'$^{Es war}$에 속한 "지난 존재", 즉 과거의 "지난 존재"이기도 한 것인 바, 프로이트는 이에 대해 그 모든 '그러하였음'의 수수께끼를 푸는 의지의 결정적 행위로서 짜라투스트라가 제시한 "바로 내가 그러기를 원했기에!"^{So}

의 『문명과 그 불만』(*Civilization and Its Discontents*) [지그문트 프로이트, 『문명 속의 불만』, 김석희 옮김, 열린책들, 2004]의 제목으로 말재간을 부린 벤사이드의 이 추도문은 갈래상으로는 자크 아순의 두 권의 책, *Les Contrebandiers de la mémoire* [기억의 밀수업자들] (Paris : Syros, 1994)과 *Actualités d'un malaise* [불만의 현실성] (Paris : Erés, 1997)에 대한 서평 형식을 띠고 있다. 벤사이드의 삶과 성격, 작업을 그려보기 위해서는 세바스티앙 뷔쟁의 "The Red Hussar : Daniel Bensaïd, 1946~2010 [붉은 경기병, 다니엘 벤사이드, 1946~2010]," *International Socialism* [국제사회주의] 127 (June 2010)을 참조하라. [평생 투쟁가였던] 벤사이드의 삶을 그린 이 초상은 세대를 가로지르는 전달을 도와줄 것이다. 이 글은 www.isj.org.uk에서 온라인으로 볼 수 있다. 그리고 이 잡지의 특별호인 *Lignes* [전선] 32 (May 2010) 또한 참조하라. 여기에는 알랭 바디우, 에티엔 발리바르, 스타티스 쿠벨라키스, 마이클 로위, 엔조 트라베르소를 비롯한 여러 사람들의 기고문이 실려 있다.

wollte ich es! 7라는 말에 공명하듯, "그것이 있었던 자리에 내가 도래하리라"Wo es war soll ich werden라는 자신의 격언으로 응답했던 것처럼 보인다. [그렇다면 공산주의는 과거의 부담을 이들이 말하는 것처럼 벗어던질 수 없는가?] 우리는 역사가 자신을 반복하는 일이 없도록 인간성에 대한 과거의 여러 재앙을 기억하라는 요청에 시달리고 있으며, 이런 요청은 모든 편에서 빗발치듯 온다. 그러나 기억의 가치를 이런 식으로 높이는 일은 대개, 현재의 관점에서 바라본 우리 자신의 참된 비판적 역사를 뒤로 미루는 대가를 치르게 한다. 벤사이드는 "역사가 불투명해짐에 따라 기념행사에 대한 열광은

---

7. "그 모든 '그러하였음'은 하나의 파편이자, 수수께끼이며, 무서운 우연이다. 창조적인 의지가 그것에 대해 '그러나 바로 내가 그것이 그러하기를 원했다!'라고 말하기 전까지는." [원서 본문에는 괄호와 함께 본문에 포함되었던 문장을 이해를 위해 주석 자리로 내렸다.] Friedrich Nietzsche, "Von der Erlösung," *Also sprach Zarathustra* in *Werke : Kritische Gesamtausgabe*, ed. Giorgio Colli and Mazzino Montinari, vol. 6 : 1 (Berlin : Walter de Gruyter, 1968), 177; *Thus Spoke Zarathustra*, trans. R. J. Hollingdale (London : Penguin, 1969), 163 [프리드리히 니체, 『차라투스트라는 이렇게 말했다』, 장희창 옮김, 민음사, 2004]. 프로이트의 격언인 "Wo es war soll ich werden"("그것이 있었던 자리에 내가 도래하리라" 혹은 "이드가 있었던 자리에 자아가 존재하리라"라고 번역되는 이 문장은 자크 라캉과 그의 후계자들이 종종 언급한다. 라캉의 후계자들 가운데는 슬라보예 지젝도 포함되는데 그는 이 문장을 자신이 기획자가 되어 버소(Verso) 출판사에서 펴낸 총서의 표제로[WO ES WAR series] 삼기도 했다.)는 프로이트의 책 *New Introductory Lectures on Psycho-Analysis* [새로운 정신분석 강의], trans. James Strachey (New York : W. W. Norton, 1990), 100에서 찾을 수 있다.

심해진다. 압제적이고 일방적인 '기억의 의무'는 차츰차츰 역사와 기억 사이에 필요한 대화를 침묵으로 틀어막는다. 그리하여 기억은 더 이상 역사의 비판적인 반대면이기를 그치고 그저 역사의 검열관이 된다."고도 썼다. "그리고 역사가 하락하는 추세에 있을 때 정치는 ― 명확히 말하자면 의회정치나 행정상의 정책이 아니라 다음에 올 날을 전략적으로 예측하는 정치는 ― 소멸한다."[8] 끈기 있게 배우고도 쉽사리 잊어버리는 수많은 교훈, 차츰 쇠약해지는 기억과 미지근한 기념행사, 뻔뻔한 변절과 부끄러운 회개, 잃어버리고 만 그토록 많은 환상들과, 지나간 행복의 나날을 정리하지 못한 그토록 강한 향수, 이 많은 것들에 직면하고도 우리는 기억의 문화와 맞서 싸우기 위해 능동적인 망각을 강하게 투여할 필요가 없는가?

그러나 이렇게 한다면, 곧 우리가 공산주의의 기나긴 역사, 혹은 여럿인the plural 공산주의들, 즉 일자가 아니라 다수인 그런 공산주의들의 역사를 손쉽게 무시할 때, 다시금 우리는 실질적인 해방 정치가 사라져 버리도록 만드는 것이 아닌가? 베로니크 베르겐은 다음과 같이 주장한다.

모종의 자의적 선포를 통해 공산주의라는 이름과 그 이

---

8. Bensaïd, "Malaise dans la transmission."

념을 여기에 부착된 여러 함의 ─ (개념 수준에서) 차이들의 집합적 동일화, (구현의 수준에서) 스탈린주의적 독재, 개인의 자유에 재갈을 물리는 관료적 체제, 국가주의적 통제 ─ 로부터 도려내려는 일은, 이 용어를 갱신하기에 충분하지 않다. 이데올로기적으로 보자면 공산주의라는 용어는 그 개념의 약호들을 새로 구성하는 일과 역사적 가치 저하의 부담에 짓눌린 상태이다. [우리의] 집단 무의식 가운데서 말이다.9

바로 앞에서 제기한 질문은 반대편에 굴복하는 일의 위험성에 관한 것이다. 즉 순수하게 도덕의 자리에 머무르는 자기 참조가 갖는 반역사주의적 극단, 그저 아름다운 영혼에 머문 채 자신의 고귀한 이념을 지금 여기의 구체적인 역사 강령에 적용하려고 고심하는 일을 거절하는 공산주의의 극단에 빠져들 위험성에 관한 것이다. 벤사이드는 "말과 사물은 그 자신이 관련된 역사의 법정과 시간의 틀 바깥에 남아 있을 수는 없다."고 경고한다. "스스로를 치명적인 역사적 [사건] 목록에서 빼내려는 유혹은 공산주의 이념을 자본주의가 지배하는 시대의 해방이라는 구체적 형태가 아니라 정의

───────────────

9. Véronique Bergen, "Un communisme des singulaités [특이한 것들의 공산주의]," *ContreTemps : Revue de critique communiste* 4 (2009) : 18.

나 해방 같은 규정되지 않는 관념들과 동의어로 만듦으로써, 그것을 무시간적 '불변항'invariants으로 축소시키고 말 것이다. 그러면 [공산주의라는] 단어는 스스로가 윤리적이거나 철학적인 외연 가운데 획득한 것을 정치적 엄밀성의 차원에서 잃어버리게 된다."10

이자벨 가로Garo가, 벤사이드가 도입한 질문에 답하며 제시한 바와 같이 공산주의에 대한 최근의 관심은 역사에 대한 참조가 결여된 것에 대한 과잉 보상 때문이라고 말할 수는 없을지라도, 그런 참조가 부재한 결과 되살아난 것일 가능성이 매우 높다.

우선 사람들은 공산주의가 일종의 기표로서, 자신의 적수에 의해서가 아니라 스스로 붕괴하여 그 지시대상이 소멸해 버린 것처럼 여겨지는 바로 그 순간에 다시 표면에 나타났다고 생각할 수 있을 것이다. 이런 생각에 기초할 때, 오랫동안 공산주의가 정치적으로 강력하게 현존했었지만 이론화에는 소홀했던 것과는 반대로, 공산주의의 귀환이 무엇보다 이론의 영역, 더 한정하자면 철학의 영역에서 이루어지고 있는 것에 반해 정치적 적절성은 매우 불

---

10. Daniel Bensaïd, "Puissances du communisme [공산주의의 잠재적 위력]," *ContreTemps : Revue de critique communiste* 4 (2009) : 14.

확실한 채 남아 있다는 사실은, 논리적 귀결이기도 하지
만 또한 매우 문제적이기도 하다.[11]

다른 한편, 우리는 있는 그대로의 상태를 넘어서 미래를 긍
정적으로 예견하는 일이야말로 공산주의에 위력을 부여한
다고 주장할 수도 있을 것이다. 그리하여 "공산주의는 자본
주의에 다시 한번 이름을 붙일 수 있는 시기와 동시에 다시
나타나, 반자본주의와 포스트자본주의라는 명칭을 자본주
의에 대한 단순 부정이 아니라 독특하게 긍정적인 이름으
로 서로 융합하면서, 해방된 미래에 대한 명칭으로 남아 있
다."[12] 이는 오늘날 다시 나타난 공산주의라는 이름이 단지
철학적 망상 ─ 일상적 용법에서 공산주의의 현실성이라고 말
해지는 것에 반하는 망상 ─ 의 표지에 그치기는커녕, 그 가능
한 변형의 역사성을 현존하게 만들어 주는 지렛대일 수 있

---

11. Isabelle Garo, "Le communisme vu d'ici ou la politique au sens plein
   [여기에서 본 공산주의, 혹은 의미가 충만한 정치]," *ContreTemps : Revue
   de critique communiste* 4 (2009) : 40.
12. 같은 글. 알베르토 토스카노는 런던 학술대회 발표문에서 청년 맑스에
   게만이 아니라 훨씬 이후의 맑스의 정치경제학 저술들 속에서도 철학
   (혹은 이론)이 공산주의 ─ 현상태를 넘어서는 비(非)교조적 예견으로서
   의 공산주의 ─ 에 어느 정도나 고유한 부분인지를 설득력 있게 보여 준
   다. Alberto Toscano, "The Politics of Abstraction : Communism and
   Philosophy [추상의 정치 ─ 공산주의와 철학]" in Douzinas and Žižek,
   eds., *The Idea of Communism*, 195~204를 보라.

다는 의미를 함축한다. "요컨대 일차적으로 접근할 때 공산주의는 스스로를 모순으로 나타낸다. 이 모순은 공산주의에 거의 내재적인 것으로 제시되며, 공산주의라는 용어의 실현 가능성과 공산주의의 쇠퇴 및 무익함이라는 영속적 위협을 서로 대립시킨다. [그러나] 보다 근본적으로 이 모순의 진정한 역할은 실재 그 자체를 둘로 쪼개는 것이며, 역사를 다시 열어 집단적인 정치적 결정의 공간이 되게끔 하는 것이다." 가로는 이렇게 덧붙인다. 여기야말로 내가 앞으로 공산주의의 현실성이라고 부르고자 하는 것이 환하게 드러나는 지점이다. 이는 우리가 아는 당파적 정치를 교조적으로 연장함으로써 드러나지 않으며 철학을 통해 사변적 몽상을 수행함으로써 밝혀지는 것도 아니다. 그러므로 "공산주의의 이 현실성이 만약 지속되어야 하는 것이라면, 이것은 정치조직에 꼬리표를 다는 식으로 그 용법이 축소되는 데에서 비롯되어서도 안 되고, 정치적인 것을 시적으로 표현하여 막연한 만큼 숭고한 목적성finality으로 만드는 일에서 비롯되어서도 안 된다. 공산주의의 적절한 현실화는 정확히는 조직의 문제와 정치적 목적성의 문제 사이 어디쯤에서, 그 양쪽이 서로를 심문함으로써 이루어진다."[13]

둘째, 공산주의와 맑스주의 사이의 관계에 대한 일련의

---

13. Garo, "Le communisme vu d'ici ou la politique au sens plein," 40~41.

끝없는 질문이 있다. 안또니오 네그리 역시 다음과 같이 묻는다. "누군가가 맑스 없이 공산주의자일 수 있는가?"[14] 그 교의의 중심을 이루는 것으로서 노동자 운동의 역사와 맑스주의 이념 사이의 이른바 제휴, 즉 국가가 후원하여 맑스의 사유를 촉진하려던 노력과 관련해서건, 아니면 순수하고 단순하게 성스러운 텍스트들의 학술적 권위라는 관점에서건 [공산주의와 맑스라는] 두 항목 사이에 필연적 연결 관계는 존재하는 것인가? 현 상황의 한계를 깨뜨릴 쉬운 공식이 존재하지 않는 가운데, 공산주의라는 주제에 관해 맑스

---

14. Toni Negri, "Est-il possible d'être communiste sans Marx? [맑스 없이 공산주의자가 될 수 있는가?]," *Actuel Marx* 48 (2010) : 46~54. 이 글의 이탈리아어 판본은 http://uninomade.org에서 확인 가능하다. 맑스의 공산주의(들)라는 문제로 회귀한 최근의 여러 학술지 특별판에 실린 연구 논문의 다른 목록은 다음과 같다. Pierre Dardot, "Le 'communisme scientifique' pouvait-il être politique? [과학적 공산주의는 정치적일 수 있었는가?]," *ContreTemps : Revue de critique communiste* 4 (2009) : 33~9. Franck Fischbach, "Marx et le communisme [맑스와 공산주의]," *Actuel Marx* 48 (2010) : 12~21; Étienne Balibar, "Remarques de circonstance sur le communisme [공산주의를 둘러싼 정황에 대한 고찰]," ibid, 33~45. Jacque Bidet, "Le communisme entre philosophie, prophétie et théorie [철학, 예언, 이론 사이의 공산주의]," ibid, 89~104. [반면에] 공통적인 것(the commons)의 제도라는 자격으로 공산주의를 옹호하는 크리스티앙 라발은 정확히 반대 주장을 견지한다. "만약 공산주의가 어떤 미래를 갖지 않을 수 없다면, 이는 오로지 공산주의에 대한 맑스주의적 해석과 단절함으로써만 가능하다."("Réinventer le communisme, instituer les communs [공산주의를 재창안하고, 공통적인 것을 제도화하라]," *ContreTemps : Revue de critique communiste* 4 (2009) : 53).

자신이 관점을 바꾸었다는 사실과 관련된 권위에 의지하려는 유혹은 매우 강력하다. 이 유혹은 특히 맑스가, 순수하게 철학적인 내용으로부터 [출발해서] 결국 파리 코뮌을 통해 알게 된 정치 형태 비판과 정치경제학 비판에서 환히 드러난 공산주의의 물질적 조건들로 초점을 이동했던 사실과 연관된다. "1848년의 정초적 경험[2월 혁명]으로부터 코뮌의 경험[1871년 파리 코뮌]에 이르기까지, 현상태를 철폐하려는 경향을 가진 '실제 운동'은 '분파주의적 속임수'와 '과학적 무오류성이 가진 예언적이고 모호한 어조'의 비웃음을 분쇄해 가면서, 자신의 형태를 띠고 힘을 얻어 갔다. 달리 말하면 최초에는 마음가짐 혹은 '철학적 공산주의'였던 공산주의가 자신의 정치적 형태를 발견했던 것이다."[15] 맑스의 공산주의 배후에 있는 이 궤적을 돌이켜보는 일에 비한다면 우리 시대와 관련하여 해야만 할 일은 더욱 골치 아픈 것임에 분명하다. 익숙한 보상[심리]적 운동에서, 이 경우 텍스트에 대한 주석달기는 정치적 전략을 잃어버린 데 대한 학술적 대용

---

15. Bensaïd, "Puissances du communisme," 13. 벤사이드는 맑스의 관점 이동을 아르놀트 루게와의 서신교환부터 시작해서, 『독일 이데올로기』와 『공산당 선언』의 잘 알려진 언급들을 거쳐, 「프랑스 내전」에서 맑스가 파리 코뮌에 대해 논의한 내용까지 살펴보면서 요약한다. 이 글에서 인용된 「프랑스 내전」의 출처는 다음과 같다. Karl Marx, "The Civil War in France," *Political Writings*, vol. 3: *The First International and After*, ed. David Fernbach (London: Penguin, 1974), 213 [칼 마르크스, 「프랑스 내전」, 『프랑스 혁명사 3부작』, 허교진 옮김, 소나무, 1987].

품 역할을 떠맡게 된다. 물론 이는 무엇이건 결여된 것을 메울 대체품을 전혀 갖지 못한 상태보다는 확실히 더 낫다. 하지만 그렇다면, 비非맑스주의적이거나 전前맑스주의적이거나 혹은 더 나아가 반反맑스주의적인 공산주의 및 공동체, 공상적이거나 자유주의적인, 원시적이거나 공동체주의적인, 전前식민적이거나 탈식민적인, 문예적이거나 공예적인, 이런 다수의 공산주의 및 공동체들과 관련해서는 대체 무엇을 할 것인가?

우리가 학술적 주석달기에 대한 협박을 받게 될 것이라 해도, 무엇보다 공산주의와 국가State의 쇠퇴라는 문제들에 관해서 정통 맑스주의 전통으로 대체 무엇을 할 것인가? 나이 든 스승들은 오늘날 이에 대한 전통적 논쟁이 우리를 반드시 잘못된 길로 데려간다는 사실을 상기시킨다. 유럽 공산주의와 그것의 실패가 서구에 행한 것은 그 악명 높은 공공 정책들이나 사회주의와의 역사적 타협에 대해서는 언급조차 않더라도 스탈린주의 국가나 마오주의 국가의 와해가 동유럽에 행했던 일과 다르지 않으며, 말하자면 하나의 이념으로서 공산주의는 권력의 인수인계 문제와 완전하게 분리되어 있어야만 한다는 사실을 보여 준다는 것이다. 이 경우에 역사에 대한 청원은 괴상한 방어 기제의 역할을 하게 되어, 우리가 과거의 복잡성뿐만 아니라 또 다른 실험들의 현실성을 고려할 수 없게 만든다. 이 실험들 중 몇몇은 치아

파스나 볼리비아의 경우에서처럼 여전히 진행 중인데도 그렇다. "완전한 선사先史"라고 누군가 속삭일 것이며, 다른 이들은 "원시적 공산주의"라고 적힌 깃발을 우리 눈앞에서 흔들겠지만, 그 결과는 오로지 유럽이 제3세계보다 한 두 세기쯤을 앞서는 특권 비슷한 것을 가지고 범했던 실수들과 동일한 것을 라틴아메리카도 마찬가지로 겪게 되리라는 예측에 그칠 뿐이다.

그렇다 하더라도 "공산주의의 잠재적 위력" 학술대회의 기고문에서 에티엔 발리바르도 주장한 것처럼, 국가의 쇠퇴라는 공식 ─ 비非국가로서 작동할 수 있는 국가라는 이념 ─ 에 담긴 난문難問은 분명 전체 맑스주의 정치의 유산에서 가장 생산적인 문제들 중 하나일 것이다. "공산주의를 '사회주의의 극복'으로 성찰하기보다는, 국가와 '인민'을 공히 대립적으로 언급하는 혁명적 담론들의 핵심에 위치한 여러 분기점의 양상을 고려하여 공산주의를 인민주의populism의 대안으로 사유해야 한다." 발리바르는 볼리비아의 경우를 다루기 전에, 그중에서도 특히 알바로 가르씨아 리네라[16]의 이론 작업을 핵심 사례로 다루기 전에 이처럼 제안한다.

---

16. [옮긴이] 알바로 가르씨아 리네라(Álvaro Marcelo García Linera)는 볼리비아의 전 혁명가, 대학교수, 언론인이자 현직 부통령이다. 가르씨아 리네라와 그의 이론적 작업에 대해서는 이 책의 5장에서 상세히 다룰 것이다.

나는 '비非국가적 국가'State-non-State의 변증법으로 나타나는 공산주의 정치의 난문을 어떤 방식으로건 뒤집어보자고 제안한다. 이 난문에서, 부가적으로 나타나는 사회주의 속의 급진주의를 살피기보다는 오히려 인민 자신들이 스스로의 역사적 "주권"을 가지고 만든 대표를 바꿀 수도 있는, 민주주의의 (그리고 민주주의적 실천의) 역설적인 부가물을 살펴봄으로써 그리 하자는 것이다. 이는 인민주의의 또 다른 내부(아니면 오히려 **내부적 변화**interior alteration)이며, 혹은 반反자본주의적 인민이 되는 일 및 역사적이고 지리적인 특정 조건에서는 반反제국주의적 인민이 되는 일에 대한 비판적 대안이다.[17]

---

17. Balibar, "Remarques de circonstance sur le communisme," 44~45. 발리바르는 한 주석에서 알바로 가르씨아 리네라의 선집인 *La potencia plebeya. Acción colectiva e identidades indígenas, obreras y populares en Bolivia* [서민의 잠재력. 볼리비아에서의 원주민, 노동자, 인민의 정체성과 집단 행동], ed. Pablo Stefanoni (Buenos Aires : Prometeo/CLACSO, 2008)를 언급하고 있는데, 이후 5장에서 이 책을 다룬다. 벤사이드는 늘 그랬던 것처럼 국제주의적인 예측 능력을 갖고 있었기에, 가르씨아 리네라의 텍스트를 번역하여 앞서 언급한 『콩트르탕』의 특별호 "공산주의는 무엇의 이름인가"에 실었다. 이 텍스트는 원주민주의(혹은 인디오주의)와 맑스주의 논리 사이의 어긋난 만남에 관한 것이다. García Linera, "Indianisme et marxisme : La non-rencontre de deux raisons révolutionnaires [인디오주의와 맑스주의 – 두 혁명 이성의 엇갈린 만남]," *ContreTemps : Revue de critique communiste* 4 (2009) : 67~75를 보라.

이 글이 무엇보다 우선적으로 제안하는 것은, 공산주의와 국가 사이의 관계에 대한 물음이 참된 국제주의적 관점을 취하지 않고서는 다뤄질 수 없다는 사실이다. 그 국제주의적 관점에서는 전前맑스주의적인 공산주의나 비非맑스주의적인 공산주의 – 발리바르 자신은 재세례파再洗禮派에서 네그리까지의 **기독교적** 공동체와, 평등파Levellers에서 바뵈프를 거쳐 랑시에르에 이르는 **평등주의적**이거나 **부르주아적**인 공산주의를 사례로 언급한다 – 라는 폭넓은 유형분류조차 지나치게 유럽중심적이었던 것으로 밝혀질 것이다.

세 번째, 마지막으로, 공산주의로 도대체 무엇을 할 것인가? 공히 오래되었지만 여전히 새로운 정당[운동]으로부터 사회 운동을 거쳐 평의회 공산주의가 촉발한 소위 일상생활의 혁명에 이르기까지, 그 이념에 실체를 부여하기 위한 정치적 조직화의 여러 형태와 관련되는 공산주의로 무엇을 할 것인가? "요컨대 모든 예측에 반하여 그 용어가 단말마의 소리를 냈음에도 불구하고, 여전히 공산주의는 매개와 이행, 조직 형태와 투쟁의 문제, 전략과 강령을 다듬는 문제를 다시 제출하는 데 이점을 갖고 있다."[18] 뒤집어 말해서, 좌파란 무엇인가? 반反소유, 반反위계, 반反권위 원리를 평등주의적으로 훈육하는 일인 공산주의가 국가나 정당으로부

18. Garo, "Le communisme vu d'ici ou la politique au sens plein," 41.

터, 어쩌면 모든 클럽, 단체, 조합, 평의회 그리고 사회 운동
으로부터도 배제되고 나면 대체 좌파란 무엇이 되는가? 바
디우가 「공산주의적 가설」에서 쓴 바와 같이 "맑스주의, 노
동자 운동, 대중민주주의, 레닌주의, 프롤레타리아 정당, 사
회주의 국가, 이 모든 20세기의 창안들inventions은 이제 우리
에게 실제로 유용하지 않다. 이론적 수준에서 이것들은 분
명 더 많은 연구와 숙고의 대상이 될 만하겠지만, 현실 정
치의 수준에서 이것들은 작업 대상일 수 없게 되었다." 그래
서 오늘날 어떤 경우에나 "대안은 ─ 네그리와 그 밖의 대안-
지구화론자alter-globalist들이 믿는 바와 같이 ─ 다중多衆 지성이
촉발해낸 형태가 없거나 다양한 형태의 민중 운동일 수 없
고, 트로츠키주의자나 마오주의자들 가운데 몇몇이 바라
는 바와 같이 갱신되고 민주화된 대중 공산주의 정당일 수
도 없다. (19세기의) 운동과 (20세기의) 정당은 공산주의적
가설의 특정한 양식이었다. 이제 이것들로 되돌아갈 수는
없다."[19] 그렇다면 남는 것은 단순하고 순수하게, 어디에나
있고 어디에도 없는 일종의 유적인generic 공산주의인가? 마
치 일찍이 1919년 칼 바르트가 바울의 『로마서』에 대한 자
신의 주석에서 말한 바와 같이 '불가능한 가능'으로서의 신
神과 유사하며, '혁명의 기술'(레닌)일 뿐만이 아니라 '불가능

---

19. Badiou, "The Communist Hypothesis," 37.

의 기술(오늘날의 바디우와 지젝)'이기도 한 공산주의 정치라는 이념에서 결코 완전히 제거되지 않는 유적인 공산주의만 남게 되는가? 이런 종류의 것이야말로 맑스가 파리 코뮨에 대한 공중公衆의 인식을 비꼬았을 때에 이미 염두에 두었던 것이 아닐까? "그러나 이것은 공산주의이기는 하나, '불가능한' 공산주의"이다. 노동자의 협동 생산을 통해 이루어진다 하더라도 하룻밤 만에 만들어져서, 마치 기적에서나 일어난 일인 듯 불가능한 것을 가능한 것으로 바꾸어 놓은 그런 것이다. [그러나] "여러분, 이것이야말로 '가능한' 공산주의가 아니라면 대체 무엇일 수 있겠습니까?"[20] 이는 우리가 유

---

20. Marx, "The Civil War in Frace," 213 [마르크스, 「프랑스 내전」, 『프랑스 혁명사 3부작』]. 칼 바르트는 The Epistle to the Romans [로마서 강해], trans. Edwyn C. Hoskins (London : Oxford University Press, 1968)에서 바울에 대한 주석 전체를 통하여 '불가능한 가능'의 개념에 대해 논의한다. 나는 참조문헌을 내 친구 지오프 와이트에게 빚졌는데, 그는 "Bataille, or, Communism : Supplice & Euphemism, Tautology & Suicide Bombs (Summa theologica-politica) [바타이유, 혹은, 공산주의. 형벌과 완곡어법, 목적론과 자살폭탄 (정치신학요강)]"이라는 자신의 글에서 칼 바르트의 『로마서 강해』를 바디우의 공산주의와 비교하려 했다. (이 글은 애초에 The Obsessions of Georges Bataille : Community and Communication [조르주 바타이유의 강박 — 공동체와 소통], ed. Andrew J. Mitchell and Jason Kemp Winfree (Albany : State University of New York Press, 2009)라는 책에 포함시키려고 했던 것인데, 결국 지나치게 교조적인 것으로 간주되었거나 완곡어법을 충분히 사용하지 않은 것으로 간주되었던 것 같다.) 바디우의 작업에서 불가능이라는 범주에 대한 논의와, 이것을 지젝 및 데리다와 비교한 논의에 대해서는 나의 책 Badiou and Politics [바디우와 정치] (Durham : Duke University Press, 2011)의 7장 「잠재력에서 비실존에 이르기까지」를 참고할 것. 마지막으로 로베르

적인 공산주의의 불가능한 가능을 일종의 새로운 종교, 혹은 정치신학의 한 갱신으로 — 은총과 기적, 사도와 성자라는 신학적 절차체계조차 속속들이 남김 없이 — 받아들여야만 하게 된다는 사실을 의미하는가? 달리 말한다면 신 혹은 혁명Deus sive revolutio 21인가?[22] 혹은 확고한 세속주의에 종속되어, 이제까지 현존하는 모든 정치 조직의 형태들로부터 빠져나온 공산주의에게 이제 남아 있는 것은 어쩌면 단지 용기와 헌신의 순수한 윤리에 불과할 따름인가? 이념Idea으로서 공산주의에 대한 사람들 자신의 욕망이나 헌신을 결코 포기하지 않는다는 윤리학이 이런 것이리라. [그러나] 이야말로 벤사이드가 바디우의 공산주의적 가설의 공식에 대해 반대할 때의 주요 논점이다. 이런 의미에서 바디우의 공식은 이상과 실제, 정치와 역사, 오늘날의 단락段落된 현실과 지속되는 철학 사이를 매개하는 것이 불가능한 채, 순수하게 가설적인 공산주의로 남는 것일지도 모른다. "사건이라는 방식이나 바울 식의 계시를 통해 동굴에서 빠져나오는 철학적인

토 에스뽀지또는 그의 *Nove pensieri sulla politica* [정치에 관한 아홉 가지 사유] (Bologna : Il Mulino, 1993)의 「오페라」 장에서 바울의 『로마서』에 대한 바르트의 주석을 '비(非)정치적' 방식으로 독해한다.(137~157쪽)

21. [옮긴이] 스피노자의 "신 혹은 자연"(Deus sive Natura)에 대한 인유인 것으로 보인다. 스피노자는 신이 곧 자연이며, 자연은 신의 권위를 가진다고 파악하였다.

22. Balibar, "Remarques de circonstance sur le communisme," 37.

가설은 사건과 역사의 절합을 허용하지 않으며, 우연과 필연, 목표와 운동을 절합할 수 없다." 벤사이드는『공산주의적 가설』에 대한 리뷰에서 바디우의 유적 사건의 교리에 대해 다른 많은 이들과 마찬가지의 일반적 비평을 되풀이하면서 이렇게 결론을 맺는다. "이제 우리에게 바깥은 없다. 제도와 관련하여 정치라는 외부, 역사와 관련하여 사건이라는 외부, 의견과 관련하여 진리라는 절대적인 외부란 존재하지 않는다. 외부는 언제나 그 안에 있다. 모순들은 언제나 내부에서부터 폭발한다. 그리고 정치란 모순들을 매끄럽게 빠져나가는 일에 있는 것이 아니라 모순들을 파열과 폭발의 지점까지 끌고 가기 위해 스스로를 모순들 가운데 위치시키는 일에 있다."[23]

23. Daniel Bensaïd, "Un communisme hypothétique. À propos de *L'Hypothèse communiste* d'Alain Badiou [가설적 공산주의, 알랭 바디우의「공산주의적 가설」에 관하여]," *ContreTemps : Revue de critique communiste 2* (2009) : 107. 이 밖에 바디우의『사르코지의 의미』에 대한 피터 홀워드의 리뷰를 참조하라.(*Radical Philosophy* 149 (2008) : 50~52) 이 리뷰는 공산주의적 이념(Idea)의 정치적 불충분성에 관해 비판적인 언급들을 비교 가능하게 제시하며 끝맺는다. 이와 유사한 관점을 공유하면서, 특히 바디우의 비교적 최근 저서인 *The Communist Hypothesis* [공산주의적 가설] (London : Verso, 2010)을 언급하는 비평으로는 다음과 같은 것들이 있다. Emmanuel Barot, "Le communisme n'est pas une Idée (Court état du marxisme en France [공산주의는 이데아가 아니다. (프랑스에서의 맑스주의에 대한 간결한 보고)]," *ContreTemps : Revue de critique communiste* 7 (2010). 이 글은 www.contretemps.eu에서 볼 수 있다. 그 밖에 Pierre Khalfa, "Vérité et émancipation. À propos du livre

그럼에도 불구하고 여러 공산주의, 운동으로서건, 절차로서건, 아니면 목표로서건 서로 다른 공산주의 가운데서 우리는 왜 선택을 수행해야만 하는가? 공상적 공산주의, 과학적 공산주의, 혹은 현실 공산주의와 사회주의들 가운데서, 이도 아니라면 조야한 공산주의, 정치적 공산주의, 혹은 완전히 전개되어 아마도 반^{反}정치적이거나 초과^{supra}정치적인 공산주의 가운데서 선택해야만 하는 이유는 무엇인가? 우파들이 바라는 것보다도 더 효과적으로 끊임없이 좌파를 쪼개어 놓는 끝없는 논쟁, 쓰디 쓴 자기비판, 잔혹한 내분을 넘어서, 우리는 일종의 공산주의 중의 공산주의communism of communisms를 제안할 수 없는가? 혹은 이 모든 것들은 결국 인민전선 정치의 악취를 풍기지는 않는가? 바로 이 지점에서 마지막으로 한 번 더 나이 든 스승들이 충고하는 소리가 들린다. 인민전선 정치는 특히 라틴아메리카에서 대개 폭력적인 반공산주의 군벌이 등장하는 역사적 결과를 불러일으킨 바 있기 때문이다. 한마디로 말해 보자. 속된 생물학적 의미나 순진한 세대론적 의미에서의 나이 문제를 말하는 것이 아니다. 오늘날 (역사에 대해) 무지하거나 (도덕적으로) 순진해지지 않고 젊은 공산주의자가 되

---

d'Alain Badiou, *L'Hypothèse communiste* [진리와 해방. 알랭 바디우의 「공산주의적 가설」에 관하여]," *Mouvements* [운동] 60 (2009) : 152~157.

는 것이 가능한가?

이 책은 위에서 던진 물음들을 확장해 보고자 한다. 이 책의 목표는 맑스주의의 위기와 형이상학에서의 비판 양쪽을 모두 따라가면서도 공산주의와 좌파의 유산을 다룸으로써 정치와 철학에 대한 동시대의 논쟁을 중재하려는 것이다. 구체적으로 설명해 보자. 이 책은 그 현실적 역사의 지저분함과 동떨어진 이념 혹은 가설로서의 공산주의를 재차 확언하는 일은, 소위 견고한 경험적 근거라는 이름으로 공산주의를 도매금으로 비난하는 일과 다름없이 아무런 효과도 낳지 못할 만큼 순진무구하고 시의에 맞지 않는다는 가정에 기초한다. 그리하여 책의 각 장들은 좌파 사상과 공산주의 ─ 이 자체가 철학과 현실성 사이의 변증법적 구도, 혹은 내 선호대로라면 이론과 현실성 사이의 변증법적 구도를 가로지르는 것인데 ─ 사이에서 일종의 변증법을 계획해 보고자 한다. 요는 공산주의가 과거의 유물이 되고 향수어린 회고담이나 죄 고백의 대상이 되어 버리지 않고, 아름다운 영혼들을 위한 유토피아 이상의 어떤 것이 될 수 있는지를 검증하는 일이다. 즉 레닌이 '좌익[24] 공산주의'의 '소아병'이라고 묘사한 바 있으며, 오늘날

---

[24]. [옮긴이] 'left'는 우선 '좌파'로 모두 옮겼다. 'leftist' 또는 'leftism'은 저자인 보스틸스가 레닌적 맥락을 암시하면서 '소아병적'이라 일컬을 수 있는 좌파의 어떤 태도를 가리킨다고 판단한 경우에 '좌익' 혹은 '좌익주의'라고 옮겼고, 긍정적인 맥락이 포함되었다고 판단한 경우에는 '좌파 사상'이라고 옮겼다.

에는 다른 누구보다도 랑시에르와 바디우에 의해 진단되었 듯 '사변적 좌익주의'라는 외양을 띠고 돌아온 것처럼 보이는 공상적 이상사회를 공산주의가 과연 넘어설 수 있는지 아닌 지 검토할 것이다.

"우리에게 공산주의는 어떤 확립되어야 할 **사태**state of af-fairs, 현실이 스스로를 맞추어 나가야 할 어떤 **이상**ideal이 아 니다." 맑스와 엥겔스는 이 유명한 문장을 그때까지만 해도 매우 헤겔적인 언어들로 작성된 『독일 이데올로기』에서 썼 다. "우리는 공산주의를 사물의 현상태를 철폐하는 **실제의**real 운동이라고 부른다.die wirkliche Bewegung, welche den jetzigen Zustand aufhebt"25 사물의 현상태에 대한 이 철폐, 이 파괴, 이 지양止揚은 마찬가지로 재구성을 위한 **실제의**real 운동을 불 러일으킬 수 있는가? 결국 공산주의의 실제reality, 혹은 더 나아가 공산주의의 현실성이란 어디에 있는가? 오늘날의 상황 하에서 이 현실성은 필연적으로 비판과 해체라는 순 수한 운동으로 제한되어 버리는가? 그렇지 않다면 공통으 로 확인하고 넘어서기 위한 통일 전선에 할당된 공간은 과 연 존재하는가?

---

25. Karl Marx and Friedrich Engels, *Die deutsche Ideologie* in *Werke*, vol. 3 (Berlin : Dietz Verlag, 1962), 34. 영문판 *The German Ideology*, 49 [맑스·엥겔스, 「독일 이데올로기」, 『칼 맑스 프리드리히 엥겔스 저작선 집 1』]. 최근에 출판된 수많은 책과 학술지 특별호 가운데 이 단락을 인 용하거나 참조하지 않는 글은 거의 없다.

사변적 좌파

이즈음 공산주의의 귀환에 관련되는 모든 작가들이 완전히 합의하고 있는 것처럼 보이는 일이 하나 있다면, 이는 바로 공산주의와 사회주의를 분명히 가르는 선을 그어야 할 필요성에 대해서이다. "네그리의 반(反)사회주의적인 제목인『굿바이 미스터 사회주의』는 정확한 것이었다. 공산주의는 사회주의에 대립해야 하기 때문이다. 이 책은 평등주의적 집단을 대신하여 유기적 공동체라는 개념을 제시한다." 지젝은『처음에는 비극으로, 다음에는 희극으로』에 수록된 자기 나름의 '공산주의적 가설'에서 이처럼 썼는데, 이보다 훨씬 전에 바디우가『주체의 이론』에서 이와 동일한 주장을 이미 개진한 바 있다. "맑스주의에서 요점이 하나 있다면, 이는 우리 세기[20세기]가 거의 혐오감의 수준에서 확인하고 있는 것인데, 바로 우리가 '사회주의'라는 질문, '사회주의의 건설'이라는 질문을 결코 과장해서는 안 된다는 것이다. 공산주의야말로 중요한 일, **명확한** 사태이다. 정치가 이제까지 줄곧 국가에 대한 지배라는 관점을 견지해 온 이유, 그리고 정치가 곧 국가로 환원될 수 없는 이유는 바로 이것이다."[26] 하지만 이후의 논의에서 나는 공산주의와 사회주

---

26. Slavoj Žižek, *First as Tragedy, Then as Farce* (London : Verso, 2009),

의에 대한 논쟁으로부터 약간 다른 형태의 변증법으로 초점을 옮기려 한다. 이는 즉 공산주의의 현실성과 소위 사변적 좌익주의의 흡인력 사이의 변증법인데, 사변적 좌익주의야말로 사회주의 건설이라는 문제구성에 대한 전적인 거부 및 이와 관련된 국가의 쇠퇴라는 주제구성의 이면에 대개 숨어 있는 것이다. 오늘날 공산주의가 실히 해법이라기보다는 문제의 이름이라 한다면, 이 변증법이야말로 현재 진행 중인 좌파의 비판적 역사의 한 부분으로서, 논의되고 있는 문제의 본질에 관해 우리에게 많은 것을 가르쳐줄 수 있다는 논변도 가능하지 않을까 한다.

우리 논변의 목적을 위해서, 바디우가 파리 코뮨을 분석하는 맥락에서 제시한 좌파에 대한 정의를 채택할 수 있겠다. "자신들이야말로 특이한 정치적 운동의 유적인 결과

---

95 [슬라보예 지젝, 『처음에는 비극으로, 다음에는 희극으로』]. Alain Badiou, *Theory of the Subject* [주체의 이론], trans. Bruno Bosteels (London and New York: Continuum, 2009), 7~8. 바디우와 지젝의 입장을 엮어 다룬 것 중 좋은 비평문으로 Alex Callinicos, "Sur l'hypothèse communiste [공산주의적 가설에 관하여]," *ContreTemps: Revue de critique communiste* 4 (2009): 28~32. 이구동성으로 사회주의에 반대하여 공산주의를 찬양하는 이런 논의에 대한 유일한 예외는 Ellen Meiksins Woods, "Redéfinir la démocratie [민주주의를 재정의할 것]," *Contre-Temps: Revue de critique communiste* 4 (2009): 59~62쪽과 Chantal Mouffe, "Communisme ou démocratie radicale? [공산주의, 또는 급진 민주주의?]," *Actuel Marx* 48 (2010): 83~88쪽이다. 이 둘은 공히 급진적 사회민주주의에 대한 선호를 주장할 뿐만 아니라 공산주의는 우리가 돌아갈 만한 가치를 갖지 않는다고 믿는다.

들을 품어 안은 유일한 사람들이라고 주장하는 의회민주주의 정치의 개별 구성원의 집합을 '좌파'라고 부르자. 더 동시대적인 용어로 바꾸자면, 자신들이야말로 '여러 사회적 운동'에 '정치적 관점'을 제공하는 일이 가능한 유일한 사람들이라고 주장하는 의회민주주의 정치의 개별 구성원의 집합을 '좌파'라고 부르자."[27] 말할 필요도 없이 이는 무척 역사적인 정의 혹은 규정으로서, 정치가 짊어진 의회민주주의적이고 국가를 중심에 둔 운명의 부담을 고려하는 듯 보인다. 정치의 운명과 연관된 이 부담은 지난 두 세기[19세기, 20세기] 동안 공산주의의 이념에 가해져서 사회주의의 건설이라는 질문과 융합되는 지점에 이르기까지 공산주의의 이념을 무겁게 짓눌러 왔다. 그리고 바디우에게 "파리 코뮌은 처음이자 지금까지는 유일하게, 인민 및 노동자 정치 운동이 가지는 의회민주주의적 숙명과 결별했었던 것"인 한, 그의 설명에서 왜 오늘날 공산주의 정치의 과업이 어찌되었건 파리 코뮌 정치의 부활을 의미해야 하는지, 우리는 그 이유를 또한 이해할 수 있다. 아니, 오히려 공산주의적 가설의 새로운 절차란, 단순히 당국가와 [정치] 운동에 몰두하는 형태로 복귀하는 일을 의미하는 것이 결코 아니

---

27. Alain Badiou, "The Paris Commune : A Political Declaration on Politics[파리 코뮌 — 정치에 관한 정치적 선언]," *Polemics* [쟁론], trans. Steve Corcoran (London : Verso, 2006), 272.

면서, 1871년의 사건들에 뒤이어 풀리지 않은 채 남아 있던 문제들로부터 교훈을 얻는 것이어야 할 것이다. "오늘날, 파리 코뮌에 대한 정치적 시계視界는 분해disincorporation 과정을 통해 복구되어야만 한다. 코뮌의 시야는 좌파와의 완전한 분리를 통해 탄생하였으므로, 자신을 오랫동안 압도해 온 좌파의 해석[학]으로부터 빠져나와야만 한다."[28]

프랑소아 미테랑에서 버락 오바마까지, 의회민주주의체제에서 선출된 좌파에게 마치 저주의 주문처럼 걸려 있는 것으로 여겨지는 희망과 실망의 순환이라는 시각에서 보자면, [바디우가 언급한] 좌파의 해석[학]으로부터 스스로를 빼내려는 욕망이야말로 이치에 맞는 일이다. 또한 이러한 시각에서는 맑스주의에 대한 특정한 해석으로부터 물려받은 계급, 사회 운동, 정치적 정당, 그리고 사회주의 국가라는 전체적인 틀 바깥에서, 혹은 이런 전체적 틀과 적어도 거리를 둔 채 해방 정치를 정의하려는 욕망이야말로 타당하게 여겨진다. 이런 의미에서 우리는 "공산주의"를 투쟁과 욕망, 그리고 충동의 집합이라고 부르는 것도 가능할지 모른다. 이 투쟁과 욕망과 충동의 목표는 열정과 배신 사이에서 빠르게 왔다 갔다 하는 의회민주주의 좌파를 뛰어넘는 일이다. 이 뛰어넘으려는 초과excess는 그저 이데올로기적 일탈이 아니라,

---

28. 같은 글, 272~273.

지속되는 해방으로 향하기 위해 필요한 추진력을 되풀이하여 새로 얻는 일이기도 하다. 사실 공산주의는 자기 힘의 대부분을 정확히 이런 초과에 빠짐으로써 획득하며, 바로 이것은 여러 면에서 공산주의의 정치적 현실성의 원천이기도 하다. 하지만 좌파가 처한 의회민주주의적 숙명을 뛰어넘으려는 이 투쟁과 욕망과 충동의 집합이, 모든 것이 기초부터 창안되어야만 한다는 사실을 상정하는 일을 제외하고는 매개에 관한 모든 질문을 피해가는 것처럼 보이는 한, 이[투쟁, 욕망, 충동의 집합]에서 비롯되는 "공산주의"에 대한 정의는 종종 다른 종류의 "좌익주의", 소위 "사변적 좌익주의"와 구별할 수 없게 된다.

내가 아는 한에서는 랑시에르가 처음으로 "사변적 좌익주의"를 알튀세르주의의 두 가지 역사적 결과 중 하나로 규정하였다. 나머지 하나는 즈다노프주의 혹은 계급투쟁의 "사변적 우익주의"라고 부를 수 있을 만한 것이다. 일찍이 『알튀세르의 교훈』에서 랑시에르는 다음과 같이 썼다. "1968년 5월 이후에 알튀세르주의의 이중적 진리는 두 편의 극단으로 쪼개진다. 지극히 강력한 이데올로기 기구에 대한 사변적 좌익주의와, 이론적 계급투쟁이라는 사변적 즈다노프주의가 바로 그 두 편인데, 후자는 낱낱의 말들을 심문하여 자신의 계급을 고백하게 만든다."[29] 사실 알튀세르주의가 남긴 두 편의 극단 가운데 첫 번째 편을 규정하는 것은 이데올로기적 국가 기구의 너무도 강력한 역할이 아니라, 이론적 계급투쟁으로서 과학, 이론, 철학의 이름을 가지고 이데올로기적 국가 기구의 주체화 작용[주체 호명]과 철저하게 단절하고자 하는 욕망이다. 따라서 사변적 좌익주의는, 지양이 아니라 오히려 모든 계급, 정당, 이데올로기적 국가 기구를 포함한 현상태의 완전한 백지 상태tabula rasa로서, 공산주의라는 개념의 비타협적 순수화를 표상하기에 이른다.

프랑스 마오주의의 영향력이야말로 1968년 5월 이후 알튀세르의 유산이 겪은 운명을 이처럼 개괄하는 일의 열쇠

---

29. Jacques Rancière, *La Leçon d'Althusser* [알튀세르의 교훈] (Paris: Gallimard, 1974), 146. 흥미로운 사실은 지젝 역시 셸링을 독해하며 "사변적 실증철학"이라는 표현을 사용한다는 점이다. "오늘날, 셸링이 헤겔 변증법에 대한 맑스의 '혁명적인' 비난에 이르기까지 맑스의 핵심적인 모티프들을 예견하고 있다는 점은 명백한 사실로 받아들여지고 있다. 맑스의 비난에 따르면 사변적이고 변증법적인 모순의 해결은 현실적인 사회적 적대를 전혀 손대지 않은 채 내버려둔다. (헤겔의 '사변적 실증철학')." Slavoj Žižek, *The Indivisible Remainder: A Essay on Schelling and Related Matters* (London: Verso, 1996), 4 [슬라보예 지젝, 『나눌 수 없는 잔여 – 셸링과 관련된 문제들에 대한 에세이』, 이재환 옮김, 도서출판b, 2010]. 지젝은 "사변적" 변증법을 이런 식으로 이해하는 일에 내포된 사이비 헤겔주의적 본성을 수월하게 짚어내는 것 같다. 또 다른 독해를 위해서는 Jean-Luc Nancy, *The Speculative Remark (One of Hegel's Bons Mots)* [사변적인 말(헤겔의 격언들 중 하나)], trans. Céline Surprenant (Stanford: Stanford University Press, 2001), 그리고 Jean-François Lyotard, "Analyzing Speculative Discourse as Language-Game [언어게임으로서 사변적 담론에 대한 분석]," in *The Lyotard Reader* [리오타르 독본], ed. Andrew Benjamin (Cambridge: Basil Blackwell, 1989), 265~274를 참조할 것.

이다. "첫 번째 시기에, 사람들은 맑스를 읽으며 이전의 이데올로기와 단절되는 순간을 가장 중시하는 식의 독해 방식을 열정적으로 채택하였다." 랑시에르는 프랑스의 젊은 알튀세르주의자 사이에서 마오주의가 유행하던 사실을 설명한 내용을 인용하면서 이처럼 쓴다. "그러나 이들은 이런 접근 방식을 눈에 띄게 좌익주의적으로 편향시켜 부조리에 가까운 수준까지 밀어붙였다. 이들은 맑스와 레닌이 쓴 수많은 텍스트들을 무시하면서까지 맑스주의를 일종의 완전한 시작, 모든 과거 문화에 대한 거부로 개조하면서 이렇게 하였으며, 새로운 '대약진 운동'을 완수해야만 하였다. 그리하여 '마오쩌둥 사상', 혹은 최소한 실제로 이 명칭으로 부각되었던 것이 그 노선과 도식을 제공하였다."[30] 이 좌익주의에서 사변적인 것이란 옛날의 소박한 관념론처럼 현실과 동떨어져 있다는 단순한 사실에서 비롯된 것이 아니다. 실질적인 정치적 사건과 역사적인 유래가 비록 고려되었다고 일컬어질지라도 실제로는 증발해 버리고, 진리의 담지자이자 스승인 맑스주의 철학자만 줄곧 관할하는 이론적 연산자operator가 그 자리를 차지하는 방식이야말로 사변적인 것이다. "헤겔주의적인 방식에서 이 연산자들은 경험적인 것을 사변으

---

30. Claude Prévost, "Portrait robot du maoïsme en France [프랑스의 마오주의 개략]," *La Nouvelle Critique* [신비평] (June 1967), 랑시에르가 *La leçon d'Althusser*, 110 n. 1쪽에서 인용.

로 변형시키고 사변을 경험적인 것으로 변형시킨다. 이 연산자들은 스탈린주의 같은 역사적 현상을 얄팍한 추상으로 축소시키고 인본주의 같은 개념을 개인의 경험적 실존으로 구현하면서 이렇게 한다." 랑시에르는 알튀세르의 작업과 좌파의 역사에 가해진 그것의 치명적인 효과를 언급하면서 이와 같은 주장을 견지한다. "이야말로 '이론적 계급투쟁'이 갖는 필연성이다. '이론적 계급투쟁'은 현실적인 것을 영원한 것으로 환원하고, 다른 것the other을 동일한 것으로 환원함으로써 작동한다."[31]

이 지점에서, 공산주의 이념Idea의 영원한 불변성을 규정하는 바디우의 방식을 비판한 벤사이드의 논의를 알고 있는 사람이라면 누구나, 벤사이드의 논의가 일찍이 알튀세르를 비판한 랑시에르의 논의와 현저하게 일치한다는 사실에 놀라지 않을 수 없을 것이다. 바디우의 『공산주의적 가설』에 대한 리뷰에서 벤사이드가 "소피스트와 대립하는" 영원한 "철인왕"哲人王의 "자유지상주의적이며libertarian 더 나아가 권위주의적이라고도 할 수 있을 만큼 반反국가주의적인 플라톤주의"에 대해 언급한 것과 꼭 마찬가지로, 랑시에르는 『맑스를 위하여』를 읽으면서 알튀세르의 "극좌파적 플라톤주의"에도 불구하고, 아니 외려 바로 이것 때문에 "철학자는

---

31. Rancière, *La leçon d'Althusser*, 193~194.

왕이 되지 못하였다."라고 비꼬듯 설명한다.[32] 그런데 놀랍게도, 국가주의와 나란히 나타나는 한 쌍의 일탈인 사변적 좌익주의에 대한 가장 간결한 진단 중 하나는 『존재와 사건』에서 바디우 자신의 손으로 수행된다. 더욱 놀라운 사실은 이 진단이 이십여 년이나 더 앞선 책인 『알튀세르의 교훈』에서 발견되는 것과 완전히 동일한 술어들 중 몇몇에 여전히 기대고 있다는 점이다.

바디우는 자신의 책 『존재와 사건』의 중간 지점에서 수행한 성찰인 「개입」 장章에서 다음과 같이 언명한다.

절대적인 시작이라는 주제 위에 자신의 기초를 세운 채 존재에 대해 수행하는 모든 사유를 일컬어 **사변적 좌익주의**라 말할 수 있을 것이다. 사변적 좌익주의는 개입이 오로지 개입 자신에만 기초하여 스스로에게 권위를 부여한다고 상상한다. 다시 말해 개입이 그 자신의 부정하는 의지 말고는 어떤 것에도 의지하지 않고 상황과 단절한다고 상상한다. "세계의 역사를 둘로 쪼개려는" 절대적 새로움에 이처럼 상상적 내기를 거는 일은, 개입의 가능성을 빚어내는 조건들의 실재는 언제나 이미 결정된 사건의 유통

---

32. Bensaïd, "Un communisme hypothétique. À propos de *L'Hypothèse communiste* d'Alain Badiou," 107, 113, 그리고 Rancière, *La Leçon d'Althusser*, 54, 146.

circulation이라는 사실을 인식하는 데 실패하고 만다. 달리 말하자면 개입이 줄곧 존재해 왔다는 사실이 드러나건 아니건 미리 가정되어 있다. 사변적 좌익주의는 사건의 초-일자ultra-one에 사로잡혀 있으며, 하나로 셈하는 구조화된 체제에 속해 있는 모든 것을 사건의 초-일자라는 이름으로 거부할 수 있다고 믿는다.[33]

언젠가 내가 주장하였던 것처럼, 바디우의 철학은 상황 가운데 위치하고 내재하는 모든 것들로부터 도도하게 물러나서 사건의 순수성을 구제한다고 주장하지 않는다. 외려 그에게 중요한 지점은 현행의 상황 내지 세계 가운데서 [하나의] 사건의 결과들을 연구하는 일이지, 사건을 완전하게 존재 그 자체인 차원 혹은 신비적이라 할 만큼 존재 그 자체인 차원으로 상승시키는 일이 아니다. 그리하여 "사건의 교의敎義가 우리에게 가르쳐 주는 것은 오히려 모든 노력은 사건의 돌발을 영광스럽게 만드는 일이 아니라 사건의 결과들을 따라가는 일 가운데 있다는 점이다. 영웅이 존재하지 않

---

33. Alain Badiou, *Being and Event*, trans. Oliver Feltham (London : Continuum, 2005), 210 [알랭 바디우, 『존재와 사건』, 조형준 옮김, 새물결, 2013]. 인용한 부분에 대한 더 상세한 언급을 참조하려면 Bruno Bosteels, "Speculative Left [사변적 좌파]," *South Atlantic Quarterly* 104 (2005) : 751~767쪽을 볼 것. 이 논문은 내 책 『바디우와 정치』의 결론으로 다듬어졌다.

는 것과 마찬가지로 천사가 사건을 선포하는 일도 없다. 존재는 개시開始하지 않는다."[34] 이런 의미에서 좌익주의에 대한 거부는 바디우의 전체 작업에서 지속적이기조차 하다. 그의 좌익주의에 대한 거부는 신新철학자[35]들의 수정주의에 대한 그의 초기 비판뿐만 아니라, 형태 없는 대중들이나 서민들plebes의 반체제성을 국가의 억압 기제에 직접 대립시켜 버리는 들뢰즈주의 및 라캉주의에 속한 욕망의 철학자들에 대한 반대를 거쳐, 최근 그가 시도 중인 공산주의 이념Idea의 과업임에 분명한 정치와 역사 사이의 이데올로기적 중재에까지 이른다.

그렇기에 가령 바디우의 『윤리학』에서 마오쩌둥의 홍위병들 중 몇몇이 꿈꾸었던 "완전한 재교육"에 대한 유혹이나 "위대한 정치"grand politics라는 니체의 광기 어린 꿈은 극단주의의 재앙 같은 형태라고 진단된다. 이런 시도들은 현상태에 내재하는 모든 것들을 순전한 퇴폐나 부르주아 수정주의로 거부한다는 명목으로 진리와 의견을 갈라내는 완고하

---

34. Badiou, *Being and Event*, 210~211 [바디우, 『존재와 사건』].

35. [옮긴이] nouveau philosophes. 1970년대 프랑스에서 전체주의 반대를 중심 의제로 삼아 맑스주의를 비판한 일군의 철학자들을 지칭한다. 이전 마오주의자였던 베르나르-앙리 레비와 앙드레 글룩스만 등이 중심인물이다. 푸코가 이들의 논의를 긍정적으로 받아들이는 것 같은 글을 씀으로써 신철학의 유행에 일조하였다는 시각도 있다. 이 책 3장에서는 신철학자들과 푸코 사이의 연관성을 포함하여, 이들의 논의를 비판적으로 검토한 랑시에르의 작업을 다룰 것이다.

고 교조적인 선을 그으려고 한다. 더 정확히 말하자면 이런 시도들은 진리의 절대적인 현재를 위해 과거를 완벽하게 백지 상태로 되돌리려고 한다. 바디우는 이렇게 주장한다. "니체가 기독교의 허무주의를 폭파하고 생生에 대한 위대한 디오니소스적 '긍정'yes을 일반화함으로써 '세계의 역사를 둘로 쪼개기'를 제안하였을 때, 혹은 1967년에 중국 문화혁명의 홍위병들이 이기적 이해관심의 완전한 억압을 주장하였을 때, 니체와 홍위병들은 확실히 자신들이 헌신하고 있는 진리가 모든 의견들을 대체해 버린 그런 상황의 전망vision에 고무되어 있었다." 그러나 진리의 힘을 절대화하는 이런 형태들은 재앙과도 같은 악惡이 되고 만다. "이 악은 상황을 파괴할 뿐만 아니라 (왜냐하면 의견을 제거하려는 의지는 근본적으로는 동물로서의 인간 가운데서 그 동물성 자체, 즉 그 존재를 제거하려는 의지와 동일하기 때문에), 진리-과정을 진행한다는 명목으로 진리-과정을 중단시키기도 한다. 악은 주체의 구성 내부에서 관심의 이중성duplicité(무관심한 관심과 단순하고 순수한 이해관심)을 보존하는 데 실패하기 때문이다."36 그러므로 사변적 좌익주의의 함정을 피하기 위해서는 예전의 상태와 새로운 해방적 진리 사이의 절합에

---

36. Alain Badiou, *Ethics : An Essay on the Understanding of Evil*, trans. Peter Hallward (London : Verso, 2001), 84~85 [알랭 바디우, 『윤리학 — 악에 대한 의식에 관한 에세이』, 이종영 옮김, 동문선, 2001].

서 어느 정도 불순함과 이원성을 보존해야만 한다.

공산주의의 이념Idea에 대한 바디우의 제안은 이같이 불순한 매개를 부분적으로 보장하려 하며, 이때 [그가] 보장하려는 것은 역사, 정치, 주체성 사이의 매개이다. "이념Idea에 대한 형식적 정의는 즉시 제출될 수 있다. 이념이란 진리 절차의 특이성과 역사의 재현 사이의 상호작용을 주체화하는 것이다." 바디우는 공산주의 이념의 작용을 이처럼 간주한다. "대략 두 세기 동안 (바뵈프의 '평등회會'37부터 1980년대까지) '공산주의'라는 단어는 해방의 정치 혹은 혁명적 정치의 장에 위치한 어떤 이념Idea에 대한 가장 중요한 이름이었다."38 그러므로 공산주의는 유토피아적 원리에 머물기는커녕, 구체적인 상황 속에 정치를 역사적으로 기입할 수 있게 만들어 주는 것일지 모른다. 공산주의는 보편적인 것과 국지적인 것 사이, 영원한 것과 특이한 것 사이, 개인 자신보다 더 위대한 대의에 결합하여 이해관심으로부터 벗어난 주체와 이해관심을 지닌 개인 사이의 공간에서 작동하는 것

---

37. [옮긴이] Société des égaux. 프랑스 혁명 시기 총재정부의 정책에 반대하며 토지의 공유와 평등을 역설한 그라쿠스 바뵈프(Gracchus Babeuf) 등이 설립한 비밀결사 〈판테온회〉의 구성원들을 이르는 말. 이들은 소위 '평등주의자의 음모'(1796)라 불리는 사건으로 해산되고 핵심 인물인 바뵈프와 다르테는 처형되었다. 이 책에서 보스틸스는 평등회를 'community of equals'라고 영어로 옮겨 썼는데, 이는 바뵈프의 평등주의가 공산주의와 연결되어 있음을 강조하는 표현(commune)으로 여겨진다.

38. Badiou, "The Idea of Communism," 3.

이다. 이런 의미에서 보면 공산주의는 사변적 좌익주의라는 함정을, 이념Idea에 의해 가능해지는 역사, 정치, 주체성의 삼각 구도에 힘입어 실질적으로 피할 수 있을 것이다.

그럼에도 불구하고 이처럼 공산주의를 이념Idea으로 고쳐 만드는 일을 깊은 애매함이 둘러싸고 있다. 바디우는 "현실과 이념Idea 사이의 합선合線"에 "맑스주의의 헤겔적 기원이 오랜 기간 미친 영향"을 알아채면서 이에 대해 경고한다. 더나아가 공산주의의 이념Idea 혹은 가설을 명명하는 일과 이념을 실제로부터 지속적으로 떨어뜨려 놓는 일은 공히, 철학에만 특별한 과업은 아니라고 할지라도 최소한 철학의 주요한 과업으로 지정된 것으로 보인다. "사실 우리가 철학의 과업으로 여기며, 철학의 임무라고까지 부를 수도 있는 일은 가설의 새로운 실존 양태가 현존할 수 있도록 돕는 것이다." 이런 과업이 부재할 때 사람들은 철학자의 개입을 기다리며 아무 것도 하지 않는 상태에 머무는 것은 아닐지라도, 또다시 방향을 잃고 혼란스러워 하게 된다. 그리하여 "이념Idea이 결여될 때, 인민 대중의 혼란은 피할 수 없다."[39] 이념

---

39. Badiou, *The Meaning of Sarkozy*, 115. (바디우가 "The Idea of Communism"에 쓴 문장은 자기 작업에 고유한 성격을 보다 덜 갖고 있다. "현재를 휩쓰는 반동적 막간극의 시간 동안, 이것이야말로 우리에게 주어진 과업이다. 그 과업이란 바로, 그 성격상 언제나 전국(全局)적이거나 보편적인 사유의 과정과, 언제나 국지적이거나 특이하지만 그러면서도 전파 가능한 정치적 경험을 병합함으로써, 우리의 의식과 우리의 토대에서 공산

Idea은 특이한 정치적 경험의 역사적 기입을 보증하는 것으로 여겨지는데, 이념을 통해 공산주의의 활력은 철학자의 실행이라는 독점적 권한 속으로 흡수되어 버리고 만다. 이런 이유 때문에 주디스 발소와 알레산드로 루소는 마오주의적이거나 포스트마오주의적인 정치적 지향을 공유한다는 점에서 바디우의 가장 가까운 협력자 중에 속하면서도, 그들의 친구이자 선배인 바디우 및 그의 테제와 거리를 둔다. "나는 이 테제가 무엇보다도 일종의 **철학의 옹호**라고 생각한다." 루소는 이렇게 시작한다. "이것은 철학자의 욕망에 붙인 이름이며, 이 욕망을 더더욱 격렬하게 만드는 것은 정치의 배제de-politicization라는 현재의 조건이다."[40] 사실 발소와 루소 두 사람 모두는, 참석자 모두에게 발송한 초청장에 명시된 바 런던 학술대회의 본래 전제와는 반대로, 공산주의가 철학에 가능한 가설이라 하더라도 이는 더 이상 전투적 투쟁의 정치를 위한 이름이나 가설이 될 수는 없다고 주장한다. 오히려 이들은 참석자들로 하여금 "정치를 절대적으로 특이한 사유, 즉 정치 자체의 조직된 과정에 완전히

주의적 가설의 실존을 갱신하는 일이다."("The Communist Hypothesis," 42) "The Idea of Communism", 13.

40. Alessandro Russo, "Did the Cultural Revolution End Communism? Eight Remarks on Philosophy and Politics Today [문화혁명은 공산주의를 끝장냈는가? 오늘날의 철학과 정치에 관한 여덟 가지 의견]," Douzinas and Žižek, eds., *The Idea of Communism*, 180, 190.

내재적인 사유로 식별할 것"을 요청하고, "철학에 오직 정치만 답할 수 있는 질문들을 묻는 **방식**dispositif을 포기할 것"을 요청하며, 알튀세르가 그 선행자라고 이야기되는 방식대로 "철학(혹은 과학)으로부터 정치로 나아가는 절차가 가능하다고 생각하기를 그만둘 것"을 강하게 촉구한다. 그들은 "무엇보다 우선 정치를 위해 새로운 기초나 완전한 형식을 제공하는 일을 철학에 요구하지 말아야 하며, 철학이 정치의 표면적인 부재나 약점에 대한 완화제로 기능할 것을 철학에 요구하지 말아야"[41] 한다고 주장한다.

이런 요구들을 염두에 두고서 『모호한 재앙에 대하여』 같은 텍스트 ― 베를린 장벽 붕괴와 소위 공산주의의 죽음에 관한 바디우의 의견 ― 로 돌아가 보면, 애매함은 결코 걷히지 않는다. 한편으로 바디우는 정치와 철학을 분리할 필요성에 동의한다. 그는 다음과 같이 말한다. "나는 여기에서, 철학과 철학의 정치적인 조건 사이의 융합은 둘 모두를 망치고 만다는 사실을 주장하면서, 이 사실이 가리키는 대로 이끌린 한 사람의 철학자로서 이야기한다. 철학적인 것과 정치적인 것을 동일시하는 일, 곧 이 둘을 **사유**로서 동일시하

---

41. Judith Balso, "To Present Oneself to the Present, The Communist Hypothesis : A Possible Hypothesis for Philosophy, an Impossible Name for Politics? [스스로를 현재에 제시하기. 공산주의적 가설 ― 철학에 가능한 가설, 정치에 불가능한 이름?]," Douzinas and Žižek, eds., *The Idea of Communism*, 31.

는 일이 수반하는 현실은, 범죄적인 현실은 말할 것도 없고 단지 경찰^{警察}하는 현실뿐이라는 사실은, 실제로 최소한 플라톤의 『법률』 10권이 발간된 시기 즈음 이래로 명백히 알려진 것이다."[42] 요는 역사를, 예를 들어 정치의 고유한 시기 구분[이 드러난 것]이라고 사유하고 다른 방식으로는 사유하지 않는 것이며, 또한 정치를 역사의 필연적인 과정 안에서만 사유하는 것이다. 그리하여 "오로지 정치만이, 정치를 개시하는 처방의 지점에서, 정치적 주체성의 비어 있는 시기들을 사유한다."[43] 그런데 다른 한편 철학 역시 정치적 진리에 관한 문제가 떠오르자마자 위협적인 경쟁자로 투기장에 들어선다. "철학, 즉 정치가 그 조건을 제공하는 철학만이, 정치가 진리와 맺는 관계가 도대체 무엇인지, 더 정확히는 진리의 한 절차로서 정치란 대체 무엇인지 말할 수 있다."[44]

내가 이 애매함에서 읽어내는 것은 정치와 철학 사이의 봉합을 여전히 망설이는 가운데 뜯어내려는 신호이다. 또 나는 여기에서 정치에 대해 주도권^{hegemony}를 쥐려는 철학의 지속적 욕망의 증상을 읽어낸다. 우리는 다음과 같이 쓴 정의^{定義}에서 [강조체로 표시한] 한정 구문의 필요성을 대

---

42. Alain Badiou, *D'un désastre obscur : Sur la fin de la vérité d'État* (La Tour d'Aigues : De l'Aube, 1998), 43 [알랭 바디우, 『모호한 재앙에 대하여』, 박영기 옮김, 논밭출판사, 2013].

43. 같은 책, 13.

44. 같은 책, 48.

체 어떻게 해석해야만 하는가? "정치가 철학의 조건인 한에서, 정치는 진리의 주체적 절차이다. 정치는 국가에서 그 자신의 주된 이해관련stake도, 그 자신의 구현도 찾을 수 없다." 다음과 같은 문장에서도 마찬가지이다. "정치의 본질essence, 곧 정치에서 비롯된 개념을 철학이 자신의 사유의 실행을 위한 조건으로 삼아 그 궤적을 따라가게 된다는 정치의 본질은, 달리 말하자면 정치가 언제나 특이한 사건들의 효과를 바탕으로 이루어지는 집합적 사유의 자유로운 활동이라는 것이다. 이 정치는 결코 권력이 아니며 권력의 문제일 수 없다."[45] 그리하여 철학의 조건이 되는 것들 중 하나인 정치는, 자신이 그 조건을 만들어 준 대상[곧 철학]으로 돌아가 흡수된 듯 보인다. 결국 나는 사변적 좌익주의의 유혹을 이런 식으로 보여 주고자 한다. 사변적 좌익주의의 유혹이란 말하자면 근본적인 해방 정치를 철학이 전유하려는 시도에 붙인 이름인 셈이며, 이 경우 해방 정치의 급진성은 권력과 국가라는 문제들로부터 스스로를 빼내기 위해 철학에 의존하게 되는 양 여겨진다. 그러나 사변적 좌익주의는 공산주의의 올바른 노선을 따름으로써 교정되어야 할 이데올로기적 일탈에 붙인 이름에 그치는 것이 아니라, 또한 철학이 공산주의의 현실성을 규정하는 투쟁, 욕망, 충동과 의사소통하기 위해 통

---

45. 같은 책, 54 (강조는 인용자).

과해야 할 적절한 통로 역할을 수행하기도 한다.

현실성이라는 이념Idea

　판단력 있는 사람이라면 오늘날 현실성과 공산주의라는 두 단어가 한 문장에서 함께 사용되는 것을 틀림없이 보려고 하지 않을 것이다. 적어도 이런 점에서는 학식이 높은 철학자와 주류의 여론조사담당자가 놀랍도록 서로 일치한다. [철학자의] 형이상학에 대한 비판이 거의 대부분 [여론의] 지배적인 인상, 즉 소비에트 연방의 붕괴와 맑스주의의 완전한 위기에 비추어 공산주의는 도덕적으로 파산하였으며 정치적으로 한물 간 것이라는 인상을 보완하고 이에 이론적 신빙성을 제공해온 한에서는 그렇다. 기껏해야 우리는 반세기동안 끈질기게 지속되었던 탈구축[해체]deconstruction 덕분에 공산주의를 희미한 유령 같은 요소로서, 유령이 실제로 나타나는 일과도 같은 실현의 위협 없이 공산주의를 복권하는 일에 익숙하게 되었을 뿐이거나, 이것이 아니라면 언제나 현존하지만 현실성은 제거된 것이자, 늘 때 아닌 잠재력에 머무르는 공산주의의 반복에 익숙하게 되었을 뿐이다.
　바디우의 공산주의적 가설이라는 생각조차도 비현실성의 위험을 무릅쓰고 있다. 칸트적인 의미에서 단지 이성의 이념이며 결코 감각적 직관과 결합될 법한 지성 개념이 아니라는 점에서 그러하다. 바디우가 「공산주의적 가설」에서 공산주의를 규정하는 방식도 이렇다. "공산주의는 강령이라기보다는 칸트가 규제적인 작용을 하는 이념이라고 불렀던 것이다."[46] 몇 달 뒤 런던 학술대회에서 열린 "공산주의의 이념"을 말하는 자리에서 바디우가 이런 주장을 부분적으로 철회한 것은 분명해 보인다. 달리 말해 아마 지젝의 반론에서 몇몇 부분들을 받아들여 그는 자신의 이전 진술에서 두드러지게 칸트적이었던 부분들을 누그러뜨리면서, 대신에 공산주의적 가설의 정확한 지위는 철학적으로 말해 필연적으로 결정불가능한 것이라고 주장하는 쪽을 이제 택하고 있다.

이념Idea은 실재계와 상징계 사이에서 작용하는 매개로서, 언제나 개별자에게 사건과 사실the fact 사이에 위치한 어떤 것을 제공한다. 이것이야말로 공산주의 이념Idea의

---

46. Badiou, "The Communist Hypothesis," 35. 두말할 것 없이, 이처럼 칸트적 이념(Idea)으로 회귀하는 일을, 헤겔 이후에 (그리고 헤겔에 반대하여), 그리고 맑스 이후에 (맑스에 반대하여) 정치와 미학을 새롭게 사유하는 일의 일부로 제안하는 조류의 가장 위대한 지지자는 리오타르이다. 리오타르가 자신의 철학적 주저(主著)라고 생각하였으나 애석하게도 주목받지 못한 *The Differend : Phrases in Dispute* [쟁의 — 논쟁 중인 구절들], trans. Georges Van Den Abbeele (Minneapolis : University of Minnesota Press, 1988)을 보라.

실제적 지위에 대한 종결 없는 논쟁이 풀릴 수 없는 이유
이다. 공산주의의 이념은 그 용어법의 칸트적 의미에서,
어떤 실제적 효과도 낳지 않고 단지 우리의 지성에 타당
한 목표를 설정할 뿐인, 규제적 이념에 관한 문제인가? 혹
은 이는 세계 속에서 새로운 혁명 이후 국가의 행위를 통
해 시간을 들여 진행되어야 할 의제인가? 이것은 유토피
아인가? 아마 분명히 위험하고 범죄이기조차 한 유토피
아인가? 아니라면 역사에 나타난 이성Reason의 이름인가?
이런 유형의 논쟁은 결코 종결될 수 없다. 이념Idea의 주체
적 작용은 단순하지 않고 복잡하다는 단순한 이유 때문
이다.[47]

순화되어 있기는 하지만, 끈질기게 남아 있는 칸트주의
의 인상을 받는 독자가 있다 하더라도 어쩔 수 없는 노릇이
다. 베로니크 베르겐은 이 점을 미심쩍어한다.

이념Idea 혹은 가설과 그 실현을 분리하는 일을 통해 사람
들은 이중으로 문제적인 어떤 작용에 의지하게 되는 것이
아닐까? 한편으로는 (개념과 그것이 실현될 때의 역사적
인 형상 사이의 차이를 애초에 수립하는) 공공연하게 내

---

47. Badiou, "The Idea of Communism," 8.

세운 전제들 때문에 문제적이며, 다른 한편으로는 이 전제에 잇따르는 결과(선험적인[초월론적인] 것과 경험적인 것, 지성적인 것과 감성적인 것, 규제적 이념과 사실 사이의 분리에 기초한 칸트적인 장면으로 되돌아가는 일, 혹은 잠재적인 것과 현실적인 것이라는 들뢰즈의 판본으로 되돌아가는 일) 때문에 이중으로 문제적인 작용에 의지하지 않는가?[48]

이렇게 보면 공산주의의 이념을 구체적으로 현실화하는 일은 그것이 무엇이건 결코 그 고유한 철학적 일관성을 훼손하지 않는 것일지 모른다. 하지만 그러면 우리는 다시 사변적 좌익주의의 어떤 형식으로 되돌아가는 것 아닌가? "어떻게 하면 순수한 운동으로 공산주의의 가치를 증식시키는 일valorization과 공산주의의 퇴보라는 낙인을 찍는 일 사이의 분열이라는 난관에 빠지지 않을 수 있는가?" 베르겐은 또 이같이 묻는다. "어떻게 하면 반란 운동을, 그 결과와 그것이 이루어지기 위한 근거는 완전히 빠뜨린 채, 무익하게 찬양하는 수준에 머물지 않을 수 있는가?"[49] 혹시 사변적 좌익주의의 이와 같은 형식에 대한 대안 역시, 칸트의 어떤

---

48. Bergen, "Un communisme des singulaités," 17.
49. 같은 글.

유산들과 결별해야만 하는가?

공산주의의 현실성에 대한 맑스의 언급은 공산주의를 순수하게 규제적인 이념으로 제시하는 일의 바탕에 깔려 있는 칸트주의에 반대하고 이를 넘어서면서, 사물의 현상 태를 지양止揚하는 **실제적인**real, 혹은 **현실적인**actual 운동에서 헤겔적인 것과 마찬가지로 광범위한 헤겔적 지향을 드러낸다. 경로가 정해진 정신spirit의 모험은 대부분 어떤 고민도 없이 변증법적 사유와 같다고 여겨지지만, 만약 우리가 이처럼 고정된 정신의 모험 바깥에서 사유해낼 수 있다면 헤겔적 방향 설정은 그 힘을 하나도 잃지 않을 것이다. 프레드릭 제임슨은 최근 『헤겔 변주』에서 다음과 같이 강조한다.

> 여기에서 현실성이라는 단어 ― 실제성reality이나 이 단어 의 짝이 되는 'Wirklichkeit'라는 독일어보다 더 적확하고 유용한 영어 번역어인 'actuality' ― 는 완전히 헤겔적인 강령이다. 또한 우리는 헤겔에게 현실성은 이미 현실성 자신의 가능성과 잠재력을 포함하고 있다는 사실을 이해함으로써 내재성에 대한 헤겔의 교의에 가장 적절하게 접근할 수 있다. 가능성과 잠재력은 현실성과 어쨌건 동떨어진 세계 혹은 미래에 놓여 있기에 현실성과 분리되고 구별되는 것이 아니다. 가능성으로서, 실제를 약속하는 이것은 이

미 여기에 있으며, 단지 '가능한 것'이 아니다.[50]

달리 말하면 여기에서 우리는 현실성이라는 관념을 둘러싼 일반적이고 잘못된 개념파악을 넘어서야 한다. 이 통념은 현실성을 대개 말없는 현실reality과 같은 것으로 여기며, 더 섬세하게 보자면, 사유나 이념Idea의 원천적이지만 효과를 낳지 못하는 순수함과 대조되는 역사의 효과effectivity와 현실성을 같은 것으로 간주한다.

헤겔은 『소논리학』 §142에 붙인 말에서 다음과 같이 설명한다.

흔히 현실성과 사유 ─ 더 정확히는 이념Idea ─ 는 통속적으로는 서로 대립하며, 그에 따라 비록 어떤 사유의 진리와 정확성에 반론할 여지가 전혀 없다 하더라도, 그런 사유와 같은 것은 전혀 찾을 수 없다고 말하거나 실질적인 효과를 낳지 못한다고 말하는 것을 우리는 종종 듣게 된다. 그러나 이렇게 말하는 사람들은 그저 자신들이 사유의 본성도 현실성의 본성도 적절하게 해석하지 못하였다는 사실을 보여줄 따름이다. 왜냐하면, 한편으로 이런 종

---

50. Fredric Jameson, *The Hegel Variations* [헤겔 변주] (London : Verso, 2010), 70.

류의 모든 말들에서 사유는 주관적 표상representation, 즉 계획, 의도 등과 같은 뜻으로 가정되기 때문이며, 다른 한 편으로 현실성은 외부적인 것, 감각적인 실존과 같은 것 으로 가정되기 때문이다.[51]

　[인용문에서 헤겔이 비판하는] 이와 같은 일반적인 해석과 반대로 현실성이라는 관념은 공산주의와 결속해 사용될 때 사유와 실존의 내재성을 상정한다. 그렇기에 공개적으로 혹 독하게 비난받았던 이성적인 것과 실제적인 것 사이의 동일 성을, 역사의 객관적 경로가 보증하는 교조적인 것으로서가 아니라 정치를 위해 끝이 없이 진행되는 과업으로 받아들 이는 데까지 나아가게 된다. "단순한 외양과는 구별되는 것 으로서, 애초에 내향과 외향의 통일인 현실성은 이성을 결 코 그 자신과 다른 것으로 직면하지 않으며, 그리하여 반대 로 현실성은 끊임없이 지속적으로 이성적인 것이다. 그러므 로 바로 이런 이유로, 이성적이지 않은 것은 현실적이지 않 은 것으로 간주되어야 한다."[52] 핵심은 어쨌건 공산주의를 지각할 때, 실제가 적절한 짝을 제공하는 데 언제나 실패하

51. G. W. F. Hegel, *The Encyclopaedia Logic* [소논리학], trans. T. F. Ger-aets, W. A. Suchting, H. S. Harris, (Indianapolis : Hackett, 1991), 214. 피 슈바크(Fischbach)는 "Marx et le communisme" [맑스와 공산주의] 20 쪽에서 이 구절을 『독일 이데올로기』의 구절과 연결한다.

52. Hegel, *The Encyclopaedia Logic*, 214.

게 될 유토피아적인 아직-아닌 것으로 공산주의를 받아들이는 것이 아니라 사적인 전유를 거부하는 모든 순간과 집단적인 재전유의 모든 실행 가운데서 언제나 이미 여기에 있는 어떤 것으로 공산주의를 받아들이는 일이다. 지젝은 이렇게 쓴다. "이처럼 '아직-아닌 것'에서 '언제나 이미'로 도약하는 일의 존재론적 배경은 가능성과 현실성 사이에서 일종의 '자리 바꾸기'를 하는 것이다. 다시 말해 가능성 그 자체는, 현실성과 완전하게 대립하는 가운데, 그 자신의 현실성을 지닌다." 지젝의 문장은, 맥락이 약간은 다르지만 그럼에도 불구하고 공산주의의 현실성에 관한 논의와 관련이 있을 법한 글에 포함된 것이다. "헤겔은 언제나 현실성의 절대적인 중요성을 고집스레 주장한다. 참으로, '가능성의 조건'을 탐색하는 일은 현실적인 것을 추상하며, 또한 현실적인 것을 의문에 부친다. 이는 현실적인 것을 이성적인 기초 위에 (재)정초하기 위해서이다. 하지만 이 모든 숙고에서 현실성은 주어진 어떤 것으로 상정된다."[53]

이 책의 뒤이은 장들에서 나는 현실적인 것과 가능한 것 사이의 관계에 대한 이런 이해를 염두에 두고, 어떻게

---

53. Slavoj Žižek, *Tarrying with the Negative : Kant, Hegel, and the Critique of Ideology* (Durham : Duke University Press, 1993), 157 [슬라보예 지젝, 『부정적인 것과 함께 머물기 — 칸트 헤겔 그리고 이데올로기 비판』, 이성민 옮김, 도서출판b, 2007].

해서건 좌파를 위한 사유의 전통에 새로운 활력을 불어넣는 데 기여하겠다고 앞다투어 주장하는 사상가들과 일련의 흐름을 고찰하고자 한다. 이들의 기획은 공산주의의 현실화를 위한 시야를 열어젖힐 것인가? 아니면 오늘날 우리의 존재론적 배경, 즉 헤겔의 무한의 변증법보다 칸트의 유한의 분석론과 언제나 더 잘 맞아떨어지는 우리 시대의 존재론적 배경이 이들의 방향 설정을 거스르게 될 것인가? 그러나 이 마지막 질문에 답을 할 수 있게 되기 전에, 가장 급진적인 좌파 사상가들 중 몇몇이 일단 존재론으로 회귀할 필요를 상정하고 있으므로, 우리는 바로 이런 방법론 자체에 대한 이해에 도달해야만 하겠다. 요컨대 이들은 정치를 수행하는 사회주의 양식 혹은 공산주의 양식이, 정치의 존재 자체를 일단 존재론적으로 조사하는 우회로를 필연적으로 거쳐 가야만 한다고 제안한다. 예를 들어 샹탈 무프는 『정치적인 것에 대하여』라는 얇은 책에서 다음과 같이 강력하게 주장한다. "오늘날 우리는 정치적인 방식으로 사유하는 것이 불가능하다. 이는 '정치적인 것'을 그 존재론의 차원에서 이해하는 일의 결여에서 비롯된 것이다." 또 안토니오 네그리는 다음과 같이 썼다. "이 자리야말로 공산주의가 맑스를 필요로 하는 자리이다. 공산주의 그 자체를 일반적인 것 속에, 존재론 속에 위치시키기 위해서는 그렇다. 거꾸로도 마찬가지이다. 역사적 존재론 없이는 공산주의도 없다."[54] 그렇다면, 우리 시대 좌파의 정치철학에서 나타나는 이런 존재론적 회귀의 흐름이야말로 우리가 첫 번째로 고찰해야 할 대상일 것이다.

---

54. Chantal Mouffe, *On the Political* [정치적인 것에 대하여] (New York : Routledge, 2005), 8. Negri, "Est-il possible d'être communiste sans Marx?," 49.

1장

존재론적 회귀

어떤 얼간이가 혁명의 존재론을 말하나? 혁명이 형이상학을 필요로
하는 것이 아니라 형이상학자들이 혁명을 필요로 한다.

— 라울 바네겜, 『일상생활의 혁명』[1] —

존재의 요구

최근에 간행된 『좌파의 존재론』이라는 에세이 선집이 가장 선명하게 드러내듯, 우리는 오늘날 정치적 사유의 영역 도처에서 존재에 대한 질문이 되돌아오는 일에 직면하게 되었다. 이런 시기에 나는 아도르노가 『부정변증법』의 첫 번째 부분에서 "존재론이 요구됨에 따라 존재론이 앎의 대상이 되고 내재적으로 비판되는 사태, 바로 이야말로 문제 그자체"[2]라고 설명할 때의 어투를 반복해 보고자 하는 유혹을 느낀다. 이 설명의 모형에 어울리게 나 또한 다음과 같이 묻고자 한다. 좌파라고 자칭하는 사람들 사이에서 최근 이루어지고 있는 존재론적 회귀와 함께 떠오른 답안들이, "명료하게 드러난 질문의 반작용"일 수 있는 것은 대체 어떤 연유인가? 그리고 이 답안들은, "절대자the Absolute에 대한 앎에 관한 칸트의 선고['물자체는 알 수 없다'는 선고]가 사태의 종결이 되어서는 안 된다는 갈망"이라고 아도르노가 간주했던 것과 일치한다고 할 수야 없다고 하더라도 [아무튼] "무

---

1. [한국어판] 라울 바네겜, 『일상생활의 혁명』, 주형일 옮김, 이후, 2006.
2. Theodor W. Adorno, *Negative Dialectics*, trans. E. B. Ashton (London : Continuum, 1990), xx [테오도르 아도르노, 『부정변증법』, 홍승용 옮김, 한길사, 1999]. 그 밖에 Adorno, *The Jargon of Authenticity* [진정성의 사투리], trans. Knut Tarnowski and Frederic Will (Evanston : Northwestern University Press, 1973)을 보라.

엇인가 **빠져** 있다는 사실의 신호가 될, 절대적 필요성을" 대체 어느 정도나 "충족시키는가?"[3] 오늘날 좌파 존재론의 필요성을 다시금 묻기 위해서, 우리가 당시 독일에서는 새로웠던 기초 존재론(특히 하이데거의 존재론)에 대한 아도르노의 직설적인 — 바로 그랬기에 대개는 오해를 불러온 — 공격 수준까지 내려갈 필요는 없다. [다만] 이는 우선 정치를 위한 존재론, 그것도 좌파 내지 공산주의 존재론의 유용함과 불편함은 대체 무엇인지를 묻는 것을 의미할 뿐만 아니라, 이와 같은 정치적이면서 동시에 존재론적인 필요성이 애초에 어디에서 비롯된 것인지를 묻는 것을 의미하기도 할 것이다.

처음으로 해야 할 일은 오늘날의 정치적 사유의 맥락 속에서 존재에 대한 존재론적 질문이 우리에게 제시되는 일반 형식의 윤곽을 그려보는 것이다. 아도르노의 주장과는 반대로, 존재에 대한 존재론적 질문이 발생하는 방식은 이른바 실체성substantiality에 호소함으로써, 혹은 칸트의 등 뒤에서 비밀리에 다시 살아난 절대자의 이런저런 판본에 호소함으로써 이루어지는 것이 — 예전에는 그랬을지 몰라도 — 이제는 아니다. 실제로 오늘날의 정치적 존재론 모두가 공유하는 일반적 추정이 하나 있다면 이는 존재론이 실체 혹은 절대자the Absolute에 관한 질문이 아니라는 것, 그럴 수 없으

---

3. Adorno, *Negative Dialectics*, 61~63 [아도르노, 『부정변증법』].

며 그래서도 안 된다는 것이다. 존재의 현존도, 행위를 인도하는 존재와 사유의 동일성도 상정되지 않는다. 반대로 요즘의 존재론은 거의 같은 모양새로 유령 같은 것, 정체 없는 것nonidentical, 탈기초적인 것postfoundational 4으로 규정되는 경향을 띤다. 요즘의 존재론은 현존재가 아니라 유령이나 환영을 받아들이고자 하며, 실체나 사태가 아니라 사건을 받아들이려고 한다. [요즘의 존재론은] 다수로 나타나는 사건들이건, 혹 다르게는 존재 자체를 현시하는 단독적인 사건이건 간에 사건을 받아들이려고 하는데, 이는 시간상 과거나 미래에 속한다 하더라도 아무튼 그저 주어진 현재 [상태]와 결코 혼동되어서는 안 되는 것이다. 그 결과 확정된 정치란 있을 수 없다. 민주주의 정치나 급진 민주주의radical-democratic 정치조차 있을 수 없으며, 공산주의는 말할 것도

---

4. [옮긴이] 하이데거는 자신의 존재론을 기초 존재론이라고 일컬었다. 그의 기초 존재론은 존재하는 것들의 최종 근거인 '존재의 존재'(being qua being)에 대한 탐구를 이해 불가능한 영역에 있는 것으로 배제하고, 이에 대비되는 현존재 또는 존재자에 대한 탐구에 집중한다. 현존재(존재자적인 것)에 대해 탐구함으로써 최종적으로는 존재의 존재(존재론적인 것)에 대한 정당한 이해에 이르는 것이 하이데거의 기초 존재론에서 핵심적인 부분이었다. '탈기초적'이란 이와 같은 하이데거의 존재론 이후 존재의 존재에 대한 관심은 물론이고 현존재 또는 존재자에 대한 관심조차도 벗어던진 존재론의 어떤 양상을 지칭하는 말로 보인다. 본문에 바로 이어서 등장하는 라이너 쉬르만이나 올리버 마샤르트 같은 사람들이 이 말을 사용하며, 이 책에서 보스틸스는 '차이, 다수, 사건, 생성 등'을 주된 주제로 삼는 존재론을 탈기초적 존재론으로 간주한다.

없다. 이 같은 사실은 존재와 사건, 사건으로서의 존재를 조사하는, 철두철미하게 실체와 분리된 영역인 존재론에서 바로 도출되는 것이다. 물론 대부분의 논평자들은 황급하게, 민주주의야말로 ─ 대개는 직접민주주의, 급진 민주주의, 혹은 역시 기운데서 출현한 어떤 민주주의 형태와도 다른 도래할 민주주의라는 모습을 띠게 되는 민주주의야말로 ─ 형이상학의 시대가 폐쇄될 때에 존재론의 지평과 조화를 이루는 유일한 정치 형태 혹은 유일한 권력 체제가 될 것이라고 첨언하기는 한다. "그렇다면 논변은 다음과 같다. '무엇을 할 것인가?'라는 '특별한' 질문에 대해 철학자들이 전통적으로 제시해 온 답변에서 철학자들은 어떤 기준을 먼저 정초하는 일에 어떤 방식으로건 의존해 왔다. 그리고 그 기초를 놓는 작용은 존재론이라고 불리건 아니면 다른 어떤 것이라 불리건 간에, 아무튼 '일반적' 교의에 의해 보증되었다. 행위에 대한 이론들은 그것의 정형화된 사유 양식과 그 해답의 상당수를 이런 일반적 교의로부터 얻는다." 라이너 쉬르만은 이렇게 썼다. 그의 글은 탈기초적인 존재론, 더 적절하게 부르자면 반反원리an-archic[무정부]적 존재론, 다시 말해 아르케arkhé를 갖지 않으며 기준을 먼저 정초하는 원리나 기초를 갖지 않는 존재론을 실천적이고 정치적으로 적용하는 일의 윤곽을 처음으로 시도한 문헌들 중 하나이다. 그는 다음과 같이 계속한다. "결국 형이상학을 탈구축[해체]하는 일은 일종의 기초라고 여겨온 것을 역사적인 상황에 가져다 놓는다. 따라서 이 일은 일반 형이상학과 특수 형이상학 사이에서, 제일 철학과 실천 철학 사이에서 파생된 것들의 시대를 마감한다."5 그러나, 무엇이 좌파적이며 무엇이 좌파적이지 않은지를 판단하기 위해 필요한 몇 가지 주된 규준들을 우리 나름대로 상정한 것이 아닌 한, 이와 같이 기초에 반대하는 제안들이 특정하게 좌파적 성질을 띤다는 점이 언제나 당연한 것은 아니다.

---

5. Reiner Schürmann, *Heidegger on Being and Acting : From Principles to Anarchy* [존재와 행위에 관한 하이데거의 사유 — 원리들에서 아나키까지], trans. Christine-Marie Gros (Bloomington : Indiana University Press, 1990), 9. 쉬르만 자신은 "대체 어떻게 해서 정치의 체계는, 그리고 어떤 종류의 정치의 체계가, 기술문명의 시대와 조화를 이룰 수 있는가"라는 하이데거의 질문을 "필요에 따라 무시한다."고 줄곧 주장한다. 그럼에도 불구하고 그는 어김없이 다음과 같은 사실을 제시한다. 직접민주주의에 대한 경험은 아무리 그 경험의 시간이 짧다고 하더라도, 결국 현시하면서 수용하는 사건으로서의 존재와 관련된 경제학에 가장 잘 맞아떨어지리라는 것이다. 동일한 의제에 대한 보다 최근의 공식을 참조하면 다음과 같다. "민주주의는 하나의 특별한 정치 형태로서 유일하게 보편화할 수 있는 패러다임이다. 이것은 그 자신을 정초하는 원리를 자기 자신에 반대하여 뒤집을 수 있기 때문이다." Roland Végsö, "Deconstruction and Experience : The Politics of the Undeconstructible [탈구축[해체]와 경험 — 탈구축[해체]할 수 없는 것의 정치]," in Carsten Strathausen ed., *A Leftist Ontology : Beyond Relativism and Identity Politics* [좌파의 존재론 — 상대주의와 정체성 정치를 넘어서] (Minneapolis : University of Minnesota Press, 2009), 140. 급진 민주주의의 정치철학에 대한 비판에 관해서는 나의 책 『바디우와 정치』의 8장을 보라.

탈구축[해체]와 정신분석 사이에서

하이데거와 라캉은 각각 어떤 지배적인 흐름을 대표한다. 곧 이 두 사람은 주로 대담한 고쳐 읽기나 창의적인 오독 가운데, 칼 슈미트와 발터 벤야민의 저작에서 익힌 억양을 덧붙여 실천적이거나 정치적인 실마리를 통해 존재론의 질문을 되살리는 일에서 두 종류의 흐름을 여지없이 대표한다. 이 맥락에서 하이데거의 중심적 역할은 말할 필요도 없다. 그의 존재론이 가져온 정치적 결과가 여전히 뜨거운 논쟁의 주제로 남아 있는 바로 그 순간에도, [바디우에 따르면] 조금도 과장하지 않고 "철학에서 우리 시대는 존재에 관한 질문으로의 회귀라는 신호를 뚜렷이 보였다고 말할 수 있으며, 이야말로 하이데거가 우리 시대를 지배하는 이유이다. 그는 세심하게 진단 목록을 작성하였으며, 사유를 재편성하는 일, 한 세기[19세기] 동안의 비판철학과 막간의 현상학 이후에 '존재자들의 존재를 통해 무엇을 이해해야 하는가?'라는 사유의 본원적인 질문을 가지고 사유 자체를 재편성하는 일을 명백히 자기 작업의 주제로 삼았다."[6] 그런

---

6. Alain Badiou, *Deleuze : The Clamor of Being*, trans. Louise Burchill (Minneapolis : University of Minnesota Press, 2000), 19 [알랭 바디우, 『들뢰즈-존재의 함성』, 박정태 옮김, 이학사, 2001].(보스틸스가 영어 번역 수정함)

데 [철학에서뿐만 아니라] 라캉의 정신분석학 작업조차 존재론과 연관된다. 라캉의 사위이자 곧 라캉의 지적 유산의 공식적 집행인이 된 자크-알랭 밀러는 벌써 1964년에 이를 알아채고 라캉에게 그의 존재론에 관해 물었다. 이에 대해 라캉은 "저는 먼저 그[밀러]가 존재론이라는 용어로 정확히 무엇을 의미하려 했는지를 들었어야 했습니다만"이라고 겸손하게 답하였지만, 곧 "무의식이 처음으로 출현할 때와 관련해 사람들이 까맣게 잊고 있는 – 의미 없지 않은 방식으로 잊힌 – 특성, 다시 말해 무의식이 존재론에 자신을 맡기지 않는다는 사실"을 강조한다. 그런데 동일한 세미나에서 몇 주 뒤에 라캉은 겉으로는 자기 자신과 모순된 이야기를 하는 것 같다. "이 기회를 빌려 저는 혹자의 질문에 당연히 저도 소박한 것이든 세련된 것이든 다른 사람들처럼 저 자신의 존재론을 가지고 있다고 답할 수도 있겠지요. 왜 저라고 없겠습니까?"7 이와 같은 모호한 자기 평가와 관계없이 우리는 이 시대 라캉의 가장 통찰력 있는 독자[바디우]와 더불어 다음과 같은 결론을 내릴 수 있을 것이다. "정신분석이 존재론이건 아니건, 라캉에 의한 정신분석은 철학에 일반적 수

---

7. Jacques Lacan, *The Seminar of Jacques Lacan,* ed. Jacques-Alain Miller, *Book XI : The four Fundamental Concepts of Psychoanalysis,* trans. Alan Sheridan (New York : W. W. Norton, 1981), 29, 72 [자크 라캉, 『자크 라캉 세미나 11 – 정신분석의 네 가지 근본 개념』, 맹정현·이수련 옮김, 새물결, 2008].

정을 가한다. 정신분석은 분명히 진리가 실재에 의지하는 방식을 다루고 있다."[8]

현존으로서 존재의 형이상학을 탈구축[해체]하는 하이데거의 작업과 자아^ego인 주체의 이데올로기를 타도하는 라캉의 작업 사이에 어떤 일반적인 작업틀이 놓여 있다. 우리는 이 틀에 자크 데리다, 조르지오 아감벤, 에르네스토 라클라우, 샹탈 무프, 알랭 바디우, 그리고 슬라보예 지젝 같은 저자들을 배치할 수 있는데, 이들의 저작은 오늘날의 정치적 사유에서 나타나는 '존재론적 회귀'에서 비롯된 대부분의 논의를 지배한다. 모든 논의를 포괄하는 맑스주의의 유산을 제외하고 생각한다면, 이와 같은 하이데거적이면서 라캉적인 작업의 틀에 주된 예외로 즉각 꼽을 만한 것은 신스피노자주의적이거나 들뢰즈적인 존재론, 즉 순수한 내재성으로서 실체의 존재론 혹은 생 그 자체인 존재의 존재론일 것이다. 이런 존재론을 공산주의적 좌파에 기여하기 위해 제시한 사람은 다른 누구보다 안또니오 네그리와

---

8. Badiou, *Theory of the Subject*, 135. 초기 라캉의 존재론적 성찰에 관해서는 프랑소아 발메스의 *Ce que Lacan dit de l'être* [존재에 관해 라캉이 말한 것] (Paris : PUF, 1999)을 보라. 라캉 정신분석의 존재론에 대해 지젝이 얼마나 공을 들였는지에 관해서는 에이드리언 존스톤의 *Žižek's Ontology : A Transcendental Materialist Theory of Subjectivity* [지젝의 존재론 − 주체성에 대한 선험적 유물론 이론] (Evanston : Northwestern University Press, 2008)을 참고하라.

마이클 하트이며, 이들은 세 권짜리 걸작, 『제국』, 『다중』, 『공통체』[9]를 통해 이를 보여 주었다. 그러나 이와 같은 생기론적 존재론은, 사건에 대한 존재론이라고 마찬가지로 주장하고 있음에도, 『좌파의 존재론』 같은 에세이 선집에서는 덜 다루어지고 있을 뿐만 아니라, 서로 상반되는 이유로 심하게 공격받고 있다. 생기론적 존재론은 한편으로 생생한 신체적 물질성의 차원을 회피하는 것일 수 있다는 점에서 위험할 정도로 관념적이라고 공격받으며, 그러면서도 동시에 이것이 유령의 불확정성indeterminacy — 이 유령들의 기분 나쁜 미소는 그 모든 선한 의도에도 불구하고, 공산주의적 강령이건 아니건 기존의 정치적 강령이라면 어떤 것으로건 환원 불가능하다고 밝혀지게 된다 — 을 내쫓으려驅魔 하는 한, 지나칠 정도로 확고하게 유물론적이라고 공격받는다. 한 비평가는 "비록 하트와 네그리가 사도 바울을 인용하며 오늘날의 정치경제학 내부에 있는 '육신[살]의 권력'에 관해 주장한다 하더라도 이 육신은 이상하게 유령처럼 실존하는 것 같다."고 말한다. 반대로 다른 사람들에게 이렇게 실존하는 것은, 정확히는 유령 같지 않거나 혹은 지나치게 의존적이거나 예

---

9. [한국어판] 이 세 권의 한국어판 서지사항은 다음과 같다. 안토니오 네그리·마이클 하트, 『제국』, 윤수종 옮김, 이학사, 2001. 『다중』, 조정환·정남영·서창현 옮김, 세종서적, 2008. 『공통체』, 정남영·윤영광 옮김, 사월의책, 2014.

측 가능한 방식으로 유령 같기에, 이들은 다음과 같이 말한다. "이제까지 정치적인 것은 전적으로 환영幻影의 편이었다. 이 환영이 의지할 만하고 예측 가능하며, 신뢰할 만하다고 믿으면서 그러했다. 이러는 동안에 유령들은 시간과 공간의 어중간한 자리에 있는 어떤 인간도 존재하지 않는 곳에 머무르면서 제자리를 잃은 것으로 보인다."[10] 익숙한 방식대로 공산주의의 유령들을 쫓아내는 것이 아니라, 불안을 낳는 유령들이 머무르는 충실성의 우울한 태도 혹은 우울증이야말로, 지배mastery, 사회 운동, 그리고 전투적 투쟁이라는 모든 환상으로부터 좌파의 존재론을 위한 기획을 빼내기subtract 위하여 필요하다고 여길 수도 있는 이유는 바로 이 때문이다. 그리하여 "네그리는 새로운 것을 품안에 감싸고 있는 힘차고 씩씩한 정치적 행위자의 형상을 계시하였지만, 그의 전망과는 반대로 유령이 깃든 불안한 주체는 제자리에 돌처럼 굳어 있다. 주저하기로 결정함으로써, 죽지 않은 자들, 버려진 자들, 기억되지 않는 자들 — 기념비적 역사의 계산 명부에 아직 오르지 못한 이 모든 이들에게 충

---

10. 네그리의 작업에 대한 비평은 각각 다음과 같다. Christopher Breu, "Signification and Substance : Toward a Leftist Ontology of the Present [의미작용과 실체 — 오늘날의 좌파 존재론을 향하여]," in Strathausen, ed., *A Leftist Ontology*, 200. 그리고 Klaus Mladek and George Edmonson, "A Politics of Melancholia [우울증의 정치]," ibid, 226.

실할 것을 선언함으로써 말이다."[11] 공산주의의 정치적 존재론도 역시 마찬가지로 이 유령 같고 머뭇거리는 존재들의 부름에 주의를 기울일 수 있어야 할 것이다. 변명도 확신도 없이 그럴 수 있어야 할 것이며, 맑스에서 네그리까지 이어지는 투쟁적 정치의 전통 전체를 특정한 형이상학의 역사에 결부시켜 버리는 것으로 여겨지는 진정성에 대한 보장과 성공의 확실성 없이도 그렇게 할 수 있어야만 할 것이다.

형이상학의 폐쇄 속의 좌익주의

달리 말하면, 오늘날 대체로 존재론은 포스트형이상학적인 것으로 여겨진다. 우리가 형이상학이라는 말을 "동일한 것은, 분명, 사유와 존재"[12]라는 원리를 가진 아주 오래

---

11. Mladek and Edmonson, "A Politics of Melancholia," 227. 이 글에서 저자들은 네그리의 다음 글에 응수하고 있다. "The Specter's Smile [유령의 미소]," in Michael Sprinker ed., *Ghostly Demarcations : A Symposium on Jacques Derrida's "Specters of Marx* [유령 같은 경계 — 자크 데리다의 "맑스의 유령들"에 관한 학술토론회]," (London : Verso, 1999), 5~16.
12. 파르메니데스, 단편 3. 이 맥락에서 니체가 『권력에의 의지』에 포함된 1888년의 한 초고에서 다음과 같이 썼을 때, 그는 형이상학의 폐쇄를 개시했다고 말할 수 있을 것이다. "파르메니데스는 '존재하지 않는 것을 사유할 수 없다'라고 썼다. 그러나 우리는 완전히 반대편에서 '사유의 대상이 될 수 있는 것은 분명히 허구적인 것이다'라고 말한다."(Friedrich

된 담론이라고 이해한다면 그렇다. 내가 보기에 형이상학의 특징을 이렇게 나타내는 것은 다른 방식보다 특별히 나쁘다고 생각되지 않는데다가 어쨌건 간결함의 미덕을 가지고 있기도 하다. 하지만 이런 설명에는 문제가 있다. 이것이 하이데거뿐만 아니라 바디우 같은 철학자 ─ 둘은 모두 소위 탈기초적 사유의 모형을 제시한 것으로 널리 여겨지고 있다 ─ 가 파르메니데스적 원리에 최종적으로는 동조할 수 있다는 점까지도 무시하는 것이 문제이다. 다만 하이데거의 경우에는 사유의 이름으로 형이상학을 쫓아냄으로써 그렇게 하며, 하이데거와 반대로 바디우는 (이 점에서는 들뢰즈 및 네그리와 마찬가지로) 형이상학의 종말 혹은 폐쇄에 관한 모든 논쟁을 전적으로 사소한 문제로 취급하고 우회하면서, 자신의 존재론과 주체 이론이 새로운 형이상학을 시사한다는 생각을 드러내 놓고 받아들인다. 그렇다 하더라도 오늘날 극히 일부의 경우를 제외하면 대부분의 근본적인 형이상학적 탐구들이 사유와 존재의 비동일성으로부터 출발하는 것처럼 보인다는 사실을 무시하기는 어렵다. 더 나아가

Nietzsche, *The Will to Power*, trans. Walter Kaufmann and R. J. Hollingdale (New York : Vintage, 1967), 잠언 539 [프리드리히 니체, 『권력에의 의지』, 강수남 옮김, 청하, 1988]). 이 초고의 중요성에 대한 언급으로는 Philippe Lacoue-Labarthe, "La fable [우화]"(1970), in *Le sujet de la Philosophie (Typographies 1)* [철학의 주체 (활판 1)] (Paris : Aubier-Flammarion, 1979), 7~30쪽을 참고하라.

우리는 오늘날의 형이상학적 탐구와는 다른alternity 관점에서, 타자의 윤리학은 동일성의 형이상학을 붕괴시킨다는 레비나스적인 의미에서 말할 수도 있으며, 혹은 가야트리 스피박이 주장하는 것처럼 "역사가 논리로서 서사화되는 장소의 절대적 한계지점은 필연적으로 서발턴이다."[13]라는 의미에서 오늘날의 형이상학적 탐구에 비주류인subalternity 관점에서 말할 수도 있다. 존재와 사유, 이뿐만 아니라 역사와 논리는 요컨대 연결을 잃거나 서로 떨어지며, 이 경우 이와 같은 분리의 방식은 더 이상 용어의 옛 의미에서 변증법적인 것조차 아니다. 이는 정치에 매우 심각한 결과를 불러일으키는데, 존재를 사유하기 위한 패러다임을 행위의 실천형식들과 이어 주는 필연적 연관이 모두 사라져 버린다는 점에서 특히 그러하다. 대신에 좌파의 존재론은 스스로를 이 연관의 사라짐delinking 혹은 사회적인 것의 풀림unbinding 그 자체에 맞게 조정해야 할 것이다. 그에 따라 진부한 것은 말할 것도 없고 완고하다고까지 할 정도로 다음과 같은 모티프들을 고수한다. 이 모티프들은 — 여기에서는 고유명사에 대한 언급은 삼갈 텐데 — 나눌 수 없는 잔여 혹은 잉여, 구성

---

13. Gayatri Chakravorty Spivak, "Subaltern Studies : Deconstructing Historiography [서발턴 연구 — 역사편찬 탈구축[해체]하기]," in Ranajit Guha and Gayatri Chakravorty Spivak eds., *Selected Subaltern Studies* [서발턴 연구 선집] (New York : Oxford University Press, 1988), 16.

적인 외부, 상징화에 절대적으로 저항하는 실재, 결핍과 초과의 변증법, 순수하고 단순한 현시로부터 재현을 떨어뜨려 놓는 필연적 간격 같은 것들이다.

그렇다면 좌파적이건 우파적이건, 아니면 공산주의적이건 반동적이건 간에, 존재론 그 자체가 존재의 존재being qua being 14에 대한 담론을, 지속적으로 이루어지는 완전한 폐쇄로부터 보호하는 것은 아니다. 물론 이 경우에는 우리가 존재의 존재에 종교적이거나 신학적이라고 부를 법한 방식으로 어떤 도덕적 가치 − 선하건 악하건 − 를 귀속시키지 않는다는 점이 전제된다. 오히려 존재의 존재에 대한 담론을 폐쇄되지 않게 막는 것은 [존재와 관련된] 난관impasse 혹은 난문aporia에 부여된 특별한 방향 설정이다. 이런 점에서 『존재와 사건』 전체에 걸쳐 존재론의 세 가지 근본적인 방향 설정 − 구성주의적 존재론, 초월적 존재론, 유적 존재론 − 을 구별하여 탐사하는 바디우의 방식은 유용할 것이다. 특히 바디우의 구별이 우파, 좌파, 혹은 중도라는 세 분파 중 어디에도 정확히 들어맞지 않으며, 정치적 존재론에 관해 이루어지는 오늘날의 논쟁에 일반적인 내재성, 초월성, 그리고

14. [옮긴이] 아리스토텔레스는 『형이상학』에서 "있음을 있음이게 만드는 어떤 것", "있음의 최고 원리"를 '존재의 존재' 또는 '존재로서의 존재'라고 규정한다. 보스틸스가 뒤이어 본문에서 설명하는 바와 같이, 형이상학이 폐쇄된 것처럼 보이는 오늘날에도 존재의 존재에 대한 담론은 여전한 의의를 가진다.

실패했거나 불완전한 내재성–속의–초월성이라는 구별(비록 이 경우에는 유사한 부분과 겹치는 부분이 비교적 현저하지만)에도 정확히 들어맞지 않기 때문에 그러하다. 이것들을 간략히 정리해 보자. 구성주의적 방향 설정은 정교하게 정형화된 언어의 주름 속에 난관을 되돌려놓음으로써 이 난관을 축소시킬 길을 찾는다. 다음으로 초월적 방향 설정은 유사 신비주의적인 저 너머 수준까지 난관을 끌어올린다. 마지막으로 유적인 방향 설정은 식별 불가능한 것^{the indiscernible}의 실존을 상정하는데 이것을 가지고 존재의 난관을 당면한 상황 속에서 일어난 어떤 사건의 효과로서 해석하려 한다. 그렇기에 [유적인 방향 설정에서는] 사건을 구성하는 전제 조건들의 총합 속으로 난관을 접어 넣지도 않으며, 예전에 신이 차지하고 있던 자리에 놓인 기적적이거나 괴물 같이 숭고한 사태 자체^{the Thing}의 수준까지 [존재의] 난관을 높이 올리지도 않는다.

맑스와 프로이트의 교의는 엄격한 의미의 존재론을 넘어서는 자리로 우리를 데려가며 아마도 네 번째인 반反철학이라는 선택지를 열어줄 것이다. 더 나아가 우리는, 이들을 따라, 유적인 방향 설정, 혹은 식별불가능한 것의 방향 설정이 다음과 같은 점까지도 보여 준다고 주장할 수 있을 것이다. 곧 존재에 대한 학은, 자신에게 고유한 교착 상태 혹은 난관을 통해서, 모종의 개입하는 주체를 소급해서 명확히 할 것을 전제하며, 이같이 개입하는 주체 없이 존재론이 처한 난관은 애초에 분명해질 수조차 없다는 점을 보여 준다는 것이다. "그 가설은 사람들이 오직 사건과 개입의 견지에서만 정의롭지 않은 것에 **정의를 부여할 수** 있다고 말하는 것으로 이루어진다. 따라서 존재의 풀림에 겁먹을 필요는 없다. 왜냐하면 바로 이런 존재의 풀림을 내기에 거는 진리 절차를 포함하여, 모든 진리 절차는 정원외적supernumerary 비非존재의 결정불가능한 돌발에서 비롯되기 때문이다."[15] 오늘날의 정치철학 가운데 이루어지는 존재론적 회귀 배후에서 규정 방식의 완전한 대립을 좌우하는 것은 — 곧 우리가 존재론적 회귀의 주요 모순이라고 부르거나 그 기초적 가름선이라고 부를 수 있는 무언가를 좌우하는 것은 — 좌파의 존재론을 이런저런 형식으로 정교하게 만드는 일보다는 좌파의 (혹은 공산주의 — 좌파와 공산주의는 반드시 같지는 않다 — 의) 주체 이론의 가능성에 좌우되는 것이 틀림없어 보인다. 주체는 실질적으로는 오늘날의 좌파 존재론을 위한 가장 급진적인 논변들 중 몇몇에 의해 빗금 그어지거나 막히고, 지워지거나, 순전한 잠재성virtuality의 수준 혹은 현실성 없는 잠재적 가능태potentiality의 수준에 갇힌 것으로 나타난다.

더 단순하게 달리 말해 보면, 아무튼 좌파의 존재론이

---

15. Badiou, *Being and Event*, 284~285 [바디우, 『존재와 사건』].

라는 선택지 ─ 좌파 존재론의 필요성이라고 말할 수는 없더라도 ─ 를 선호하는 최근의 여러 논변 뒤에서 말해지지 않은 전제는 다음과 같은 것으로 여겨진다. 존재론에서 좌파의 방향 설정은 존재의 존재에 대한 담론의 유령 같은 나머지[16] 혹은 그것에 고유한 간격gap을 인정하고, 적극적으로 대면하거나, 받아들이려고 한다. 이에 반해 우파의 방향 설정은 이 간격 혹은 나머지를 부인하고, 억압하며, 쫓아내는 것이다. 『좌파의 존재론』의 편집자인 칼슨 스트라타우젠은 서론에서 이렇게 썼다. "그러므로 좌파의 존재론은 나날의 정치적 실천 ─ 그리고 그저 '정치적인 것'만이 아닌 실천 ─ 이, 우리 세계의 본성 자체 및 의사소통의 방식에 관한 나날의 투쟁에 의해, 누가 우리 세계의 경계선을 그려내고 그 규칙을 시행할 권력과 권리를 소유하는가에 관한 바로 이런 나날의 투쟁에 의해 규정된다는 사실을 인정한다." "그러나 관건이 되는 것은 그저 아무개 존재론이 아니라, 그 역설적이고 반反기초적인 지평을 인정하고 이 지평을 통해 사유하는 존재론이다."[17] [그런데] 이는 아도르노 자신의 부정변증법조차도 아마 저자인 아도르노가 바란 것과는 반대로 개념과

---

16. [옮긴이] 'remainder'는 '나머지'로 통일해서 옮겼다. 다만 보스틸스가 지젝의 책 『나눌 수 없는 잔여』를 말한 경우에 한해서, 기존 번역을 존중하여 '잔여'로 옮겼다.

17. Carsten Strathausen, "Introduction : Thinking Outside In [서문 ─ 뒤집어 사유하기]," in Strathausen, ed., *A Leftist Ontology*, xxvi.

비非개념화된 것 사이의 간격에 매달려 있기에, 좌파 존재론의 개요에 적절히 들어맞을 수 있다는 점을 의미한다. 어쨌든 아도르노는 마치 그가 죽은 뒤 이루어질 이런 고쳐 읽기를 가능케 하는 것처럼 글을 쓴다. "구체적인 유토피아의 가능성과 관련하여, 변증법은 사물들의 그릇된 상태the wrong state of things의 존재론이다. 사물들의 바른 상태는 변증법으로부터 자유로울 것이기에, 체계도 아니며 모순도 아니다."[18] 하지만 이런 점이 비동일성에 관한 성찰이자 비동일성의 성찰인 부정변증법 그 자체가 잠정적으로는 자신의 기초 존재론을 상정하고 있다는 비난으로부터 부정변증법을 자유롭게 만들지는 않는다. [그런데] 이와 같은 비난은 아도르노 자신이 하이데거를 겨냥해서 행한 것이자, 아도르노와 같은 접근 방식[을 채택한 사람들]이 하이데거의 유산을 책임 있고 비판적으로 계승하려는 사상가들로부터 비롯된 차이의 철학을 겨냥하여 행할 법한 비난이다.

정치적 존재론과 그 속의 불만

그럼에도 불구하고 앞에서 암시했던 바와 같이, 정치의

---

18. Adorno, *Negative Dialectics*, 11 [아도르노, 『부정변증법』].

존재론적 기초를 수립할 필요성에 대해 모두가 동의하는 것은 아니다. 오늘날 대부분의 경우가 그러하듯 이처럼 기초를 수립하는 일이 실제로는 기초를 수립하지 않거나, 기초에서 벗어나거나, 기초 없는 심연으로 침잠하는 일이라 할지라도 그러하다. 그렇기에 정치 이론에서의 존재론적 회귀를 둘러싼 논쟁에 참여하는 많은 이들은, 존재의 존재에 관한 담론이 정치적인 세부 규정을 포함하여 경험적인 세부 항목의 모든 규정으로부터 빠져나와야만 하는 것인 한, 어떤 존재론에 대해서건 그 우파적이거나 좌파적인 본성을 우리가 가늠할 수 있게 만들어 주는 기준 혹은 지표 그 자체를 의심한다.

문제 혹은 이율배반은 다음과 같다. 둘 사이에서 하나를 결정하기 위해 필요한 현실 지표의 공유가 존재하지 않는다면, 사람들은 하나의 "세계"thing world가 다른 세계보다 더 낫다고 (가령 어떤 것이 되건 간에 사회주의를 자유주의보다 나은 것으로) 경험적으로 약속할 수는 없다. 이와 동시에 순수하게 이론적이거나 규범적인 약속은 그 선택의 정당성이 실천적인 수준에서 입증되지 않는 한 공허하다. 다시 말해 선택된 체계의 사태를 그 사태 자체의 타당함의 지표로 삼는 자명함 — 나는 이를 자명한 위력apodictic force이라고 부를 텐데 — 을 해당 체계의 사태가 갖고 있다는 수준에서 [한 체계에 대한] 선택의 정당성이 입증되지 않는 한 순수하게 이론적이거나 규범적인 약속은 공허하다.[19]

이런 이율배반은 좌파 존재론의 기획 자체를 구성한다. 좌파의 존재론이라는 말을 살필 때, 우리의 근대 정치 이데올로기를 우파와 좌파로 나누게 된 역사적 기원에 놓인 1791년 프랑스 입법의회의 특수한 좌석 배치와, 비규정적이라고 할 수야 없겠지만 유적generic이라고는 할 법한 존재의 존재, 이 둘 사이에서 성립 가능한 관계가 도대체 무엇인지 물을 수 있다. 『좌파의 존재론』에 참여한 몇몇 저자들은 이와 유사한 의문을 표명하면서[좌파의 존재론?] 그들의 기획에 붙인 제목 끝에 우리가 물음표를 다시 붙이지 않아도 되는 것인지 궁금하게 여긴다. 최종적으로 거의 대부분의 저자들은 좌파의 존재론이 탈기초적 존재론으로부터 단순하게 파생되었다는 관점을 거부한다. 이런 관점은 기껏해야 불합리한 추론non sequitur에 그치며 최악의 경우에는 수행 모순[20]이 되

---

19. Benjamin Robinson, "Is Socialism the Index of a Leftist Ontology? [사회주의는 좌파 존재론의 지표인가?]," in Strathausen, ed., *A Leftist Ontology*, 102.

20. [옮긴이] '수행 모순'(performative contradiction)이란 사변을 통해 세운 기준을 수행 과정에 동일하게 적용할 수 없을 때 발생하는 모순이다. 가령 아도르노의 이성 비판은 그와 같은 비판을 수행하는 아도르노 자신

기 때문이다. 롤란드 베그소는 이를 유용하게 요약한다.

> 탈구축[해체]의 기초적인 통찰 중 하나는 주체성을 구성
> 하는 주요한 존재론의 영역이 뿌리부터 결정불가능한 것
> 이라는 점이다. 그렇기 때문에 정치를 존재론에 기초하여
> 세우는 일은 불가능하다. 다시 말해 근본적인 결정불가
> 능성에서 좌파의 정치로 향하는 논리적 이동이란 존재하
> 지 않는다. 이것이야말로 탈구축[해체]의 존재론(혹은 혼
> 재론魂在論, hauntology)이 본질적으로 좌파적일 수 없는 이
> 유이다. 물론 좌파의 목적에 따라 이를 사용할 수야 있겠
> 지만, 이 사용은 존재론의 수준에서가 아니라 규범적 수
> 준에서 한정되어야만 한다.[21]

하지만 [『좌파의 존재론』의] 몇몇 저자들은 명시적으로건
암묵적으로건, 존재론이라는 단어를 엄격한 의미에서 존재
의 존재에 대한 학을 가리키기 위해 사용한다기보다는 기
존의 정치적이면서 철학적인politico-philosophical 입장 배후에
있는 기초적 전제 — 이를 기존의 정치철학적 입장의 흔들림 없
는 약속과 근본적인 가정의 주춧돌이라고 지칭할 수도 있을 텐

의 이성에 대해서는 적용되지 않는다는 점에서 수행 모순에 빠질 수 있다.
21. Végsö, "Deconstruction and Experience," 143.

데 ─ 를 가리키기 위해 사용한다. 이들은 이처럼 가치가 부여되고 정동affect이 주입된 차원을 명명하는 단어로 "존재론"이라는 말이, "정치인류학"이나 예전의 좋았던 "이데올로기"라는 말보다 훨씬 부적합할 수도 있다는 점은 전혀 개의치 않는다. 윌리엄 라쉬는 정치에서 존재론의 필요성을 완전히 거부하는 데까지 나아가기도 한다. "좌파의 존재론이란 존재하지 않는다. 덜 존재론적으로 말해 보겠다. **좌파의 존재론은 없어야 한다.**"[22] 그러나 이 말을 한 저자 자신은, 합의와 공적인 숙의보다 갈등과 폭력이 존재론적으로 선차적이라는 관점 등에 자신이 기본적으로 연루되어 있다는 사실을 분명히 밝히라는 요청에 대하여, 앞서 그가 말한 것과 같은 이유로 이를 무시하지 않는다.

라쉬의 경고는 정치에 대한 급진 존재론적 방향 설정과 관련되는 요술적 매력과 실제적 위험을 강조하는 데 효력을 가지는데, 이런 종류의 급진 존재론적 방향 설정은 벤야민이나 아감벤의 작업에서 찾을 수 있는 것이다. 사실 라쉬의 논변은 오늘날의 정치적 사유에서 나타나는 존재론의 필요성이 바로 급진화 ─ 이것이 근대의 관리되는 세계로부터 완전하고 완벽하게 벗어날 수 있는 순수화된 정치를 주장함으로써

---

22. William Rasch, "The Structure of the Political vs. Politics of Hope [정치적인 것의 구조 대 희망의 정치]," in Strathausen, ed., *A Leftist Ontology*, 3.

이루어지건, 아니면 위험과 구제가 양가성ambivalence의 힘으로 합쳐지는 전환점을 좇음으로써 이루어지건 간에 ─ 에 대한 종말론적이며 파멸적이라고도 할 만한 욕망에서 비롯되며, 다시 말해 『호모 사케르』의 저자[아감벤] 이후에 그토록 빈번하게 추구되었던 유명한 비식별역zone of indistinction에 대한 욕망에서 비롯된다는 점을 주장하는 것 같다. "당연히 이는 존재론의 필요성이 갖는 위험성이다. 이 유혹은 정치적인 것을 정확히는 신학적인 용어, 말하자면 메시아적 구원의 용어들로 사유하려는 유혹이 되기 때문이다." 라쉬는 이렇게 말하며 오히려 막스 베버를 따라 정치적인 것에 대해 신중하면서도 분명히 더 세속적인 관점을 옹호하는 것으로 여겨진다. "영광스런 자기희생이 아니라 상존하는 폭력의 가능성을 인식하고 있는 정치 윤리야말로, 구제되지 않았으며 구제될 수 없는 타락 상태 가운데 있는 인간 존재에 속한 윤리이다. 시민적 완벽함이 아니라 시민적 평화야말로 이와 같은 정치의 목표이다."[23] 이와 유사하게 우리 또한 구원과 파멸의 얽힘에 대한 경고에 유의해야 하겠다. 아감벤의 아우슈비츠에 관한 논의에서 이 [양가적] 뒤얽힘은, 아감벤 자신이야 그 위험성에 대해 그 나름의 치료제를 갖고 있었을지 몰라도, "아도르노나 하이데거조차 익숙하지 않을 법한 방

---

23. 같은 글, 14.

식으로 사유의 유사 종말론적 형상을 자신의 도구로 삼는다." 그리하여 "만약 정치가 존재론을 터전으로 삼는 일의 대가가, 아감벤 자신의 비판적 설명의 도움을 받아야 분석할 수 있는 그런 종류의 양가성을 영속시키는 일이라면, 우리는 모든 종류의 존재론화ontologization를 포기해야만 할 것이다. 아우슈비츠를 다룬 책에서 수행한 아감벤의 윤리적 성찰을 성스러운 인간[호모 사케르]에 대한 그의 냉철한 분석 및 양가성 정리에 대한 그의 비판과 분리하는 일은 틀림없이 가능하다."²⁴

좌파의 존재론에 대한 탐색은 달리 말하면 급진적인 만큼 공허하기도 한 좌파 사상의 존재론화를 낳을 위험을 무릅쓰고 있다. 젊은 맑스 자신은, 급진적인 것이란 문자대로 풀이하면 사물의 뿌리로 향하는 것을 말한다는 사실을, 또 그에게 이는 인간의 정수를 의미한다는 사실을 즐겨 상기하지 않았던가?²⁵ 그렇다면 기반이 부재한 인간 정수의 뿌리 뽑힘을 드러내기 위해서 이 시대의 존재론적 질문이라

---

24. Eva Geulen, "The Function of Ambivalence in Agamben's Reontologization of Politics [아감벤의 정치의 재존재론화에 나타나는 양가성의 기능]," in Strathausen, ed., *A Leftist Ontology*, 28.
25. [옮긴이] 이 책에서는 혼동의 위험을 무릅쓰고 맥락에 따라 'radical'을 '급진적'이라고 옮기거나 '근본적'이라고 옮겼다. 바로 이 문장에서 언급하는 바와 같이, 'radical'이란 "사물의 뿌리로 향하는 것"도 의미하기 때문이다.

는 이름으로 모든 인본주의적 인류학을 포기하는 일보다 더 급진적인 것이 무엇이겠는가? 그러나 이런 급진화를 위해 지불해야 하는 대가는 도래할 정치를 사회 영역에서 완전히 추방하는 것이거나, 혹은 양가성이라는 사변적인 형상을 통하여 정치와 홀로코스트 같은 세계사적 공포를 사악하고 비변증법적으로 융합하는 것이다. 이 막대한 위험은 오직 현재의 상황 속에 ─ 한 번 더 변증법적으로 말해 보자면 ─ 정치를 다시 새겨 넣음으로써만 회피될 수 있다. 정치 혹은 정치적인 것의 순수 형식 내지 정화된 형식을 추구할 것이 아니라 아무리 폭력적이고 파멸적이더라도, 일종의 현실성의 존재론을 정식화하는 것이 이제 우리에게 필요한 일이다.

현실성의 존재론을 향하여

미셸 푸코가 칸트의 에세이 「계몽이란 무엇인가?」에 대해 강령적인 작업을 수행하면서, "진리의 분석론"과 구별되는 것으로서 자신이 평생 노력해야 할 과업을 지칭하기 위해 "현실성의 존재론"이라는 표현을 새로 만들었을 때, 그는 이 신조어가 동시대의 사상가들 사이에 낳게 될 엄청난 열광을 아마 예측하지 못했을 것이다. 그 이래로 지안니 바티모, 프레드릭 제임슨, 로베르토 에스뽀지또 등 서로 매우 다른 철학자들이 바로 이 용어의 범위 아래에 자신들의 작업을 통괄하는 목표를 ─ 더 일반화해서 이론과 철학의 과업 자체까지는 아니라고 할지라도 ─ 늘어놓게 되었다. 그럼에도 불구하고 푸코의 신조어가 얻은 이 예상치 못한 이 성공을 넘어서, 현실성의 존재론을 위한 기획 그 자체에 들어 있는 모순을 우리는 충분히 이해하였는가?

푸코에게 "우리 자신의 역사적 존재론" 혹은 "현재에 대한 비판적 존재론"이라는 과업은 무엇보다도 우선 우리의 행위 양식, 사유 양식, 그리고 언술 양식에 대한 고고학적이면서 계보학적인 비판이 된다.

[이 비판이] 고고학적이라는 말은 ─ 그리고 초월론적 transcendental이지 않다는 것은 ─ 이것이 모든 지식 혹은 모든 가능할 법한 도덕적 행위의 보편적 구조들의 정체를 밝히려는 것이 아니라, 이것이 담론의 심급들, 즉 우리가 그토록 많은 역사적 사건들에 관해 사유하는 것, 우리가 그에 관해 말하는 것, 우리가 그에 관해 행하는 것을 절합하는articulate 담론의 심급들을 다루려고 할 것이라는 의미에서 사용된다. 또한 이는 다음과 같은 의미에서, 곧 이 비판이 우리가 행할 수 없고 우리가 알 수 없는 것을 [현재의 우리임의 형식으로부터 연역하려는 것이 아니라, 이 비

판이 우리가 [현재의] 우리임에 이르도록 만든 우연성으로 부터, 더는 [현재의] 우리임이 아닐 가능성, 우리가 [현재] 행하는 것을 더는 행하지 않을 가능성, 혹은 우리가 [현재] 사유하는 것을 더는 사유하지 않을 가능성을 분리해낼 것이라는 의미에서, 계보학적인 것이 될 것이다.[26]

---

26. Michel Foucault, "What Is Enlightenment?"("Qu'est-ce que les Lumière?")[계몽이란 무엇인가], in Paul Rabinow ed., *Foucault Reader* [푸코 독본] (New York : Pantheon Books, 1984), 45~46. 그리고 Gianni Vattimo, "Postmodernity, Technology, Ontology [포스트근대성, 기술, 존재론]," in *Nihilism and Emancipation : Ethics, Politics, and Law* [허무주의와 해방 – 윤리학, 정치, 그리고 법], ed. Santiago Zabala, trans. William McCuaig (New York : Columbia University Press, 2004)를 참조하라. 바티모는 다음과 같이 쓴다. "이 ['현실성의 존재론'이라는] 표현은 정말 문자 그대로의 의미에서 받아들이지 않으면 안 된다. 그러니까 푸코가 생각하였던 바와 같이, 이 표현이 지칭하는 것은 단순히 실존 및 실존의 역사에 대한 고려를 중심에 두는 철학이 아니다. 곧 인식론과 논리를 향하는 것 – 푸코의 용어를 사용하여 말하자면 '진리의 분석론' – 과 다른 철학을 가리키고자 이 표현을 쓴 것이 아닌 셈이다. 오히려 여기에서 '현실성의 존재론은 현재의 상황 가운데서 존재(Being)가 의미하는 바를 명료하게 하려는 어떤 담론을 의미하기 위해 사용된다."(3~4쪽) 로베르토 에스뽀지또는 **모든** 이탈리아 철학이 제공할 수 있는 것 중 최선의 것을 묘사하기 위해 어떤 '현실성의 존재론'에 대하여 말하는 데까지 나아간다. "앵글로색슨의 분석적 전통과는 달리, 혹은 그런 점에서 독일의 해석학과 프랑스의 탈구축[해체]와는 다르게, 이탈리아 철학에서 계속 이어진 문제는 동시대[contemporaneità]와의 관계를 사유하는 일이었습니다. 푸코라면 이를 '현실성의 존재론'이라 불렀을 텐데, 이것은 말하자면 실질적으로 정치적인 열쇠를 가지고 해석되는 현재에 대한 의문인 셈이지요. 무엇보다 지암비스타 비코에 대해 사유함으로써, 다르게는 그람시에 대해 사유함으로써, 역사와 정치는 의무적인 이행 지점을 구성해 왔습니다. 이탈리아에서 사유의 차원은 바로 이 이행 지점으로부터, 그리고 이 이행 지점을 통해서 일반적으로 구성되었습니다." *diacritics : re-*

이제 비판의 궁극적인 과업은 한계들을 그려내는 것에 있을 뿐만 아니라, 무엇보다 먼저 사람들로 하여금 이 한계들을 넘어설 수 있게 만드는 데에도 있다. 이런 의미에서 현실성의 존재론이란 곧 행위의 자유에 대한 작업이다. "비록 푸코 역시 하이데거의 이론을 발전시키기는 하였지만, 그는 하이데거의 이론을 실증적인 용어를 가지고 해석하는데, 역사적 존재론 혹은 인식소체계^{episteme}가 주체로 하여금 그 자신 혹은 그녀 자신을 확언할 수 있게 만드는 것은 이 실증적인 용어들을 통해서이다."[27] 하지만 푸코의 뒤를 따라 당면한 과업을 묘사하기 위해 이 두 용어, 존재론과 현실성을 서로 연결하는 일은, 구체적으로는 소위 포스트근대의 조건이 도래하고 후기 자본주의 혹은 금융 자본주의가 흥기함에 따라서, 점점 더 모순으로 되었다.

---

view of contemporary criticism [다이어크리틱 — 우리 시대의 비평 휘보] 36 : 2 (2006)에 실린 티모시 캠벨과의 인터뷰를 참조하라.(49쪽) 이 관점을 Fredric Jameson, *A Singular Modernity : Essay on the Ontology of the Present* [특이한 근대성 — 현재인 것의 존재론에 관한 에세이](London : Verso, 2002)와 비교해볼 것. 이런 맥락과 연관되면서도 잊힌 또 한 사람은, 이탈리아의 "약한 존재론"을 제외하면, 게오르그 루카치이다. 그는 자신의 필생의 사업을 '사회적 존재의 존재론' 쪽으로의 이동이라고 보았다. Georg Lukács, *Zur Ontologie des gesellschaftlichen Seins,* 2 vols., ed. Frank Benseler (Darmastadt : Luchterhand, 1984~86) [게오르그 루카치, 『존재론』, 김성민 옮김, 동녘, 1996]을 보라.

27. Philip Goldstein, "Marxist Theory : From Aesthetic Critique to Cultural Politics [맑스주의 이론 — 미학 비판에서 문화 정치에 이르기까지]," in Strathausen, ed., *A Leftist Ontology,* 95.

한편으로는, 앞에서 언급하였던 것처럼 오늘날 가장 급진적인 존재론적 조사^{調査} 전부는 유령이나 잠재성, 혹은 잠재적 가능태를 향하는 경향을 띠며, 현실성을 향하지 않는다. 하이데거는 『존재와 시간』의 주석에서 이렇게 쓴다. "가능성은 현실성보다 더 높은 자리에 위치한다." 이는 가장 근본적인 잠재적 가능태란 현실성이 되지 않을 잠재력이라는 시각을 고집한 아감벤의 관점과 다르지 않다. "잠재적 가능태란 단지 이런저런 것을 행할 잠재력이 아니라 행하지 않을 잠재력, 현실성으로 옮겨가지 않을 잠재력이다."[28] 탈기초적 사유라는 [오늘날의] 지배적인 방향 설정을 고려할 때, 적어도 오늘날 현실성의 존재론에는 [잠재적 가능태를 향하는] 이런 경향을 거스르는 어떤 것, 본질적으로 기괴한데다 모순어법이기도 한 어떤 것이 있다. 이런 의미에서 보면 푸코가

---

28. Martin Heidegger, *Being and Time*, trans. John Macquarrie, Edward Robinson (New York : Harper & Row, 1962), 63 [마르틴 하이데거, 『존재와 시간』, 이기상 옮김, 까치글방, 1998]. Giorgio Agamben, *Potentialities : Collected Essays in Philosophy* [잠재성들 ─ 철학 에세이 선집], trans. Daniel Heller-Roazen (Stanford : Stanford University Press, 1999), 179~180. 아리스토텔레스의 가능태와 현실태라는 틀을 넘어서서 이처럼 잠재적 가능태의 가치를 다시 증식시키는 일에 대한 보다 상세한 논의는 나의 "Logics of Change : From Potentiality to Inexistence [변화의 논리 ─ 잠재적 가능태에서 비실존으로]," in Mark Potocnik, Frank Ruda, Jan Völker eds., *Beyond Potentialities? Politics Between the Possible and the Impossible* [잠재성을 넘어서? ─ 가능태와 불가능태 사이의 정치] (Berlin : Diaphanes, 2011), 79~101쪽을 참조하라.

자극한 것은 우리 자신의 역사적 존재론을 가능하게 만드는 일이기도 하다. 이런 역사적 존재론은 현존의 형이상학에 대한 자동반사적인 혐오를 구실로 현재의 상황에 관해 말하는 일을 피할 필요가 없을 것이다.

다른 한편으로, 차이, 다수, 사건, 생성becoming 등의 존재론적 주제들은 이것들이 [자본주의에] 반작용하는 힘이 되는 것과 마찬가지로 ─ 그보다 더하지는 않다 하더라도 ─ 후기 자본주의의 산물이라는 점에는 의심의 여지가 없을 것이다. 어쨌든 맑스 자신은 봉건적이고 가부장적이며 목가적인 유대 관계와 사회적 위계를 해체하고 무너뜨린 자본주의의 힘에 대해 언제나 아주 열광적이었다. "이 힘은 우리가 자본[주의] 내부에서 찬사를 보낼 수 있고 환영해야 하는 유일한 것이다." 바디우는 모든 견고한 것이 공기 속으로 사라진다는 문장이 포함된 『공산당 선언』의 잘 알려진 단락[29]

---

29. [옮긴이] "부르주아지는 생산 도구들에, 따라서 생산 관계들에, 그러므로 사회적 관계들 전체에 끊임없이 혁명을 일으키지 않고서는 존립할 수 없다. 이와는 반대로, 이전의 다른 모든 산업 계급들에서는 낡은 생산 양식의 변함없는 유지가 그 제1의 존립 조건이었다. 생산의 끊임없는 변혁, 모든 사회 상태들의 부단한 동요, 항구적 불안과 격동이 부르주아 시대를 이전의 다른 모든 시대와 구별시켜 준다. 굳고 녹슨 모든 관계들은 오랫동안 신성시되어 온 관념들 및 견해들과 함께 해체되고, 새롭게 형성된 모든 것들은 정착되기도 전에 낡은 것이 되어 버린다. 모든 신분적인 것, 모든 정체적(停滯的)인 것은 증발되어 버리고[모든 견고한 것은 공기 속으로 사라지고], 모든 신성한 것은 모독당한다. 그리고 사람들은 마침내 자신의 생활상의 지위와 상호 연관들을 냉정한 눈으로 바라보지 않을

을 언급하며 이렇게 해설하면서, 다음과 같이 말한다. "이런 박탈이 가장 완벽한 야만 상태 가운데서 작동한다는 사실이 이것의 고유하게 **존재론적인** 미덕을 덮어버려서는 안 된다."[30] 그러나 현존하는 모든 것이 무작위 다수를 포괄하는 단순한 가상semblance임을 폭로하는 것이 바로 자본주의 자체라면, 이는 탈기초적 존재론의 범주들이 필연적으로 좌파적이지 않을 뿐만 아니라, 이 범주들이 실상은 현재의 상황과 공모하는 것은 아니라 해도 현상을 기술하는 것에 지나지 않을 수 있다는 것을 의미한다. 니콜라스 브라운과 임레 제만은 우리에게 이렇게 경고한다. "이 경우에 '비판적인' 사유는 실은, 자기가 그러해야 한다고 상상하는 것과는 완전히 다른 방식으로, 자신의 계기에 딱 들어맞는 것이 된다. 이것은 의심의 여지없이 오인되고 승화된 형식을 취하여, 이미 받아들여진 사회적 구조와 정치적 추정을 되풀이한다. ― 결과적으로 진짜 비판적인 성찰을 상쇄시켜 버린다." 그리고 이들은 존재론적 회귀 전체의 비유 내지는 본질

수 없게 된다."(칼 마르크스, 「공산주의당 선언」, 『칼 맑스 프리드리히 엥겔스 저작선집 1』, 403쪽)

30. Alain Badiou, *Manifesto for philosophy*, trans. Norman Madarasz (Albany : SUNY Press, 1999), 56~57 [알랭 바디우, 『철학을 위한 선언』, 서용순 옮김, 길, 2010]. Karl Marx and Friedrich Engels, *The Communist Manifesto* (London : Penguin, 1967) 82~83 [칼 맑스·프리드리히 엥겔스, 「공산주의당 선언」, 『칼 맑스 프리드리히 엥겔스 저작선집 1』]을 보라.

적인 범주가 될 법한 것을 언급하며 다음과 같이 결론짓는다. "'차이'의 우선성이 사실은 어떤 동일성 – 의식되지 않는 단일문화적이고 전지구적인 자본주의라는 틀 – 의 윤곽을 드러낸다."[31] 차이, 다수, 혹은 주체들과 대상들에 대한 사건들과 생성들의 우선성이란 그러므로 비판의 수단을 제공하기는커녕, 후기 자본주의와 이에 수반되는 문화 논리 아래 놓인 우리의 기존 상태를 규정하는 것일 수 있다.

제프리 T. 닐론은 1980년대에 대한 예리한 시대구분 논의 속에서 제임슨의 「1960년대에 대한 시대구분」을 갱신하려고 시도하면서 유사한 의문을 제기한다. 그가 묻는 것은 우리에게 친숙한 이론의 드라마, 곧 구성주의와 본질주의를 대립시키거나, 유동流動과 정체停滯를 대립시키는 드라마들이 정확히는 1960년대로부터 이어받은 고약한 잔여물이 아니냐는 것이다. "이 시점에서 우리는 사유화된 금융 자본주의가 이런 구별의 유용성을 거의 지워버렸다는 사실을 인정해야만 할 것이다. x나 y의 유동성과 혼종성을 고집하는 말은 다국적 자본의 만트라眞言이며, 다국적 자본의 정규적 상태는 '가치'의 끊임없는 재편성이다. 그러므로 이런 구별은 다국적 자본의 논리에 저항하는 방어벽으로 문제없이 작동하

---

31. Nicholas Brown and Imre Szemán, "Twenty-five Theses on Philosophy in the Age of Finance Capital [금융자본주의 시대의 철학에 대한 25개의 주제]," in Strathausen, ed., *A Leftist Ontology*, 35, 49.

기 힘들다."[32] 다국적 금융 자본주의는 19세기의 부르주아들이 꿈꾸었을 법한 것보다 훨씬 더 철저하게 존재론을 실체에서 벗어나게desubstantialize 만든다. 유연성, 차이, 그리고 혁신은 오늘날 그저 부여된 우둔한 사실성facticity과 유사하다. 우리의 현실성을 규정하는 이런 정황 속에서 어떻게 탈기초적 존재론이 급진적임을 주장할 수 있는가? 이것은 어떻게 좌파적이거나 공산주의적일 수 있는가? 탈기초적 존재론이란 오히려 후기 자본주의의 자연발생적 이데올로기가 아닌가?

그럼에도 불구하고 우리는 오늘날 정치적 사유 가운데 되돌아온 존재론적 질문이 적어도 부분적으로는, 그저 직관하기만 하는 것이 되돌리려고 하는 것보다 더 수월한 다음과 같은 둘 사이의 공모, 즉 형이상학에 대한 비판 내지 형이상학의 탈구축[해체]에 내재하는 차이, 다수, 또는 생성을 향한 욕동과, 자본주의 자체 내에서 발생하는 탈신성화하려는 경향, 이 둘 사이의 공모에 대해 – 한 걸음 물러나거나 뒤로 빠지는 방식으로 – 응답하려는 시도라고 주장할 수 있을 것이다. 흔히 이와 같은 응답은 정치라는 관념 내부에

---

32. Jeffrey T. Nealon, "Periodizing the 80's : The Cultural Logic of Economic Privatization in the United States [80년대에 대한 시대구분 — 미국에서 경제 사유화의 문화 논리]," in Strathausen, ed., *A Leftist Ontology*, 71. 이를 프레드릭 제임슨의 "Periodizing the 60's [1960년대에 대한 시대구분]," *Social Text* [사회 문헌], 9/10 (1984) : 178~209쪽과 비교해 보라.

개념의 분열, 다시 말해 정치[정책](불어로는 'la politique', 독어로는 'die Politik')과 정치적인 것(불어로는 'le politique', 독어로는 'das Politische') 사이의 분열을 도입하는 것으로 이어진다.

정치와 정치적인 것

정치와 정치적인 것 사이의 구별은 칼 슈미트와 한나 아렌트만큼 서로 다른 부류의 사상가들에게 공통적이다. 정치와 정치적인 것을 구별하는 일은 본질적으로 서로 다른 이 시대의 인물들, 즉 라클라우, 무프, 낭시, 라쿠-라바르트, 르포르, 그리고 바디우를 "좌파 하이데거주의"[33]라는 하나

---

33. 무엇보다 우선 올리버 마샤르트의 *Post-foundational Political Thought: Political Difference in Nancy, Lefort, Badiou and Laclau* [탈기초적 정치 사상 — 낭시, 르포르, 바디우, 라클라우의 정치적 차이] (Edinburgh: Edinburgh University Press, 2007)를 참조하라. "좌파 하이데거주의"를 명사 모순[의미상 서로 모순되는 두 단어가 들어 있는 것]이라고 대단히 인상적으로 공격한 논의로는 Geoffrey Waite, "Lefebvre without Heidegger: 'Left-Heideggerianism' *qua contradictio in adiecto* [하이데거 없는 르페브르 — '좌파 하이데거주의'라는 명사모순]," in Kanishka Goonewarda et al., eds., *Space, Difference, Everyday Life: Henri Lefebvre and Radical Urban Theory* [공간, 차이, 일상생활 — 앙리 르페브르와 급진적 도시 이론] (New York: Routledge, 2008), 146~181쪽을 참조하라. 나는 이 공격에 전반적으로 동의한다.

의 형태로 묶어내는 공통된 특성으로 최근까지 옹호되어 왔다. 둘 사이의 구별은 그러므로 존재자beings와 존재being 의 차이, 혹은 존재자적인 것the ontic과 존재론적인 것the on-tological의 차이에 상응하는 모양새로 보이게 된다. "오늘날의 정치 이론과 관련하여, 정치와 정치적인 것 사이의 개념적인 차이는, 차이이기에, 사회의 부재하는 기초에 대한 증상 혹은 지표의 역할을 띤다." 라클라우의 제자인 올리버 마샤르트는 『탈기초적 정치 사상』에서 이렇게 주장한다. "차이로서 [정치와 정치적인 것 사이의] 이 차이는 정치에 대한 전통적 관념에 나타난 패러다임의 분열을 제시할 따름이다. 이렇게 분열된 패러다임에서 정치라는 말은 관습적인 정치 행위의 '존재자적인'ontic 실천(사회를 정초하려는 다양하고, 특수하며, 궁극적으로는 성공하지 못할 노력)[정책]을 지칭하기 위해 사용되었던 데 반해, 사회의 '존재론적' 차원, 즉 사회의 제도적인 차원을 가리키기 위해서는 새로운 용어(정치적인 것)가 도입되어야만 하였다."34 공적 질서를 일상적으로 관리하는 일보다 더 급진적이거나 더 근본적인 정치의 차원이나 수준을 탐색하는 일은 그러므로 정치-존재론적인 politico-ontological 필요성을 정초하고, 재再정초하며, 탈脫정초하는 일이기를 계속해 왔다.

---

34. Marchart, *Post-foundational Political Thought*, 5.

정치적인 것과 정치사이의 이를테면 정치적 차이는 존재와 존재자 사이의 존재론적 차이를 본떠서 만든 것이지만, 그럼에도 불구하고 어떤 의구심을 갖고 그것을 다루어야만 한다. 프레드 달마이어는 『다른 하이데거』에서 이렇게 말한다. "이 의혹은 둘 사이의 구별에 대해 나타날 법한 오해와 주로 관련된다. 즉 이 구별을 구조와 상부구조 사이의, 기초가 되는 것과 파생물 사이의, 혹은 분석의 예지적 영역과 현상적 영역 사이의 완강한 분리로 변형시키는 오해와 관련이 있는 것이다." "수월하게 알아챌 수 있듯, 이 구별은 하이데거의 존재자적인 것과 존재론적인 것 사이의 차이라는 관념과 간접적으로 연관된다. 그러나 이에는 존재자적인 것이 결코 존재론적인 차원의 파생물이거나 단순한 적용의 결과가 아니라는 조건이 붙어 있다."[35] 무엇보다 우선 두 항목은 서로 외부적인 관계를 맺고 있는 것도 아니며, 한 쪽을 나머지 한 쪽의 피상皮相이거나 모조품이라고 깎아내리기 위해 너무 경솔하게 사용해서도 안 된다. 이렇게 사용하는 위험을 피하기가 늘 쉽지 않다고 하더라도, 롤란드 베그소가 우리에게 상기시키는 것은 정치적인 것과 정치 사이의 차이를 떠받친다고들 하는 하이데거 자신의 구

---

35. Fred Dallmayr, *The Other Heidegger* [다른 하이데거] (Ithaca : Cornell University Press, 1993), 50~51.

별을 오해할 여지를 놓고 이미 데리다가 고심하였다는 사실이다. "데리다는 존재론적 차이의 범주 자체를 비판한다. 그는 존재론적인 것과 존재자적인 것 사이의 절대적인 분리 및 여기에 수반되는 것으로서 참된 기원적 시간의 복원이라는 철학적이고 정치적인 기획을 비판하며" 두 항목 각각을 근본적으로 뒤섞어 순수하지 않은 것으로 생각해야 한다는 데까지 나아간다. 소린 라두-쿠쿠가 결론을 내리는 것처럼 "그러므로 정치와 정치적인 것 사이의 차이는 존재론적 차이와 유비 관계를 띠고 작용하지만, 자취trait의 논리(차연différance)가 빚어낸 자리바꿈은 ─ 정치건 정치적인 것이건 ─ 어떤 것도 순수하지 않다는 사실, 이 범주들은 그 동일성에 위협을 받으면서 존재할 뿐이라는 사실을 시사한다."[36] 그러나 [두 항목 사이에서 벌어지는] 지속적인 교차 오염의 와중에조차, 정치에서 정치적인 것으로 물러서는 일은 틀림없이 현실에서 벌어지는 정치 과정에 실증주의적이고 사회학적이며 경험주의적이거나 존재자적인 것일 뿐이라는 부정적 분위기를 덧씌우게 된다. 다시 말해 [현실 정치의 과정의] 계속되는 존재 망각의 더 나아간 예증으로서, 이제 정치적인 것의 정수에 대한 망각으로 번역된다.

---

36. Végső, "Deconstruction and Experience," 136. Sorin Radu-Cucu, "Politics and the Fiction of the Political [정치적인 것이라는 허구와 정치]," in Strathausen, ed., *A Leftist Ontology*, 153.

달리 말하면 정치적인 겟[으로]의 물러남이란, 모든 것이 정치이며 정치란 모든 것이라는 진부한 확언에 직면하여 어떤 반응의 몸짓을 취하는 일이다. 정치가 사회에 완전하게 봉합되어 있는 이런 상황이야말로 존재론적 회귀가 벗어나고자 하는 대상이다. 곧 한 걸음 물러나, 사회를 정초하는 계기로서 급진적인 위치 변동이나 적대성을 띤 제도와 다르지 않은 정치적인 것이라는 계기를 탐사하려고 하는 것이다. 하지만 이를 행하는 과정에서 근본적인 것으로 돌아가려는radicalization 몸짓이 진정으로 해방적인 행위의 추구를 애초부터 망가뜨리게 되는 일도 충분히 가능하다. 해방적 행위가 행위 자체의 가능성에 대한 유사 초월론적quasi-transcendental 조건 — 이는 언제나 이미 그리고 당연하게도 불가능의 조건이기도 하다 — 에 대해 완전히 무지하다고 말할 수는 없을지라도, [근본적인 것으로 돌아가려는 입장에서 보자면] 이런 행위는 반드시 덜 근본적인 것으로 보이는 한에서 그럴 수 있는 것이다.

최종적으로 이제 내가 오늘날의 존재론에 대한 필요와 더불어 다루고자 하는 문제는 존재론의 여러 "타자들"의 운명과 연관된다. 다시 말해 최종적으로 내가 다루려는 문제는 존재론적 차원이 분리되어 나오는 영역들과 관련되며, 이 영역은 존재자적인 것, 경험적인 것, 그리고 인식론적인 것뿐만 아니라, 사회적인 것, 변증법적인 것, 그리고 역사적이면서-유물론적인 것을 포괄한다. 대체 어떻게 하면 비판적이거나 좌파적인 ─ 공산주의적인 것은 물론이고 ─ 현실성의 존재론이 이런 타자들을 폄하하거나 형이상학적 역사(혹은 선사^{先史})의 휴지통에 내다 버리라는 선고를 내리지 않고 이들과 절합될 수 있을까?

존재론, 또는 주체의 이론?

그런데 아마 이와 같은 논의에서 가장 근본적인 긴장은 좌파의 존재론 기획과, 좌파적 주체이론 혹은 공산주의적 주체이론, 이 둘을 한데 모으거나 서로 분리하는 긴장일 것이다. 한편으로 위의 질문에 정신분석적으로 접근하는 일이 주체를 만드는^{subjectivization} 복잡한 과정을 이론으로 구성하게 만든다는 점에는 의심의 여지가 없다. 예를 들자면 이데올로기적인 인정과 오인의 수준에서 이루어지는 것을 포함하여, 헤게모니의 절합^{articulation}이나 동일시라는 관념을 통해 이루어지는 주체화의 복잡한 과정에 대한 이론화가 그러하다. 하지만 다른 한편으로, 가장 급진적으로 탈구축[해체]적이며 더욱이 정신분석적인 연구들이 도달하게 되는 결론은, 주체라는 범주의 중심적 역할을 이것이 짊어진 모든 형이상학적 부담과 더불어 동시에 문제 삼지 않고서는 좌파의 의제 혹은 해방적 의제가 결코 완결될 수 없다는 점인 것처럼 보일 수도 있을 것이다.

어떤 저자들이 존재론의 기초 박탈de-grounding에 상응할 법한 탈구축[해체]적 주체 이론의 가능성을 제안함으로써 결론에 도달하는 것도 무리는 아니다. "비록 이런 이론이 아직은 존재하지 않을지 몰라도 그 개요는 데리다가 사용한 말뭉치 가운데서 읽어낼 수 있다. 그리고 이 희미한 모양은 그런 종류의 이론이 가능하다는 것뿐만 아니라 필요하기도 하다는 점을 시사한다."[37] 다른 이들은 동일하게 포스트하이데거적이거나 데리다적인 관점에서 글을 쓰면서도, 근본적인 좌파의 존재론은 주체성subjectivity의 패러다임과 완전하게 단절하는 일을 필연적으로 반드시 포함해야만 한다는 결론을 내리면서 알베르토 모레이라스가 비#주체라고 부르는 것과 같은 무언가를 지지하는 것처럼 보인다. 사실 좌파는 아주 오랫동안 주체적subjective 전투주의라는 이념에 매달려 왔다고 지적 받았다. 이 이념은 충만함, 확신, 생산성 그리고 삶이라는 관념을 기초로 삼는데, 이런 관념들이 신화적이고 종교적인 폭력의 세기와 엮여 있는 만큼동지와 적 모두에게서 수없이 많은 희생자를 낸 일에 어느정도나 책임져야 하는지에 대한 고려는 없었다. 그러므로 이

---

37. Végsö, "Deconstruction and Experience," 143.

와 같은 희생적 역사를 중단시키는 일은 동시에 정치에 대한 주체주의적subjectivist 패러다임 전체를 중단시킬 것을 요구할 것이다. "만약 주체적 전투성이 존재론의 조건이자 동시에 그 결과라고 한다면, 존재론을 넘어서는 일이란 정치적 사유의 현재적 지평인 주체의 주체성을 넘어선다는 것을 의미하며, 또한 무엇도 희생하지 않는nonsacrificial 정치의 가능성을 속속들이 지켜내는 윤리적 입장의 조건이자 그 결과일 것이다." 모레이라스는 스페인 철학자 마리아 잠브라노에 관한 에세이에서 이렇게 쓴다. 그러나 이는 이를테면 망각된 자들과 정복당한 자들을 기억해 내지 않음으로써 역사의 유산에 전적으로 새로운 방식으로 접근한다는 불가능에 가까운 과업을 수행하지 않고서는 가능하지 않다. 그리하여 "주체성의 포기, 다시 말해 주체성을 단념하는 사유의 성취는 역사의 유산에 대한 착실한 수용의 결과로는 가능하지 않다. 오히려 이는 근본적으로 유산을 부정하는 unlegacy 사유를 상정한다. 다시 말해 뿌리와 상속에 반대되는 사유, 기억되지 않으려는 것에 대한 망각의 사유를 상정한다."[38] 헤게모니에 저항하는 절합이나 헤게모니적 절합에

---

38. Alberto Moreiras, "The Last God : María Zambrano's Life without Texture [최후의 신 — 마리아 잠브라노의 결 없는 삶]," in Strathausen, ed., *A Leftist Ontology*, 171, 179. 이 글에 대한 보다 상세한 언급은 우리 책의 2장을 참조하라.

대한 인민주의의 요청으로부터 철저하게 쫓겨난 것으로서, 폐적廢嫡당한 자들과 서발턴에 대한 이 같은 호소보다 더한 것은 분명 아무 것도 없을 것이다. 실제로 주체를 중심에 두는 패러다임은 엄청나게 포괄적이라고 말해진다. 이 패러다임은 [주체의] 전유라는 명목을 띤 해방적이고 공산주의적인 전투주의에서부터 시작하여 정체성과 상실에 대한 반동적인 애착에 이르기까지 매우 폭넓은 범위에 걸쳐 있기에, 주체성의 완전한 외부에서 이루어지는 정치적인 것의 또 다른 구성의 약속을 공언하는 것 이외에 대안의 방식으로 제공될 수 있는 것은 거의 없다.

마지막으로 또 다른 이들은 비非주체를 위해 필요한 것은 우울증과 불안에 대한 과감한 재평가라고 제안한다. 이들은 다음과 같은 물음으로 시작한다. "우울증이란, 프로이트가 암시하듯 불능과 포기의 감정을 수반하는 질식당하고 분쇄당한 혁명의 지표에 불과한 것 아닌가? 그렇지 않다면, 충만함과 현존의 좌파적 존재론에 …… 기초한 정치적 행동주의라는 특정한 모형에서 갈라져 나오는 우울한 상태를 적극적으로 긍정하고 자랑스럽게 여기기조차 하는 차원 ― 불행에 찬 운명 그 자체를 혁명의 동력원으로 인식하는 차원 ― 이 과연 존재할 수 있을까?"[39] 이 질문에 대한 답이 두

---

39. Mladek and Edmonson, "A Politics of Melanchaolia," 210.

번째 선택지에 대한 확신을 부추긴다면, 그 이유는 우울증이란 것이, 현실의 상실을 애도하고 극복할 수 없는 상태에 대한 병리학적 패러다임이 결코 아니라, 자크 랑시에르의 표현을 사용하여 [자기] 몫이 없는 부분집단The parts of no part에게 흔들림 없이 충실하기 위해 필요한 모형을 제공할 수 있기 때문이다. 다시 말해, "아직-아님the not-yet의 여러 양식에 뿌리내리고 있는 정치적 행동주의에 우울증 환자가 불러일으키는 물의의 내용은 사람들이 그를 온전히 셈에 넣어 신뢰할 수 없다는 사실이다. 우울증은 역사와 정치의 장부에 누적된 행위의 기록 전체를 망친다. 이 장부는 잘못된 행위를 셈에서 뺄 수밖에 없는데, 이런 누락은 랑시에르에 따르면 본질적인 오산이며 정치적인 것의 기저에 놓여 있다."40 [그러나] 아마도 랑시에르 자신은 클라우스 플라덱과 조지 에드먼슨을 따르지 않는 쪽을 택할 것 같다. 프로이트와 라캉으로부터 끌어낸 플라덱과 에드먼슨의 논변에서 위에서 언급한 것 같은 잘못된 셈을 유도하는 것은 최종적으로는 죽음 충동이[기 때문이]다. 하지만 랑시에르나 플라덱, 에드먼슨 모두는, 정치적 행동주의와 당파성에 대한 여러 고전적 모형이 정당 형태의 정치와 국가가 겪고 있는 위기와 밀접하게 결부되어 완전한 위기에 빠져들었기에, 본원적인 적

---

40. 같은 글, 215.

대 혹은 비관계성과 연관된 새로운 방식, 다시 말해 관계를 맺는 일의 불가능성과 연관된 새로운 방식을 찾는 일이야말로 가장 화급한 일이라는 사실에 분명히 동의할 것이다. "따라서 지배mastery도 대리agency도 없이, 사건에 완전히 노출되어 사건이 전유하는 그런 불완전한 주체가 부각되며," 이는 심지어 좌파 우울증 환자의 공동체가 이루어질 기회를 표시하는 것일지도 모른다. 그렇다면 "우울한 주체들의 공동체는 비#주체적 주체성의 심연을 통해 결성된다."[41] 다소 낯설고 기괴한 이 공동체에 대한 충실성이 우리에게 요구하는 것은 다음과 같다. 우리는 자신의 욕망을 포기하는 일을 거절해야 한다. 곧 우리는 나아가라는 재촉을 멀리한 채, 오히려 죽지 못한 자들과 애도 받지 못한 자들을 추모하는 일을 완강하게 고수해야 한다.

이는 그들을 대신해서 말하는 일을 상정하는 것이 아니다. 그렇게 한다면 그들에게 침묵을 강요하는 것 같은 방식으로 훨씬 더 그들을 상징적 질서로 끌어들이는 일이 될 것이기 때문이다. 분명 우울증 환자가 견디지 못하는 일이 있다면, 그것은 바로 이처럼 타자를 대신하여 말하는 행위이다. 대신에 우리는 정치적인 것의 외상trauma이

---

41. 같은 글, 227.

되는 대상으로서 셈에 들지 못한 자들the no-count의 특수한 상태에 충실하기 위해 분투하고자 한다. 이 상태란 모든 사회적이고 정치적인 계산으로부터 떨어져 나왔으며, 지금도 떨어져 나오고 있는 상태이다.[42]

그렇다면 내가 보기에는 바로 여기에, 정치 이론에서 발생하는 존재론적 회귀의 배후에 자리 잡은 아주 중요한 양자택일의either/or 질문이 있다. 오늘날의 해방 정치는 전투적 주체의 형성이라는 형식을 여전히 취할 수 있는가, 아니면 형이상학의 탈구축[해체]는 자신이 겨냥하는 것들 가운데 주체에 대한 모든 이론도 포함해야 하나? 모든 주체는 희생을 낳는 폭력의 역사인 정치의 역사라는 그물망에 필연적으로 말려드는가 아니면 정복당하고 희생당한 자들을 증언하는 여러 불안과 심리적 외상 바로 그것에 대한 주체적 충실성의 어떤 형식이 존재할 수 있는가? 더 나아가보자. 과연 우리가 이런 결론적인 질문을, 존재론의 수많은 "타자들" 가운데 하나를 위해, 존재에 대한 질문이 갖는 근본적인 성격을 그 대가로 바치지 않고 제기할 수 있기조차 한가? 만약 이것이 불가능하다면, 중요한 어떤 것을 잃어버렸다는, 이를테면 여전히 공산주의라는 명칭을 그 이름으로 사용할 수

---

42. 같은 글, 229.

있는 참으로 해방적인 정치를 잃어버렸다는 신호로서, 좌파의 존재론에 대한 오늘날의 두드러진 필요성도 마찬가지로 문제 삼지 말아야 하지 않을까?

2장

정치, 하부정치, 그리고 비정치적인 것

정치란 언제나 필연적으로, 그리고 모든 경우에 주체의 정치인가?

—알베르토 모레이라스, 『그림자의 대열 : 정치적인 것의 비(非)주체』—

우리는 권력에 저항하는 주체를 사유할 수 있는가?
아니면 권력[potere]1이란 절대적으로 주체에게 속하는 동사인가?

—로베르토 에스뽀지또, 『비정치적인 것의 범주』—

나는 주체라는 범주를 지운 모든 철학이 정치의 과정으로 기능할 수 없게 된다고 여전히 확신하고 있다.

—알랭 바디우, 『모델의 개념』—

정치와 그 접두사들

지배적인 정치 질서의 현실적 변형이 늘 마음에 차지 않는 것으로 여겨지는 반동과 퇴보의 시대 동안에, 언어는 사람들로 하여금 단순하지만 사유를 이끌어내는 접두사를 추가하여 "정치" 혹은 "정치적인 것"의 개념에 다시 활기를 불어넣고, 이 개념들을 새롭게 사고하거나 적어도 다시 한정할 수 있게 함으로써 종종 구제책이 되기도 한다. 그리하여 1980년대 후반부터 1990년대 초까지 그토록 광범위하게 논의되었던 "탈정치"postpolitics의 불만에 찬 정황에 대한 응답으로, 우리는 자크 랑시에르의 작업에서, 특히 1995년에 출판된 『불화』에서 "원原정치"archipolitics, "준정치"parapolitics, "메타정치"metapolitics라는 세 항목을 얻었다. 슬라보예 지젝은 『까다로운 주체』에서 이 세 항목에 상당히 공감하면서 아마 그 자신이 만든 개념일 "과잉정치"ultrapolitics라는 네 번째 항목을 덧붙였다. 비슷한 시기인 1994년에, 바디우는 "메타정치"를 제목으로 삼아 여러 에세이를 엮은 책에서 이 단어를 [위의 두 사람과는] 다소 상이하게 자기 식으로 이해하여 제시하는데, 그보다 2년 전에 이루어진 한 대담에서 그는 프

---

1. [옮긴이] 이탈리아어에서 'potere'는 '힘, 권력'이라는 뜻을 가진 명사로도 사용되고, '할 수 있다'는 뜻을 가진 조동사의 동사원형으로도 사용된다.

리드리히 니체의 급진적 철학, 아니 오히려 반철학에서 "원原
정치"가 작동하고 있다는 사실을 확인한 바 있다. 그는 특히
니체가 토리노에서 차츰 광기 속으로 끌려들어가던 시기를
언급했다. 1980년대 후반부터 오늘날 사이에 로베르토 에스
뽀지또와 알베르토 모레이라스는 이처럼 이미 충분히 복잡
한 개념의 성좌에다 각각 자신들이 만들어낸 "부不정치적인
것"the unpolitical — 보다 적합하게는 "비정치적인 것"the impoliti-
cal — 이라는 말과 "하부정치"infrapolitics 2라는 말을 더한다.

---

2. 'infrapolitics'(하부정치)라는 영어 단어는 알베르토 모레이아스의 작
업에 사용된 스페인어 'infrapolítica'에 순조롭게 들어맞는다. 이에 반
해 이탈리아어 'impolitico'의 영어 번역으로 내가 더 낫다고 보는 것은
'unpolitical'(부(不)정치적)보다는 'impolitical'(비정치적)이다. 이 이탈리
아어는 로베르토 에스뽀지또가 토마스 만의 *Betrachtungen eines Un-
politischen* (Berlin : S. Fischer, 1918)에 사용된 독일어 'unpolitische'에서
가져온 것이다. 토마스 만의 책은 영어로는 *Reflections of a Nonpolitical
Man* [비정치적 인간의 고찰], trans. Walter D. Morris (New York : F. Un-
gar, 1983)라는 제목으로 번역되었으며, 독일어 단어 'unpolitische'를 이
탈리아에서는 이미 1978년에 마씨모 카치아리가 "Nietzsche and the Un-
political [니체와 부(不)정치적인 것]"이라는 제목을 붙인 중요한 에세이에
서 받아들인 바 있다. 이 에세이는 카치아리의 *The Unpolitical : On the
Radical Critique of Political Reason* [부(不)정치적인 것 — 정치적 이성에
대한 급진적 비판], trans. Massimo Verdicchio, ed. Alessandro Carrera
(New York : Fordham University Press, 2009), 92~103쪽에 수록되어 있
다. 이따금 "정치의 종말"에 대하여 논의하는 맥락에서 에스뽀지또는 "반
(反)정치"(antipolitics)라는 범주를 가져와 적용하기도 한다. 예를 들면
그의 에세이 "Fine della politica [정치의 종말?]," in Roberto Ciccarelli
ed., *Inoperosità della politica* [정치의 비작동] (Rome : Derive Approdi,
1999), 24~31쪽에서 그렇게 한다.

마지막 두 단어야말로 내가 이 장에서 논의하고자 하는 것이다. 나는 이 두 신조어 사이에서 발생하는 여러 공명을 더 들어보려 애쓰고, 지난 30여 년간 정치-철학적인 장을 풍부하게 만들고 여기에 다시 활기를 불어넣었던 다른 접두사들의 사용과 이 둘을 대조해 보고자 한다.

우선은 이 장에서의 내 목표가 이 두 개념이 그 자체로 작용하는 방식이거나, 그 창안자들의 각 작업에 속한 정치적이고 철학적인 더 광범위한 작업의 틀과 연관해서 이 두 개념이 작용하는 방식에 대해서 철저하게 설명하려는 것이 아님을 분명히 해 두어야 하겠다. 이뿐만 아니라 나는 – 전통적인 아카데미의 유형이든 아니면 상상 속의 인민 법정이든 간에 – 보다 높은 어떤 재판정에서 안전하게 말하는 듯이 이 개념들의 타당성에 대해 판결하는 것처럼 굴지도 않을 것이다. 뒤따르는 논의에서 판단을 내리는 순간이나 불일치의 순간이 온다고 하더라도, 그리고 이런 순간을 부정하는 것이 자기기만의 표지가 될 수 있다 하더라도, 나는 그 순간을 최대한 뒤로 미루고자 한다. 사유로서의 정치의 영역을 포함하는 정치적 사유의 영역이 하부정치와 비정치적인 것이 일으킨 불안정한 진동과 같은 효과들을 겪자마자 뒤이어 이 영역에서 근본적으로 다시 이루어진 방향 설정을 우선은 따라가기 위해서이다.

그리하여 이 장에서의 내 목표는 체계적인 개관이 요구

하는 것보다 더 국지적이며 동시에 더 일반적인 것이다. 우리가 하부정치와 비정치적인 것이라는 두 관념notion과, 이 관념들이 근대 정치 철학에서 전개된 정치라는 범주에 소급적으로 일으킨 여러 효과의 순전한 윤곽을 추적하는 일에만 스스로를 한정할 것이라는 점에서는 더 국지적이다. 그러면서도 분명히 오로지 윤곽을, 형상들을, 혹은 개요들만을 다루게 된다는 한에서는 더 일반적이기도 하다. 내가 보기에 이 두 관념은 공히, 완전한 꼴을 갖춘 사변적 개념concept이거나 이론적 개념의 지위에 도달하지는 않으며, 그리고 아마 그 창안자들조차도 이 관념들을 그렇게 만드는 것은 바라지 않을 것이다.

에스뽀지또의 『비정치적인 것의 범주』는 1988년에 처음 출판되었으며, 1999년에는 초판의 여러 주장을 겨냥한 몇몇 비평들을 다룬 저자의 새로운 서문을 붙여 재간되었다. 그는 한 인터뷰에서 자신의 책이 기여한 것들을 회고하면서 다음과 같이 말한다. "저는 '비정치적인 것'을 범주라고 부르기보다는 훨씬 더, 그러니까 뭐랄까요, [정치에 대한] 하나의 시야, 바라보는 방식, 정치를 보는 하나의 양식이라고 부르는 쪽을 선호합니다. 그리고 제가 이것을 범주라고 부르지 않는 이유는 범주라는 것이 무언가가 완료되고 결정되었다는 이념, 그러니까 어떤 개념이라는 이념을 이미 부여하기 때문이지요. 반면에 지금의 경우에 이것[비정치적인 것]은 사실 어조배합tonality의 문제, 어떤 바라보는 방식의 문제입니다."3 그러므로 『비정치적인 것의 범주』라는 [이 책의] 원제가, 토마스 만의 『비정치적 인간의 고찰』에 더해서 칼 슈미트의 『정치적인 것의 개념』의 제목을 이탈리아어로 번역한 말인 "Le categorie dell 'politico'"를 재치 있게 다룬 것인 한, 그 제목을 영어로 "비정치적인 것의 개념"*The Concept of the Impolitical*이라 번역함으로써 이런 울림을 유지하는 일에 대해서는 이야기할 거리가 분명히 많을 것이다. 그러나 "비정치적인 것의 윤곽"*Contours of the Impolitical*이라는 제목도 적합한 번역일 수 있다. 이 제목이야말로 에스뽀지또가 궁극적으로 제시하려고 하는 바로 그것이기 때문이다. 그가 최종적으로 제시하고자 하는 것은 개념이라기보다는 윤곽이며, 명제들의 닫힌 집합이라기보다는 어조語調배합이고, 형식적 자명함이라기보다는 비유적 어림셈이다. 결국 이 저자에 따르면 오직 이런 간접적이거나 부정적인 접근만이 정치를 사유할 수 있다. "정치는 긍정 형식으로 개념화될 수 없다. 정치의 개념화는 다만 정치의 바탕과 그 이면을 함께 구성하면서, 정치의 바깥 쪽 경계를 따라 그 윤곽을 그리는 일과 정치를 부정적

---

3. Roberto Esposito, "L'impolitico [비정치적인 것]," *Enciclopedia multi-mediale delle scienze filosofiche* [철학에 관한 멀티미디어 백과사전] (www.emsf.rai.it에서 온라인으로 이용 가능).

으로 규정하는 일에 기초해서만 가능하다."[4]

이와 유사하게 『그림자의 대열』에서 모레이라스는 이른 바 "비주체"nonsubject라는 이름으로 주체의 정치를 탈구축 [해체]하면서 하부정치라는 관념을 내세우는데, 책 앞머리에서 그는 다음과 같이 쓴다.

> 그러므로 이는 비주체의 이론이나 비주체의 유형학의 문제가 아니다. 비주체는 오히려 이론을 향한 어떤 의욕에도 저항하며, 모종의 건조한 제안이 되기를 갈망한다. 비주체는 드러내려 하며, 따라서 자기 자신을 노출시키려고도 한다. 결국에는 비주체를 파악할 어떤 종류의 만족스러운 〔비주체의〕 지식도 존재하지 않는다고 생각할 수 있는데, 이런 사실은 아마도 어떤 모호한 형상의 드러나지 않는 떨림을 암시하며 이 떨림 없이는 어떤 정치이건 보잘 것 없어질 것이라고 생각할 수 있을지도 모르겠다.[5]

이런 떨림이야말로, 정치를 그 자신의 유한성에 노출시킨 효과로서, 하부정치가 − 비정치적인 것과 다름없이 − 야기하고자 하는 것까지는 아니더라도, 암시하려고 하는 것이다. 이

---

4. Roberto Esposito, *Categorie dell'impolitico* [비정치적인 것의 범주] (Bologna : Il Mulino, 1999), 139.

5. Alberto Moreiras, *Línea de sombra : El no sujeto de lo político* [그림자의 대열 − 정치적인 것의 비주체] (Santiago : Palinodia, 2006), 9.

런 접두사들의 영향 아래에서 실존하는 정치의 모든 형상은 떨리고 흔들리며, 이와 동시에 정치를 사유하는 아직은 모호한 양식이 아마도 잠재되어 있다가 모습을 드러내는 것이리라. 실상 에스뽀지또와 모레이라스는 정치의 의미는 그 자체로 정치적이지 않다고 공히 주장하며, 각각 비정치적인 것과 하부정치라는 범주를 통해 [정치의 의미가] 굴절되는 경우가 아니면 정치의 의미는 사유될 수 없다고 주장한다.

원原정치, 준para정치, 메타정치

이 장의 실질적 논점을 형성하는 두 심급으로 옮겨 가기 전에, 다른 접두사들의 의미와 이것이 가령 랑시에르의 저작에서 전개되는 방식을 간략히 짚고 넘어가는 일은 유용할 것이라 여겨진다. 이는 또한 나로 하여금 지난 몇 십 년에 걸쳐 유럽 철학에 나타난 소위 "정치적인 것의 귀환"까지도 문제 삼을 수 있게 해줄 텐데, 이 과정에서 제기할 몇 가지 질문들은 에스뽀지또와 모레이라스의 작업에 대응해서 다시 다룰 것이며, 랑시에르의 정치를 더 보다 본격적으로 논의하는 일은 다음 장으로 미루도록 하겠다.

랑시에르에게 원原정치, 준para정치, 그리고 메타정치라는 말은, "정치철학" 내지는 그가 플라톤에서 홉스에 이르고 맑스에서 부르디외까지에 이르는 "철학자들의 정치"라 부른 것의 세 가지 지배적 형상을 부르는 명칭이다. 이 고찰에서 정확하게 관건이 되는 것은 바로 정치와 철학 사이의 관계에 대한 질문이며, 이 관계는 실재와 실재에 대한 사유 사이의 관계에 관한 여러 심급들 중 하나의 심급에 불과하다. 여기서 논의 중인 다른 저자 모두에게 그런 것처럼, 랑시에르에게 이 관계는 근본적으로 긴장과 대립이 작용하는 관계이다. 철학은, 정치철학의 외양을 띨 때, 사실 모든 정치에 내재하는 갈등을 억압하려는 끊임없는 시도에 의해 가장 적절하게 규정된다. 그리하여 "우리는 다음과 같은 가설을 검증하고자 한다. '정치철학'이라 불리는 것은 아마 틀림없이 다음과 같은 성찰 작용의 집합, 즉 철학이 자기와 정치를 분리하고자 시도하고, 정치의 실행에 특유한 사고 속의 어떤 소란을 억압하고자 시도하는 성찰 작용의 집합일 것이라는 가설이다."[6]

원原정치는, 랑시에르가 플라톤 및 근대의 공화주의와 결부시키는 것으로서, 요컨대 아테네의 민주주의 정치에 속했다고 여겨지는 무정부상태anarchy를 넘어서 어떤 고유한 원형, 즉 시작 혹은 최초의 원인이자 또한 동시에 질서의 제

---

6. Jacques Rancière, *Disagreement : Politics and Philosophy* [불화 ― 정치와 철학], trans. Julie Rose (Minneapolis : University of Minnesota Press, 1999), ix.

일 원리인 아르케^{arkhê}로 돌아감으로써 정치적 공동체의 "참된" 정수를 실현시키려고 한다. "플라톤이 그 모형을 제공한 원^原정치는, 가장 근본적일 때 정치의 민주주의적 형상을 흔적도 없이 대체하면서, 공동체의 아르케를 완전히 실현하는 일에 기초한 공동체, 즉 그것을 감성을 통해 빠짐없이 받아들이는 일^{sensiblization}에 기초한 공동체를 구성하려는 기획을 드러낸다."[7] 이와 같은 이상적 공동체, 공화국은 이를 민주주의의 불온함과 대립시키는데, 여기에서 사람들은 (다만) 있는 대로의 자신(일 따름)이며, (단지) 자기들이 할 것이라고 여기는 일(만)을 행한다. 이런 것이 정치가 원^原정치로 축소될 때에 정치의 동어반복적인 진리이다. 철학자는 데모스^{demos}로서의 사람들이라는 공허한 범주 대신에, 자신의 내적인 특성 내지 정수를 완수하는 공동체에 속한 완전하게 개별화된^{particularized} 신체를 제시한다. 또한 철학자는 몫이 없는 부분집단이 전체와 동등함을 주장하는 모순적인 말하기 행위의 힘 대신에, 이상적인 우주의 본성에서 솔기 없이 매끄럽게 파생되어야 한다고 주장하는 담론의 진리를 내세운다. 그리고 철학자는 논쟁적 보편성 대신에, 공동체 구성원 각자의 부서지기 쉬운 신체로 본떠진 것으로서 행하고, 말하며, 살아가는 [개별적이고] 특수한 방식에 생명을 불

---

7. 같은 책, 65 (보스틸스가 영어 번역 수정).

어넣으려고 한다.

준^{para}정치는, 고대에는 아리스토텔레스와 결부되고 근대에는 홉스와 결부되는 것으로서, 부자와 빈자의 당파 사이 혹은 부분집단들 사이의 전쟁을 인정하면서도, 권력의 기원과 분배에 관한 각양각색의 교의들을 가장하여, (랑시에르가 프랑스어로 'la politique'라고 쓰는) "정치[정책]"에 대한 물음을 대신하여 (프랑스어로 'le politique'인) "정치적인 것"에 다시 중심을 둔다. "근대에는 여기에 중심을 두는 것이 분명해 보인다. 근대에 와서 정치의 안건은 아주 자연스럽게 권력에 대한 사안이며, 권력을 정당화하는 원리에 대한 사안이자, 권력이 분배되는 여러 형식, 그리고 권력에 특정한 여러 인간형에 대한 사안이다."라고 랑시에르는 덧붙인다. "하지만 우리에게 중요한 것은, 이와 같은 중심의 이동이 정치에 고유한 자기모순에 대한, 즉 부분들의 분할에 대한 치안^{police} 논리와 몫이 없는 부분집단에 대한 정치적^{political} 논리 사이의 정면 대립에 대한 특별한 반응이라는 사실을 이해하는 일이다. 아리스토텔레스는 사회적 신체들의 불평등 논리에 평등이라는 결과를 묶어놓는 특이한 매듭, 곧 정치에 고유한 매듭을 없애고, 여러 제도들이 특정하게 속하는 장소인 **정치적인 것**의 자리에 이 매듭을 옮겨놓는다."[8] 다른

---

8. 같은 책, 73 (보스틸스가 영어 번역 수정).

한편으로 홉스는 아리스토텔레스로부터 우리에게 내려온 준para정치의 고대적 판본 가운데 숨어 있는 체제 전복적 잠재력을 중화시키기를 바란다. 만약 인민들이 본성상 모두 동등하게 정치적인 동물이라면, 그리고 여러 정치적 구성물이 인민들의 규준에 맞출 능력을 갖고 있는지에 대한 인민의 판단에 정치의 구성 전체가 넘겨지게 된다면, 역설적으로 고대의 "정치철학"은 그 즉시 유토피아적이며 선동적인 것으로 보이기 시작한다. 그에 따라 홉스가 보기에는, 인간 존재가 본성상 정치적이라고 일컬어져서는 결코 안 되며, 그게 아니라 정치는 이차적인 것으로서, 원초적인 [상호투쟁적] 자연 상태에 직면하여 내린 [계약에 의거한] 결과에 불과한 것이 된다.

그럼에도 불구하고, 그것이 제기하는 명제들의 실제 내용이라는 면에서 근대의 준para정치는 여전히 고대에 놓였던 길을 따른다. 정치는, 이제 근본 질문이 합법적이건 아니건 권력의 기원이라는 수수께끼 주변을 맴도는 경향을 띤다는 점만 제외한다면, 권력의 관점에서 규정되기를 계속한다. 정치철학의 모든 판본들과 마찬가지로, 정치권력의 문제를 이와 같이 제시하는 일은 몫이 없는 부분집단의 역설적인 출현을 무화시키는 일에 여전히 기여하는데, 랑시에르에게 몫 없는 자들의 역설적인 출현은 현실 속의 정치가 갖는 유용성을 말해주는 유일한 실천이다. 랑시에르는 이렇게 쓴다. "권력의 '기원'을 문제구성으로 삼는 일과 이 문제구성의 틀을 짜는 항목들 ─ 사회계약, 소외, 그리고 주권 ─ 은 먼저 몫이 없는 부분집단이 존재하지 않는다고 선언한다. 존재하는 것은 단지 개인들과 국가 권력일 뿐이다." 이어서 다음과 같이 쓰기도 한다. "근대의 준^para정치는 '개별성'이라는 특정한 본성을 고안해 냄으로써 시작하며, 분파들 사이의 다툼, 부분집단과 정당들 사이의 투쟁을 [사회계약이라는 명목으로] 배제해야 하는 주권이라는 절대적인 것과 엄격하게 서로 연관됨으로써 시작한다. 근대의 준^para정치는 만인의 만인에 대한 투쟁이라는 관념을 내세우면서 우선 인민을 낱낱의 개인들로 쪼개면서 시작하며, 그럼으로써 내부에서 정치를 구성하는 계급 사이의 전쟁은 한꺼번에 쫓겨나게 된다."[9] 철학자의 정치가 취하는 마지막 세 번째 형상이자, 맑스 및 맑스주의와 결부되는 이른바 메타정치는, 이렇게 쫓겨난 것을 바로 계급투쟁이라는 이름으로 원래대로 되돌리기를 제안할 것이다.

맑스의 「유태인 문제에 관하여」는 메타정치를 특히 강하게 제시하는 전형적인 글이다. 메타정치는, 실존하는 모든 정치 형식에 동반되는 어떤 것, 다시 말해 정치의 여러 형식이 시민사회 수준에서 벌어지는 계급투쟁의 진짜 내용을 감추는 한 결과적으로 언제나 요구 대상이 되는 것의 역할을

---

9. 같은 책, 77~78.

할 뿐만 아니라, 참된 정치에 대한 강령적인 예견, 다시 말해 공산주의 아래에서 모든 계급의 소멸로 이어지는 진리의 정치이기도 할 어떤 것의 역할을 하기도 한다. "정치의 거짓에 깃든 **진리**로서의 계급 개념은 그러므로 ['meta'라는] 접두사의 두 의미 중 하나와 어울려 정치의 너머로 여겨지는 메타정치에 핵심적인 형상이 된다. 그러나 이와 동시에 메타정치는 그 접두사의 나머지 한 의미, 즉 **보충, 동반**이라는 의미에 따라 이해할 수도 있다."라고 랑시에르는 쓴다. 결국 우리는 메타정치라는 범주의 구별되는 두 가지 의미를 얻게 된다.

> 그리하여 메타정치는 정치의 과학적 동반물이 되는데, 이 과학적 동반[으로서의 메타정치] 가운데서 정치의 여러 형식을 계급투쟁의 여러 위력으로 환원시키는 일은 애초에는 **거짓**에 깃든 **진리** 혹은 환영의 진리와 같다. 그러나 이뿐만 아니라 메타정치는 주체를 형성하는 모든 형식의 "정치적인" 동반물이 되기도 하는데, 이 정치적 동반물은 정치가 과소평가하거나 과소평가하지 않을 수 없는 계급투쟁이란 것을 자신의 숨어 있는 "정치적인" 진리로 설정한다. 메타정치는 정치의 허위에 깃든 진리를 드러내는 것이라면 어떤 현상이건 **포착하여 이용할**seize 수 있다.[10]

---

10. 같은 책, 85 (보스틸스가 영어 번역 수정).

원原정치, 준para정치, 메타정치라는 이와 같은 진단에 더하여 지젝은, 랑시에르와 그 외의 전前알튀세르주의자 동료들에 대한 자신의 비판적인 응답에서, 네 번째 항목으로 "과잉정치"ultrapolitics를 추가할 것을 제안한다. 그는 이것이 "랑시에르가 언급하지 않은 것"이라고 주장하며, 이를 통해 "정치를 직접 군사적인 것으로 만들어 갈등을 극단으로 몰고 감으로써 갈등에서 정치를 분리하려는 시도"를 가리키려고 한다. 이것은 "갈등을 '우리'와 '저놈들', 즉 우리의 적군 사이의 전쟁으로 재형성함으로써 이루어지는데, 이처럼 정치가 직접적으로 군사적인 것이 되는 자리에 상징적 갈등을 위한 공통의 바탕은 존재하지 않는다. 그러니 근본 우파the Radical Right가 계급투쟁이라는 말보다 계급(혹은 성별) 전쟁이라는 말을 입에 담는다는 사실은 무척 증상적이다."11 실상 『불화』에서 랑시에르는 이미 "과잉정치" 혹은 "초과정치"suprapolitics라는 용어를 언급할 뿐만 아니라 이것에 거울상으로 작용하는 "하부정치"infrapolitics라는 용어도 언급한다. 하부정치와 과잉정치, 더 정확하게는 초과정치는 맑스주의적 메타정치가 낳은 한 쌍의 결과물인데, 맑스주의적 메타정치는 실제의 정치적 실천에 대해 다음과 같이 이중적

---

11. Slavoj Žižek, *The Ticklish Subject : The Absent Centre of Political Ontology* (London : Verso, 1999), 190 [슬라보예 지젝, 『까다로운 주체 — 정치적 존재론의 부재중심』, 이성민 옮김, 도서출판b, 2005].

인 평결을 내린다. 그 내용인즉 [실제의 정치적 실천이] 계급투쟁의 하부정치적 "진리"를 감추는 단순한 "외양"에 불과하다는 것이거나, 정반대로 이것이 정치 "너머"에 위치한 "진정한" 초과정치 – 이 초과정치 속에서 사회는 참된 성취에 도달하여 자신에 내재적인 목표도 나타낼 수 있게 된다 – 의 실현에 미치지 못한다는 것이다. 이런 이중적 평결은 맑스주의의 계급 개념에 전형적인 방식으로 적용된다. 계급은 사회적으로는 모든 정치 형태formations의 참된 내용으로 보일 수 있으나, 반면에 정치적으로 계급은 어떤 실질적 내용도 갖지 않는다. [이 경우에] 계급이란 그저 프롤레타리아라는 비계급의 이름으로 모든 계급을 공산주의적으로 폐지하는 비어 있는 연산자operator에 불과하기 때문이다. 그렇다면 아마도 우리는 비주체의 논리 – 대안적 주체로서가 아니라 정치적 주체주의subjectivism의 패러다임 전체에 구성적으로 속한 공백으로서 비주체의 논리 – 로부터 우리가 생각하는 것만큼 그렇게 멀리 떨어져 있는 것이 아니다. 하부정치는, 에스뽀지또에게 비정치적인 것이라는 범주적 지평과 마찬가지로, 이 비주체의 논리를 동반하게 될 것이며, 이를 통해 모레이라스의 작업에서 전투적 투쟁 정치의 종말closure을 드러낼 것이다. 더군다나 에스뽀지또는 한나 아렌트, 조르주 바타이유, 엘리아스 카네티, 시몬 베유 및 다른 이들의 비정치적 글들을 모아서, 비정치적인 것으로부터 "과잉정치를 향해서"는 아니더라도 "정치 너머"로 나아갈 가능성을 의미심장하게 지시하는 듯한 『정치의 저편』이라는 제목을 붙인 선집을 출판하지 않았던가?[12]

하지만 랑시에르가 원archi정치, 준para정치, 메타정치 ─ 세 번째 메타정치는 이제 초과정치와 하부정치로 나뉜다 ─ 를 규정하면서 상정했던 실제 목표는 에스뽀지또의 비정치적인 것이나 모레이라스가 내세운 하부정치의 목표와는 거의 정반대라는 점을 지적하는 것은 중요하다. 요컨대, 랑시에르가 정치만의 특정한 성격에 거짓이 부여되는 기제이거나 정치의 특수성을 지우고 제거하는 서로 다른 기제들을 명명하기 위한 장치로서 [각 정치의 앞에 붙는] 여러 접두사들을 사용하는 반면에, 에스뽀지또와 모레이라스에게 전투적 투쟁 정치와 연관되는 형이상학적 환영과 전체주의의 유혹은, 접두사를 사용함으로써 도입되는 최소한의 거리 혹은 틈새를 통해서만 회피할 수 있게 된다. 이와 유사하게, 모레이라스와 에스뽀지또는 정치를 정치적인 것 쪽으로 옮기는 일을 수용하는 것 같고 시종일관 [정치의] 하부 혹은 비정치적인 것으로 한 걸음 더 물러날 것을 제안하는 데 반해, 랑시에르의 비판적 진단은 정치적인 것의 규정이라는 첫 번째 시도,

---

12. Roberto Esposito ed., *Oltre la politica. Antologia del pensiero "impo-litico"* [정치의 저편 ─ "비정치적" 사유 선집] (Milan : Bruno Mondadori, 1996).

아리스토텔레스가 정치철학의 패러다임에 기여하여 지금까지도 이어지고 있다고 랑시에르가 말하는 바로 그 첫 번째 움직임을 무효로 돌리기 위해 무척 애를 쓴다. 따라서 『불화』를 관통하는 기획 전체는, 정치적인 것을 철학적으로 엄밀하게 한정한다는 명분으로 정치의 본질을 억압하거나 반대로 이를 실현하는 일에 기대지 않고, 정치의 본질을 주체 형성 과정이라고 포착하려는 것이다. 또 다른 방식으로 [두 부류 사이의] 차이를 형성하기 위해 우리는, 본래는 1970년대에 『논리적 봉기』라는 잡지에 대부분 발표한 에세이들을 최근에 묶은 책인 『인민의 무대』 서문에서 랑시에르가 "인민" 혹은 "프롤레타리아"와 같은 "조야한 단어들"의 사용을 여전히 옹호하며, 이 단어들이 [내포하고 있는] "이 단어들 자신과의 차이" 및 "이런 차이가 제공할 것임에 틀림없는 불화하는 창조의 공간"[13]을 시종일관 견지한다는 사실을 상기할 수 있을 것이다. 이와는 대조적으로 에스뽀지또와 모레이라스는 시몬 베유의 다음과 같은 관점에 훨씬 더 많이 동의할 것이다. 즉 위에서와 같은 용어 및 "전쟁", "혁명", "진보" 그리고 "민주주의"를 포함한 단어 전부는 20세기 후반기에 와서

---

13. Rancière, *Les Scènes du peuple (Les Révoltes logiques 1975/1985)* [인민의 무대 (논리적 봉기 1975/1985)] (Lyon : Horlieu, 2003), 16. 이 책에서 고른 몇몇 에세이들을 모아 영어로 번역한 책은 *Staging the People : The Proletarian and His Double* [상연되는 인민 ─ 프롤레타리아라는 인물과 그의 교체배역], trans. David Fernbach (London : Verso, 2011)이다.

는 이것들이 처음 생겨났을 때에 이미 그러했던 것보다도 훨씬 더 공허해졌음을 단어들 스스로가 입증하였다는 것이다. "우리는 이 모든 용어들, 우리의 정치 사전에 등재된 모든 표현들을 거의 다 거론할 수 있을 것이며, 이것들을 다루자마자 우리는 이 용어들과 표현들의 중심에서 공백을 발견하게 될 것이다."[14]

우리가 랑시에르의 시도라고 부를 수 있는 것은, 이처럼 이제까지 실존하던 모든 정치철학의 외부에서 접두사를 붙이지 않고 정치를 사유하려는 노력이다. 그런데 이와 같은 랑시에르의 시도는 세 가지 중요한 방법론적 질문을 제기하며, 이 질문들은 우리가 하부정치와 비정치적인 것을 논의하는 맥락과 관계를 맺고 있는 것으로 밝혀지기도 할 것이다. 무엇보다 먼저 랑시에르 자신의 담론이 가지는 지위에 관한 다소 가시 돋친 질문이 있다. 랑시에르의 시각이 철학자들이 정치를 다루는 또 다른 심급이 될 수 없다는 점이야 분명하겠지만, 이런 사실이 우리가 정치 그 자체의 실재를 다루고 있다는 사실을 의미하는 것은 아니다. 비록 독자가 그런 결론을 이끌어내는 일이 정당화될 수 있다 하더라도 그렇다. 사실 이제까지 우리가 살펴본 바와 같이, 『불화』가

---

14. Esposito, *Categorie dell'impolitico*, 227에 인용된 시몬 베유(Simone Weil)의 말.

운데 「원原정치에서 메타정치에 이르기까지」라는 제목이 붙은 장의 끝머리를 향하면서, 랑시에르 스스로가 갑자기 "계급", "사회적인 것" 혹은 "인민" 같은 용어들에 대해 가능할 법한 두 가지 독법 사이의 구별을 이끌어낸다. 즉 한편에는 분명 그가 메타정치적인 독법이라 부르는 것이 있으며, 이는 하부정치적인 결과와 초과정치적인 결과 사이를 다시금 오가는 경향을 띤다. 그런데 다른 한편 위와 같은 용어들에 대한 엄격하게 정치적인 독법도 있다. 예를 들어 "프롤레타리아"라는 범주를 살펴보라. 랑시에르는 "메타정치의 관점에서 볼 때 프롤레타리아는 사회의 실제 운동을 수행하는 자를 가리킨다. 프롤레타리아는 정치의 민주주의적인 외양을 고발하며 이것을 산산이 부숴버린다고 여겨진다."라고 쓴다. "정치의 관점에서 보면 프롤레타리아는 인민demos의 특정한 돌발, 곧 민주주의의 주체이다. 프롤레타리아는 셈해지지 않은 자들의 셈이라는 쟁점을, 모든 규칙을 넘어서되 무한한 틀림까지 나아가지는 않은 채 보편화하면서, 논쟁적 공동체의 세계를 구성하는 일에서 자신의 위력을 내보이는 작용을 수행한다."15 바로 이 지점에서 글쓴이는 "정치"라는 용어를 정치적 개입의 **실행**act으로뿐만 아니라 그와 같은 실행에 대한 해석[이라는 의미]로도 사용하며, 따라서 그는

---

15. Rancière, *Disagreement*, 90.

이 용어의 사용에 어느 정도의 어긋남을 허용하는 것처럼 보인다. 혹은 오히려 단어에 담긴 연극적 함축을 고려한다면, "계급" 혹은 "인민"의 비어 있는 작동능력operativity에 대한 모든 해석은 이미 정치 그 자체가 진행되는 일종의 막act [16]이다. 달리 말하면 랑시에르 자신의 담론은 끊임없이 "(철학자들의) 정치"와 거리를 두면서도, 이 담론이 "정치에 대한 정치적 해석"에 부합한다는 내용을 어떻게 해서든 잘 시사해내며, [담론] 자체가 갈라지면서 남긴 흔적을 지워낼 능력을 가진 담론을 상정하는 일에 의존하는, 거의 동어반복적인 권위를 적절하게 획득해 낸다. 이와는 대조적으로 에스뽀지또와 모레이라스의 경우에는 정치와 정치에 대한 사유를 분리하는 논리가 숨은 의미를 과다하게 띠게 되어, [정치와 정치에 대한 사유] 둘 사이의 간격이 정치적 갈등 그 자체를, 기묘하게 보상적으로 모방하면서 [간격이 갈등을] 대신하는 것처럼 여겨지는 지경까지 이를 것이다.

정치의 실재the real와 이 실재에 대한 사유 사이의 관계에 더하여 제기되는 두 번째 질문은 정치와 역사 사이의 관계에 관한 것이다. 사실 원原정치, 준para정치, 메타정치 이 셋을 가지고 우리는 정치의 서로 다른 세 가지 형식을 다루고

---

16. [옮긴이] 여기에서 장면별로 나뉘어 연극이 진행되는 '막'으로 옮긴 'act' 는, 당연히 '실행'이라는 의미를 동시에 가지고 있다. 해석이 곧 정치 자체의 실행이라는 것이다.

있다기보다는, 그 자체로는 불변하는 정치의 본성을 철학이 혼란스럽게 만드는 세 방식을 다루고 있는 것이다. 확실히 플라톤, 홉스, 그리고 맑스와 연결될 때, 마치 이들 각각에게 고대적이며 근대적인 [정치의] 변이형이 부여되는 듯이 이 세 인물이 연대순으로 출현한다는 점에서, 우리는 원原정치, 준para정치, 그리고 메타정치라는 표지가 붙을 법한 "연대"年代 혹은 "시대"에 대해 말할 수도 있다. 하지만 실상에서 이 셋은 정치의 파문scandal, 즉 정치철학의 역사 내내 줄곧 변화 없이 기저에 도사린 파문을 부인否認하고 억압하거나, 부인이나 억압 중 하나를 수행한다는 점에서, 그저 부정否認에 사로잡힌 다양한 인물들에 불과하다. 이와는 대조적으로 여전히 해결되지 않은 질문은 정치를 행하는 서로 다른 역사적 형식의 가능한 실존양상과 그 실존양상들에 고유한 특성에 대한 것이다.

[정치와 역사 사이의 관계에 관한] 이런 질문, 랑시에르의 작업 중 틀림없이 역사와 가장 거리가 먼 책인 『불화』에서는 제기되지도 않은 이 질문은 실뱅 라자루스 같은 학자의 작업에서 유용한 방법론적 뼈대를 얻는다. 실뱅 라자루스는 그의 『이름의 인류학』에서 자코뱅의 양식, 볼셰비키의 양식, 스탈린주의 양식, 마오주의 양식, 또는 자본주의적이면서 의회주의적인 양식과 같이 다양한 "정치의 여러 역사적 양식"에 관해 언급한다. 각각의 양식은 이름, 장소, 그리

고 실재를 사고하기 위한 사유의 고유한 작동능력 등에 따라 규정된다. 이런 항목들은 서로 결합하여 범주적인 틀을 제공하며, 이 범주 틀을 통해 과정으로서의 정치가 이해 가능한 것이 된다. 바디우는 라자루스의 책을 논평하며 "[정치의] 사유가능성과 연관되는 범주는 정치의 역사적 양식이라는 범주"라고 쓴다. "[정치의 역사적] 양식이란 정치가 정치의 사유와 맺는 관계인 것으로 규정되며, 이 관계 자체는 정치적 주체성에 내재적인 범주들(생-쥐스트에게는 미덕과 타락, 레닌에게는 일종의 조건으로서의 혁명적 의식 등)을 통해 이해될 것이다."[17] 더 나아가 철학과 정치 사이에 일종의 중개 담론을 제공하려 하는 라자루스의 "이름의 인류학"에 맞서, 바디우는 이 맥락에서 자신이 "메타정치"라 부르는 것을 옹호함으로써 철학의 특정한 자리를 명시한다. "그에 따라 여기에서 관건은, 내가 메타정치라 이름 붙인 것, 혹은 정치의 조건이 남긴 흔적을 철학 속에서 짊어진 어떤 것이다. 이 [정치라는] 조건은 어떤 대상도 아니고 사유에서의 생산을 필요로 하는 것도 아니며, 철학적인 효과들을 낳는 동시대성에 불과하다."[18] 이런 의미로 『메타정치론』에서 바디우의 목표는 『불화』에서 랑시에르의 목표와 실제로는 전혀 다

---

17. Alain Badiou, *Metapolitics* [메타정치론], trans. Jason Barker (London : Verso, 2005), 46.

18. 같은 책, 55.

르지 않다. 둘의 목표는 공히 정치에 대한 사유를, "정치철학"이 정치 그 자체를 애매하게 만들고 몰아내거나 거부하려고 시도하는 작업으로부터 구출하려는 것이기 때문이다. 바디우는 책의 강령적 제사題詞에서 다음과 같이 밝혀 쓴다. "나는 '메타정치'라는 말을 가지고 정치의 참된 형식은 사유의 형식이라는 사실로부터 철학이 즉자대자적으로 도출해낼 수 있는 여러 결과를 이해한다. 정치가 즉자적인 사유 형식이 될 수 없는 한 메타정치는, '정치적인 것'에 대한 사유는 철학자에게 속한다고 주장하는 정치철학에 대립된다."[19] 그러므로 이 두 사상가는 평등주의적이고 보편주의적인 해방정치에 대해 공히 유사하게 이해하고 있지만, 역설적이게도 랑시에르는 메타정치를 위와 같은 정치에 고유하게 내재한 자유와 평등의 유희를 가리는 장애물로 간주하며, 반대로 바디우는 이런 유희를 [메타정치라는] 동일한 깃발 아래에서 숙고하고 자유롭게 놓아두자고 제안한다.

마지막으로 세 번째 질문은 어떤 면에서 앞선 두 질문의 복잡한 절합을 전제한다. 다시 말해, 실재와 사유의 관계, 정치의 역사적 양식들과 이 양식들을 이해 가능한 것으로 만드는 장치인 범주 기구機構의 관계는, 이제 특정한 정치적 경험 및 그로부터 이끌어낸 여러 교훈과 더불어, 역사화

---

19. 같은 책, xlix (보스틸스가 번역 조정).

되어야 한다. 분명 에스뽀지또와 모레이라스가 둘 다 적절하게 주장하는 바와 같이, 이 마지막 질문은 정치 경험과 철학 체계의 무매개적 대면이라는 관점에서 말해질 수도 없으며, 정치가 철학의 어떤 작업틀로부터 직접 파생되어 이 틀이 실천에 적용된 어떤 것이 될 수 있는 것도 아니다. 이론과 실천의 오랜 문제에 대한 이런 모든 해결책들이 불가능하게 보이거나 진부하게 보일 수도 있다. 그러나 그럼에도 불구하고, 이것이 왜 그렇게 보이는가에 관한 질문, 혹은 왜 오늘날 특별히 강하게 그렇게 보이고 있는 것인가, 가령 앞에서 논의했던 정치철학에서 존재론적 회귀의 결과로서 그러한 것인가에 관한 더 심층적인 질문은 그대로 남는다. 지난 두어 세기의 교훈들 중에 과연 어떤 것이, 정치와 사유에 대한 질문을 이처럼 재형성하는 일에서 암묵적으로건 명시적으로건 고려의 대상이 되는가? 바디우는 자신의 『메타정치론』에서 이 질문을, 직접적 인과관계나 결정론 혹은 둘 모두라는 더 전통적인 틀 속에서 사유하기보다는 조건형성의 관계라는 관점에서 다시 생각해 보자고 제안한다. 이렇게 보면 정치를 사유하는 각각의 방식은 정치철학이라는 꼬리표를 받아들이건 아니건 관계없이 특정한 정치를 자신의 조건으로 삼는 셈이다. "그러므로 사람들은, 철학의 내부로부터, 철학을 정치라는 자신의 조건을 기록하는 일종의 기구 같은 것으로 다룰 수 있다. 특히, 새로운 철학의 가능성은─비록 복잡한 '꼬임'을 대가로 삼더라도 — 철학 자체를 정치적 조건이 실제로 움직이는 양상에 대한 철학내적intra-philosophical 지표라고 해독해낼 수 있게 만들어 줄 수도 있다." 바디우는 루이 알튀세르의 작업을 참조하면서 이렇게 쓴다. "철학이 할 수 있는 일은, 예전에는 보이지 않았던 철학의 여러 가능성을 펼쳐내는 가운데 (라자루스가 말하는 것처럼) 정치의 갱신된 '사유가능성'thinkablility의 기호, **정치 자신의 실천을 기초 삼아 새롭게 작성되는** 정치의 '사유가능성'의 기호를 기록하는 일이다."[20] 다른 한편 바디우는 『세계의 논리』의 긴 미주에서, 조건이 되는 것the condition과 조건에 따르는 것the conditioned이라는 어휘들을, 재명명renaming, 승화sublimation, 사변적인 형식화 같이 위험할 정도로 더 관념적인 말을 통해서 전개한다. 만약 정치가 줄곧 하나의 진리 절차로 보인다면, 즉 철학 외부에서 철학의 조건이 되는 것으로서 보편주의적이고 평등주의적인 사유의 양식으로 보이기를 계속한다면, 이 사실이 의미하는 또 한 가지는, 우리가 바디우 자신의 철학뿐만 아니라 다른 모든 철학들까지를 모두 포함하여 우리 앞에 놓인 어떤 철학을 평가할 때, 우리는 조건에 따르는 것을 스스로의 정치적 진리를 생산할 수 있는 것, 즉 조건이 되는 것인 양 취급할 수 없다는 것이다. 우리는 기

---

20. 같은 책, 61~62.

껏해야 우리 앞에 놓인 정치적 경험, 그것이 도래하게 될 것이라 하더라도 어쨌건 우리에게 주어진 정치적 경험과, 개념혹은 범주를 처리하는 특정한 방식이 서로 상응하는 정도를 조사할 수 있을 뿐이다.

간략히 말하자면, 철학이 〔정치 같은〕 다른 종류의 사유와 맺는 관계는, 철학 자신의 시야에서나 아니면 다른 종류의 사유의 시야에서나 마찬가지로, 동일성이나 모순이라는 관점에서 평가할 수 없다. 오히려 ― 개념 형성을 위한 승화(혹은 사변적인 형식화)의 결과 ― 문제가 되는 철학과 본질적으로 상응하며 남아 있는 것이 대체 무엇인가를아는 것이 관건이며, 반면에 문제가 되는 철학에 유기적으로 외부적인 것이 대체 무엇인가를 아는 것이 관건이다.[21]

범주와 연관된 지평으로 둘러싸인 기간과 관련하여, 더구체적으로 지정하자면 비정치적인 것과 하부정치라는 한쌍의 관념이 그 경계를 표시하는 범주적 지평 안에 둘러싸인 기간과 관련하여, 정치와 사유의 관계를 역사화하여 보여 주는 데 쓸모 있을 기본 요소들은 도메니코 로수르도의

---

21. Alain Badiou, *Logics of Worlds : Being and Event* 2 [세계의 논리 ― 존재와 사건 2], trans. Alberto Toscano (London : Continuum, 2009), 521.

『비정치적인 것의 심기증心氣症』에서 찾을 수 있다. 헤겔 연구자로 잘 알려진 로수르도는, 예를 들어 프랑스 혁명이라는 사건에 대한 헤겔의 이른바 그침 없는 헌신과 대조되는 셸링 및 쇼펜하우어의 사유에서 나타났던 것과 같이, 혁명적 백열白熱의 시기에 뒤이은 환멸幻滅과 위기의 시기가 어떻게 해서 비정치적 방향 설정의 발흥기와 일치하는 경향을 띠는지를 보여줌으로써, 우리로 하여금 위와 같은 논의 전부를 훨씬 더 넓은 시간의 틀 속에 위치시킬 수 있게 만든다. "요즘 비정치적인 것이 만끽하고 있는 행운은, 또 다른 위대한 혁명에 대한 열정 및 희망 이후에 찾아온 거절의 위기 및 환멸과 분명히 커다란 관련을 가지고 있다." 서문에서 로수르도는 이렇게 쓴다.

막대한 규모로 얽힌 해방과 공포의 통일은 (1789년에 이미 시작한 것은 아니라 하더라도) 1917년 이후에 일어난 일련의 사건들을 규정짓는다. 이것은 역사적으로 분석되는 대신에, 역사와 정치의 영역에서 달아나 '비정치적인 것'으로 향하기 위한 계기가 된다. '비정치적인 것'은 다음과 같이 다양한 형상을 띨 수 있다. 친밀하고 교양을 길러주는 담론, 현실과의 어떤 대면도 업신여기면서 자기 자신만으로 가득 찬 유토피아주의, 정치의 변형에 대한 어떤 야심적 기획도 전반적으로 실패의 선고를 받았다고

간주하는 경향을 띠는 반골 기질problematicism이 그런 형상이다.[22]

만약 로수르도에게, 헤겔이야말로 비정치적인 것의 이런 "심기증" 내지 "노곤함"에 대한 전형적인 반대논변을 제공한다면, 이를 뒤집어 볼 때 일반적으로는 헤겔의 변증법 철학 그리고 특수하게는 헤겔의 역사 철학이, 종종 정치에 대한 사유의 전통에서 잘못이라 할 모든 것, 이런 이유로 모레이라스와 에스뽀지또가 거부하는 모든 것에 대한 일종의 약칭 표기로 사용되는 결과를 낳게 되는 것은 전혀 놀랍지 않다.

비정치적인 것

에스뽀지또가 비정치적인 것을 범주적 지평으로 받아들인 것은 랑시에르의 『불화』와 바디우의 『메타정치론』 뒤에 있는 기초적 전제들 중 하나를 그가 공유하는 것처럼 보일 수 있다. 이는 이른바 정치를 사유하는 것이 원리상 불가능할 "정치철학"이라는 사유의 전통에 대한 거부이다. 기

---

22. Domenico Losurdo, *L'ipocondria dell'impolitico. La Critica di Hegel ieri e oggi* [비정치적인 것의 심기증. 지난 날과 오늘날의 헤겔 비판] (Lecce:Milella, 2001), ix.

실 정치와 사유 사이는 깊은 심연이 갈라놓고 있으나 철학
은 이 심연을 헛되이 감추고자 하며, "이런 사실은 마치 정치
가 사유의 경험을 거부하는 것과 동일한 정도로 사유가 정
치를 사유할 능력이 없음을 보여 주는 것 같다. 그리고 이와
같은 사실은, 오늘날 이탈리아에서도, 여러 정치철학들의
확산에도 불구하고 마찬가지로 나타난다."[23] 따라서 에스뽀
지또는 철학과 정치 사이의 관계를 불가능한 대화로 그려내
거나, 혹은 랑시에르가 ─ 동어반복에 가까운 설득력을 띤 자
기 문체를 익히기 전에 ─ (정치의) 오해에 대한 (철학의) 오해
라고 역설적으로 묘사한 어떤 것과 같이 그려낸다. "이는 철
학이 기초foundations에 관한 질문이라는 방식으로 정치에 접
근하기 때문"이라고 에스뽀지또는 쓴다. "우리는, 플라톤(유
명한 그의 일곱 번째 편지[24]만이 아니더라도)에서 하이데거
(총장 취임 연설[25]뿐만 아니더라도)에 이르기까지, 정치철학
이 정치의 기초를 정확히 철학적인 관점에서 세워야 함을

---

23. Roberto Esposito, "Filosofía política o pensamiento sobre la política
[정치철학 혹은 정치에 관해 사유하기]," trans. Isabel Vericat, in Martha
Rivero ed., *Pensar la política* [정치를 사유하라] (Mexico City : Insti-
tuto de Investigaciones Sociales, Universidad Nacional Autónoma de
México, 1990), 95.
24. [한국어판] 플라톤, 『편지들』, 강철웅·김주일·이정호 옮김, 이제이북스,
2009.
25. [옮긴이] 하이데거가 프라이부르크 대학 총장으로 취임하면서 "독일 대
학의 자기주장"이라는 제목으로 행한 연설.

주장해 왔다고 말할 수 있을 것이다. [정치철학은] 마치 철학의 임무는 그 자신을 정치적으로 '실현realization하는 일에 있으며 (정치적) 현실은 철학에 의해 '도야educated될 필요가 있는 듯이 주장해 왔다."[26] 그러므로 에스뽀지또의 작업은 전통적 학문 분야의 의미에서 정치철학이라기보다는, 정치적 사유의 어떤 형식 혹은 정치적인 것에 대해 사유하는 일이라고 할 때 더 잘 설명된다. "정치철학은 정치의 목표end에 대한 철학이다. 그러나 정치는 정치철학의 종말end — 내지는 불가능태the impossibility — 이다. 반대로, 가능한 일(이자 필요한 일)은 정치에 대한 사유이다. 사유가 소지하고 있는 것, 정치철학으로 환원될 수 없는 것의 관점에서 정치를 사유하는 일이 정확히 비정치적인 것의 임무"라고 에스뽀지또는 쓴다. "비정치적인 것은, 철학의 편에서 만들어진 정치의 (철학적인) 기초로서의 정치철학을 부정한다. 비정치적인 것은 정치철학을 위험할 뿐만 아니라 동시에 불가능한 것으로 여긴다는 이중의 의미에서 정치철학을 부정한다."[27]

에스뽀지또가 보기에, 결국에는 이제까지 존재해 왔던 정치철학 모두는 정치의 정수에 속하는 갈등을 축소하려

---

26. 같은 글, 96.

27. Roberto Esposito, "Por un pensamiento de lo impolítico [비정치적인 것에 대한 사유를 통하여]," in Paolo D'Arcais Flores et al., *Modernidad y política : Izquierda, individuo y democracia* [근대성과 정치 — 좌파, 개인, 민주주의], (Caracas : Nueva Sociedad, 1995), 103~104.

는 불가능한 시도에 따라 정의된다. 부 ^{否} 정치적인 것 혹은 비정치적인 것이라는 형상을 토마스 만의 본래 의도를 훌쩍 뛰어넘어 정교하게 만들자는 제안은, 그렇다면 정치철학이 적대성을 희석하려고 사용하는 그런 일반적 도식들을 통과하지 않고 정치를 사유하고자 하는 시도이다. 더 정확히 이는 그와 같은 도식 전부에 내재하는 한계들 ─ 그 으스스한 현존이 일종의 내재하는 바깥immanent outside의 힘을 가지고서 근대 정치철학의 전통을 통째로 도려내게 되는 그런 한계들 ─ 에 익숙해지려는 시도이다. 개념을 형성하는 철학의 언어가, 사실로서의 갈등을 숙고하는 일에 대한 구성적인 무능력으로 특징지어진다면, 그리고 이와 같은 사실 혹은 사실성facticity 28이 개념적 표상의 시야 너머에 위치한다면, 비정치적인 것은 바로 이런 비표상성의 그림자를 다시금 정치의 영역에 투사하는 것이 된다. "정치가 그 자신이 구성적으로 유한하다는 사실을 언제나 알고 있는 것은 아니다. 정치는 본질적으로 [자신의] 구성적 유한성을 잊어야만 한다고 간주된다."고 에스뽀지또는 쓴다. "비정치적인 것이란 바로 이런 사실을 정치에 상기시키는 것이다. 다시 말해 그것은 정치적인 것의 핵심에 유한성을 되돌려 보낸다."29

---

28. [옮긴이] 여기에서 '사실성'(facticity)은 필연성과 반대로 우연성을 띠며, 이념성과 대립되는 성질을 지닌 사실들의 성질을 의미한다.

29. Esposito, *Categorie dell'impolitico*, xvi.

우리는 에스뽀지또의 저작 전체에서 되풀이해 나타나는 구별을 따라서, 그의 사유가 정치를 초월성으로 사유하는 패러다임과 내재성으로 사유하는 패러다임을 동시에 겨냥한다고 말할 수 있을 것이다. 『비정치적인 것의 범주』는 정확히 이런 맥락에서 정치적인 사유의 전쟁터를 재편성하기 위해 에릭 뵈겔린을 인용한다. "오늘날의 위기에서 참된 구분선은 자유주의자와 전체주의자 사이를 따라 그어지는 것이 아니라, 한편으로는 종교적이고 철학적인 초월론자들과 다른 한편 자유주의적이면서 전체주의적인 내재론자들 사이를 따라 그어진다."[30] 에스뽀지또 역시 이런 방식으로 논쟁의 대상이 되는 내용을 자주 바꾸곤 한다. 이는 문제가 되는 갈등을 내재성과 초월성이라는 철학적인 용어들로 번역함으로써, 실질적 정치에서 정치를 사유하는 일로 논변을 이동시키는 일을 의미할 뿐만 아니라, 다른 경우에는 자유주의와 전체주의 같이 이념적으로 양쪽 극단일 법한 것을 동일한 하나의 범주 아래에 포괄하는 일 또한 의미한다.[31] 이런 분할을 가로지름으로써 비정치적인 것은, 좌파

---

30. Voegelin, 같은 책, 83쪽에서 재인용.
31. [옮긴이] 에릭 뵈겔린은 (로크 같은) 자유주의자가 (맑스주의적인) 전체주의자와 만나는 지점이 있다고 간주하면서, 이 두 부류를 '내재론'이라는 공통 항목으로 묶어낸다. 예를 들어 정치적 좌파는 국가장치에 반대한다는 점에서 자유주의적이면서, 사회 전체의 총체성을 다루고자 한다는 점에서 전체주의적이다.

나 우파라는 용어로 수행되는 정치에 대한 어떤 전통적 정의도 이중으로 모두 거부하는 것으로 스스로를 제시할 수 있게 된다.

따라서 비정치적인 것의 주된 미덕은 일종의 대각선을 따라가는 일에 있으며, 이 선의 비스듬한 궤적은 정치신학의 (카톨릭, 보수주의적, 결단주의적decisionistic 32) 전통도 피할 수 있고 대안적인 (근대적, 기능주의적이거나 체계이론적인) 세속화의 ("새로운 다신론" 내지는 "약한 사유"33처럼 유행하는 흐름을 포함한) 논변도 모두 피할 수 있다. "비정치적인 것은 정확히 사유의 그런 태도, 혹은 다음과 같은 표현을 더 선호한다면, 사유의 그와 같은 형식이다. 사유의 이런 형식은, ― 그 의도가 반反정치적인 것이 아니라 '과잉정치적'이기에 ― 정치를 배제한 근대적 세속화의 성공을 거부하면서 오히려 이런 세속화의 정반대편에 자기 자리를 정하면서도, 이와 동시에 정치신학적인theologico-political 표상repraesentatio 이라면 어떤 것이건 그것에 결코 의지하지 않으며, 정치적

---

32. [옮긴이] 결단주의는 칼 슈미트에게 두드러지는 요소로서, 특정한 정치체 혹은 법체에 의해 내려진 결정이 도덕적이거나 법적인 계율을 형성한다고 보는 관점이다. 결단주의에 따르면 결정의 타당성은 그 내용에 따르는 것이 아니라, 결정이 적절한 권위에 의해서나 정확한 방법으로 이루어진다는 사실 자체에 의해 판정된다.

33. [옮긴이] 이탈리아 철학자 지안니 바티모가 편집한 책의 제목이자, 그가 탈근대의 다원주의에 맞는 철학의 임무로 주장하는 해석의 방식이자 실천의 방식.

인 것의 정초grounding를 위한 어떤 초월적 장소이건 거기로 후퇴하는 일을 완전히 거부한다."34 이와 같은 두 개의 전통은 ─ 정치신학의 전통과, 그리고 기술적 전문 지식과 행정governmentality35이라는 이름으로 사회에서 정치를 배제하려는 흐름은 ─ 단지 겉으로만 대립된다. 에스뽀지또에 따르자면, 실상 이 둘은 정치의 핵심에서 갈등을 부정한다. 다시 말해, 전자는 어떤 초월적 이념의 규범적 가치 아래에 갈등을 둠으로써 부정하며, 후자는 사회의 총체적 관리 가운데서 갈등을 희석함으로써 부정한다.

하지만 비정치적인 것과 관련하여, 문제는 신화와 근대성, 결단주의와 허무주의의 대안들과 다른 가치를 내세우는 것이 아니며, 하물며 둘 사이에서 변증법적 매개를 제시하는 일은 더욱 아니다. "비정치적인 것은 정확히 이와 같은 정치배제depoliticization와 신학의 결합, 기술과 가치의 결합, 허무주의와 변증론apologetics의 결합에 대해 반기를 든다. 우리는 이미 이것이 표상과는 다른 어떤 것이라고 언급

---

34. Esposito, "Por un pensamiento de lo impolítico," 228.
35. [옮긴이] 'governmentality'는 푸코의 개념으로 흔히 '통치성'이라고 번역된다. '통치성'이라는 개념은 정부가 시민을 정부 정책을 만족시키는 데 가장 적합하도록 생산하는 방식을 말하며, 주체가 지배당하는 조직화된 실천을 의미한다. 본문에서는 일상적으로 사용되는 '행정'이라는 말로 번역하였지만, 이것이 정부의 지배가 기술적이고 합리적으로 이루어지는 방식을 지칭하는 특수한 용어라는 점을 밝혀 둔다.

하였다. 혹은 더 나은 표현으로 비정치적인 것은 다른 것곧 타자이며, 완강하게 표상의 바깥에 남아 있다. 그러나 이와 같은 표상불가능성unrepresentability은 근대의 정치배제가 내세우는 재현불가능성unrepresentability이 아니"라고 에스뽀지또는 일깨워준다. "비정치적인 것은 정치적인 것의 거부가 아니다. 이런 의미에서 이것은 토마스 만의 의미체계로부터 근본적으로 벗어난다. 정치적인 것에 대립하는 것은 가치the value가 아니다. 오히려 정확히 반대이다. 비정치적인 것은 가치로서 정치적인 것에 대한 거부이자, 정치적인 것에 대한 모든 '신학적인' 가치증식에 대한 거부이다."36 1980년대에 낭시와 라쿠-라바르트가 조직한 정치 세미나 — 이 세미나의 내용은 『정치적인 것의 재연再演』과 『정치적인 것의 물러남』 같은 책37으로 묶여 나왔는데, 여기에서 'retrait'는 "퇴각" 혹은 "후퇴"라는 뜻과 "다시 다루기" 혹은 "수정"이라는 뜻을 모두 포함한다 — 에 동조하는 물러남retreat의 논리를 따라가 보면, 대안이라는 것의 필요성을 비켜나 피하는 일이 관건이며, 확고한 결정이나 당파적 헌신에 의해 이쪽이나 저쪽이나 관계없이 한쪽을 선택해야만 한다는 의무감을 비워내

---

36. Esposito, *Categorie dell'impolitico*, 14.

37. [옮긴이] Philippe Lacoue-Labarthe, Jean-Luc Nancy eds., *Rejouer le politique* [정치적인 것의 재연] (Paris : Galilée, 1983). 그리고 *La retrait du politique* [정치적인 것의 물러남] (Paris : Galilée, 1983).

는 일이 관건이다.

둘 중에서 하나를 선택하는 결정의 필요성은, 마치 적과 아군을 식별할 때처럼 정치신학의 모습으로, 특히 『비정치적인 것의 범주』에서 가장 먼저 상세하게 논의되는 저자인 로마노 구아르디니나 칼 슈미트 같은 카톨릭 사상가들에게서 나타난다. 에스뽀지또는 슈미트와는 조금 다른 의미로 "정치신학"을 권력과 가치, 혹은 표상과 이념의 절합이라고 규정한다. 선善을 정치에서 실현되어야 할 것으로 표상하는 일이야말로, 어떤 이념이 입법으로 이행될 수 있게 하며, 또 거꾸로 규범적 가치 혹은 초월적 이념이라는 명목으로 권력을 구조화한다. 에스뽀지또는 "이렇게 표상하는 일이야말로 이제부터 내가 '정치철학'이라는 표현으로 가리키고자 하는 대상이 갖는 본질적인 의미이다."라고 설명한다. 다시 말해 [정치철학은] "선을 정치적으로 표상할 수 있고 정치를 가치의 관점에서 해석할 수 있게 만들어 주는 개념파악"[38]을 가리킨다. 그러니 모든 정치신학은 정치와 윤리의 봉합을 전제하는 반면에, 비정치적인 것은, 선이라는 가치의 표상불가능성을 상정함으로써, 그리고 이를 상정함과 동시에, 정치권력과 윤리적 이념 사이의 근본적인 불일치를 인식한다. "권력이란 선의 발산도 선의 표상도 아니며, 하물

---

38. Esposito, "Por un pensamiento de lo impolítico," 236.

며 악으로부터 선을 추출하거나 악을 선으로 바꿔낼 수 있는 변증법적 기제인 것은 더더욱 아니다." 그에 따라 정치권력과 윤리적 이념이라는 두 개의 항목은 이제 뛰어넘을 수 없는 심연에 의해 분리된다. 이제 "윤리와 정치 사이에는 심연이 입을 벌린다. 역사는 이를 끊임없이 다시 만들어 내는 것이기 때문에, 역사에 대한 어떤 이론도 이 심연을 치유할 수는 없다."[39]

비정치적인 것의 이름으로 정치를 탈구축[해체]한 결과 위상학적으로 보면 내재적 초월성, 내지는 안에 있는 바깥이라는 기묘한 부류의 그림이 그려진다. 이것이야말로 'im-politico'라는 이탈리아어를 영어로 번역할 때, 카치아리 저작부터 이미 그랬다고 할 수는 없을지라도 적어도 에스포지토를 번역하는 경우에는 ─ 카치아리와 토마스 만의 번역자들이 선택한 "부不정치적인 것"unpolitical이라는 단어보다 ─ 내가 선택한 "비정치적인 것"impolitical이라는 단어가 더 나은 이유 중 하나이다. 왜냐하면 접두사 'im-'과 관련된 라틴어 어원이 (오랜 세기 동안 검증되어 거칠게 보면 우리가 오늘날 "정치적으로 정확치 않음" 내지 "요령 없음"이라 부를 법한 상태를 의미하는, 현존하는 영어 단어 "impolitic"에서처럼) 부정적인 함축을 가질 뿐만 아니라 (라틴어에서 "안쪽에 머무

---

39. Esposito, *Categorie dell'impolitico*, xvii, 170.

름 내지 서 있음", "내부에 있음"을 의미하는 데서 온 "imma-nence"에서처럼) 오히려 긍정적인 함축 또한 갖기 때문이다. 에스뽀지또는 『비정치적인 것의 범주』 전체를 통해 공간적이고 시청각적인 형상들의 숫자를 배가한다. 이 형상들은 비정치적인 것의 현존을, 안전하게 정치적인 것 바깥에 머무르는 어떤 위치로서 보여 주거나, 전투적 투쟁 정치의 "악한" 극과 정반대에 위치한 "선한" 극으로 전달하는 것이 아니라, 헛헛한 공백, 반전된 메아리, 침묵의 사유, 혹은 정치적인 것의 부정적 역전逆轉으로서 전달한다. 재차 되풀이하면, 사람들은 극명한 이분법적 선택 내지 결단주의적 돌파에 의해 비정치적인 것에 도달하는 것이 아니다. 오히려 핵심은, 서구 정치 전체의 배후에 깔린 전제들 자체를 근본적[급진적]으로 만듦으로써, 즉 이 전제들을 내부로부터 동시에 치명적으로 붕괴시키는 일의 초과 성취를 통해서 비정치적인 것에 도달하는 것이다.

헤르만 브로흐에서 엘리아스 카네티, 한나 아렌트, 그리고 시몬 베유를 거쳐 조르주 바타이유에 이르는 저자 모두는 에스뽀지또가 『비정치적인 것의 범주』와 『정치의 저편』 선집 사이에서 공들여 형성해 본 궤적을 따르는 비정치적인 것의 전통을 구성하며, 구성적인 외부라는 극단적 한계 지점으로부터 정치의 윤곽을 따라가려는 위와 같은 시도를 공유한다. "궁극적으로, 지난 수년간 비정치적인 것의 범주를 주제로 삼았던 노력의 과정 전체는, 언제나 명백한 외부성의 내면화를 지향해 왔다. 외부의 내면화, 경계영역의 내면화가 그것이다." 에스뽀지또는 외부에 대한 경험으로서 "내적 체험"이라는 바타이유의 역설적인 이념을 언급하며 이렇게 설명한다. "초월성은 — 이 요소는 이미 『비정치적인 것의 범주』 마지막 장에서 대체로 제시되었지만 — 내재성의 반대가 아니라 내재성의 중단, 혹은 내재성을 그 자체의 외부에 노출시키는 일이다. 이는 내재성으로부터의 초월이 아니라, 내재성의 초월, 더 나은 표현으로는 내재성이 수행하는 초월이다."[40] 정치의 구성적인 외부로서, 혹은 정치의 내재적인 초월 수행으로서, 비정치적인 것은 그러므로 정치의 가치를 증식시키는 일에 외부적인, 또 다른 하나의 가치로 여겨질 수 없다. 정치를 완성하거나 비판할 수 있는 장소로서 튼튼한 내부나 안전한 외부란 어디에도 존재하지 않기 때문이다. " '비정치적인 것을 말하는' 저자들을 통해 이 책이 주장하려는 바와 같이, 비정치적인 것에 대하여 그것을 말하는 언어 내부로부터 정치와 대립할 수 있는 실체는 어떤 것도 존재하지 않으며, 어떤 위력이나 권력도 존재하지 않는다. 하지만 바깥이라 할 수 있는 곳 역시 존재하지 않는데, 왜냐하면 이런 '외부'는, 정치적인 것이 자신의 쌍둥이인 반反정치적

---

40. 같은 책, xxviii~xxix.

인 것the antipolitical과 '내전' 단계에 도달하면서 스스로를 이데올로기적으로, 신화적으로, 자기합리화하면서 투사하는 경우를 제외하고서는, 존재하지 않기 때문이다."[41] 정치와 비정치적인 것 사이에는 모순이 가지는 변증법적이거나 외부적인 관계보다, 왜상歪像을 형성하는 관계가 있다고 말할 수도 있겠다. 약간의 시야 이동을 통하여, 정치의 전제들의 극단적 경계까지 밀고 나아감으로써 우리는 비정치적인 것의 감추어진, 묵비된, 잊힌 차원에 도달하게 된다. 에스뽀지또가 배유를 언급하며 되풀이하는 바와 같이, "우리는 한계에 위치하며, 정치적인 것을 그것이 자리 잡은 표상불가능한 터로부터 분리하는 문턱에 위치한다. 우리가 위치한 문턱은 이 표상불가능한 터로부터, 실존하는 유일한 것인 현실에 새로운 빛을 드리운다. 1942년 시몬 배유는, 자기의 이전 경험을 언급하며 [이 문턱이] 정치와 '인접한다côtoyer고 말했던 것이리라."[42] 바로 이런 한계 또는 문턱이야말로 정치의 핵심에서 공백과 인접하여, 비정치적인 것의 사유가 머무르려는 자리이다.

결국 비정치적인 것은 반反정치적인 것이 아니다. 이뿐만 아니라 비정치적인 것은 몰정치적인 것the apolitical과의 혼동,

---

41. 같은 책, xiv.
42. 같은 책, 228.

근대성 및 포스트근대성의 "약한" 효과, 또는 "정치를 배제하는" 효과들에 안주安住하는 일과의 혼동으로부터 벗어나고자 한다. 이제 나는 바로 이런 욕망의 측면, 즉 비정치적인 것이 정치의 극단적 근본화radicalization에, 유일한 것은 아니더라도 독특한 기준점을 제공하기를 바라는 욕망의 측면으로 돌아가고자 한다. 다음을 보자. "이런 이유로 비정치적인 것은 정치적인 것의 단순한 부정이 아니다. 관점을 180도 바꿔 보면 이것은 정치적인 것을 최대한 강화한 것이기도 하다. 혹은 더하여, 어떤 (비판적이지 않고) 적극적인 정치 이론이라도, 정치적이고도 신학적인 일신론一神論에 (최종심급에서는 역사철학에) 빠져 버릴 수밖에 없는 그런 때에, 낱말의 전치를 통하여 정치를 그 외부의 극한에 극단적으로 '투사하는 일'이기도 하다."[43] 이 야망은 어떤 의미에서는, 몰정치적이지도 반反정치적이지도 않으며 오히려 과잉정치적이다. 다시 말해 이 야망은 어쨌건, 공산주의건 파쇼적이건, 자유주의적이건 무정부주의적이건 실제로 현존하는 모든 정치양식보다 더욱 근본적으로 정치적이다.

역설적으로 이런 근본화는 비정치적인 것이 벗어나려고 하는 바로 그 난관, 그러니까 정치 그 자체를 정치 내부에서 사유하는 일이 처음에는 가능하였더라도 정치와 사유 사이

---

43. Esposito, "Por un pensamiento de lo impolítico," 228~229.

의 소위 점증하는 분화에 따라 더 이상 이루어질 수 없다는 사실에 의해 가능해진다. 반대로 정치를 사유하기 위해 필요한 것은 최소한의 거리, 한 발짝 물러남이다. 정확히는 추가된 접두사가 표시하는 한 발자국만큼의 거리가 필요하다. 그래서 에스뽀지또는 "'정치적인 것'과 '비정치적인 것' 사이의 변증법"에 대해 말할 수 있다. "이 변증법에 의해 '비정치적인 것'은 몰정치적인 태도나 반ᴿ정치적인 태도를 의미하는 것이 아니라, 어떤 사유 형식의 공간을 의미하게 된다. 정치가 펼쳐진 영역은 오히려 바로 이 공간에서만 사유될 수 있다." 분명히 "정치를 사유하는 자리는 그 자체가 정치적일 수는 없다. 이 자리는 현실 정치에 뒤쳐져 분리된 채 있어야 하며, 그 '근대적 비정치성' 가운데서는, 특히 한나 아렌트 자신이 그녀의 마지막이자 '비정치적인' 저술들에서 매우 강도 높게 강조했듯 현재와 같은 치명적인 상황 속에서는 그 자체로 보호받아야만 한다."[44] 『비정치적인 것의 범주』에서 에스뽀지또는 이 마지막 언급에 대해 설명한다. 이는 내가 랑시에르의 『불화』에 관해 논의하는 맥락에서 다루었던 세 질문 중 마지막 문제를 적어도 암묵적으로는 다루기 시작한 것이다. "비정치적인 것이란 단순히 '정치 관련성'의 부재

---

44. Esposito, "¿Retorno al Ágora? [아고라로 돌아가기?]," in *Modernidad y política*, 209.

에 있는 것이 아니다. 비정치적인 것은 이런 [정치적 연관의] 부재가 '예외적인 특수한 상황들', 즉 아렌트가 칼 야스퍼스의 표현을 빌려 '한계 상황'이라고 규정하는 상황 가운데 상정하는 정치성에 있다. 다시 말해, 비정치적인 것이란, 현존이 되는 부재에 존재하거나, 혹은 부재 가운데서 고요하게 울려 펴지는 현존, 더 나은 표현으로는 스스로를 초월하여 부재가 되는 현존에 존재한다."[45] 다르게 말하면, 바로 이 지점에서 우리는 비정치적인 것이 스스로 요구하는 특별한 시의성timeliness을 파악하기 시작한다. 우리가 처한 상황은 비정치적인 것이 소망스러울 뿐만 아니라 화급해지기도 하는 한계 상황이다. 사실 첫눈에는 순수하게 공리적인 가정으로 보이는 것, 말하자면 정치 영역 내에서만 그 기능을 얻어야 했을 선이라는 가치의 표상불가능성은, [이제] 소급적으로, 최악의 위험을 무릅쓰는 경우를 제외하고는 미뤄질 수 없는 거의 전투적(이라기보다는 이제 살펴보겠지만 반反전투적)인 화급함을 얻게 된다. 우리가 『비정치적인 것의 범주』에서 또한 읽어낼 수 있듯, "그러므로, 역설적으로 정치적 상황이 치명적으로 될 때, 다시 말해 '모든 사람이, 타인들이 믿고 행하는 대로 자신이 반성 없이 끌려가도록 스스로를 놓아둘 때', 정치적인 것의 혁신하는 기능은 사유의 비

---

45. Esposito, *Categorie dell'impolitico*, 120.

정치적인 영토에 피난처를 구하며, 이런 방식으로 이[비정치적인 사유]는 일시적으로 둔화되고 저하된 활동적 능력에 대해 대리와 통제의 역할을 맡는다."[46] 이는 어째서 후기 저작에서 아렌트의 관심이 활동하는 이에서 관찰하는 이로, 활동적 능력에서 관조적 능력으로, 혹은 칸트적인 의미에서 실천이성에서 미적 판단력으로 이동하였는지를 설명해 준다. 이 같은 관심의 이동은 — 바디우의 『메타정치론』에서는 "정치철학"과 관련하여 잘못된 모든 것을 전형적으로 예증하는 이동이지만 — 에스뽀지또가 보기에는 맑스주의의 실천 철학과 틀림없이 공산주의의 실천 철학도 포함하여, 이런 맹목적인 실천으로부터 반드시 취해야만 하는 거리를 제공한다고 이해되어야 한다.

하부정치

랑시에르의 『불화』에서 이루어진 간략한 논의와 바디우의 『주체의 이론』 같은 텍스트에서 찾을 수 있는 그보다 더 간략한 몇몇 언급을 제외하면, 하나의 개념 혹은 범주적 지평으로서 하부정치를 모레이라스의 『그림자의 대열』보

---

46. 같은 책, 126.

다 앞서 제시한 것은 내가 알기로 거의 없다. 의심의 여지 없이, 하부정치와 비정치적인 것 사이에는 수많은 울림이 존재한다. 이를 나열하자면 정치신학, 더 일반적으로는 주권적 결단의 전투적인 주체 ─ 이 주체를 양도 불가능한 권리들의 신성한 소유자로서 "개인"person이라 부르건 아니면 바로 이 권리의 위반에 의한 "희생자"라 부르건 ─ 에 기초를 두는 모든 역사철학 내지 정치철학에 대한 부정적인 언급에서, "물러남", "수동적 결단", "중립적"인 것, 그리고 "비인칭적"인 것의 형상 혹은 심상에까지 이른다. 이런 형상들은 정치와 대립되는 가치들이 아니라 [정치의] "한계들"delimitations인 것이다. 다시 말해 이 형상들은, 그 신학적이고 형이상학적인 본질상, 정치의 전제들이 [곧바로] 최종 항목으로 간다는 비변증법적 의미에서, [정치의] 한계 개념 혹은 "결정"determinations인 것이다.

모레이라스의 하부정치 개념도 에스뽀지또의 비정치적인 것과 마찬가지로, 정치신학의 전통에 다른 식의 가치증식을 대립시키려는 것이 아니다. 오히려 하부정치는 괴리됨disjunction 자체를 피하려고 한다. 모레이라스는 다음과 같이 쓴다. "내 목표는 적/아군의 구분에 근거한 정치적인 것의 결정의 중요성을 부정하는 것이 아니라, 이 구분 너머에 무언가가 존재할 수 있다는 사실을 보여 주는 것이며, 반反정치적이거나 탈정치적인 의미에서가 아니라, 대안적인 정치의 의미에서 그렇게 하는 일이다." 이는 "대안적인 것으로부터의 대탈출이다. 하부정치란 [대안과 정치 사이의] 결합 같은 것으로부터 생체정치적이지 않게non-biopolitical 대거 탈출하는 길을 찾는 것일 뿐이다."[47] 그렇다면 하부정치는 주체적 전투성으로서의 정치 논리에 일종의 은밀한 균열, 길들임에서 벗어남de-domestication, 내적인 대탈출의 지점을 도입한다. 모레이라스가 'éxodo'("대탈출"), 'ajuste'("조정"adjustment), 또는 'desalojo'("척출" 혹은 "퇴거")라는 사유의 심상으로 묘사하는 것은, 다른 사람들 중에서도 특히 에스뽀지또의 'scarto'("간격" 혹은 "거리두기"), 'arretramento'("퇴각"), 혹은 'ritiro'("물러남")라는 심상들과 밀접하게 상응한다. 이는 최소한의 거리를 생성하는 것이며, 그 신학적이고 형이상학적인 의미에서 (바타이유에서 푸코를 거쳐 낭시에 이르는 'désoeuvrement'[무위]라는 개념의 경로를 따라서) 정치에서 모종의 "하지 않음"unworking을 생산하는 것이다.

하부정치의 관점이 비정치적인 것의 전통과 많은 저자를 ─ 슈미트 같은 부정적인 저자조차 ─ 공유한다는 사실은 별개로 하고, 이 관점이 이제는 베유나 아렌트 같은 저자들을 통해서 [비정치적인 것의 전통과] 훨씬 더 밀접한 쪽으로 이동하는 것처럼 보인다는 사실을 제쳐두면, 하부정치의 관

---

47. Moreiras, *Línea de sombra*, 74, 238.

점 또한 주체의 이론이라는 급소에 논쟁을 집중시키는 장점이 있다. 다시 말해, 근본적으로 하부정치는 정치적인 것에 대한 사유로 하여금, 형이상학적이고 정치-신학적인 전통, 보다 적절하게 말하자면 전투적이고 당파적이며 메시아적 형상이기조차 한 주체의 존재-정치-신학적인onto-political-theological 전통과 제휴하는 모든 관계를 끊게 만들려고 한다. "그렇다면 문제는, 민주주의적 주권을 포함한 주권의 재편성을 전제할 때, 오늘날 과연 민주주의의 본성을 반反당파적이고 반反전투적으로 실천하는 일에 대한 개념파악을 발전시키는 일이 가능한가, 곧 반反메시아이기도 할 것이며, 적어도 그 본질에서는 반反메시아적이어야 할 개념파악을 발전시키는 일이 과연 가능한가이다." 메시아주의적인 것은, 혹은 최소한 실존하는 모든 메시아주의는, 여전히 주체적 전투성의 특정한 판본이라는 ─ 이 경우에는 재앙과도 같지만, 이런 이유로 구원이 아닐 것도 없는 ─ 함정에 빠질 위험을 안고 있기 때문이다.

메시아주의 없는 메시아적인 것은 결국 무엇을 약속하는가? 여기에서 결정적인 질문은 모든 메시아적 환상을 넘어서 정치적인 것에 대한 실천적 이해를 결정하는 일과 관련된다. 메시아적인 신기루 ─ 날조 ─ 는 모든 정치를 일종의 과잉정치로 바꾸며, 이 [과잉정치의] 결과는 공허와 재

앙 사이를 오간다. 혹은 달리 질문해 보자. 존재신학적인
정치만이 우리 시대에 유일하게 가능한 정치인가?[48]

『그림자의 대열』에서 모레이라스의 주된 주장은, 정치신학
의 "날조"는 주체에 대한 인본주의적 형이상학의 이해에 기
초한 주체주의의 "돌림병"이라고 모레이라스가 지칭하는 것
과 분리될 수 없다는 것이며, 정치신학의 "날조"를 피하는 일
은 주체주의의 "돌림병"을 철거하는 일과 동시에 수행되지
않고서는 이루어질 수 없다는 것이다. 이런 점에서 모레이
라스는 알튀세르 편에 선다. 알튀세르는 주체를 이데올로기
과정의 결과로 순수하고 단순하게 간주한다. 모레이라스는
"이 시대 사유의 진짜 돌림병인, '주체'를 정치적 저항의 가능
성 자체로 이해하려는 수많은 시도에 직면해서, 이데올로기
에 관한 알튀세르의 오래된 에세이로 되돌아가는 일보다도
더 나쁜 일들이 있다."고 쓴다. "주체주의는 그저 정체성주의
identitarianism[49]에서 한 발짝 비켜선 것에 불과하다. 나는 이
에 관해 젊은 시절부터 언제나, 너저분한 허무주의와 경건

---

48. 같은 책, 266.
49. [옮긴이] 일차적으로 정체성주의(identitarianism)는 유럽 신우파에서 인
    종적이고 문화적인 정체성의 보존과 발전을 이데올로기적 핵심 원리로
    삼는 태도 혹은 운동을 가리키는 말이다. 그런데 본문의 맥락에서 모레
    이라스는 우파와 좌파를 막론하고 정체성(뿐만 아니라 정체성의 분열)을
    기초로 삼은 모든 태도 혹은 운동을 비판하고 있다.

한 인본주의가 우리 시대에 가장 두드러지게 결합한 것이라고 생각해 왔다. 허무주의와 인본주의 사이의 이런 결합은 민족주의부터 성 담론 및 사회적 성별 논의에 이르기까지, 그리고 북미의 들뢰즈주의자 사이에서 유행하는 분열정체성주의schizoidentitariansm 도 (그 사람들이야 이렇게 부르지 않겠지만) 빼놓지 않고 그 모든 형태에서 그러하다."[50]

이미 에스뽀지또는 『비정치적인 것의 범주』의 마지막을 향해 가면서, 오직 정치에 대한 비주체적인 이해만이 사람들로 하여금 시몬 베유가 "우상숭배"라고 불렀을 법한 것으로부터 거리를 두게 만들 수 있다는 결론에 도달했다. 이는 주체 그 자체가 하나부터 열까지 권력에 의해, 혹은 일반적인 경멸 투의 의미에서 권력에 대한 의지에 의해 특징지어지기 때문이다. "권력에 대한 실제적인 대안은 존재하지 않으며, 반권력의 주체는 존재하지 않는다. 주체가 이미 그 구성상 권력이라는 기초적인 이유 때문이다. 또는 달리 말해 권력은 바로 주체의 동사라는 의미에서 본성상 주체의 차원에 내재하기 때문이다." 이처럼 에스뽀지또는 권능, 혹은 주어가 이런저런 일을 행할 능력을 나타내는 'potere' 혹은 'posse'라는 능동형 동사의 의미를 이용하며 글을 쓴다. "이런 이유로 이로부터 도출해야 할 결론은, 카네티에 의거할

50. 같은 책, 12, 74.

뿐만 아니라 브로흐에서 카프카와 시몬 베유에 이르기까지 ― 베유는 눈부실 정도로 명료한데 ― 비정치적인 사유의 전체 전통에 의거하자면, 주체를 축소시키는 것이 권력을 억제하는 유일한 방식이라는 점이다."[51] 자신이 "비주체"라고 부르는 것에 기초하여 정치적인 것을 사유하자는 모레이라스의 제안은, 그렇다면 이미 『비정치적인 것의 범주』의 핵심에 있다고 이해되었던 것을 명시적으로 드러내면서, 이를 주체의 정치와 대립시킨다. 보다 구체적으로는 사건에 대한 충

---

51. Esposito, *Categorie dell'impolitico*, 20~21. 그의 다음 책인 *Communitas : The Origin and Destiny of Community* [코뮤니타스 ― 공동체의 기원과 운명]에서 에스뽀지또는 다시금 비주체 혹은 주체 아닌 것(not-subject)에 대해 말한다. 그는 "주체 아닌 것, 혹은 그 자신의 고유한 결핍을 지닌 주체, 고유한 것이 결핍된 주체. 절대적 우연성과 같은 자리에 있거나 그저 단순히 '동시에 일어나' 일치하는 근본적 부적절함의 주체들"에 대해 말하고 있다. *Communitas : The Origin and Destiny of Community*, trans. Timothy Campbell (Stanford : Stanford University Press, 2010), 6쪽을 보라. 최근 모레이라스가 에스뽀지또의 책 *Terza persona : Politica della vita e filosofia dell'impersonale* [제삼자 ― 생의 정치와 비인칭의 철학]에 관하여 긴 지면을 할애한 에세이를 썼다는 사실은 주체성과 개인성이라는 쟁점을 둘러싼 관심이 이렇게 합류하는 지점을 더욱 강조할 뿐이다. 이 사상가들은 비주체와 비개인의 이름으로 주체성과 개인성을 탈구축[해체]하려고 한다. Roberto Esposito, *Terza persona : Politica della vita e filosofia dell'impersonale* (Milan : Einaudi, 2007)와 Alberto Moreiras, "La vertigine della vita : Su *Terza persona* di Roberto Esposito [생의 현기증 ― 로베르토 에스뽀지또의 『제삼자』에 관하여]," trans. Davide Tarizzo, in Laura Bazzicalupo ed., *L'impersonale. In dialogo con Roberto Esposito* [비인칭. 로베르토 에스뽀지또와의 대화] (Milan : Mimesis, 2008), 117~149쪽을 참조하라.

실성으로 주체성이 구성된다는 관념을 언급하면서, 즉 주체란 바울이 전투적인 기독교적 주체의 주된 미덕으로 "사랑", "믿음", "소망"을 제시했던 경우에서와 같이 형성된다는 지젝과 바디우의 관념을 언급하면서, 모레이라스는 이 모든 충실성 과정에서 치러야 할 희생에 대해 질문한다. "하나의 진리 사건은 자신이 뒤에 남겨두는 것과 어떻게 해서 관련을 맺는가? 정치적인 것이 사건에 기초를 둔다면, 사건에 묶여 있지 않은 것에는 무슨 일이 일어나는가? 중립적인 것, 비주체에게는 무엇이 일어나는가?"[52] 달리 말하면 비주체에 대한 질문은 어떤 대안적 — 경계에 처한, 소수자인, 혹은 패권에 대항하는 — 주체를 탐색하려는 시도가 아니다. 이 질문은 주체에 기초를 둔 모든 정치 논리가 불가해한 나머지를 필연적으로 생산하면서 동시에 배제한다는 관점에서 주체에 기초한 정치의 논리 그 자체를 풀어헤치려는 시도이다.

다시 한번 우리는 구성적 외부라는 공간배치에 도달하게 된다. 곧 주체의 자기정체성에 내재하는 배제된 타자의 위상학에 도달하게 된다. 모레이라스는 이를 "주체 내부에 있는 비주체의 영속성(비주체란 충실성에 대항하여 충실하게 싸우는 모든 것이자, 확신, 확실성, 사랑에 저항하는 모든 것)"이라고 요약한다. "비주체란, 미덕으로 이어지는 일종

---

52. Moreiras, *Línea de sombra*, 115.

의 자기정초 과정에서 주체가 끊임없이 빼내 버려야만 하는 것이다. (기독교의 교리문답은 [주체의 자기정초 과정이 연장 되어 형성되는 이런 미덕을] 우연찮게도 '신덕神德'이라고 명명 하였거나 명명한다. 믿음, 사랑, 그리고 소망은 정치적 삶의 절대적 주체의 필요충분조건이자, 영적 삶의 절대적 주체에 게 필요충분조건이기도 하다.)" 이에 따라 하부정치의 과업 은 정치를 신학으로부터 철저하게 분리하는 일de-theologiza-tion이 될 것이다. "달리 말하면, 관건이 되는 것은 정치적인 것에 대한 탈신학적 이론의 근본적 가능성이다."[53] 이 과업 의 실제적 어려움은 비주체는 대안적 실체가 아니며 분명하 게 나타날 수 없다는 사실에서 비롯된다. 또한 비주체는 새 로운 집단적 정체성 속으로 받아들여지고 통합되기를 기다 리는 나머지 내지 잔재가 아니다. 모든 전투적 주체주의로 부터 남은 것은 오로지 부정적으로거나 비스듬한 형상들 을 통해서만, 정치적인 것의 정의定義와 관계를 맺게 될 수 있 다. "이와 같은 사유는, 그저 불가해한 나머지라는 관념과 관련된다는 사실을 나타낼 뿐이면서, 탈구축[해체]적임과 동시에 서발턴적이다. 다시 말해 이와 같은 사유가 갖는 논 쟁적이면서 갈등을 불러일으키는 잠재성은, 공동체를 새로 이 제안한다는 적극적인 형태로 스스로를 제시할 수 없으

---

53. 같은 책, 134.

며, 이행적 매개라는 새로운 제안으로도, 패권적이거나 패권에 대항하는 절합이라는 새로운 제안으로도 스스로를 제시할 수 없다."[54] 그러므로 비주체라는 관념을 통해서, 하부정치는 우리를 비패권적 관점의 문턱에 올려놓으며, 하부정치의 그림자의 대열은 모든 주체화된 정치 위에 필연적으로 드리워진다.

그렇다면, 하부정치가 최종적으로 겨냥하는 것은 전투적 투쟁 정치를 위한 기초로서의 주체 바로 그것이다. 여기에서 공산주의와 자유주의는 공히 지난 한 세기 반 동안의 지배적 이데올로기로서, 주체를 만들어 내는 완전히 꼭 같은 정치의 단순한 변이형으로 간주된다. "자유주의가 약속하는 것은 인본적인 완전한 주체, 적을 갖지 않는 완전한 주체를 반反정치적으로 구성한다는 약속이다. 자유주의가 역사적으로 확장된 것으로서, 공산주의가 약속하는 것도 이와 같다. 근대라는 시간의 한없는 지속은 특별한 주체 ─ 즉 임자로서의 주체the subject를 균열 없이 구성하는 일에 접근해 간다."[55] 주체를 전유하는 충만함으로 간주하는 이런 형이상학적 이해와 대립하기에는, 데리다적인 우애의 정치조차도 충분하지 않다. "그러므로 비주체의 정치, 불가해한 나

---

54. 같은 책, 150.
55. 같은 책, 76~77.

머지의 정치, 몫이 없는 부분집단의 구원에 사용되는 이런 정치는 이미 우애의 정치가 아니다. 우애의 정치란 단지 패권을 다투는 정치의 다른 이름이기 때문이다."[56] 오히려 뜻밖으로, 주체를 만드는 일에 대한 급진적 비판을 고려할 때 하부정치는, 랑시에르의 관점에서 어떤 접두사도 더는 요구하지 않는 그런 정치와 양립할 수 있다고 주장한다. "몫이 없는 부분집단, 존재하지 않는 부분집단은 언제나 불가해한 나머지이자, 모든 인본적인 주체 내지 인간성을 위한 주체의 급진적인 외부이며, 그렇기에 주체를 넘어선 정치의 가능성 그 자체이다. ─ 이런 정치는 비주체의 정치이며, 이와 같은 비주체의 정치는, 명시적이지는 않지만 아마 랑시에르에게도, 정치에 고유하되 유일하게 가능한 체계표현formulation이다."[57]

전투성에 대항하여

이제 우리는 랑시에르의 『불화』를 읽으면서 제기했던 질문들로 되돌아갈 수 있다. 무엇보다 먼저 하부정치와 비정

---

56. 같은 책, 84, 이와 유사하게 데리다의 우애의 정치를 충분히 비정치적이지 않다는 이유로 거부한 Esposito, *Categorie dell'impolitico*, xxix을 보라.
57. Moreiras, *Línea de sombra*, 63.

치적인 것이라는 개념이 새로운 정치의 형식을 보여 주는 전조 — 혹은 새로운 정치 형식으로 가는 길을 여는 것 — 인지, 아니면 오히려 정치적인 것의 정의定義에 접근하기 위해 필요한 새로운 시야, 새로운 사유의 틀을 구성하는 것인지 묻도록 하자. 달리 말해, 우리는 지금 정치의 새로운 역사적 형식을 다루고 있는가, 아니면 정치의 정수를 사유하기 위한 새로운 시도를 다루고 있는가? 만약 후자라면 이런 시도에서 고려해야 할 역사적인 교훈은 무엇인가? 그리고 새로운 틀 혹은 시야는 또한 도래할 새로운 정치의 형식을 열 것을 요구하는가? 아니면 접두사의 부가와 더불어 정치적인 것 쪽으로 한 걸음 물러나는 급진주의는, 정치의 현실적인 모든 형식이 주체주의적 환상, 우상숭배의 문제, 혹 더 나쁘게는 날조로 판단될 수밖에 없다는 사실을, 한 발 앞서 확언하는가? 마지막으로, 우리가 어떻게 해서든 주체적 전투성으로서의 정치가 치르는 희생을 회피해야만 할 때, 어떤 가능성들이 열려 있는가?

이런 질문들에 답하기 위해 우리는 마리아 잠브라노에 관한 모레이라스의 에세이를 살펴볼 수 있겠다. 이 글에서 모레이라스는 『그림자의 대열』의 하부정치적 결론들을 확장하여, 이즈음의 정치적 가능성의 스펙트럼 전체에 관하여 진정으로 통렬한 판단을 내리는 것처럼 보인다. 이 글은 두 유형의 주체성을 구별하는데, 둘 다 동일하게 기만적이고 형이상학적인 것으로 간주된다. 첫 번째 유형은 내재성과 충만함의 전투성이며 이는 다시 두 개의 판본을 포함하는데 하나는 자유주의적이며, 다른 하나는 공산주의적이다.

주체의 전투성은 존재신학적 전투성이다. 근대에는 이것의 두 가지 주요한 방식이 있다. 첫 번째 방식에서 투사戰士 — 의지 실천의 정규적 주체 — 는 존재의 철저한 착취를 추구하며, 전투적 실천을 위해 존재를 속속들이 전유하려고 한다. 주체는, 단독적 절대자로서, 그 자폐적 내재성의 나머지에 공을 들이고, 세계를 무한하게 환원 가능한 것으로 생각하며, 세계를 주체 속에 담아 폐쇄하고 주체를 세계 속에 담아 폐쇄하면서 그 자신의 신격화를 확언한다. 이것이 자유주의적 주체의 형상이며, 또한 공산주의적 주체이기도 하다. 진보적인 주체, 그 자신의 불가능성의 그림자 너머에 위치한 주체가 그런 것이다.[58]

이와는 다르게, 주체를 만들어 내는 정치의 두 번째 유형과 더불어서는, 우리가 [모레이라스의] 부분적인 자기비판

---

58. Moreiras, "The Last God," 181. 맑스의 『1844년의 경제학 철학 수고』에 딸려 있는 형이상학적 인간주의 혹은 신화를 만들어 내는 인간주의를 대체적으로 언급하며 이와 유사하게 공산주의를 비판하는 논의로는 Roberto Esposito, "Mito [신화]," *Nove pensieri sulla politica* (Bologna : Il Mulino, 1993), 113~136쪽을 참조하라.

에 다가가는 중인 것처럼 생각할 수도 있다. 여기에서 결핍과 상실이라는 관념, 그리고 적어도 암묵적으로는 서발턴적 성질subaltaernity이라는 관념은, 비록 이제 이 모든 관념들이 정체성 정치와 동일시되기는 하지만, 마치 모레이라스 자신의 초기 저술을 되짚어 가리키는 것처럼 보이는 방식으로 다루어지고 있기 때문이다.

존재신학적 전투성의 두 번째 방식에서, 투사는 거리를 강조하며, 노골적이고 고통스러운 탈구성deconstitution을 통해 주체가 자신의 지복至福을 찾게 되는 그런 상실을 깊이 생각한다. 여기에서 주체를 관통하는 것은 그 자신의 불충분성이며, 주체는 자기 스스로를 포기하면서 상실하게 된 것을 맹목적으로 초월하기를 주장해야만 한다. 즉 주체는 스스로를 상실로 제시하는 것으로부터의 맹목적 초월을 확언해야만 한다. 이는 반동적인 주체이며, 또한 개인적 정체성의 주체이다.[59]

외견상 대립하는 것처럼 보일지라도, 두 유형의 전투성, 즉 자유주의-공산주의적인 전투성과 반동적-정체성주의적인 전투성은, 정치신학의 주체 중심 전통의 패러다임을 보

---

59. Moreiras, "The Last God," 181.

여 주는 사례로 동일하게 간주되며, 하부정치적 방향 설정은 이 전통으로부터 자신을 빼내려고 한다. 하지만 그럼으로써 하부정치가 보다 확고한 주체 혹은 원천적인originary 주체에 접근할 수 있다고 주장하지 못한다는 점은 분명하다. 이런 주장은 우리를 다시금 정치신학 가운데로 되돌려 놓을 것이기 때문이다. 이런 의미에서 우리는 또한 모레이라스가 제안하는 것이 정치적 몰신학atheology이며 이는 부정적인 정치신학 혹은 반동적인 정치신학과 같은 것이 아니라고 말할 수 있을 것이다.

두 경우 모두에서, 두 방식 모두를 통하여, 전투성의 존재신학적인 터전은 일종의 **전장**戰場인데, 왜냐하면 세계가 하나의 실체로 나타나되, 사람들은 반드시 이에 집착하거나 아니면 이에 저항해야 하기 때문이다. 첫 번째 전투성 전반에서 고수되는 것은 포화된 상태를 향한 의지이다. 여기에서 세계는 올바른 총체성에 도달할 것이며, 하나의 세계를 가능케 하는 하나의 주체와 합쳐지면서 일자이자 다자인 것One-All이 될 것이다. 두 번째 전투성에서, 세계는 이미 언제나 일자이자 다자인 것이며, 주체는 마치 세계 자신이 아무 것도 아닌 것 쪽으로 축출됨을 경험하듯, 세계를 경험한다. 세계가 있을 법하게 경험되는 것은 바로 세계의 물러남을 통해서이며, 세계는 언제나 사라지는 지평으로 나타나게 된다. 그리고 주체는 바로 이런 [세계라는 지평의] 소멸을 통해서 그 자신의 압도적 현존을 누릴 수 있다. 여기에서 주체란 무에 대한 저항 바로 그것이다. 주체는 전부이기 때문이다.[60]

요약하자면 하부정치와 비정치적인 것은, 표상을 위한 초월적 규범을 가진 정치신학과, 사회의 여러 정체성 및 이 여러 정체성이 내쫓은 타자들, 즉 역사의 희생자들과 정복당한 자들을 생체정치적으로 완전히 관리하는 가운데 나타나는 주체의 충만한 내재론 둘 모두로부터 이중적으로 거리를 취할 것을 제안한다. 모레이라스는 "이중의 거리 — 반동적인 호전성으로부터의 거리와 진보적인 전투주의로부터의 거리, 즉 주체/세계에 대한 집착과 그것의 상실에 대한 저항으로부터의 거리"에 관해 쓴다. "이렇게 이중의 거리를 취하는 자리가 정치적인 것의 새로운 주체를 형성할 수는 없지만, 이 자리에는 근대의 주체성에 대한 비사유 가운데 머무르는 것이 출현한다. 이것은 정치적인 것의 다른 구성을 약속한다."[61] 이는 곧 정치적인 것의 어떤 구성에 대한 약속, 정치적인 것에 대한 어떤 사유의 약속이다. 마침내, 희생적

---

60. 같은 글, 181~182. 그리고 Esposito, *Categorie dell'impolitico*, 298~299쪽을 참조하라.

61. Moreiras, "The Last God," 182.

이고 전투적이지 않으며, 정체성을 중심에 두고 주체가 되어야 하거나 당파적이지 않을 법한, 그런 약속 말이다.

위대한 정치?

비정치적인 것과 하부정치에 대한 철학적인 방향 설정으로부터 새로운 정치의 구성으로 향하는 길을 떠올리기 어렵다면, 그 이유는 실제 존재하며 현재로서 상상 가능한 모든 역사적 양식들이 주체화나 투쟁, 결단주의, 혹은 표상이라는 표식이 찍혀 있는 범주들의 지평 안에 갇혀 있기 때문이다. 동시에 이는 지금 우리가 논의 중인 방향 설정이 갖는 강점이자 약점이기도 하다. 만약 에스뽀지또와 모레이라스라는 성姓을 가지고 말놀이를 해도 된다면[62], 우리는 하부정치와 비정치적인 것이 정치를 "내버려두어" 그 자신의 유한성finitude에 "노출시킴"과 동시에, 주체를 "죽게" 만들거나 그의 필멸성 속에 "머무르게" 만든다고 말할 수 있을 것이다. 반대로 이렇게 노출되고 제한된 것을 실질적으로 변형시키려는 어떤 시도이건, 무한한 주체의 힘에 대한 형이상학적 신기루라는 함정에 필연적으로 빠지고 말 것이다. 더욱

---

62. [옮긴이] Esposito-espositore(전시하다), Moreiras-morir(죽다).

이 하부정치와 비정치적인 것이라는 제안 각각의 제한된 실천 능력에 대한 것이라면 어떤 반대이건 ― 이 책을 쓰고 있는 나 자신의 반대와 같은 것은 ― 언제나 이미 앞서 고려되고 논박된다. 이 제안들의 목표가 바로 실천 능력과 같은 모든 기준을, 그 이데올로기적 방향 설정에 관계없이 작동하지 않게inoperative 만드는 것인 한에서는 그렇다. 『정치의 기원』에서 에스뽀지또는 이런 점에서 아렌트와 베유를 날카롭게 구분하는 선을 긋는다. 아렌트가 대안적인 정치의 기원, 즉 권력과 전쟁이 띠고 있는 사실성factuality에 매몰되어 받아들이는 기원이 아니라 그와는 다른 정치의 기원을 되살리기를 여전히 희망하는 반면에, 베유에게 정치와 전쟁은 분리 불가능하므로 해야 할 일은 정치의 기반을 다시 닦음으로써 변증법적으로 전쟁을 극복하는 일이 아니라, 외려 정치의 그늘진 반대 편의 비정치적 시야에서 정치를 다시 해석하는 일이다. "이제는 황폐화된 정치의 공간을 다시 구축하기보다 그 감추어진 '비정치적인' 영혼을 드러내자"고 에스뽀지또는 제안한다. 그리고 설혹 드물게 베유가 정치적인 것의 대안적 기술技術의 가능성에 관해 낙관하는 것처럼 보일 때라도, 이는 비정치적 시야가 실천 가능하게 된다는 뜻이 아니다. "그러나, 이런 경우에조차도, 정치에 대한 긍정적 평가는 언제나 정치가 자신에게 외부적이며 초월적인 지점 ― 요컨대 전적으로 '비작동적인' 지점 ― 에 뿌리박고 있다는 조건에 따른다."[63]

그런데 묘하게도, 유한성이라는 명목으로 정치적인 것의 비작동성inoperativity을 사유하기 위한 논변들은 — 비록 이 논변들에서 유한성이 새로운 가치가 되는 것도 아니며 논증의 방식으로 신중하게 나타남에도 불구하고 — "위대한 정치"라는 니체의 이념과의 친밀성 혹은 거의 "과잉정치적" 급진주의와의 어떤 친밀성을 그치지 않고 환기시킨다. 이와 같은 양상은 「니체와 부不정치적인 것」이라는 카치아리의 독창적인 에세이에 가장 분명하게 나타난다. 그런데 에스뽀지또도 『비정치적인 것의 범주』뿐만 아니라 더 명시적으로는 『비오스』에서, 아마도 우리가 "거대한" 혹은 "위대한 정치"의 비정치적인 재평가라 부를 수 있을 법한 내용을 마찬가지로 제시한다.[64] 그렇다면 어떻게 우리는 하부정치와 비정치적인 것에서 니체적 의미의 '위대한 정치'die gross Politik로 이동할 수

---

63. Roberto Esposito, *L'origine della politica, Hannah Arendt o Simone Weil?* [정치의 기원 — 한나 아렌트, 시몬느 베유?] (Rome : Donzelli, 1996), 16. 비작동성의 이념에 관해서는 로베르또 치카렐리가 편집한 『정치의 비작동』에 실린 에세이들을 더 살펴 볼 것.

64. Roberto Esposito, *Bíos. Biopolitics and Philosophy* [비오스. 생명정치와 철학], trans. Timothy C. Campbell (Minneapolis : University of Minnesota Press, 2008), 78~109. 버팔로 대학에서 '정치철학의 새로운 길'이라는 제목으로 열린 학술대회에서 모레이라스 역시 "이 자리에서 니체적인 의미에서 '위대한' 아카데미의 정치라는 관념이 받아들여질 수 있기를" 바란다는 표현을 사용하였다. 이 학술대회 자리에서 나는 이 장의 몇 가지 착안점을 처음으로 발표하였다.

있는가? 아니면 거꾸로, 니체 식의 위대한 정치가, 우리가 결국엔 예측했을 법하다시피 초인Übermensch의 사상가에게서 비롯된 과잉정치 혹은 초^超정치overpolitics가 아니라, 이미 비정치적이거나 하부정치적인 것으로 읽힐 수 있으려면 대체 어떤 해석적 속임수를 거쳐야 하는가?

[하부정치와 비정치적인 것에서 위대한 정치로의] 이와 같은 이동을 이해하는 열쇠는, 이제까지 존재해온 모든 정치에 대한 니체의 급진적인 비판이 대안적 가치의 긍정을 의미하는 것이 결코 아니며, 실제로는 정치의 모든 가치증식을 완전히 소거하는 일을 전제한다고 하는 지점을 파악하는데 있다. 카치아리는 "비정치적인 것은 정치적인 것의 비가치로부터 스스로를 해방시키는 가치를 표상하는 것이 아니라, 가치를 부여받은 것으로서 정치에 대한 근본적인 비판을 표상한다. 비정치적인 것은 가치를 뒤집은 것이다. 그리고 오직 이런 뒤바꿈만이 권력에의 의지를 거대한 규모의 정치 쪽으로 해방시킬 수 있다."고 쓴다. "비정치적인 것의 비판이 정치화politicalization의 필요성을 확언하는 일로 제한되는 자리에서 위대한 정치는 불가능하다. 위대한 정치는 이런 정치화의 기초를 여전히 형성하는 가치들에 대한 비판이다."[65] 이 설명에 따르면 니체의 위대한 정치는 이제까지 존재하던 모

---

65. Cacciari, "Nietzsche and the Unpolitical," 95.

든 가치들을 무로 돌리는nihilistic 탈주술화에 이어지는 영웅적인 순간이 아니다. 오히려 부ᅏ정치적이거나 비정치적인 열쇠로 위대한 정치를 읽어내면, 무로 돌리는 파괴의 순간은 이미 위대한 정치 그 자체와 일치한다. "비정치적인 것은 정치적인 것에 고유한 허무주의를 인정하는 자리로 정치적인 것을 다시 데려온다. 핵심이 되는 이 방향은, 무엇보다, 가치로서의 정치적인 실체를 이루는 갖가지 개념, 형식, 행위양식conduct을 공격함으로써 열리게 된다. 하지만 바로 이 파괴하는 계기Pars Destruens 66는, 위대한 정치가 무로 돌리는 가치제거devaluation인 한, 이미 위대한 정치를 건설하는 일이 된다."67 그러므로 역설적이게도, 니체를 비정치적 철학자로 규정하는 것은 권력에의 의지나 영원회귀의 긍정이라기보다는 어느 정도의 무위inaction이다. 에스뽀지또는 "니체의 주된 특징이 바로 해석 자체를 모든 의미로부터 빼내버리는 식으로, 가능한 해석학 모두의 기초를 박탈하거나 그것을 허우적거리게 만드는 것이기 때문에 니체를 해석하는 일이 불가능하다고 밝혀진다면, 그의 사유를 '실현'하려는 시도는 더더욱 생각할 수조차 없는 것이다. 니체는 행위의 이

---

66. [옮긴이] 프랜시스 베이컨이 『신기관』(新機關)을 편견과 오류를 제거하는 부분인 '파괴편'(pars contruens)과 지식과 진리를 획득하는 부분인 '건설편'(pars construens)으로 나눈 것과 연관된 라틴어. 'pars destruens'는 일반적으로 논변에서 비판을 수행하는 부정적인 계기를 가리킨다.

67. 같은 글, 96.

론이라면 어떤 것도 품고 있지 않으며, 도발적이게도 자신을 무위의 이론, 아니 더 정확히 말하자면 무위의 실천으로 제시하기 때문"이라고 쓴다. 이런 점에서 그는 카치아리에게 완전히 동의하는 것으로 보인다. "무위의 철학자 니체는 곧 비정치적인 것의 철학자이다."[68]

　매우 흥미롭게도, 바디우는 니체의 위대한 정치에 대해 완전히 다른 독해를 제시한다. 더 나아가 그의 독해는 지금까지의 논의 전체와 관련된 질문들과 대비되는 것으로서, 즉 한편으로는 정치와 사유 사이의 관계에 관한 것이며 다른 한편으로는 철학과 역사 사이의 관계에 관한 것인 우리의 질문이 짜놓은 틀과 대비되는 독해로서 유용하게 활용될 수 있다. 무엇보다 먼저 바디우는 위대한 정치라는 이념을 프랑스 혁명 및 파리 코뮌 같은 구체적인 역사적이고도-정치적인 사건들과 연결시키기를 제안한다. 니체는 적대와 모방의 논리에 따라 이 사건들과 연관된다. 더 정확히 말하

---

68. Esposito, *Categorie dell'impolitico*, 282. 비정치적인 것도 포함하여, 자신이 주장하는 진보적이거나 좌파적인 의제를 위하여 초인 철학자를 회복시키려는 모든 시도는, 그 전방위적 침투성으로 인해 "좌파-하이데 거주의"보다 더 위험하지는 않다 하더라도 적어도 그만큼은 위험한 명사 모순으로서 "좌파-니체주의"에 불과하다는 지오프 와이트의 강력한 비난을 받아들이지 않으면 안 된다. Geoff Waite, *Nietzsche's Corps/e : Aesthetics, Politics, Prophecy, or, the Spectacular Techonoculture of Everyday Life* [니체가 죽어 남긴 것 ― 미학, 정치, 예언, 혹은 일상생활의 휘황찬란한 기술문화] (Durham : Duke University Press, 1995).

면, 니체는 역사적이고도-정치적인 혁명이 가진 폭발적인 에너지를 빨아들여 철학적인 실행의 영역에 집어넣으며, 그 결과 이것은 모종의 반反철학적 실행이기도 한 것으로 작동하기에 이른다. "실은 니체가 표상하는 철학의 실행이란, **혁명의 사건을 증폭시켜 모방한 것**"이라고 바디우는 주장한다. "혁명의 실행에 관해 니체는 형식적 매혹과 실질적 혐오라는 관계를 취한다. 니체 자신은 사유의 한 실행으로서 철학의 실행과 정치적이고도-역사적인 혁명이 갖는 뚜렷한 폭발력을 형식적으로 동등하게 만들기를 제안한다."[69] 그 결과는 혁명의 실행에 대한 철학의 전유이며, 이것은 인류의 역사를 마치 다이너마이트처럼 이전과 이후 둘로 쪼갤 수 있는 것으로 현시될 뿐만 아니라, 실제 존재하는 모든 혁명적 과정보다 훨씬 더 급진적인 것으로 현시될 수도 있다. 이것이야말로 니체의 위대한 정치가 비정치적이거나 부否정치적인 편향을 받아들이는 것으로 여겨지기보다는, 랑시에르의 경우에서 규정된 방식과는 또 다르게 바디우가 원原정치archipolitics라고 부르는 것의 한 사례로 보일 수 있는 이유이다. "말하건대 철학의 실행은 원原**정치적**이다. 정치[정책]la politique의 여러 계산이 위치하는 수준보다 더 근본적인 수

---

69. Alain Badiou, *Casser en deux l'histoire du monde?* [세계사를 둘로 쪼개기?] (Paris : Les Conférences du Perroquet, 1992), 10~11.

준에서 모든 인간성을 변혁하려 한다는 점에서 그러하다."
라고 바디우는 설명한다. "원原정치적인 것은 철학의 실행 그
자체이다. 정치적 혁명이 정당히 말해 진리성을 띠지 않았거
나 진정한 것이 아니었다는 사실을, 철학적인 실행의 역사
상의 폭발이 소급적으로 보여 주게 될 것이라는 의미에서
그렇다."[70] 그러므로 니체에 대한 바디우의 독해는, 위대한
정치라는 이름으로 진행되는 사유와 정치의 특별한 절합에
모종의 역사성을 복원할 뿐만 아니라, 여기에 깊은 양가성
ambivalence을 되돌려준다. 이 절합은 정치에서 그저 가치를
떨어뜨리는 것이 결코 아니다. 오히려 이 절합은, 우리가 정
치라는 단어를 가지고 이해하게 된 것을 승인하면서 동시에
경시한다. 무엇보다 중요한 것은, 원原정치라는 것이 혁명적
정치의 난폭한 파열을 흡수하여 철학적 실행의 성격을 적
절히 부여하는 일에 불어넣음으로써, 초인의 철학자[니체]로
하여금 자기 자신을 모든 실존하는 정치보다도 한없이 더
급진적인 모습으로 그려낼 수 있게 만든다는 점이다.

[그렇다면 이제] 우리는, 니체에 대한 바디우의 독해에서
윤곽이 잡힌 그런 의미에서, 하부정치와 비정치적인 것이 취
하는 관점이 원原정치적이기도 하다는 결론을 내릴 수는 없
는가? 에스뽀지또의 『비정치적인 것의 범주』에는 조르주

---

70. 같은 책, 11.

바타이유가 인용한 칼 야스퍼스의 문장들이 있는데, 이 긴 인용문이 이런 결론을 뒷받침해 줄 수 있을 것이다. 이에 따르면, 위대한 정치에 대한 니체의 관심은, 비록 구체적인 경험적 활동들에 의해 촉발되었고 그 조건을 따르지만, 동시에 주어진 어떠한 정치적 사건보다도 언제나 더 근원적임에 틀림없을, 일종의 존재론적 수준에서 작동함을 주장할 수 있다. 위대한 격조의 정치가 산출하는 폭발적인 사건은 존재의 총체성을 겨냥하게 되며, 공공의 문제들에 대한 단순한 관리를 목표로 삼는 것에 그치지 않기 때문이다. 바타이유는 필시 피에르 클로소프스키가 프랑스어로 번역했을 야스퍼스의 문장들을 인용하는데, 여기에서 야스퍼스는 니체에 관해 다음과 같이 쓴다.

> 니체는 정치적 활동의 특수하고 구체적인 현실, 여러 권력과 사람들에 둘러싸인 쟁투에서 매일 드러나는 그와 같은 현실에 체계적으로 뛰어들지 않은 채 정치적 사건들의 원천을 규명한다. 그는 인간 존재의 최종 근거(목적인目的因)를 일깨울 수 있는 운동을 불러일으키기를 원하며, 자신의 사유의 힘으로써 그의 말을 경청하고 이해하는 사람들이 이 운동에 들어서게 만들기를 원하나, 국가주의적이고 대중에 영합하는 것이거나 사회학적인 것이라면 그 무엇도 이 운동의 내용을 결정해 버리는 일 없이 그리 하

려 한다. 모든 판단을 결정하는 운동의 내용은 오히려 니
체에게는 존재의 총체성에 관련되는 "완전한"integral 태도
이다. 이제 이것은 정치가 아니라 철학이며, 이런 철학의
도움으로, 넘칠 만큼 많은 가능태 가운데서 이성의 원칙
에 따르지 않은 채, ─ 오로지 인간 조건의 구원과 점진적
변화의 원리에만 따르는 그런 시도를 통해서 ─ 대립과 모순
이 추구될 수 있다.71

이와 유사하게, 하부정치와 비정치적인 것이 위대한 정
치의 형태를 취할 권리를 제기하는 일이 가능하다고 주장
할 수 있을 것 같다. 하부정치와 비정치적인 것 역시, 이제는
작동하지 않게 되어 버린 역사적이고도 정치적인 파열의 급
진성을 흡수하여, 철학의 영역 속으로 ─ 정치적인 것에 대한
사유 속으로 ─ 불어넣기 때문이다. 따라서 비정치적인 것의

---

71. Karl Jaspers, 에스뽀지또가 *Categorie dell'impolitico*, 283~284쪽에
서 인용. 위 단락의 영어 판본은 Karl Jaspers, *Nietzsche : An Introduc-
tion to the Understanding of His Philosophical Activity* [니체 ─ 그의
철학적 활동의 이해를 위한 입문], trans. Charles F. Wallraff, Frederick
J. Schmitz (Tucson : University of Arizona Press, 1965)(번역 조정)
252~253쪽에서 찾을 수 있다. 이와는 대조적으로 니체의 "위대한 정치"에
대한 바디우의 이해는 사후에 밝혀진 니체의 생애 마지막 10년간의 유작
단편들에 대한 피에르 클로소프스키의 독해에서 더 많이 자극받은 것으
로 보인다. Pierre Klossowski, *Nietzsche and the Vicious Circle* [니체와
악순환], trans. Daniel W. Smith, (Chicago : University of Chicago Press,
1998).

범주는 썩지 않는 불멸성the incorruptible이라는 미덕조차 획득할 수 있다. 통상 이것은 혁명적 정치를 위해 준비되어 있다가, 프랑스 혁명의 이상들에 대한 이른바 필연적인 배신에 대항하여 결국에는 혁명적 정치를 되돌려 놓게 된다. 에스뽀지또가 쓰는 것처럼 "반드시 그 자신의 정의의 이념을 배신하게 될 터인, 효력 있는effective 정치보다는, ─ 되돌려놓을 수 없을 정도로 효과적인 것이란 승리한 혁명 외에는 없기에 ─ 비정치적인 것의 효력 없는ineffective 불멸성이야말로 유일하게 적절한 해법을 보장한다."[72] 이것이야말로, 통상적인 정치 전부를 능가하는 도덕적 탁월함의 증거로서 비정치적인 것의 비효율성ineffectiveness에 의지하는 아름다운 영혼이 취하게 되는 태도의 가장 위대한 사례가 아니겠는가?

보다 일반적으로 보자면 실은 비정치적인 것과 하부정치라는 관념을 통해서야, 정치철학 내부에서 갈등의 표상불가능성에 기인했을 터인 정치와 철학 사이의 대화 불가능성 내지는 실재와 실재에 대한 사유 사이의 대화 불가능성이라는 것이, 다른 경우라면 전통적으로 정치 영역에서 작동하는 갈등이 점유하였을 자리를 대신 차지하게 되는 것으로 여겨진다. 이와 같은 [갈등과 대화 불가능성 사이의] 자리바꿈은 자신이 철학적 급진성의 측면에서 얻게 되는 것을

---

72. Esposito, *Categorie dell'impolitico*, 155~156.

정치적 효율성이라는 면에서는 포기한다. 하지만 에스뽀지 또와 모레이라스에게 이것은 상실이나 패배의 신호가 아니라, 의지에 찬 단념의 실행, 하지 않으려는 의지의 피할 수 없는 결과이다. 결국 이들에게는 묘한 종류의 수동적 결단, 내지는 소극성과 무위inaction를 지지하는 결단이 있으며, 이들에게 이것은 정치적 효율성과 행동주의에 대한 요청으로 귀가 터져나갈 것 같은 상황에 대한 유일한 치료제이다.

3장

좌익주의 안의 불편함

"공산주의"란 전유가 좌초하는 모든 장소에서 매번 열리는 가능태의 이름이다. 비공인 파업에서, 이곳저곳이 황폐해진 한 행성에서, 혹은 황홀경의 여성주의에서. 이는 우리의 뇌리에서 떠나지 않는 재앙의 감정이 바로 우리가 통로를 찾아내면서, 언어를 벼려내면서, 그리고 실존의 완전히 다른 가능성에 매달리게 될 궁핍을 받아들이면서 우리 스스로가 직면하는 어려움에서 비롯된다는 사실을 보여 준다. 이뿐만 아니라 이것은 공산주의가 조금만치도 가설 혹은 이데아의 문제가 아니라, 지독하게 실천적인 물음이자 본질상 국지적이며 완벽하게 감각적인 질문임을 보여 주게 된다.

—『티쿤』[1]의 표지 단평, "전부 실패했다, 공산주의 만세!"—

랑시에르의 교훈

에스뽀지또와 모레이라스가 현실성이 누락된, 정치의 비정치적이고 하부정치적인 지평으로 우리를 보낸다면, 랑시에르의 경우에는 우리에게 현실성의 정치에 관해서 – 그리고 아마 공산주의 정치의 현실성에 관해서도 – 가르쳐 줄 교훈을 가지고 있는가? 이 장을 여는 이런 질문은 부적절해 보일 수 있다. 랑시에르의 모든 작업이, 어떤 사람 또는 어떤 계급이거나 간에 다른 사람 또는 다른 계급에게 가르칠 교훈을 반드시 가지고 있다는 관념에 함축된 규범적 요구 그리고 위계적 으스댐과의 단절을 의미한다는 단순한 이유 때문이다. 『알튀세르의 교훈』에서 이루어진, 그의 옛 선생, 오랫동안 사유의 스승의 전형이었던 사람에 대한 사나운 고발부터 시작해서, 피에르 부르디외의 사회학[2], 특히 부르디외가 콜레주 드 프랑스 교수로 들어갈 때 의미심장하게도 "가르침에 관한 교훈"Leçon sur la leçon이라는 제목으로

---

1. [옮긴이] 히브리어에서 사람들이 세계를 치유할 책임을 나눠 갖고 있다는 의미로 사용되는 말인 'Tikkun olam'(세계의 치유)에서 제명을 따와, "다른 공동체의 조건들을 재창조"하는 것을 목표로 1999년에 창간한 프랑스 철학 잡지.

2. [옮긴이] 사회 체계 내에서의 보편적 교육을 '구별짓기'라는 개념으로 비판하는 부르디외의 사회학은 사회적 조건의 불평등에 따라 각 계급에 속한 인간들의 앎이 제한된다는 주장을 최종적으로 정당화하고 체계화하는 것으로 읽힐 수도 있다.

행한 강의에 표현된 것 같은 내용에 대한 역시나 용서 없는 논박에 이르기까지, 누군가에게 교훈을 — 말에 대한 교훈leçon de mots("말하기")뿐만 아니라 사물에 대한 교훈leçon de choses("보여 주기")을 — 가르친다는 이념 바로 그것을 지탱하는 교육에서의 모든 위계는, 교육자와 교육 대상 및 피교육자 사이의 거리, 지식과 무식not-knowing 사이의 거리, 혹은 알고 있는 스승과 무지한 대중 사이의 거리를 언제나 상정한다. "스승의 비밀은 가르침의 대상이 되는 재료와 교육받는 개별 인간들 사이의 거리, 또한 배우는 일과 이해하는 일 사이의 거리를 어떻게 인식할 것인가를 아는 것이다."[3] 그러나 새롭고 특별한 종류의 지식을 통해, 즉 철학과 역사라는 분과와 여전히 연관되어 있는 숙련의 형상을 모조리 배제한다는 점에서 엄밀하게 철학적이지도 순수하게 역사적이지도 않은 그런 종류의 지식을 통해, 랑시에르의 여러 저작에서 가장 완강하게 체계적으로 가로질러진다고 하는 것이야말로 바로 위와 같은 거리임을 우리는 또한 알고 있다. 실제로 랑시에르는 피터 홀워드와 가졌던 한 인터뷰에서, 자기를 선생이라고 묘사하는 일을 극구 피하고 대신

---

3. Jacques Rancière, *The Ignorant Schoolmaster: Five Lessons in Intellectual Emancipation*, trans. Kristin Ross (Stanford: Stanford University Press, 1991), 5 [자크 랑시에르, 『무지한 스승: 지적 해방에 대한 다섯 가지 교훈』, 양창렬 옮김, 궁리, 2008].

에 자신을 영원한 학생이라는 잘 알려진 심상에 빗댄다. "저는 일단은, 한 사람의 학생입니다. 계속 학생이면서 그 결과로 자기의 직업적 운명이 다른 사람들을 가르치는 일이 된 그런 사람들 중 하나이지요."[4] 랑시에르의 직업적 운명이 학생에서 선생으로 바뀌게 된 것은 당연하지만, 그렇다고 해서 그것이 [교훈lesson이라는] 표현의 오래된 교육학적 의미에서 그가 우리에게 가르칠 교훈을 가지고 있다는 사실을 의미하지는 않는다.

게다가 우리는 그의 전체 저작의 가장 중심에서 조제프 자코토[5]에 대한 매혹적인 묘사를 또한 찾아낸다. 『무지한 스승』은 아마도 랑시에르의 책 중에서 가장 빛나는 책이며,

---

4. Jacques Rancière, "Politics and Aesthetics : An Interview [정치와 미학 — 인터뷰]," in *The One or the Other : French Philosophy Today* [일자 혹은 타자 — 오늘날의 프랑스 철학], special issue edited by Peter Hallward, *Angelaki : Journal of the Theoretical Humanities* 8 (2003 : 194). 2002년 8월 29일 파리에서 행한 이 인터뷰의 원본 녹취록을 복사해준 나의 친구 피터 홀워드에게 감사한다.

5. [옮긴이] 프랑스인 조제프 자코토(Joseph Jacotot)는 프랑스 대혁명을 겪으며 다른 모든 것과 마찬가지로 앎의 능력에서도 인간은 평등하다는 신념을 갖게 되었다. 그는 이 신념을 실천에 옮긴 사람이다. 그는 1818년 당시 네덜란드가 지배하던 벨기에 루뱅 대학에서 네덜란드어를 전혀 모르는 채, 프랑스어를 전혀 모르는 학생들에게 불문학을 가르쳤다. 이후 그가 자신이 맡은 수업마다 첫 시간에 반복한 말은 "저는 여러분에게 가르칠 것이 하나도 없는 것을 가르쳐야만 합니다."(한국어판, 34쪽)라는 것이었다. 그는 회화와 피아노를 가르쳤고, 법학과 학생들에게 네덜란드어로 변론하는 법을 가르쳤지만, 그 자신은 그때까지도 네덜란드어를 할 줄 몰랐다.

내 눈에는 가장 열정적인 책이다. '지적 해방에 대한 다섯 가지 교훈'이라는 부제를 달고 있는 이 책 또한 교훈이라는 이념 그 자체에 대한 해방적 재구성reconfiguration을 제공한다. 이는 또 다른 "가르침에 관한 교훈"이지만 부르디외의 그것과 혼동되어서는 안 될 것이다. 랑시에르는 이와 같은 급진적인 대안을 책의 두 번째 장에서 "무지한 자의 교훈"La Leçon de l'ignorant 혹은 "무지한 자의 가르침"이라는 말을 가지고 그려낸다. 랑시에르의 가르침La Leçon de Rancière 혹은 "랑시에르의 교훈"이란, − 최근 바디우와 지젝 둘 모두에 의해 자주 사용되었던 말재간 방식으로 − 'La Leçon d'Althusser'라는 제목이 가진 단순한 운율[라−르쏭−달뛰세르]보다 더 좋은 표현이 없는지 찾기를 그만두고 이를 내 방식대로 옮긴 말이 되겠다. 사실 이미 『무지한 스승』의 네 개 장에서 우리는 "정설을 가르치는 일"부터 시작하여 "정치 교육"과 "자기비판 교육"을 거쳐 "역사의 교훈"에 이르는 데까지 도달하면서, "교훈[교육, 또는 가르침]the lesson"이라는 개념 자체와 그 사용에서의 미묘하면서 심오한 변동을 이해할 수 있다. 그에 따라 마지막 가르침[교훈]에 내포된 교사는 첫 번째 가르침[교육]을 책임지는 사람과 완전히 동일한 것처럼 보이지 않는다. 실제로도 결국 자신의 옛 선생에게, 정설에 대한 알튀세르의 교조적 가르침 배후에 감추어진 뿌리 깊은 몰정치주의apoliticism와 알튀세르의 서투른 자기비판 시도에 내포된 수정주의 모두를 더욱 잘 폭로하기 위해서, 역사의 교훈을 가르치게 되는 이는 바로 랑시에르 자신으로 밝혀진다.

하지만 랑시에르는 결코 자코토가 아니다. 멋들어지게 자유간접문체[6]를 사용하고 있음에도 불구하고 그의 역할은 틀림없이 무지한 학교 선생의 역할이 아니며, 또한 그는 자코토가 그러했듯 나의 고향 루뱅의 플랑드르 젊은이들에게 프랑스어를 가르친 적도 없다. 오히려 랑시에르는 시대를 거슬러 자코토에게 오래 배운 상상적 학생들 중 한 사람, 무지한 스승의 가르침에 관해 우리에게 몇 가지 교훈을 가르칠 직업적 운명을 가진 사람으로서 자기 자신을 제시한다. 그러므로 랑시에르에게 자코토는, 엥겔스의 『반뒤링론』의 사례를 따라, 일종의 반[反]알튀세르가 된다.

이중의 작업

랑시에르의 교훈이라는 관념에 내재한 어려움은, 그가 철학자인지 아니면 역사가인지, 반[反]철학자인지 아니면 대

---

6. [옮긴이] 서술하는 이가 자신의 서술 대상이 되는 인물의 말을 옮기면서 서술하는 이 자신보다는 서술 대상이 되는 인물을 문장 전체의 임자로 내세우는 글쓰기 방식. 자유간접문체로 쓴 문장에서는 서술하는 이(여기에서는 랑시에르)의 목소리가 배후에 깔려 있으면서도, 서술 대상이 되는 이(여기에서는 자코토)의 목소리가 또렷하게 들린다.

중투쟁의 기록문서 담당자인지를 결정하는 문제로 정리되는 이차적인 어려움과 밀접하게 엮여 있다. 랑시에르의 작업이 분과 학문들이 가지고 있는 경계선, 즉 말할 수 있는 것과 말할 수 없는 것 사이, 적절한 것과 적절하지 않은 것 사이, 적법한 것과 적법하지 않은 것 사이의 경계선과 더불어 분과 학문들 사이의 고정된 구별에 수복 불가능할 정도의 어긋남을 가져온다는 점은 여기에서도 언급되어야만 한다. 무엇보다도 다양한 담론들 사이의 간격에 어떤 유희를 도입함으로써 그의 작업이 항상 목표로 하는 바는 사유의 체제를 탈선하게 만드는 것이다. 즉 이 작업은, 행하고 말하며 보는 특정한 방식을 능력, 자질, 혹은 특성들의 안정적인 집합에 할당하곤 하는 사유의 체제를 잘못 굴러가게 만들고자 한다.

랑시에르의 작업이 가지는 특이성을 분과 학문의 용어들로 사고하는 일이 소용없는 짓이라면, 아마 더 나은 접근 방식은 그의 작업 방식modus operandi을 검토하는 일에 있다. 특별히 나는 『알튀세르의 교훈』의 결미에 도달할 때의 기술記述을 떠올리고 있다. 여기에서 저자는 결론을 대신하여 그가 책 전체에 걸쳐 따라왔던 방법론을, 아마도 앞으로의 연구과제 역시 고려하면서, 다음과 같이 설명한다.

나는 하나의 전형적인 담론에 이중의 작업을 적용하려

해 왔다. 곧 나는 이 담론을 자신의 역사에다 다시 삽입하려고 노력하였으며, 이 담론을 진술 가능하게 만들어주는 실천적이고 담론적인 제약의 체계 속에 다시금 이것을 집어넣으려고 노력해 왔다. [다른 한편으로] 나는 이담론이 스스로 택하였던 마음 편한 협력자들의 질문과는 다른 질문들에 답하도록 강제함으로써, 또한 억압의필연성과 해방에의 희망이 형성하였으며 또한 계속 형성해 내고 있는 그런 낱말의 연쇄 속에 그 논변을 다시 새겨 넣음으로써, 이 담론의 여러 표현articualtion을 놀래 일깨우려고 해 왔다. 이렇게 한 일이 결코 논박은 아니다. 교조주의를 논파하는 데 어떤 기여도 하지 않기 때문이다. 오히려 내가 한 일은 무대에 올리는 일mise-en-scène이다. 이 일은 혁명의 담론에 숨은 현존 질서의 용인을 읽어낼 수 있게 만들기 위해서, 우리의 이론 공간을 차지하고있는 저 현명한 맑스주의 담론들 가운데 하나의 작용을자유롭게 하는 일을 목표로 삼았다. 이렇게 함으로써 나는, 우리 시대의 투쟁과 의문들의 난만함 가운데서 스스로를 표현하고자 하는 것, 새로이 발견된 해방이라는 관점에서 스스로를 표현하려 하는 그것을 그저 메아리로되풀이하기를 바란다.[7]

---

7. Rancière, *La Leçon d'Althusser*, 226.

204 공산주의의 현실성

랑시에르에게 사유의 목적은 언제나 이와 같은 이중의 절차를 따르는 일에 놓여 있다고 나는 주장해 보고자 한다. 하나는 (어떤 담론, 어떤 실천, 그리고 행하고 보거나 말하는 일의 어떤 체제를 그 제약의 체계 속으로) 다시 집어넣는 일이며, 다른 하나는 (이런 제약의 체계 자체를) 어지럽히는 일이다. 물론 이 두 작업은 서로 간에 위태로운 균형 상태를 이룬다. 두 작업 모두에 일치하는 대상 혹은 개념들에 따라, 언제나 둘 중 오직 한쪽의 위격位格으로 기울어질 지경에 처해 있기 때문이다. 한편에 제약의 체계가 있으며, 이는 다시 새겨 넣는 행위의 결과이다. 다른 한편에는 해방liberty의 약속이 있으며, 이는 [제약의 체계를] 어지럽히는 일의 원리이자, 이전에 확립된 실천적이고 담론적인 제약들에 바람직하지 않거나 최소한 예측할 수 없었던 한패거리를 찾아냄으로써 이 제약들을 두 번째로 제약하게 되는 것이다. 그러므로 오히려 푸코에게 가까운 의미에서, 해방은 제약들의 구조에 대해 예측 불가능한 다시 새김의 놀라움으로 응답한다. 이는 필연성과 억압의 기계가 아주 조금만 옮겨지거나 쇳소리를 내며 정지하게 되자마자 해방되기를 희망하는 소리들이 들리게 되는 것과 꼭 마찬가지이다.

더 나아가 이 이중의 작업은 우리로 하여금 랑시에르 자신의 것을 포함하여, 사유의 양식이라면 어떠한 것이건 간에 그 위력과 독창성을 제대로 인식하는 데 도움을 줄 수 있을 것이다. 랑시에르 스스로는 『철학자와 그의 빈자들』에 붙인 머리말에서 플라톤으로부터 부르디외에 이르기까지 철학자들에 대한 자기 독해의 배후에 있는 전제들 중 하나에 관해 다음과 같이 쓴다. 자기 독해의 전제들 중 하나는 "어떤 저자가 그 자신에게 이미 물어보았을 법한 것을 제외하고는 어떠한 질문도 그에게 묻지 않는" 관습을 완전히 멀리한 채, "한 사유의 양식이 갖는 힘은, 한 소절의 음악이 갖는 힘이 서로 다른 악기들을 통해 연주될 수 있는 그것의 능력에서 비롯될 것임과 꼭 마찬가지로, 무엇보다도 옮겨질 수 있는 그것의 능력과 관계가 있다."[8]는 사실을 이해하는 일 바로 그것에 있다는 것이다. 이것이야말로 랑시에르 자신이 언제나 그의 대화 상대의 작업에 접근하는 방식이 아니겠는가?

제한적 유명론唯名論

그런데 나는, 이제까지 랑시에르의 작업을 규정한다고 여겨지는 이런 이중의 작업과 관련하여, 랑시에르가 예술과

---

8. Jacques Rancière, *The Philosopher and His Poor* [철학자와 그의 빈자들], ed. with an introduction by Andrew Parker, trans. John Drury, Corinne Oster, and Andrew Parker (Durham : Duke University Press, 2003), xxviii.

정치를 다루는 방식에서 나타나는 심한 비대칭을 강조하고 싶다. 분명 내게는 랑시에르가 예술과 정치를 읽어낼 때 다른 경우와는 달리 두 개 항목을 똑같이 다루지 않는 것처럼 여겨진다. 예술과 정치는 그저 단순한 두 개 영역, 두 개의 분야 혹은 두 개의 영토가 아닌 듯한 것이다. 오히려 우리는 어떻게 해서 예술과 정치가 판이하게 다른 두 접근 방식, 혹은 깊은 데서 서로 같지 않고 비대칭적인 두 경향으로 이어지게 되는지를 이해해야만 한다. 겉보기에는 예술과 정치가 꼭 닮았음에도 불구하고, 실제로 이 둘은 많은 점에서 극과 극으로 반대인 것으로 나타난다.

요컨대, 예술의 경우 예술 그 자체에 "고유한" 정수라고는 전혀 없이, 동일성을 규정하는 세 개 체제(윤리적 체제, 모방적 체제, 미학적 체제)의 막연히 역사적인 순서에 따라 다루어진다면, 정치에는 이와 동일한 방식이 적용되지 않는다. 특히 앞서 2장에서 논의를 시작했던 『불화』에서 나타난 바로는, 정치에 특정한 무언가를 규정하는 일이 완전히 가능한 것으로 보인다. 이 특정함은 분명 모종의 "고유함"을 표시하는 것으로서, 비록 구성상으로는 "고유하지 않다"고 할 수 있을지 모르지만, (그리고 이런 구성적인 "비고유성"에 따라 통상적으로는 정치와 예술의 닮음, 특히 미학의 체제 하에서의 닮음이 상정되지만) 바로 이런 이유로 인해 이 "고유함"은 나름 보편적으로 식별되거나 그 자체로 분리될 수 있다. 따라서 정치적인 것의 세 항목(원原정치, 준para정치, 메타정치)은 플라톤, 아리스토텔레스, 그리고 맑스라는 연속적인 고유명사와 관련을 맺고 있는 한에서 또한 역사적으로 보이기는 하지만, 예술의 정체성을 규정하는 세 가지 체제(윤리적, 모방적, 미학적 체제)와 동일한 방식으로 작용하지 않는다. 오히려 우리가 『불화』의 논제를 고수할 때, 결국 정치 그 자체의 확고한 정수 혹은 합리적 핵심은 실존하며, 이후에 이것은 정치철학의 지배적인 세 형태에서 가려지고 부정되며 억압되었거나, 애매하게 지시되었던 것인지도 모른다.

결과로서 나타나는 바는 다음과 같다. 예술의 경우에는 그 정체성을 결정하는 체제들의 극복 불가능한 다수성plural-ity이 나타나며, 이는 다른 여러 체제들 중에서 단 하나one의 역사적인 체제, 소위 미학적인 체제의 효과로서 예술 자신을 다수로 만들면서 이루어진다.[9] 반면에 정치의 경우에는 정치성의 독특한unique 핵심의 수립이 가능하다. 물론 정확

---

9. [옮긴이] 랑시에르는 근대의 시작과 함께 전면에 나선 '미학'이라는 학문에 의해 감성의 분할이 이루어지면서 예술이라 불리는 대상 자체가 한 가지로 규정할 수 없게 여럿으로 개념 파악되기 시작하였다고 본다. 여기에서 '미학적 체제'란, 플라톤과 연관된 '윤리적 체제', 아리스토텔레스와 연관된 '모방적 체제'와 마찬가지로 역사적으로 한정되는 것으로 파악해야 하며, 그래서 번역어로 '감성학'이라는 최근의 용어 대신 마찬가지로 한국에서도 근대라는 시기와 더불어 사용되기 시작한 '미학'이라는 말을 택하였다.

히 말해 정치성의 이런 독특한 핵심이 본성적인 것은 결코 아니다. 하지만 결국 이것이 정치 그 자체의 비역사적이고 몰정치적인 조건, 말하자면 이제까지 실존하였던 모든 정치철학의 서로 다른 형태들에 감추어진 정치 자체의 조건이기 때문에, 역사를 통틀어 말하자면 **불변항**invariant으로 남아 있는 것이다. 게다가 내가 아는 한에서 랑시에르는 정치의 정체성을 결정하는 세 가지 형태를 "체제"regime라고 부른 적이 한 번도 없으며 우리는 왜 그런지를 쉽게 이해할 수 있다. 그러니까 이것은 예술과 철학 사이의 비대칭을 가리키는 또 하나의 기호 내지는 아마도 이런 비대칭의 한 증상이다. 이 비대칭은 이를테면 예술에 대해서는 아낌없이 "체제"라는 용어를 가져다 쓰면서도 상대적으로 정치를 다루는 경우에는 이 용어가 싹 사라지는 것으로 나타나는데, 왜냐하면 [체제라는] 용어는 정치적인 국가 형식의 운명과 의심의 여지없이 너무 밀접하게 엮여 있기 때문이다.

이 비대칭은 조금 더 길게 숙고할 만한 것이다. 방법론 문제의 맥락을 형성하기 위해서도, 랑시에르의 작업에서 예술(및 그에 대한 논법)과 비교하면서 정치(혹은 그에 대한 논법)의 특이성을 강조하기 위해서도 그렇다.

랑시에르의 이중의 작업에 관해 내가 설명하였던 내용의 전반부를 따라가면, 분명히 그는 존경스러울 정도로 항상, 단호히 정관사를 붙여 사용하는 **유일한**the 과학, 유일한 인민, 혹은 **유일한** 맑스주의 따위는 존재하지 않는다고 진술하기를 고집해 왔다. 다만 기껏해야 변하기 쉬운 일련의 실천적이고 담론적인 제약들, 혹은 보다 최근에 그가 사용하는 용어들로는 일련의 볼 능력visibility과 이해할 능력intelligibility의 체제들, 끊임없이 타자들을 배제하면서 특정한 행하기 양식, 말하기 양식, 보기 양식[만]을 허용하는 체제들이 존재할 뿐이라는 것이다. 나로서는 이런 것이야말로 랑시에르의 사유에서 작동하는 유명론의 원리라고 부르고 싶으며, 이를 요약할 수 있는 공식은 바로 다음과 같다. '보편적인 것은 오로지 그것에 특수한 양식들, 특수한 장소들, 그리고 특수한 작업들이라는, 다수the plurality로만 실존한다.'

랑시에르에게서 이렇게 유명론적인 경향의 몇 가지 사례를 불러와보도록 하겠다. 그는 이런 경향을, 아마 그에게는 반갑지 않은 이름이겠지만, 알튀세르 등과 공유하며 특히 푸코와 공유한다.10 이하의 예문들은 모두 『알튀세르의

---

10. 알튀세르의 유명한 진술에 따르면, 맑스는 그에게 "유명론은 유물론으로 통하는 왕도이며, 솔직히 말하면 유명론은 유물론으로 통하는 유일한 길이다. 그리고 나는 유명론보다 더 심오한 유물론의 형태를 알지 못한다."는 사실을 가르쳐 주었다. 지금 나는 알튀세르의 이 진술에 대해 생각하고 있을 뿐만 아니라, 푸코의 유명론에 대해 에티엔 발리바르가 수행한 매혹적인 분석 또한 떠올리고 있다. "Foucault et Marx : L'enjeu du nominalisme [푸코와 맑스 ─ 유명론이라는 내기]", *Michel Foucault Philosophe* [철학자 미셸 푸코] (Paris : Seuil, 1989), 54~76. 알튀세르의 주장에 대해서는 *L'avenir dure longtemps* (Paris : Stock/IMEC, 1992),

교훈』과, 그의 에세이들을 아주 유용하게 묶어 놓은 책이자 곧 영어로 번역될 『인민의 무대』에서 발췌한 것이다.

먼저 사람Man에 관하여

역사를 만드는 것은 한 사람이 아니라 사람들이다. 다시 말해, 구체적인 개별자들, 자신들의 실존의 수단을 생산하고 계급투쟁에서 전투를 수행하는 사람들이다. 맑스는 포이에르바흐에 대한 비판에서 이것 이상 더 나아가지 않는다.[11]

다음으로 과학에 관하여

"순수한" 과학적 실천이란 존재하지 않는다. 과학적 실천은 사회적 관계들의 한 체계 가운데서 자신의 실존 형태를 취하는데, (과학의 이상을 구성하는 기초에 근거한) 여러 명제, 논리적 연결고리 그리고 실험들만이 이 체계의

---

243 [루이 알튀세르, 『미래는 오래 지속된다』, 권은미 옮김, 이매진, 2008] 을 보라. 그리고 워렌 몬탁의 조심스런 분석인 "Althusser's Nominalism : Structure and Singularity (1962~6)[알튀세르의 유명론 ─ 구조와 특이성 (1962~1966)]," *Rethinking Marxism* [맑스주의의 재사유] 10 (1998) : 64~73과 비교해 보라.

11. Rancière, *La Leçon d'Althusser*, 26~27.

지반이다.[12]

혹은 다시금, 알튀세르가 내세운 과학과 이데올로기 사이의 고전적 대립을 명확히 논박할 때에는, 과학과 이데올로기 중 어느 하나라도 이것들이 계속 분화되는 양상들과 떨어뜨려놓고 이해할 수 없다.

과학은 자신의 타자인 이데올로기의 대립물로 드러나지 않는다. 과학은 부르주아의 이데올로기적 지배가 스스로를 선언하는 전파 형식들과 제도들에 나타난다.[13]

더 나아가 시간이라는 범주에 관하여

시간時間〔Le temps〕이란 존재하지 않으며 오로지 여러 시각時刻들〔des temps〕만 존재한다. 각각은 언제나 시간 흐름의 다수를 잇는 방식 자체이자, 시각의 다수 형식들을 잇는 방식 자체이다.[14]

---

12. 같은 책, 254 n.
13. 같은 책, 250.
14. Rancière, "Préface : Les gros mots [서문 : 큰 말들]," *Les Scènes du peuple*, 7.

랑시에르의 작업을 검토하는 우리 작업의 가장 핵심에 자리 잡고 있는 것은 정치의 문제이다. 인민의 목소리라는 잘 알려진 개념은 이 문제에 더욱 가까이 간다.

비평 잡지 『논리적 봉기』에서 실천되었던 것과 같은 역사가 앞으로도 반복하게 될 것은 다음과 같다. '인민의 단일한 목소리는 존재하지 않는다. 존재하는 것은 산산이 조각나고 극과 극인 목소리들, 인민이 무대에 올리는 정체성을 각 시각마다 쪼개어놓는 목소리들이다.'[15]

그리고 최종적으로는 맑스주의 그 자체에 대한 질문에 도달하기에 이른다.

[『논리적 봉기』를 중심으로 모인] 진영의 맑스주의는 공허한 장식이 아니며, 맑스주의의 순수한 정수를 그대로 내버려 두었을 일탈도 아니다. 참으로, 이것은 맑스주의의 순수한 정수란 결코 존재하지 않으며 다만 맑스주의들만이, 즉 권력에 대한 이론적이고 실천적인 계획을 결정하는 몽타주들만이 존재한다는 사실을 의미할 뿐만 아니라, 또한 이것은 특정한 맑스주의 권력들에 의해 생산되거나 특

---

15. 같은 글, 11.

정한 맑스주의 담론들에 의해 정당화되는 비굴함의 여러 형태를 포괄적으로 해명해줄 맑스주의의 숙명 따위는 존재하지 않는다는 사실을 의미한다.[16]

요약하자면, 전위당에 의해 집중되고 조직되어 혁명적으로 단련 받지 않는 한 봉기는 단지 덧없는 자발성에 그친다는 맑스레닌주의의 공식적 교의와 대조적인 것으로서, 봉기를 위한 논리는 언제나 존재할 뿐만 아니라, 랑시에르의 사유에는 다양한 논리들 와중의 봉기 역시 언제나 존재하며, 이는 일탈에 둘러싸인 단 하나의 올바른 노선만이 존재한다는 교의와 대조를 이룬다. 우리가 『알튀세르의 교훈』에서 읽게 되는 것처럼 언제나 "개념화된 것들의 다수"가 존재한다. 혹은 『불화』에서 전투적 투쟁 중심의 시대를 가리키면서 나온 표현을 사용하자면 "거리에서부터 공장과 대학에 이르기까지, 방식과 장소들의 어떤 다수"가 언제나 존재한다.[17] 실천과 담론들 그리고 무대에 올리는 일들의 다

---

16. Rancière, "La bergère au Goulag [굴락의 양치기]," *Les Scènes du peuple*, 314. 유명론적으로 다수화하는 태도가 이처럼 되풀이되는 것과 관련하여 나는 랑시에르 자신으로부터 의심의 표현을 인용하고자 하는 심술궂은 유혹을 느낀다. "누구도 한 개념을 다수 속에 집어넣음으로써 그 본질을 바꾸지 못한다. 기껏해야 그는 본질을 가릴 뿐이다."(*La Leçon d'Althusser*, 261).

17. Rancière, *La Leçon d'Althusser*, 154.

수성에 대한 이런 취향이야말로 랑시에르가 뒤섞이고 혼잡스런 것의 현장으로 "향연"banquet이라는 형상을 자주 사용하게 되는 이유를 설명해 준다는 점은 의심의 여지가 없다. 『철학자와 그의 빈자들』의 플라톤을 다룬 장에서 우리는 다음과 같은 문장을 읽는다. "향연에 의해 설립된 질서는 뒤섞임의 질서이다. 도시가 쓸모 있는 근로자들의 깔끔한 분배로 시작한다면, 정치는 쓸모없는 이들이 어중이떠중이 모인 군집으로 시작한다. 이 쓸모없는 이들은 큰 덩어리의 '일꾼들'로 모여들면서 새로운 범위의 필요에 부응한다. 이 사람들은 화가와 음악가들부터 가정교사와 객실 청소부들에 이르기까지, 배우와 거리 시인들로부터 미용사와 요리사들에 이르기까지, 사치스런 물건을 만드는 사람들부터 돼지치기와 푸줏간 주인들에 이르기까지를 망라한다." 이에 더하여, 랑시에르는 『논리적 봉기』에 기고하였으며 『인민의 무대』에 다시 실은 앙드레 글뤽스만[18]에 관한 자신의 글에서 이런 어중이떠중이 원리를 웅변적인 공식으로 정리한다. "혁명적 지식인들의 담론은 언제나 서로 다른 논리들을 울

---

18. [옮긴이] 1970년대에 스탈린의 집단수용소(굴락)를 분석하여 국가권력에 대한 문제제기를 핑계로 현실사회주의의 전체주의적 경향을 비판한 프랑스 신철학자들 중 한 사람. 「굴락의 양치기」라는 랑시에르의 글은 글뤽스만의 저서인 『요리사와 식인종』에 대한 것이다. 몇 쪽 뒤에 보스틸스 자신이 랑시에르의 글 「굴락의 양치기」를 분석할 것이다.

굿불굿 기워 놓은 익살광대 옷이다."[19]

그렇다 하더라도 정치에 관한 한, 특히 『불화』에서 우리는 이런 일반화된 유명론에 예외가 되는 지점을 떠올리게 되는 것으로 보인다. 여기에서 랑시에르는 혁명적 지식인의 광대 외투를, 단색조가 두드러지는 진회색 양복으로, 혹은 아마도 옷깃도 없는 마오쩌둥 인민복으로 갑작스레 갈아입는다. 이런 의미에서 『불화』에서 정치에 접근하는 방식은, 여러 방면에서 이 책의 완벽한 자매편이 되는 『정치적인 것의 가장자리에서』[20]와 더불어, 의심의 여지없이 랑시에르 작업의 한 예외를 제시한다. 모종의 소심성을 방법론적 원리로 끌어올렸던 한 사상가는, 이 두 책에서 '정치'la politique를 공리적으로 엄밀하게 체계화하는 일을 앞에 두고서는, 그리고 더 나아가 간략할 뿐이며 그 정도도 훨씬 덜하긴 하지만, "정치적인 것"le politique을 정치와 "치안"la police(우연찮게도 그리스어 폴리스polis의 [유사한 발음 때문에] 동음이의어에 가깝기도 한 라 폴리스la police) 사이의 마주침으로 규정되는 영역이라고 정의하는 일을 앞에 두고서는, 아무 것도 삼가지 않는 것처럼 보인다.

19. Rancière, *The Philosopher and His Poor*, 9~10. 그리고 "La bergère au Goulag," 317.

20. [한국어판] 자크 랑시에르, 『정치적인 것의 가장자리에서』, 양창렬 옮김, 길, 2013.

이 문장 대부분은 물론 잘 알려져 있다. 내가 이것들을 대량으로 인용하는 이유는 독자로 하여금, 마치 세속의 연도(連禱)인 양 『불화』의 여러 쪽들에 걸쳐 이어지는 반복의 "특별한 효과"를 느낄 수 있게 만들기 위해서일 뿐이다.

정치는 ─ 지배만 존재하는 것이 아니라, 정치는 ─ 전체를 구성하는 부분집단들에서 그릇된 셈이 있기 때문에 존재한다.[21]

정치는 몫이 없는 자들의 부분집단이 존재할 때, 즉 빈자들의 부분집단이나 당파가 존재할 때 존재한다.[22]

정치는 자연적인 지배 질서가 몫이 없는 부분집단의 제도화에 의해 중단될 때 실존한다.[23]

이제, 정치는 오로지 중단을 통해, 즉 어떤 틀림을 전개하거나 근원적인 분쟁을 배치함으로써 정치를 마련하는 최초의 비틀림을 통해 돌발한다.[24]

---

21. Rancière, *Disagreement*, 10.
22. 같은 책, 11.
23. 같은 곳.
24. 같은 책, 13. 랑시에르는 여기에서는 각각 "비틀림"과 "틀림"으로 번역된

정치는 어떠한 사회적 질서도 자연에 기초를 두지 않으며, 어떠한 신성한 법률도 인간 사회를 통제하지 않기 때문에 실존한다.[25]

정치는, 양치기 왕, 군벌, 소유주들의 자연적인 질서가, 돌연히 나타나서 모든 사회적 질서가 깃드는 자리인 궁극적인 평등을 현실로 만드는 자유에 의해 중단될 때 발생하거나, 혹은 자연적인 질서가 자유에 의해 중단되기 때문에 발생한다.[26]

정치는, 이런 평등의 효과가 자연적이라고 상정되는 지배 논리를 거스를 때 존재한다. 이는 정치가 늘 일어나지 않는다는 사실을 의미한다. 실제로 정치는 아주 적게 혹은 아주 드물게 일어난다.[27]

정치는, 평등주의적 우연이 인민의 "자유"로서 자연적인 서열을 망가뜨릴 때, 이런 망가뜨림이 특정한 기제機制를 생산할 때 발생한다. 이 기제는 사회를 "진짜" 부분들이 아

'torsion'과 'tort' 사이의 반향을 가지고 유희한다.

25. 같은 책, 16.
26. 같은 곳.
27. 같은 책, 17. (영어 번역은 이 인용의 바로 앞 문장을 생략하고 있다.)

닌 부분집단들로 나눠놓으며, 자신의 것이 결코 아닌 "소유"property라는 이름으로 전체와 같아지는 한 부분과, 항쟁의 공동체인 "공통"common을 설립한다.[28]

정치는, 말하는 존재로 셈해질 권리를 갖지 않은 사람들이 그들 자신을 계산에 넣게 만들기 때문에 실존한다. 즉, 이들이 공통의 자리에 어떤 틀림[a wrong] ─ 단일한 세계 속에 위치한 두 세계 사이의 모순이자 맞섬 그 자체에 지나지 않는 틀림 ─ 을 위치시킨다는 사실을 통해 하나의 공동체를 설립하면서 실존한다. 맞서고 모순되며 틀림을 구성하는 두 세계 각각은, 말하는 존재로 셈해질 권리를 갖지 않은 사람들이 있는 세계와 이들이 없는 세계이며, 이 사람들과 이들을 말하고 셈하는 존재로 인정하지 않는 사람들 "사이에" 무엇인가 존재하는 세계와 두 집단 사이에 아무 것도 존재하지 않는 세계이다.[29]

정치는 유일한 보편[인 평등] 때문에 발생하는데 평등[30]은 특정한 틀림의 모양을 띤다. 틀림은, 평등을 못 없는 자들

---

28. 같은 책, 18.
29. 같은 책, 27.
30. [옮긴이] 프랑스어 원문에는 문장을 영어로 번역하면서 제외한 '평등'(l'égalité)이라는 단어가 포함되어 있는데 이를 포함시키는 쪽이 의미를 더 잘 전달할 수 있을 것 같기에 꺾쇠 안에 넣어 번역하였다.

의 몫으로 제시하는 일을 사회의 부분들 사이의 갈등과 결부시킴으로써, 특이한 보편, 극과 극으로 대립하는 보편을 설립한다.[31]

요약하자면 정치는 몫이 없는 부분집단의 기입에 의해 사회의 부분집단과 당파에 대한 셈이 교란되는 곳이라면 어디든 실존한다.[32]

'정치는······ 때문에 존재한다.' 혹은 '정치는······ 할 때 실존한다.'라는 공식에 더하여, 독자는 또 다른 공식을 만드는 문장인 '정치는······ 할 때 시작한다.'가 반복되는 것을 볼 수 있을 것이다. 다만 이번 공식은 주문같은 효과를 덜 띠는 경향이 있기는 하다.

정치는 정확히, 사람들이 손익을 계산하기를 멈추고, 그 대신에 **공통**의 용지用地를 분배하는 일을 고심하며, 공동체의 공유물 및 이 공유물을 수령할 권리를 균등하게 나누는 일을 염려할 때에, 즉 공동체에 대한 권리를 누군가에게 부여하는 것으로서 가치들the axiai을 균등하게 나누는

---

31. 같은 책, 39.
32. 같은 책, 123.

일에 신경 쓸 때에 시작한다.[33]

정치는 두드러진 틀림과 함께 시작한다. 즉 정치는 인민의 공허한 자유가 생성하는 것인, 산술적 질서와 기하학적 질서 사이의 간격으로 시작하는 것이다.[34]

도시라 할 수 있는 유일한 것은 정치적인 도시이며 정치는 평등주의적인 우연으로 시작한다.[35]

다른 한편으로, "인도주의적"인 것의 지배는, 어디든 인권이 자신의 보편성을 논쟁적으로 특수하게 만들 수 있는 능력으로부터 단절되는 장소에서 시작한다. 다시 말해, "인도주의적"인 것의 지배는 평등주의적인 글귀를 짓는 일을 그치는 곳에서 시작하며, 평등주의의 분쟁적인 효과를 분명히 보여 주는 어떤 틀림의 주장 속에서 평등주의적인 글귀를 해석하는 일을 멈추는 곳에서 시작한다.[36]

---

33. 같은 책, 5. ('la politique'에 대해서는 '정치'(politics)라는 번역어로 일관되게 조정하였다.)
34. 같은 책, 19.
35. 같은 책, 71.
36. 같은 책, 125~126.

물론『불화』또한, 저자인 랑시에르 자신에 따르면 그의 책들 거의 전부와 마찬가지로, 위급한 국면에서의 개입이면서, 이 특수한 경우에는 지배적인 합의의 모형과 결부되어 있다. 그는 이 지배적인 합의 모형으로부터 스스로를 자유롭게 만들겠다는 이유로 다른 쪽 극단에 빠지지 않고, 즉 표상 불가능한 것이나 숭고한 것의 절대적인 선재성先在性을 단정해 버릴 수 있는 그런 극단에 빠지지 않고서, 여기에서 벗어나려 한다. 그 자신을 "합의의 논의와 절대적 오류로부터 동일하게 멀리 떨어뜨리는" 것, 『불화』의 뒤표지에 새겨진 단평에 따르자면 이런 것이야말로 불화의 논리가 수행하는 일이다. 혹은 여기에 명찰을 약간 붙인다면, 과업은 그 자신을 위르겐 하버마스와 장-프랑소아 리오타르 둘 모두로부터 똑같이 물러난 자리에 놓는 것이다. 결국 우리는 이런 작업이 랑시에르의 저작에서 거듭되는 또 하나의 것이자, 랑시에르가 **이도 저도 아니라는**neither/nor 잘 알려진 공식에 의거해서, 즉 **이것 아니면 저것이라는**either/or 양자택일을 거짓 딜레마로서 범주적으로 거부하는 일을 동반하는 공식에 따라서, 이를테면 두 입장의 사이 공간 또는 비非자리nonplace를 차지하려는 경향을 띤다는 사실에 주목하게 된다. "이중 전선에서의 투쟁"이라고 사람들은 그리 오래지 않은 과거에 말하곤 하였다. 그것은 [20세기 초의] 좌익 기회주의도 우익 기회주의도 아닌 전선, 무정부주의적 모험주의도 정통파의 교조주의도 아닌 전선, 또한 수 년 후에는 종말론도 아니고 순응론도 아닌[37] 전선이었다. 나는 『불화』에서 정치라는 범주의 반^反유명론적인[38] 특별한 용법을 이중전선에서의 이런 투쟁이 형성하는 구조 안에 위치시키고자 한다.

정치 혹은 정치적인 것에 관한 이런 용법을 비판하면서 잡은 나의 목표는, 반^反본질주의라는 모종의 자동반사적 형식을 명목으로 내세우면서 이 철학자를 훈계하는 일이 아니다. 또는 형식화 그 자체의 공리적인 매혹을 문제 삼고 있는 것도 아니다. 다만 사유–실천으로서의 정치를 위하여, "정치는…… 할 때 존재한다." 혹은 "정치는…… 한 자리에서 시작한다."라는 문체의 결과들 가운데 몇 가지를 검토하고 싶을 따름이다. 게다가 이 마지막 공식은 랑시에르가 선호하는 또 다른 식, 바로 "정치의 시작"이라는 제목으로 『불화』의 첫 장을 여는 글귀인 "시작에서 시작하자"[39]를 떠올

---

37. [옮긴이] 1964년에 출판된 움베르토 에코의 책 *Apocalittici e integrati*을 염두에 둔 말로 보인다. 이 책은 대중문화를 전적으로 부정하거나 대중문화에 전적으로 순응하는(통합된) 염세적이거나 낙관적인 지식인 양쪽을 모두 비판한 책으로 알려져 있다. 이 책 내용 중 일부가 포함된 책으로 *Apocalypse Postponed* [미뤄진 종말] (Bloomington : Indiana University Press, 1994)이 나와 있다.

38. [옮긴이] 이제 우리는 저자인 보스틸스를 따라가며 읽었던 랑시에르의 정치에 대한 규정이 반(反)실재론적이면서 또한 비(非)유명론적인 것임을 이해할 수 있을 것이다.

39. Rancière, *Disagreement*, 1. 이 표현은 실제로 랑시에르의 저작 전체에서 분명 공통적이다. 『인민의 무대』 가운데 "L'éthique de la sociologie [사

리게 만든다. 내 단 하나의 질문은 바로 이 "존재한다" 혹은 "시작"의 정확한 지위에 관한 것이다. 곧, 이것은 이론적 원리인가 아니면 역사적 사실인가? 논리적인 전제인가 아니면 연대 순서대로 출발하는 것인가? 가능성의 초월론적 조건을 구성하는 것인가 아니면 손에 잡히는 대로 가져온 경험적인 사건인가? 이도 저도 아니라면 이것은 마지막 가능성을 유도하게 될 터인데, 우리는 이 모든 해석들을 한 번에 하나로 뒤섞어서 의지할 수도 있는가? 이 특이한 뒤섞음은 랑시에르의 모든 저작의 사유 방식에 충분히 구성적인 것이라 할 수 있을 것이며, 또 다른 향연이되 이번에는 방법론의 향연이 될 것이다.

정치와 치안

나는 이처럼 더 커다란 질문에 대해, 랑시에르의 제한적

회학의 윤리"를 보자. "시작으로부터 시작해 보자. 바로 뒤르켐이, 대학이 반드시 사회학을 수용하도록 만들기 위해 정치에 관해 짐짓 모른 체한 것부터."(355쪽). 혹은 『철학자와 그의 빈자들』의 서두. "최초에 네 사람이 있을 법하다."(3쪽). 또 보다 최근에는 다음 저서에 "시작으로부터 출발하자"라는 문장이 있다. Jacques Rancière, *The Future of the Image*, trans. Gregory Elliott (London : Verso, 2007), 1 [자크 랑시에르, 『이미지의 운명』, 김상운 옮김, 현실문화, 2014].

유명론이 낳을 수 있는 효과들 중 단 하나를 검토함으로써 부딪쳐 보고 싶다. 이는 이를테면, 바디우의『존재와 사건』중 "개입"의 성찰에서 꼭 같은 표현이 다시 등장하기 거의 20년 전에, 저자 자신이『알튀세르의 교훈』에서 "사변적 좌익주의"[40]라고 부른 것에 빠져들 위험이다. 분명히 나는『불화』에서 수행되는 정치에 대한 정의가, 특히 정치와 치안 사이의 대립 내부에서부터 형식화될 때에는, 예전 좌익주의의 도식, 가령 서민들과 국가를 대립시키기 위해 사용하던 도식과 너무 쉽게 동화된다는 점을 우려하는 것이다. 이와 같은 제시 양상이 갖는 편협한 도식배치와 개념상의 환원론을 허물어뜨리는 데 필요한 여러 도구들을 우리에게 제공하였던 이가 바로 랑시에르 자신인 한, 그 위험성은 한층 놀라우며, [랑시에르에 대한] 이의제기는 오히려 부당한 것으로 여겨질 수 있다.

마지막이 될 일련의 인용문을 살펴보도록 하자. 이번 것들은 글뤽스만의『요리사와 식인종』에 대한 제법 긴 서평이자『인민의 무대』에 다시 수록된「굴락의 양치기」에서 가져왔다. 랑시에르에 따르면, 프랑스 신철학자의 필두 중 한 사람이 쓴 이 중요한 책은 모순의 변증법적 복잡성에 대한 고찰 없이 단지 모순의 "순수화된" 판본을 내세울 뿐이다. "이

---

40. 우리 책의 서론에서 "사변적 좌익주의"에 관해 논한 바를 참조하라.

책 전체는 모순의 정화淨化를 기초로 삼아 조직된 결과이다. 그 모순을 구성하는 한쪽 항은 국가의 제약 규칙들에 따라 조직된 주인들(철학자, 왕들, 자코뱅, 맑스주의자……)의 담론과 권력이다. 다른 쪽 항은 비非권력의 계급, 서민, 주기만 하는 사람들pure generosity인데 이들의 담론은 억압받지 않겠다는 유일한 욕망을 표현한다."[41] 레닌은 이런 종류의 이항 대립이 구성하는 거짓 변증법을 비난했던 첫 번째 사람들 중 하나에 속한다. "'한편으로, 그리고 다른 한편으로', '하나와 또 다른 하나.' 이는 절충주의이다. 변증법은 관계들을 조각조각 덧대는 것이 아니라 구체적으로 전개하는 가운데 관계들에 대해 전방위적으로 고찰할 것을 요청한다."[42] 랑시에르는 변증법적 모순의 위와 같은 거짓 이미지에 대한 몇 가지 논박을 자기 입장에서 제시한다.

우리가 이런 정화된 모순 속으로 이동할 수 있다면야 모든 것은 단순할 것이다. 사회 파시즘으로 대표되는 국가 권력과 이에 대항하는 "대지의 저주받은 사람들"의 봉기 사이의 모순. 하지만 현실은 이와 같지 않다.[43]

---

41. Rancière, "La bergère au Goulag," 317~318.
42. V. I. Lenin, "Dialectics and Eclecticism [변증법과 절충주의]," *Collected Works* vol. 32 (Moscow : Progress, 1960), 93.
43. Rancière, "La bergère au Goulag," 322.

현실. 저항의 실천에서 끌어낸 전복의 원리 외에는 그 어떤 원리도 존재하지 않는 것이며, 모두에게 항상 갱신되는 예속과 거부拒否의 분배partage, distribution 너머에는 아무 것도 존재하지 않는 것. 여기에 역사의 운동이란 존재하지 않으며, 억압과 예속을 언제든 정당화할 수 있는 이성의 간지奸智 또한 존재하지 않는다. 신화. 이 분할partage, division을 권력과 서민들 사이의 순수한 대립으로 구현하는 것.[44]

서민. 권력에서 배제된 사람들? 그러나 대체 누가 권력으로부터 전적으로 배제되는가? …… 이런 분할partage은 오로지 권력의 현실을 눈에 보이는 국가 기구의 얼굴과 단순하게 동일시하는 과오를 대가로 치르고서야 가능하다.[45]

권력과 비非권력의 갈등 그 자체가 유발되는 장소란 아무데도 없다. 모든 곳에서 국가의 과업은 서민이 아니라 계급, 조합, 단체들과 충돌하며, 이들의 여러 규칙, 이들의 앎

---

44. 같은 글, 329. [여기에서 동일한 프랑스어 'partage'를 '분배'와 '분할'이라는 서로 다른 우리말로 옮긴 이유는 이 책의 저자인 보스틸스가 이를 영어로 옮기면서 각각을 'distribution, division'이라고 다르게 썼기 때문이다. 이를 다르게 쓴 이유에 대해서는 본문의 몇 쪽 뒤에서 직접 제시될 것이다. ─옮긴이]
45. 같은 글, 318.

recognition과 민주주의의 여러 형태, 이뿐만 아니라 이들을
배제하고 억압하기조차 하는 여러 형식들과 마주친다.[46]

아래로부터의 담론들은 마찬가지로 권력의 담론이며, 우
리는 바로 이런 현실의 관점으로부터 맑스의 것과 같은
담론들의 위치와 입장을 사유할 수 있다.[47]

여기에서 우리는 문제의 핵심으로 되돌아온다. 글뤽스
만을 사례로 삼아 신철학자들의 담론에 대한 비판의 핵심
에 도달하자마자 랑시에르 자신은 분명히 하나의 교훈을
내세운다. 결국 우리는 이 교훈 가운데서 맑스의 사유에서
비롯된 메아리들을 다시금 언제나 듣게 될 것임에 틀림없
다. "아마도 이 맞섬에서 얻게 될 교훈은 다음과 같다. 프롤
레타리아의 권력에 대한 어떠한 순수한 담론도 없으며, 프
롤레타리아의 비권력에 대한 순수한 담론 또한 결코 존재하
지 않는다는 것. 그 자신으로 충분할 아래로부터의 의식이
란 없으며, [이런 현실로] 들여올 수 있는 과학 또한 절대 존
재하지 않는다는 것 …… 맑스의 사유가 가진 위력은 ─ 또
한 아마도 이 사유의 취약점이기도 한 면은 ─ 의심의 여지없이,

---

46. 같은 글, 319.
47. 같은 곳.

맑스가 살아 있던 당시부터 프롤레타리아의 권력이라는 치안의 허구나 서민의 비＃권력이라는 목가적인 꿈 속에서 투항했던, 이런 모순들을 모조리 견지하려는 노력 가운데 있다."[48] 따라서 과업은 모순을 정화하는 대신에, 비록 옹호가 힘들다고 밝혀진다 하더라도, 모순이 갖는 열린 결말의 성질을 보존하는 데 있을 것이다. 배워야 할 교훈은 권력과 저항 사이의 매듭, 권력과 비＃권력 사이의 매듭, 국가와 서민들 사이의 매듭을 규정하는 일에 놓여 있다. 그렇지 않다면, 즉 이 매듭이 풀려 순전한 이원론으로 되어 버리는 일이 허용된다면 우리는 곧장 급진적이고 근원적인만큼 작동은 않게 되는 일종의 마니교적 도식[49]을 따라 사변적 좌익주의라는 함정에 빠져 버리게 될 것이다.

그럼에도 불구하고 나는 『불화』의 저자 자신이 이런 교훈을 어디까지 망각했는지 의아스럽다. 감각적인 것the sensible을 [명령적] 질서대로 분할 및 구획하는 것으로서 치안과, 몫이 없는 부분집단을 기입하는 것으로서 정치 사이의 대립은, 사변적 좌익주의의 특성이라 할 법한 모순의 "순수화"에 위험할 정도로 가까운 것 아닌가? 이런 양상이 그 단언

---

48. 같은 곳.
49. [옮긴이] 마니교에서는 세계가 이원론적으로 구성되어 있다고 본다. 따라서 마니교에서는 빛과 어둠, 선과 악의 양자택일적 선택에 의해 인간의 행위가 이루어짐을 강조한다. 본문에서 마니교적 도식이란 이런 맥락에서 나온 것으로 여겨진다.

적 문체 혹은 전략적 목표에 기인하건 아니건 간에 『불화』
는, 한편으로 실존하는 권력의 분배라는 **치안의 허구**와 다
른 한편으로 몫이 없는 부분집단의 **정치적 꿈** 사이의 것으
로서 [그 본질적 복잡성이] 분해되어 버린 모순의 그물망에
광범위할 정도로 사로잡혀 있다.

글뤽스만에 관한 랑시에르의 에세이는, 나로서는 '순
수 좌파 이성 비판'이라고 부르고 싶은 어떤 것을 재구축하
기 위해 우리가 이용할 수 있는 유일한 개념형성 도구가 아
니다. 우리는 아마도 『불화』의 논리 가운데에서조차 이와
같은 좌파적 독해를 정확히 짚고 비판할 수 있게 만들어
주는 논변들을 찾아낼 수 있다. 무엇보다 우선 치안은 국
가 기구 자체와 결코 동일시되지 않는다. 둘째로 치안은 모
든 소가 검게 보이는 밤[50]이 아니다. "보다 나쁜 경찰과 보
다 나은 경찰이 존재한다."[51] 마지막으로, 인간 공존^{being-}
^{together}의 두 가지 이질적 논리인 정치와 치안 사이의 적대
란 결코 이 책의 최종 단어가 아니다. 적어도 랑시에르는 두
논리 모두의 결속이나 만남 내지는 뒤얽힘의 필요성을 최
대한 고집하며, 정치는 이런 뒤얽힘 없이는 원래의 상황에

---

50. [옮긴이] 이 구절에서 보스틸스는 헤겔의 문장을 전거로 삼았다. '모든
소가 검게 보이는 밤'은 헤겔이 정신현상학 서문에서 셸링의 절대지 개념
이 이것과 저것을 식별할 수 없이 모두 동일하게 만든다는 점을 비판하며
사용한 구절이다.

51. Rancière, *Disagreement*, 30~31.

어떤 효과도 미치지 못할 것이다. 달리 말하면, 우리가 비록 이 저자가 최초로 문제로 삼은 이 두 항목[정치와 치안]에 의지하기를 원한다 할지라도 [두 항목] 상호간의 기입은 존재할 것이거나, 아니면 최소한 정치가 치안에 소급적으로 다시 미치는 영향에 대해 확인할 수는 있을 것이다. "정치가 치안 논리와는 완전하게 이질적인 논리를 실행한다 할지라도, 이것은 언제나 치안에 묶여 있다는 사실을 잊어서는 안 된다."고 랑시에르는 쓴다. "정치는 언제나 치안에 작용한다. 정치는 둘 모두에게 공통적인 장소에서 공통적인 단어들을 가지고 움직인다. 이 행위가 그 장소들을 재형성하고 그 단어들의 지위를 변화시킨다 할지라도 그렇다."52 사실, 이런 두 논리 ─ 정치적이면서 평등주의적인 논리와 사회적이면서 경찰하는 논리 ─ 의 근본적 외부성과 낯설음을 한 매듭으로 묶지 않으면서도 기만이나 신기루가 되지 않도록 상정하는 일이야말로, 예를 들어 자코토를 연상시키는 [랑시에르의] 노고에서 가장 힘겨운 제약이었을 것이다.

본연적 애매성은 그럼에도 불구하고 『불화』의 지면을 관통하며 계속 이어진다. 이 책을 사변적 좌익주의에 더 가깝게 데려갈 정치와 치안 사이의 순수하게 외부적인 대립을 『불화』가 거부하는 것은 절대 무리가 아니다. 이 왕년의 마

---

52. 같은 책, 32~33.

오주의자에게 둘로 쪼개기 ^{分裂}는 그러므로 계속 이루어진다. 여기에서 원천적인 분열과 비틀림을 고수하는 태도가 발생하며, 또한 여기에서 공동체와 분리됨 양쪽 모두, 분배와 분할 양쪽 모두로서 partage의 이중적인 의미에 기대는 태도가 발생한다. 이는 다음과 같은 의미일지도 모른다. 즉 최종 심급에서 관건이 되는 것은, 옹호될 수 없는 것을 고수하는 일이고, 약분할 수 없는 둘 사이에서 공통적인 것을 측정하는 일이며, 관련^{rapport}과 비^非관련^{non-rapport}을 한몫에 사유하는 일이라는 사실을 의미할 수도 있다. 예를 들어 랑시에르가, 자신의 유명론적 원리를 익숙한 대로 고수하면서, 교의의 순수한 이상과 현실의 불순한 뒤섞임을 서로 대립시키기를 거부하는 방식을 생각해 보라. "한쪽 편에 텍스트를 주조하는 이상적인 인민, 다른 한쪽 편에 작업장과 변두리에 사는 현실의 인민이란 존재하지 않는다. 존재하는 것은 인민의 권력이 기입되는 장소와, 이 권력이 효과를 잃는다고 여겨지는 장소들이다."[53] 그렇다면 정치에 대한 사유는 언제나 이런 유형의 소급적이고 비틀린 효과들을 ─ 경우에 따라서는 이 효과들의 부재를 ─ 따라가야만 하는 일을 수반한다.

이 모든 것은 앞에서 언급한 [제한적인] 유명론적 원리에 완벽하게 맞아떨어진다고 여겨질 수 있다. 권력 구조 일반^{the}

---

53. 같은 책, 88.

power structure에 대항하는 인민 일반the people 같이 정화된 대립 속에서 사유하는 대신에, 해야만 할 일은 하나가 모순이 되는 것으로 분열되고 다른 하나에 그 자신을 기입하는 장소들을 연구하는 것과 더불어 이런 기입의 역사적인 양상들을 조사하는 것이다. 하지만 이 과업이 다음과 같은 사실을 없애지는 않는다. 즉 이 『불화』라는 책의 다른 단편斷片들에서, 인간 공존의 두 가지 논리인 정치 및 치안과 정확히 관련해서, 다시금 정화가, 나아가 마니교적인 이원론이, 공유와 뒤얽힘을 넘어서는 우선권을 갖게 된다는 사실을 제거하지는 못한다. "한편으로, 단순히 부분집단들의 몫을 셈하기만 하는 논리가 존재한다. 이 논리는 여러 신체들을 이들이 보이는 공간 혹은 보이지 않는 공간에 분배하고, 각각에 적합한 존재 방식, 행위 방식, 그리고 말하기 방식을 조정한다. 또 이와는 다른 논리가 존재한다. 앞서의 조화로움을 중단시키는 논리로서 이것은, 말을 하는 모든 존재에게 속한 평등, 산술적이지도 않고 기하학적이지도 않은 평등을 성취한다는 단순한 사실을 통해, 조화로움을 혼란시킨다."[54] 분명히 나타나는 바와 같이, 우리는 특정한 사변적 좌익주의와 그 이원적 대립의 유혹을 처리하기 아주 힘든 자리에 있다. 아마도 이는, 우리가 하버마스의 "합의"에서 나타나는 민주

---

54. 같은 책, 28.

주의의 낭만적 목가 및 리오타르의 "쟁의"differend에서 내세우는 절대적 오류 둘 다에 대항하는 논의를 수행하면서 논쟁적 통렬함을 유지하기를 바란다면 치러야 할 대가일 것이다. 그리고 이와 같은 목가 및 오류의 시끄러운 찬양과 숭고한 표명이야말로, 앞에서 언급했다시피 『불화』라는 책이, 정치가 해방적인 사유–실천의 불변하는 과정이라고 단언함을 통해서 중단시키려고 하는 대상이다.

좌익주의의 범례

어떤 경우건, 랑시에르가 『알튀세르의 교훈』에서부터 『민주주의는 왜 증오의 대상인가』에 이르기까지 긴 기간 동안 좌파의 역사와 맺은 관계의 정도를 고려한다면, 사변적 좌익주의를 단순하게 비판하는 수준에 머무르는 일은 불성실한 행위일 것이다. 훨씬 더 중요한 것은 랑시에르 자신이 다니엘르 랑시에르와 공저한 글에서 "좌익주의의 횡단"이라 부른 것과 비슷한 어떤 것, 역사적이고 계보학적으로 말하자면 "철학자들의 범례"에 익숙해지는 일에 관한 것이다.

랑시에르 부부가 『논리적 봉기』에 기고한 자신들의 짧은 글에서 시사하는 바는, 신철학자들이 1968년 5월의 "전투적 투쟁의 역사를 감추"고 1970년대의 긴 후유증을 야기하였다는 점 정도를 제외하고는, 이들로 하여금 동시대의 사유에서 관건이 되는 것을 규정하게 만들어서는 안 된다는 내용이다. 이 저자들이 정치의 역사에서 몇 가지 교훈을 배워 보는 일을 통해 중단시키자고 하는 대상은 바로 역사에 대한 이런 "엄폐"와 "청산"이다.

굴락에 관한 [반전체주의적] 담론이 생산해낸 투쟁적 역사에 대한 엄폐야말로 우리에게 중요한 초점이다. 이 담론은 학생운동과 대중투쟁 간의 결합을 감추고 투쟁적 지식인들과 대중의 조우를 엄폐하며, 재현[대표]하는representation 기제를 의심 속에 밀어 넣으려고한다. 그리고 [이 담론에는] 그 대신에, 마치 어제 지식인이 프롤레타리아를 대표하였던 것과 꼭 마찬가지로 지식인이 대표하는 서민plebs이라는 형상이 전면에 나타난다. 그러나 재현을 부인하는 방식에서 서민은 괴로움과 민중의 웃음이 갖는 긍정성 모두와, 각각이 이런 괴로움과 웃음을 동반하는 거부와 부정성의 부분을 동시에 둘 다 의미하면서, 지식인과 인민 사이의 직접적 통일을 실현한다. [이 담론에서] 서민은 자신들이 마주쳤던 문제들뿐만 아니라 투쟁의 대상들과 투쟁의 열망조차 간단히 부인함으로써 청산을 실현한다…….[55]

---

55. Rancière(with Danielle Rancière), "La légende des philosophes. Les

그런데 더 최근의 시기에 와서 우리는, 랑시에르 부부가 「철학자의 범례」에서 제시한 분석과 유사하게 역사적이고 개념을 만들어 내는 분석을 바랄 수는 없는 것인가? 여기에서 나는 단지 언젠가는 우리 역시 『프롤레타리아의 밤』에서 출발하여 『논리적 봉기』를 거쳐 『불화』에까지 이어지는 길고 구불구불한 궤적에 관한 "범례"를, 이제는 진짜로 "읽어야 할"[56] 대상이라는 긍정적인 의미에서 읽을 수 있으리라는 나 자신의 욕망을 나타내고 있을 뿐이다. 하지만 이처럼 이론적이며 역사적인 도제수행, 대개는 포스트좌익주의 시대에도 여전한 성취 대상으로 남아 있는 이런 노동은 또한 방법론적이면서 철학적인 본성을 띤 어떤 문제를 제기한다. 앞에서 내가 제시하였던 바와 같이 이 문제는 예술에서건 아니면 정치에서건 "~이 존재한다"는 것의 정확한 지위, 그리고 또한 "시작"하는 것과 "끝"이라는 것의 정확한 지위에 관한 것으로서, 이런 내용들은 철학 안에서 ─ [철학이 포착한다는 점에서 발생할지도 모를] 파문을 고려하지 않을 수 없으나 ─ 포착된 그런 것들이다.

이 문제는 정치 혹은 예술과, 이것들의 개념 및 실천의

---

intellectuels et la traversée du gauchisme [철학자의 범례. 지식인들과 좌익주의의 횡단]," *Les Scènes du peuple*, 307~308.

56. [옮긴이] '범례'로 옮긴 단어 'legend'의 어원을 거슬러 올라가면 라틴어 'legenda'에 닿는다. 그 뜻은 '읽어야 할 사물'이다.

역사성 사이의 관계에 관한 것으로서 분명히 랑시에르의 작업에만 독특한 문제는 아니며, 내가 보기에는 적어도 바디우 같은 이에게도 똑같이 화급한 사안이다. 이는 또한 이 두 사람 상호간의 공격에서, 곧 바디우가 『메타정치론』에서 랑시에르의 "비⽊정치주의"에 대해 가한 것과 랑시에르가 『미학 안의 불편함』에서 바디우의 근대적인 "유미주의"aesthetism에 대해 수행한 공격 가운데서, 감추어지거나 말해지지 않은 것이 바로 논쟁에서의 반대편 극점이라는 사실을 의미한다. 적어도 랑시에르의 경우에는 미학의 체제이거나 예술, 그리고 바디우에게는 정치가 바로 사유의 체제 내지는 진리의 조건들인 한에서, 또한 이에 대해 두 사람 각자는 둘 사이의 논쟁적 교차 배열의 반대편에서라면 아예 빠지게 되거나 최소한 불충분하게 다루어질지도 모를, 역사성의 새로운 짜임을 만들어낼 능력이 있다는 사실을 입증해 왔던 한에서 서로는 논쟁에서 상대편의 핵심을 말하지 않고 있다.[57]

예술 및 미학에 관해서 나는 말라르메의 경우를 언급함으로써 [두 사람이 설립한] 이 새로운 짜임 및 이것이 우리에게 부과하는 과업의 간략한 한 사례를 제시해 보고자 한다.

---

57. Badiou, *Metapolitics*, 107~123. 그리고 Rancière, *Aesthetics and Its Discontents*, trans. Steve Corcoran (Cambridge: Polity, 2009), 63~87 [자크 랑시에르, 『미학 안의 불편함』, 주형일 옮김, 인간사랑, 2008].

이 관점에서 주요한 과제는 말라르메의 경우가 갖는 이중의 가치, 즉 그가 사건 자체의 시인-사상가일 뿐만 아니라 프랑스 후기 낭만주의 시단 내에서 신기원을 이룬 혁신가라는 이중적인 의의를 이해하게 되는 일에 있다.

바디우의 경우, 위에서처럼 이중의 가치를 읽어내는 데에서 앞 절반의 내용이 뒤 절반에 대한 흥미 대부분을 [바디우로부터] 없애버리는 것처럼 보인다. 그는 『존재와 사건』에서 "말라르메는 사건이라는 연극event-drama의 사상가이다."라고 쓴다. 바디우는 "주사위 던지기는 우연의 표장標章을 필연의 표장과 결합하고, 사건의 불안정한 다수를 셈하기의 명료한 소급작용과 결합한다. 「주사위 던지기」[58]에 걸려 있는 사건은…… 그러므로 사건의 절대적 상징symbol을 생산하는 사건이다. '난파선의 밑바닥으로부터' 주사위를 던질 때 걸려 있는 판돈은 사건에 대한 사유로부터 하나의 사

---

58. [옮긴이] 스테판 말라르메가 1897년에 발표한 시 혹은 시로 된 책(le livre). 무엇보다 이 시는 출판된 형태가 독특하다. 이 시는 "한 번의 주사위 던지기는-결코-우연을-폐기하지-못하리라"라는 문장으로 시작한다. 그러나 첫 번째 면에는 이 문장의 단어 일부만 인쇄되어 있다. 이 문장은 한 행으로 인쇄되지 않았고, 여러 면에 걸쳐 단어들이 흩어져 인쇄되었다. 그리고 이 흩어진 단어들 사이에 난파선과 심연에 대한 시행들이 포함되어 있다. 양면을 함께 보도록 의도된 시행과 여백의 배치가 이어지다가 마지막 면 끝에서 "모든 사고는 주사위 던지기를 발현한다."는 문장으로 끝나게 된다.(말라르메, 「주사위 던지기」, 김경란 옮김, 『외국문학』 53호, 열음사, 1997, 236~255쪽 참조.)

건을 만들어 내는 문제다."[59]라고 설명한다.그렇지만 이 시에는 한편으로 사건이 가지는 사건적 본성에 대한 시적 사유poetry-thought와, 다른 한편 빅토르 위고 이후 근대시 역사에서 다른 시들 가운데 하나의 사건으로 나타난 이 시의 작용, 바로 이 둘이 연결되어 있다. 이 두 항목 사이의 연결을 이해하는 일도 하나의 관건이라면, 독자들이 『존재와 사건』만 가지고 조사하는 한, 이 [시를 통해 수행되는 사유와 시의 형식 체제] 둘 사이의 연결에 관해 극히 적은 정보만을 얻게 되리라는 점 또한 지적되어야 한다.

반대로 말라르메에 대한 랑시에르의 짧고 탁월한 책에서는 문제되는 것의 뒤 절반을 훨씬 더 주목하고 있다. 의심의 여지없이 말라르메는 위대한 시인이며, 그는 사이렌이라는 표장으로 [시 속에서] 나타나는 사건의 사건적 본성을 다룬다. "말라르메는 사이렌을 시 자체, 즉 스스로를 듣게 만들고 스스로를 침묵으로 바꾸는 일을 모두 할 수 있는 노래의 위력으로 변형시킨다."[60] 이런 독해에 따를 때 이 시가 출현한 시간 및 공간과 이 시가 맺는 마찬가지로 특이한 관계로부터 시의 사건적 본성이 분리될 수 없다는 점을 곧장 덧붙여야 하겠다. "이 시는 자신을 기다리는 심연으로부터 탈

59. Badiou, *Being and Event*, 191, 193 [바디우, 『존재와 사건』].

60. Jacques Rancière, *Mallarmé, La politique de la sirène* [말라르메, 사이렌의 정치] (Paris : Hachette, 1996), 24.

출한다. 허구의 양식 자체를 조정하여 율리시스라는 위대한 서사시를 [물거품으로] 사라지는 사이렌의 노래로 바꾸기 때문이다. 그렇다면 사이렌이 비유하는 것이자, 이 시가 낳는 효과가 되는 것은 바로 사건이며, 또한 아직 이를 환영할 준비가 되지 않은 시대 및 '정신적 환경'에 처한 이 시의 계산된 위험성이다."[61] 랑시에르는 이 두 측면 — 사건이라는 측면과, 사건에 대해 준비되지 않은 시대 및 환경과 사건이 맺는 관계라는 측면 — 을 동일한 질문에 속한 부분으로 이해한다.

말라르메의 시에 대한 독해가 가리키는 바를 기초로 삼으면, 이제 우리는 이론적이고 방법론적이며, 정치의 영역에도 동일하게 적용할 수 있는 중요한 결정의 결과들을 볼 수 있게 된다. 여기에서 내가 말하는 결정이란, 정치의 경우에서 "~이 존재한다"는 것의 가치와 마찬가지로 말라르메의 시"가 존재한다"는 것을 단언하는 일의 가치가, 서로 분리할 수 없을 만큼 구조적이면서 또한 사건적이고, 초월론적이면서 또한 역사적이라고 이해하려는 결정을 의미한다. 시에서 못지않게 아마 정치에서도, 하나의 사건이 존재할 때마다 우리는 원리의 와해를 목격하며, 이런 원리의 붕괴가 동시에 원리와 역사 사이의 연결을 재구축하게 만드는 것을 목격한다. 해방과 제약의 표리관계에서와 같이 하나는 분명 다른 하나를 배제

---

61. 같은 책, 25.

하는 것이 아니라 오히려 다른 하나를 전제한다. 그렇지 않은 경우라면, 즉 나로서는 새롭고 아마도 궁극적인 의미에서 "변증법적"이라고 기꺼이 부를 만한 이와 같은 절합이 부재하는 경우라면, 우리는 제약 없는 해방의 백일몽으로, 아니면 실천적이고 담론적인 제약의 불가피성으로 다시금 물러서게 될지도 모르며, 이는 우리를 곧바로 사변적 좌익주의의 도식에까지 재차 인도할 것이다.

하지만 정치에 관한 한, 역설적으로 바디우야말로 최근 작업에서는 정치와 역사 사이의 연결을 재구성하는 데 랑시에르보다 더 많은 지반을 조성해 왔다. 나는 특히 파리 코뮌과 중국 문화혁명에 관한 말들을 떠올리고 있다. 파리 코뮌과 문화혁명은 공히 라자루스가 그의 책『이름의 인류학』에서 "정치의 역사적 양식"이라고 제시한 범주에 따라 강하게 특징지어지는 사건들이다.[62] 정치를 행하는 서로 다른

---

62. Alain Badiou, *La Révolution culturelle : La dernière révolution?* [문화혁명 — 마지막 혁명?] (Paris : Les Conférences du Rouge-Gorge, 2002) 그리고 *La Commune de Paris : Une déclaration politique sur la politique* [파리 코뮌 — 정치에 관한 정치적 선언] (Paris : Les Conférences du Rouge-Gorge, 2003). 두 강의록 모두는 바디우의『쟁론』의 3부, "정치의 역사성 — 두 혁명의 교훈"(257~328)에 번역되었다. 첫 번째 강의록에 대한 나 자신의 번역과 더불어 정치와 역사 사이의 관계에 대한 바디우의 마오주의적 어조와 연관되는 보다 폭넓은 서지적 참조를 위해서는 "바디우와 문화혁명"에 관한 *positions : east asia culture critique* [입장들 — 동아시아 문화비평] 13.3 (2005)의 특별호를 보라. 여기에는 나의 기고문 "Post-Maoism : Badiou and Politics [포스트마오주의 — 바디우와

"양식들"의 이 같은 역사에 도달하기란, 우리가 『불화』의 공리적인 명제에 스스로를 제한시킨다면 명백하게 어려울 것이다. 분명 『불화』에는 "맑스주의의 시대"나 "허무주의의 시대"와 같은 "시대" 혹은 "시기"들이 있다. 이는 다니엘르 랑시에르와 함께 『논리적 봉기』를 위해 쓴 글에서 "포스트좌익주의 시대"에 관해 말했던 것과 꼭 마찬가지이다. 그러나 마지막 층위에서 역사의 역할은 정치의 불변하는 형식을 덮어 감춰 온 연속적 시기들을 결정하는 일에 한정되는 것처럼 보이며, 『불화』는 이런 정치의 불변적 형식에 대해 극도의 엄격함을 띠고서 "부적절한 속성"propriété impropre이자, "모든 사회적 질서의 최종적인 비밀"이기도 한 것을 되돌려주고자 한다. 말하자면 "공동체 질서의 기반이자 최초의 심연"으로 작용하는 "내남없이 모든 사람의 순수하고 단순한 평등 자체"[63]를 정치의 불변적 형식에 되돌려주고자 하는 것이다.

이 장 초반에 나는, 앞서 주어진 두 개의 극단 사이의 공간 혹은 비#장소에 자기를 위치시키는 랑시에르의 전략에 대해 언급한 바 있다. 『알튀세르의 교훈』에서는 순수한 "이론주의"로 빠지지 않고 또 "문화적인 수다"로 빠지지도 않으면서 스승의 목소리의 날선 예리함을 보존하는 것이 문제였

정치"(576~634)가 실려 있다. 또한 나의 책 『바디우와 정치』의 3장 「하나는 둘로 나뉜다」도 참조하라.

63. Rancière, *Disagreement*, 79.

다.[64] 비슷하게 『불화』에서는 의사소통적 합리성의 편에 서지 않고 또 숭고한 표상불가능성의 편에 서지도 않는 것이 문제이며, 기성품 같은 사회학주의에 빠지지도 않고 또 순수 사건의 과장법에 빠지지도 않는 것이 문제이다. 이제 비록 빠져 있는 "제3항"의 장소가, 정치와 치안 사이의 "제3의 인민"third people [65]의 경우처럼 비非장소일지라도, 내게는 이런 "제3의 길"을 옹호할 수 있게 만들기 위해 정치와 사유의 역사성에 대한 질문을 더 이상 미루어서는 안 될 것처럼 보인다. 그러므로 우리는 오늘날 정치에서의 특정한 변형 혹은 예술에서의 변형이라는 조건 아래에서 사유하는 일이 어떤 의미인지를 이해할 수 있어야만 한다. 그렇다면, 우리의 현실성이라는 현재 속에서 사유한다는 일이란 대체 무슨 의미인가? 이뿐만 아니라 무엇보다도, 장기적으로건 단기적으로건, 과거에서 비롯된 특정한 사건들의 조건 아래에 처한 현재 속에서 사유한다는 일이란, 대체 어떤 의미인가?[66]

---

64. Rancière, *La Leçon d'Althusser*, 205.

65. [옮긴이] 예를 들어 프랑스에서, 백인-유럽인-프랑스인으로서의 정체성을 부여받을 수 없는 유색인-비유럽인-비프랑스인으로서의 정체성을 띠고 있는 부분집단을 가리키는 표현.

66. 이 질문에서 핵심적인 문제들을 가장 잘 요약하는 인물은 물론 미셸 푸코이다. 푸코 역시 「철학자의 범례」에서 프랑스의 투쟁적 역사의 "청산"에 책임이 있는 지식인들 중 한 사람으로 언급된다. 푸코의 행위는 아마 의식적인 것은 아니었을 것이다. "만약 내 세대의 사상가들 중 내가 한때 매우 근접했던 사람이 있다면, 그는 푸코였습니다. 푸코의 고고학적 기

이 질문들에 지나치게 성급하게 답하는 일에 내포된 위험성은 다음처럼 아주 분명할 것이다. 정치와 예술의 급진적인 역사성은 단순한 역사주의로 환원될 것이며, 사건은 사건을 가능하게 만들었던 제약들의 체계에 재편성될 것이고, 붕괴의 새로움은 속담에 나오는 흘러간 옛 노래처럼 낡아빠지기에 이를 것이다. 그러나 그럼에도 불구하고 이 질문들을 고려하지 않음으로써 치러야 할 대가는 훨씬 크다. 그 대가는 그 자신의 공허함 주변을 맴도는 급진주의일 것이고, 특정한 역사적 양식에 따라 특정한 시공간에다 새겨내는 행위에서 완전히 분리된 예술과 정치가 순수하게 "존재한다"는 것에 대한 사유일 것이며, 마지막으로는, 우리 시대가 ─ 윤리로의 회귀와 탈정치가 득세하는 허무주의적 시대

획 가운데 어떤 것은, 그러니까, 이러저런 진술 형식 혹은 이런저런 대상 구성의 가능성의 조건들을 사유하려는 의지는 내게 충격이었지요." 랑시에르는 홀워드와 가진 인터뷰에서 이렇게 말한다.(Rancière, "Politics and Aesthetics : An Interview," 209) 하지만 신철학자들이 등장한 이후에 푸코의 이런 영향력은 의심의 대상이 될 수 있었다. "그렇다면, 무엇보다 푸코의 개입과 담론이야말로, 오늘날에 지식인의 고압적이고 예언적인 새로운 형상을 지지하는 일에 봉사한다. 마치 지식/권력에 대한 일반 이론의 적용인 것처럼, 소련의 집단수용소 체계에 대해 그것이 사유의 스승[푸코]가 가르친 지식이 실제로 성취된 것이라고 분석하는 논의는 스스로를 [꾸며] 제시한다. 또한 다른 사람들[다른 신철학자들]이 사도(Angel)의 도래, 즉 인류(Man)에 대한 옛 지식이 소멸하거나 사회적 질서와 외연을 함께하는 권력의 야만이 사라짐에 따라 해방되는 문화혁명을 예언하는 일도, 유사하게 푸코의 분석에 기초를 둔다."(Rancière, "La légende des philosophes," 300~301).

가 ─ 뻐겨대면서 별 필요가 없다고 내팽개쳤던, 모종의 사변적 좌익주의에 대한 그릇된 호소로 퇴보하는 일이 될 것이다.

공산주의의 비#현실성?

나의 몇몇 비판에 대해 직접 응답하면서, 최근에 랑시에르는 자신이 예술과 정치를 다루는 방식이 앞서 논의했던 것처럼 분명히 비대칭적이라는 사실을 인정하였다. "나는 예술 체제들의 역사성을 고수해 왔지만, 정치에 대한 나의 논의는 플라톤으로부터 이즈음의 사회 운동 혹은 정치의 종말이나 정치의 회귀에 관한 최근의 의견들에 이르게 되는 과정에서, 몇몇 세기와 사회들을 종종 건너뛰는 경향을 띠었다." 그럼에도 그는 이런 비대칭이, 어떤 방식으로건 정치의 역사성을 일축하게 되거나 정치를 정초하는 범주들을 존재론화할 수도 있다는 점을 곧장 부인한다. "그러나 이것[비대칭]이, 브루노 보스틸스가 의심하는 것처럼 내가 정치의 역사적인 형식들의 실존을 묵살한다는 것을 의미하지는 않는다."[67] 하지만 이런 의심을 없애는 데 도움을 주려고 랑시

---

67. Jacques Rancière, "Afterword. The Method of Equality : An Answer

에르가 준비한 것으로 여겨지는 모든 내용은 원리들에 대한 추상적인 진술이 되며, 이 원리들에는 정치의 불변하는 핵심을 덮어 가리는 정치철학의 세 가지 형상이라는 이제는 익숙한 도식의 반복이 뒤따른다.

정치적인 것의 역사가 존재한다. 이는 정치와 치안 사이의 맞섬 형식 ─ 또한 둘 사이의 혼동 형식 ─ 의 역사이다. 정치는 난데없이 등장하지 않는다. 정치는 치안 질서의 특정한 형식과 절합되며, 이 형식은 치안 질서가 규정하는 가능함과 불가능함의 특정한 균형을 의미한다. 또한 정치는 결코 홀로 해내지도 않는다. 정치의 역사적인 형식은 언제나, 내가 『불화』에서 규정한 것과 같은 원原정치, 준para정치, 메타정치와 다소간 얽혀 있다.[68]

---

to Some Questions [후기. 평등의 방법 ─ 몇몇 질문에 대한 답변]," in Gabriel Rockhill and Philip Watts eds., *Jacques Rancière : History, Politics, Aesthetics* [자크 랑시에르 ─ 역사, 정치, 미학] (Durham : Duke University Press, 2009), 287.

68. 같은 글. 이 반박의 보다 이전 판본에서 랑시에르는 『불화』에서 그의 논변 양식이 위급한 국면이기에 갖는 전술적이거나 전략적인 본성을 띤다는 점을 고집하기도 한다. "브루노 보스틸스에 대한 답변에서 나는 이 점을 강조하였다. 곧 플라톤과 아리스토텔레스에 대한 주석은 『논리적 봉기』의 논쟁적인 글들 혹은 역사적인 작업들과 다를 바 없이 현실적이며, 현재의 정치적 사안들과 관련되어 있다는 것. '정치철학'의 '기원들'로 돌아가는 일은, 정치의 '귀환'과 '종말'의 동시적이면서 상충하는 이론 구성 및 합의된 실천으로 특징지어지는 맥락에 답하는 한 방식이다." 역사를 [항상 때늦거나 때 이른] 때 아님인 것(the untimely)과 유창하게 절합하

보다 광범위하게 말하면, 랑시에르는 비역사주의라는 이런 비판에 대하여 특정한 때 아님untimeliness의 정치적인 효력을 고집하는 것으로 응답한다. 그가 내세우는 방법인 평등의 정치 연구는 그러므로, 전통적 역사편찬의 상대주의, 각각의 주체 혹은 사건이 그에 적합한 시공간에 소급적으로 끼워 맞춰지기 때문에 전통적인 역사편찬에 고유하게 내재하는 상대주의를 중화할 수 있다. "바로 이것이야말로 평등의 방법이 반드시 동시에 역사화의 원리와 때 아님의 원리를 이행해야 하고, 또한 맥락형성의 원리와 탈맥락화의 원리를 동시에 이행해야 하는 이유가 된다."[69] 역사주의에 이런 대한 비판은 매우 위력적이기는 하지만, 때 아님이라는 대안적 원리가 공산주의의 정치에 적용될 때에 이것이 현실성에 대하여 비#현실성을 다시금 우선하게 되며, 그럼으로

기 전에 그는 이처럼 쓴다. "시간은, 여기서는 역사화의 형식이자 시기구분의 형식으로 이해되는 시간은, 다시 한번 연산자(the operator)이자 분리할 수 없도록 개념적이고 또 감각적인 것으로 출현하며, 이것은 선험적으로 또 사실상으로, 조건을 조건 아래에 위치시키는 데 기여한다. 그렇다면 『불화』에서의 질문, '정치란 무엇인가?'라는 질문은 조건과 조건의 조건 사이의 연결을 풀어내는 하나의 방식인 셈이며, 그 목표에서야 동일하나 노동자의 '밤'의 나선을 쫓아가는 방식과는 다르다." 랑시에르의 "La méthode de l'égalité [평등의 방법]," in Laurence Cornu and Patrice Vermeren eds., *La Philosophie déplacée : Autour de Jacques Rancière* [전위된 철학 – 랑시에르를 둘러싸고] (Lyon : Horlieu, 2006), 520~521쪽을 보라.

69. Rancière, "Afterword, The Method of Equality," 282.

써 우리가 동시대 정치철학의 존재론적 회귀와 연관되는 일종의 사변적 좌익주의로 퇴보할 위험을 무릅쓰지는 않는지 우려되기도 한다.

랑시에르는 공산주의가 어떻게든 이미 현실적이며 자본주의 생산의 현재적 조건들 가운데 내재한다고 주장하는 일을 확실히 경계한다. 우선 그는 다음과 같이 지적한다. "'공산주의의 현실성'이라는 통합체^{syntagm} 70는 공산주의가 — 자본주의의 폭력, 불공정, 비합리성의 반응으로서 — 욕망의 대상임을 의미할 뿐만 아니라, 어떤 의미로는 공산주의가 이미 실존함을 뜻하기도 한다. 공산주의의 현실화는 과제일 뿐만 아니라, 과정이기도 하다."[71] 그는 덧붙이기를 오늘날 이런 관점은, 점점 더 비물질적이고 집단적이며 분리 불가능한 노동 형식을 가지는 다중$^{the\ multitude}$의 감성적 공

---

70. [옮긴이] 두 개 이상의 음소, 형태소, 단어 등의 언어 단위는 실제의 발화 상황에서 단번에 발화될 수 없다. 가령 단어를 들어 말하자면 '하나'와 '둘'을 동시에 발화할 수는 없다. '통합체'란 이처럼 동시에 발화될 수 없는 두 개 이상의 언어 단위가 순차적인 계기를 취하여 통합되어 있는 것을 가리킨다. 실현되지 않을 때 공산주의란 아무런 의미를 띠지 못하며, 공산주의가 단지 현실 속에 있다는 것(Realität)이 중요한 것이 아니라 그 본질적인 내용이 실현(Aktualität)되는 것이 중요하다는 점에서, 실제의 역사적 상황에서 '공산주의'와 '현실성'이라는 두 항목은 언제나 통합체로 발화되는 것일 수 있다.

71. Rancière, "Communism : From Actuality to Inactuality [공산주의 — 현실성에서 비(非)현실성으로]," *Dissensus : On Politics and Aesthetics*, ed. and trans. Steve Corcoran (London : Continuum, 2010), 76.

동체에 관한 논변들에서 전형적인 지지를 얻는다고 한다. 하지만 랑시에르가 보기에 자본주의의 여러 체제와 공산주의적 생산 사이에 가역可逆관계 혹은 이행移行관계와 같은 것은 존재하지 않는다. 그는 "이런 이유로, 문제를 돌려 세워 공산주의의 비非현실성inactuality으로부터 출발하는 것이 이득"이라고 제안하면서, 때 아니거나 때를 못 가리는 것으로서 비非현실적인 것이라는 니체적인 관념72을 넌지시 시사한다. 랑시에르는 다음과 같이 설명한다.

> 때를 못 가린다intempestive 함은 당신이 행하고 있으면서 어떤 시간에 속하지 않는다는 사실을 동시에 의미한다. 꼭 마찬가지로, 장소를 못 가린다는 것a-topian은 당신이 행하고 있으면서 어떤 장소에 속하지 않는다는 사실을 뜻한다. 때와 장소를 못 가리는 공산주의자라는 사실은 내남없고 무조건적인 평등의 사상가이자 활동가라는 것을 의미하

---

72. [옮긴이] 니체의 『반시대적 고찰』의 제목에 사용된 독일어 unzeitgemäß를 프랑스어로 번역할 때, inactuel을 사용하는 경우가 있다. 그러므로 여기에서 랑시에르가 말하는 비(非)현실이라는 개념은, 니체의 '반시대적'이라는 말과 마찬가지로, 시대와 어긋나 있으며 시간성으로부터 벗어나 있다는 의미를 내포한다. 이후 4장에서 지젝의 '실행'(act)이라는 개념을 번역할 때에도 한 번 더 언급하게 되겠지만, 이 책의 저자인 보스틸스는 actuality라는 단어 혹은 언어기호를, 여러 사유의 전통과 여러 사상가들의 개념이 교차하는 자리인 것처럼 간주하고 사용한다. 대개의 경우에는 본문에서 저자 자신이 맥락을 설명하고 있으므로, 이와 같은 사정을 유념하면서 현실성이라는 단어를 읽어 주기 바란다.

지만, 이런 일은 오로지 우리의 공산주의적 사유와 활동 자체로 틀이 짜인 관계망을 제외하고는 공산주의가 어떤 현실성도 갖지 않는 그런 세계에서만 발생한다. 자본주의 생산의 여러 형식 가운데서 이미 작동하거나 혹은 자본주의 논리에서 예측될 수 있는 "객관적인" 공산주의 같은 것은 결코 존재하지 않는다.[73]

그러므로 우리는 우직하게 공산주의의 현실화를 가능케 할 것이 결코 아니라, 현실성이라는 관념 자체를 선차적으로 비판하는 우회로를 항상 거쳐야 할 것이다. 랑시에르는 "공산주의의 '현실성'은 사실 그 비판의 현실화'라고 덧붙인다. "자본주의가 자신 안에 공산주의의 위력을 품고 있다는 것을 현실성이라는 관념이 상정하는 한, 공산주의의 '현실성'이란 현실성이라는 관념 그 자체에 대한 비판의 현실화이다. 공산주의라는 이념은 맑스가 쓸어버리기를 바랐던 궁지로부터 빠져나오지 못하였고, 빠져나올 수도 없다. 이 궁지란 곧 공산주의가 과정이 될 수도 있고 강령이 될 수도 있지만 둘 모두는 아니라는 진퇴양난이다."[74] 그럼에도 불구하고, 공산주의의 비*현실성에 대한 이런 옹호는, 비*현실

---

73. 같은 책, 82.
74. 같은 책, 83.

성 자체의 지반이 우리 자신의 현실성과 해방적 관련을 맺는 때는 언제이며 어디에서 관련을 맺게 되는가를 결정해야만 하는, 그 다음 수준으로 문제를 넘기게 되는 것은 아닌가? 이런 옹호가, 앞서 말한 때와 장소를 못 가리는 공산주의의 실행 내지는 활동에 대한 탐색에 나서도록 우리를 강제하지는 않는가? 나는 다음 장에서 슬라보예 지젝의 작업에 의지함으로써 바로 이런 질문들에 답해 보려고 한다.

4장

실행[1]을 찾아서

하나의 가능한 실행, 영원하고 홀로인 실행은, 이러저러하는 사이에, 적거나 혹은 많이, 관계들을 이해하는 일이다. 펼쳐내기를 바라는 어떤 내면의 상태에 따라, 단순한 세계를 만들기 위해서.

— 스테판 말라르메, 『여담』 —

그 자신의 가능성의 조건들을 소급적으로 창조하는 것이야말로 옳은 실행의 힘이라는 사실에 대한 앎이, 우리로 하여금 실행에 앞서 불가능하게 드러난 것을 받아들이기 두려워하게 만들어서는 안 된다. 오직 이런 방식으로만 우리의 실행은 실재를 건드릴 것이다.

— 슬라보예 지젝, 몰리 앤 로덴버그의 『초과적 주체』에 붙인 서문 —

허수아비들을 위한 지젝

만약 사람들이 솔직하다면, 지젝의 독자 대부분은 분명 지젝에게 공개적으로 제기되는 전형적인 비판 중 하나 혹은 그 모두에 탐닉했던 적이 있다고 고백할 것이다. 이 비판들은 그가 책을 과다하게 쓴다거나, 동일한 논변을 거듭해서 과다하게 출판한다거나, 혹은 그의 논변이 모종의 교조적인 헤겔주의적 라캉주의의 유산에 과다하게 빚지고 있다는 사실에 근거한다. 그러나 도취와 반발이 흉하게 뒤섞인 이런 비판들은 류블랴나의 거인이라 불리는 이 사람이 실제로는 어느 정도나 자기 자신에게 최고의 비평가인지에 대해서는 인식하지 못한다. 지젝은 후기 자본주의의 리비도적 경제 속에서 과다함too-muchness의 역할을 맡은 전형적인 이론가이기에, 자기를 겨누면서 이런 특성을 전부 공유하는 공격들을 분석하기 위한 기초를 닦는다. 이뿐만 아니라 지젝이 종종 다문화주의 및 '뉴에이지'의 몽매주의를 지지하는 "표준" 논변들을 공격적으로 찔러 들어갈 때나 그가 헤겔이나 라캉에 대한 "틀에 박힌" 탈구축[해체]적 오해를 날카롭게 공격하는 방식이야말로, 지젝에 대한 그런 공격들

---

1. [옮긴이] '실행'이라는 말은 'the act'를 번역한 것이다. 대개는 '행위'라고 번역되나, 이 책의 핵심어인 'actuality'를 현실성으로 옮기면서 이에 대응하는 역어를 고르려다보니 '실행'이라는 말을 쓰게 되었다.

에 딱 맞아떨어지는 것으로 보인다. 지젝의 이런 논박은 애매하고 일반적인 적수를 겨냥한다. 이들의 이름은 거의 언급되지 않지만 간혹 언급되는 경우가 있다면 그다지 명예롭지 않은 예외로서 아마 데리다(혹은 로돌프 가쉐 같이 데리다주의의 대리인 격인 이)와 라클라우(혹은 야니스 스타브라카키스 같은 라클라우의 제자들)일 것인데, 이런 논박은 대개 "여기에서 놓쳐서는 안 될 결정적 지점은……"이라는 수사적 표제로 시작한다. 그러나 여기에서 그저 사악한 즐거움을 얻는 일 말고도 우리가 놓쳐서는 안 될 것들이 아마 있을 것이다. 오늘날의 '다문화주의적인 타자의 합의에 대한 포스트구조주의적이면서 탈구축[해체]적인 존중의 절충'을 겨냥한 지젝의 이런 싸구려 난사는 거의 감추지 않고 계속되는 자기비판으로 읽힐 수도 있다. 혹은 그의 싸구려 난사를, 예를 들어 앵글로 아메리카의 문화연구에서 자신의 작업이 오독되어 왔던 방식이거나 여전히 오독의 위험이 있다고 그가 느끼는 방식에 대한 지젝 자신의 비판으로 읽어낼 수도 있다. 우리는 이와 같은 사실에 함축된 것 모두를 또한 간파해야 할 것이다.

이런 의미에서 지젝 저작의 상당수는, 자기분석은 아니라 하더라도 일종의 한결같은 자기비판을 제공하며, 이런 자기비판 가운데서 진정한 헤겔 변증법이나 올바른 라캉 정신분석의 단순한 판본, 또는 이에 대한 표준적 곡해를 대표한다고 지젝이 말하는 적수들은, 꼼꼼히 뜯어보면 사유의 초기 단계에 있던 저자, 곧 지젝 자신의 초상을 제시해 주는 것으로 드러난다. 실상, 왜 지젝에게 자기분석 같은 것이 전혀 없는 것인지, 말하자면 왜 그에게는 무언가 제3항을 통해 매개되지 않은 담론이 불가능한 것인지를 설명하기 위해 사용되는 것과 동일한 이유가, 우리로 하여금 지젝의 반복적인 전략, 즉 자신이 공공연하게 논쟁적 대화를 시작하는 상대방의 작업에 비추어 적당한 자기비판을 여기저기 흩뿌려 놓는 지젝의 반복적인 전략을 통찰할 수 있게 도울 것이다. 독자로서 우리가 헤겔 혹은 라캉의 결정적 지점에 대한 이런저런 요란한 오해에 책임이 있는 완전한 아둔패기가 도대체 누군지 궁금하게 여기게 될 때, 방법론적인 핵심 요령은 이 아둔함을 일차적으로는 우리 자신에게 옮겨놓고 다음에는 저자 자신에게 이동시키는 일에 있다. "내가 가능한 한 명료하게 그에 관한 이론적 요점을 만들어 보려고 하는 아둔패기란 궁극적으로는 나 자신이다."[2] 그러므로 지젝이야말로 우리에게 가장 필요한 지구촌 범위의 아둔패기라는 주장은 결코 모욕이 아니다. 전혀 반대로,

2. Slavoj Žižek, *The Metastases of Enjoyment : Six Essays on Woman and Causality* (London; Verso, 1994), 175 [슬라보예 지젝, 『향락의 전이 — 여성과 인과성에 관한 여섯 편의 에세이』, 이만우 옮김, 인간사랑, 2002].

전에 내가 지젝의 책 『죽은 신을 위하여』[3]의 발행식에서 이런 주장을 했을 때에 나는 이를 최상급의 찬사 형식이라고 여겼다. 지젝이 철학, 정치, 그리고 정신분석에 관한 논의에서 중심에 놓는 것은 바로 우리 모두가 공통적으로 공유하는 아둔한 자기중심적 향락의 뿌리깊은 알맹이이다. 그렇다면 아둔함은 진리에 대한 모든 보편적 주장에 달라붙어 있는 독특한 방법론적 흠결이며, 이런 주장이 형식적 구조 속에서 완전한 일관성을 획득하지 못하게 막는 알맹이이다. 지젝이 『나눌 수 없는 잔여』에서 쓴 것처럼 "우리는 여기에서 어떤 형식적 구조가 출현하는 일에 고유한 구성 요소를 다루고 있다. 간략히 말해 우리는 **구조의 일관성의 조건**을 다루고 있는 것이며 이는 다음과 같이 정리된다. 일자a One 안에 이와 같은 배타적인 기반이 없다면, 즉 최소한의 자기중심성에 의해 지탱되는 편견과 왜곡이 없다면, 구조는 분해되고 흩어진 다수성 가운데서 자신의 일관성을 잃는다."[4] 아름다운 영혼들만이, 이 아둔패기가 언제나 허수아비로서 자기들 곁에 앉아 있다는 생각을 고집할 것이다. 그러나 실제로는 아둔함과 진리를 가르는 선이야말로, 우리가 이웃의 독

---

3. [옮긴이] Slavoj Žižek, *The Puppet and the Dwarf : the perverse core of christianity* (Cambridge : MIT Press, 2003) [슬라보예 지젝, 『죽은 신을 위하여』, 김정아 옮김, 길, 2007].

4. Žižek, *The Indivisible Remainder*, 76 [지젝, 『나눌 수 없는 잔여』].

성으로부터 안전한 거리를 취할 수 있게 만들어 주기는커
녕, ─ 적어도 지젝의 라캉주의적 헤겔주의의 프리즘을 통해 볼
때에는 ─ 진리 그 자체에 속한다.

예를 들어 "한 관념의 이용(악용)에 대한 다섯 가지 개
입"이라는 부제를 단 책[5]의 제목 그대로 질문을 던져 보자.
"누군가 전체주의를 말했나?"라는 질문에 대하여, 그 답은
"예. 전체주의라는 관념을 이용(악용)한 사람은 당연히 지젝
자신이에요!"가 되어야 할 것이다. 무엇보다 특히, 영어권 국
가들에서 그의 경력을 시작하게 만들었던 책이자, "전체주
의의" 이데올로기에 대한 정신분석 이론의 전개와 "급진 민
주주의적" 대안에 대한 희망으로부터 그 추동력을 얻었던
책인 『이데올로기의 숭고한 대상』[6]에서 그랬다. 그러나 이는
정확히는 특정한 부류의 사유 ─ 권력이 비어 있는 장소를 상
정하는 일이 가능한 유일한 정치 체제로서 민주주의를 옹호하
면서 이런 공백을 이민, 인종 혹은 카리스마적 지도자의 이름으
로 채우는 전체주의적인 것과 대립시키는 사유 ─ 이며, 이즈음
지젝은 이런 사유에 대항하여 차츰 더 공산주의적 가설로

---

5. [옮긴이] Slavoj Žižek, *Did Somebody Say Totalitarianism? : Five Inter-
   ventions in the (mis)use of a Notion* (London : Verso, 2002) [슬라보예
   지젝, 『전체주의가 어쨌다구?』, 한보희 옮김, 새물결, 2008].
6. [옮긴이] Slavoj Žižek, *The Sublime Object of Ideology* (London : Verso,
   1989) [슬라보예 지젝, 『이데올로기의 숭고한 대상』, 이수련 옮김, 새물결,
   2013].

의 회귀를 내세운다. 그리고 이제 반대로 급진 민주주의 정치, 지젝 자신이 과거의 한 시기에 라클라우를 경유하여, 클로드 르포르의 현저하게 라캉주의적인 고쳐 읽기로부터 받아들였던 급진 민주주의 정치는 사회민주주의의 몹시 부족한 하나의 판본으로 여겨진다. 지젝 자신이 『그들은 자기가 하는 일을 알지 못하나이다』의 새로운 서문에서 『이데올로기의 숭고한 대상』에 관해 고백한 내용을 참고하자면, "서로 연결된 세 개의 수준, 곧 헤겔에 대한 나의 라캉주의적인 독해를 해명하는 수준, 실행의 개념을 정교하게 완성시키는 수준, 민주주의라는 관념 그 자체에 대해 뚜렷하게 비판적인 거리를 유지하는 수준에 걸쳐 분명히 남아 있던 부르주아 이데올로기의 위험한 잔여물을 내가 확인하고 청산하기까지는 수년에 걸친 힘든 작업이 필요했다."[7]

지젝은 최근에 나온 다른 책들의 몇몇 미주에서, 마치 그의 작업 전체를 위와 같은 방식으로 다시 해석하기를 공공연하게 권하기라도 하는 듯이, 자기비판의 성격이 더 강한 요소들에 관심을 기울인다. 그는 『까다로운 주체』의 주석 중 하나에서 이렇게 쓴다. "최소한 문화연구에 관하여, 여

---

7. Slavoj Žižek, "Foreword to the Second Edition : Enjoyment Within the Limits of Reason Alone," *For They Know Not What They Do : Enjoyment as a Political Factor* (London, Verso, 2002), xi [슬라보예 지젝, 「오직 이성의 한계내에서의 향락」, 『그들은 자기가 하는 일을 알지 못하나이다』, 박정수 옮김, 인간사랑, 2004].

기서 나는 외부 관찰자의 안전한 위치를 상정하는 비평가의 생색내는 입장에서가 아니라 문화연구에 참여해 왔던 사람으로 말하건대, 나는 이를테면 '스스로 열외include out한다.'"8 비슷한 사례로 또 다른 주석에서, 얇고 짧은 『믿음에 대하여』라는 책은 "나의 『무너지기 쉬운 절대성』9에 포함된 분석을, 대개는 자기비판의 정조를 띠고 늘여 놓은"10 일종의 반성으로 설명된다. 이 같은 간략한 언급의 배후에 있는 논리를 따라서, 그렇다면 나는 자기비판의 특수한 한 심급으로서 지젝의 작업 대부분을 통틀어 발생하는 것으로 보이는, 이를테면 실행the act에 대한 라캉적 관념의 극적인 재규정을 탐사해 보고자 한다.

라캉 자신은 물론 이 개념을 "정신분석학적 실행"에 관한 자신의 세미나에서 형식화하려 하였다. 이 세미나는 라캉이 알튀세르의 초대로 옮겨 온 윌름가 고등사범학교에서 1967년에 열렸으며, 예정된 기간이 끝나기 전에 아마 분명 적절하게, 혹은 증상적으로, 1968년 5월의 사건들로 인해 끝나 버리고 말았다. "제가 정신분석학적 실행을 소개하

8. Žižek, *The Ticklish Subject*, 396 [지젝, 『까다로운 주체』].
9. [옮긴이] Slavoj Žižek, *The Fragile Absolute : Or, why is the Christian Legacy Worth Fighting For?* (London : Verso, 2000) [슬라보예 지젝, 『무너지기 쉬운 절대성』, 김재영 옮김, 인간사랑, 2004].
10. Slavoj Žižek, *On Belief* (London : Routledge, 2001), 152 [슬라보예 지젝, 『믿음에 대하여』, 최생열 옮김, 동문선, 2007].

였던 사실은 잘 알려져 있습니다. 그리고 저는 5월의 격변이 저로 하여금 그 끝에 도달하지 못하도록 막았던 일이 우연은 아니었다고 여깁니다."[11] 다른 한편, 실행에 대한 이런 관념으로의 지젝의 회귀는, 무엇보다 일차적으로 실재[계] 개념에 대한 우리의 이해를, 상징화가 불가능한 것[상징계로 들어올 수 없는 것]이라는 이해에서, 무엇이 가능하며 무엇이 불가능한지를 애초에 규정하는 규준 자체를 변형시키는 것이라는 이해로 이동시키는 데 기여하였다. 여기에서 우리는 선형적으로 발전하는 단계들을 다루고 있다기보다, 내가 실행의 서로 다른 억양이라고 불러보고 싶은 것을 다루고 있다. 조르다노 브루노의 의기양양한 기쁨으로부터 블레즈 파스칼의 절망에 이르기까지, 무한[infinity]이라는 주제에 대한 서로 다른 억양들[intonations]에 관하여 호르헤 루이스 보르헤스가 다음과 같이 이야기할 때와 같은 의미이다. "그 피곤하고 힘들었던 세기[17세기]에, 루크레티우스의 육보격시[六步格詩]([『사물의 본성에 관하여』])에 영감을 주었던 절대적 공간, 브루노에게는 해방이었던 그 절대적 공간[12]이 파스칼에게

---

11. Jacques Lacan, "Radiophonie [무선통신]," *Autres écrits* [다른 에크리] (Paris : Seuil, 2001), 427.

12. [옮긴이] 브루노에 대한 보르헤스 자신의 서술을 옮기면 다음과 같다. 이는 본문에서 말하는 '무한'의 의미를 설명해 주기도 한다. "어떤 사람, 즉 조르다노 브루노 같은 사람이 보기에 창공에 균열이 있다는 사실은 일종의 해방이었다. 브루노는 〈성회 수요일 만찬〉에서 세계는 무한한 원인

는 미궁이며 심연이었다."13 이 해석의 원리에 따르면 몇 가지 비유의 다양한 억양의 역사야말로 보편사가 될 텐데, 이와 유사한 해석의 원리가 실행이라는 관념에도 적용되어야만 한다. 지젝 자신이 『믿음에 대하여』에서 쓰고 있는 내용이 ─ 나로서는 이런 글쓰기가 부분적으로 다시금 자기비판적이라고 주장하고 싶은데 ─ 다음과 같기 때문이다. "요컨대 우리는 '일어나는 일이 **불가능한 것**'impossible TO happen으로부터 '**불가능한 일이 일어난다**'the impossible HAPPENS는 쪽으로 넘어간다. 최종 해결을 끝까지 미루는 구조적 장애물이 받아들이기 가장 힘든 것이 아니라, 바로 이것이 받아들이기가 가장 힘든 것이다. 결국 '우리는 기적이 일어날 준비를 하는 법조차 잊어버리기에 이르렀다.' "14 결국에는, 이렇게 계속되는 실행에 대한 재정의에서 관건이 되는 것은 다른 게 아니라 바로 현상태를 근본적이고 정치적으로 변형시킬 가능성

의 무한한 결과이며, 하느님(divinity)은 가까이에 있는데 '왜냐하면 우리들 자신이 우리들 가운데 있다는 것보다 더욱 우리들 속에 있기 때문이다'고 밝혔다. 브루노는 사람들에게 코페르니쿠스적 공간을 설명해줄 말을 찾아냈다. 그리하여 널리 알려진 어느 페이지에 이렇게 썼다. '이제 우리는 우주가 만물의 중심이라고, 다시 말해서 우주의 중심은 도처에 있으며, 원주는 어느 곳에도 없다고 확실하게 주장할 수 있다.' "(호르헤 루이스 보르헤스, 「파스칼의 구(球)」, 『허구들』, 박병규 옮김, 녹진, 1992).

13. Jorge Luis Borges, "Pascal's Sphere," *Other Inquisitions, 1937~1952* [다른 연구들, 1937~1952], trans. Ruth L. C. Simms (Austin : University of Texas Press, 1993), 8 [보르헤스, 「파스칼의 구(球)」].

14. Žižek, *On Belief*, 84 [지젝, 『믿음에 대하여』].

이다. 이는 이전에야 지젝이 라클라우와 무프 같은 사람들과 잠깐 동안 공유했던 급진 민주주의라는 의제에 속한다고 여겨졌을 법한 진정한 실행이, 지젝의 최근 저술들에서는 왜 차츰 더 공산주의의 현실성과 연결되는지 그 이유를 설명해 준다.

게다가 그의 친구이자 동료인 알렌카 주판치치와 마찬가지로, 지젝 또한 "실행"에 대한 라캉의 관념과, 바디우가 라캉[의 논변]과 명시적으로 의견을 교환하며 다듬어낸 "사건"이라는 이념 사이에 완벽한 호환성은 아니더라도 밀접성이 존재한다고 주장한다. 이런 비교는 일련의 이차적인 질문들을 즉각 불러일으킨다. 하나의 실행이 실제로 처음에 불러일으키는 것은 무엇인가? 실행이 불러일으키는 것의 성질은 분석적이라고 규정되는가, 아니면 윤리적이거나, 또는 정치적이라고 규정되는가? 하나의 실행은 하나의 사건과 어떻게 유사하거나 또는 다른가? 실행과 사건에 관한 이 개념들이 공유하는 것은 무엇인가? 이런 개념들이 완전히 구별되어야 한다면, 이 개념들에 응답하는 주체의 형상들은 무엇인가? 이러한 실행들 혹은 사건들의 사례 내지 심급들을 어디에서 찾아야만 하는가?[15]

---

15. 최근에 들어서는 지젝의 작업에 관한 이차 문헌들이 기하급수적인 속도로 늘어나서 일차 자료의 증식을 거의 따라잡고 있다. 실행의 정의에 한정해서 보면, 가장 통찰력 있는 논급은 아래 문헌들에서 찾을 수 있다.

슬라보예 지젝의 사유에 초점을 맞춤으로써 실행에 대한 라캉 자신의 원래 관념의 재가공을 연구하는 일은, 우리가 이런 질문들 중 몇 가지에 대해 답을 하는 데 도움을 줄 것이다. 이 일은 또한 정신분석과 철학의 영역 및 공산주의 정치의 현실성과 관련된 우리 시대의 논쟁 와중에서 지젝의 담론이 차지하는 위치와 그 작용을 보다 체계적으로 설명하기를 선호하는 일반적 비평들이 [우리에게] 가하는 부담 중 일부를 덜어줄 수 있을 것이다. 결국 실행 없는 현실성이란 존재하지 않으며, 그 가능한 실행enactment의 조건에 대해 이해하지 않고서는 어떠한 공산주의도 존재하지 않는다. "경험적으로 공산주의는 오직 '일시에' 그리고 동시적으로 이루어지는 지배적인 민족들의 실행[Tat]으로서만 가능하며, 이것은 생산력과 그와 연결된 세계적 교류의 보편적 발전을 전제로 삼는다."고 맑스와 엥겔스 역시 『독일 이데올로기』에서 썼다. 그런데 이런 주장은 또 다른 실행, 우리가 이를 통해 세계를 다시 한번 단순하게 만들 수도 있는 아마도 선

Sarah Kay, "Politics, or, The Art of the Impossible [정치, 혹은 불가능성의 기술]," *Žižek : A Critical Introduction* [지젝 — 비판적 입문] (Cambridge : Polity, 2003), 128~57. Rex Butler, "What is an Act? [실행이란 무엇인가?]," in *Slavoj Žižek : Live Theory* [슬라보예 지젝 — 생생한 이론] (London : Continuum, 2005), 66~94. Johnston, *Žižek's Ontology*. 그리고 Molly Anne Rothenberg, "Žižek's Political Act [지젝의 정치적 실행]," in *The Excessive Subject : A New Theory of Social Change* [초과된 주체 — 사회 변화에 대한 새로운 이론] (Cambridge : Polity, 2010), 153~190.

차적인 실행을 전제한다. 맑스와 엥겔스가 쓰는 대로 "이것 16 없이 1) 공산주의는 단지 하나의 국지적 현상으로 실존할 뿐이다. 2) 교류의 위력 자체도 보편적인 것으로, 즉 견딜 수 없는 힘으로 발전할 수 없을 것이며, 미신에 둘러싸인 향토적 '허례'에 그칠 것이다. 3) 교류의 확장은 각각 국지적인 공산주의를 폐지시킬 것이다."17

환상을 횡단하기

지젝 작업의 초기 단계에서 실행을 규정하는 유용한 잠정적 정의를 찾으려면 『이데올로기의 숭고한 대상』을 참고할 수 있을 것이다. 여기에서 실행에 대한 정의는 단호하게 정치적이고 이데올로기적인 관점에서 개념을 해석하면서도, 또한 출판되지 않은 "정신분석학적 실행"에 관한 세미나에서 표현되었던 라캉 자신의 시각을 아주 엄격하게 유지하고 있다.

---

16. [옮긴이] 위의 인용문과 이 인용문은 바로 이어지는 문장을 둘로 나눈 것이다. 따라서 『독일 이데올로기』 원문의 맥락을 고려할 때, 이 인용문에서 가리키는 '이것'은 '보편적 생산력의 발전과 더불어 발전하는 사람들 사이의 보편적 교류'로 여겨진다.

17. Karl Marx and Friedrich Engels, *Die deutsche Ideologie*, in *Werke*, vol. 3 (Berlin : Dietz Verlag, 1962), 35. 영문판 *The German Ideology*, *Collected Works* (New York : International Publishers, 1976), vol. 5, 49 [맑스·엥겔스, 『독일 이데올로기 1』].

지젝이 보기에 이 첫 번째 억양에서 실행은 무엇보다 주체의 근본적 결핍, 상징적 질서 속의 근원적 간격이나 비일관성을 상정하는 일과 즉시 함께 이루어지는 자아 박탈을 수반한다. 이런 자아 결핍의 태도는 주체가, 환상이란 그저 핵심적 공백 ─ 주체 "바로 그것인" 균열이나 간격 ─ 을 메워내는 각본에 불과하다는 사실을 어떻게든 파악함으로써, 그 혹은 그녀의 근원적 환상을 횡단할 것을 주체에게 요청하는 데 그치지 않는다. 환상을 횡단하는 일뿐만 아니라 이를 넘어서, 분석이 종결될 때 출현하는 실행은 주체로 하여금 다른 게 아니라 바로 이와 같은 상징화 과정이 남긴 것들과 동화되기를 선택하게 만든다. 곧 [분석이 종결되고, 실행이 일어날 때] 주체는 실재의 편린의 장소를 차지하는 일을 선택할 수밖에 없으며, 이런 실재의 편린은 상징적 질서 자체의 핵심에서 비어 있음을 포기하지 않고 비어 있음을 대신하는 것이다. 라캉에 따르면, 분석이 이루어지는 상황에서 아둔한 향락으로 채워진 이 실재의 편린 역할은 실행이 과잉을 줄이기 위해 만들어내는 유일한 것이며, 분석가는 안다고 상정된 주체라는 전이의 환각을 피분석자가 뚫고 나가는 바로 그 순간[곧 분석이 종결되는 순간]에 이 아둔한 향락으로 채워진 실재의 편린 역할을 맡게 된다. 쓸모없는 멍텅구리로 축소되어가는 과정을 견디려는 이런 마음가짐이야말로 결국에는 분석가를 근대의 성자로 만든다.

그러나 지젝 자신은 보통 분석가로서 말하지 않으며, 그가 피분석자로 겪은 경험 역시 어떤 격식으로건 그가 자신의 작업을 일종의 교과서적 분석으로 제시하는 데 도움을 주지 않는다. 오히려 그가 임상적이지 않은 장소로부터 말한 결과, 초기에 [라캉과의] 유사성 가운데서 그는, 실행으로서의 실재의 위와 같은 결정적인 출현에 적합한 사례를 찾으면서 예술, 정치, 대중문화의 표면을 살피도록 거의 강제되는 것처럼도 여겨진다. 그리고 소포클레스 비극에 등장하는 안티고네야말로 수많은 다른 사례들 중에서도 이런 첫 번째 억양에서 실행의 비극적 여주인공으로 나타난다. 그녀가, 오빠에게 합당한 장례를 완강하게 고집하는 일이, 동시에 크레온 왕 치하의 법과 질서 체제를 지탱하는 야만적 동어반복을 폭로하고, 또 공포로 지배하는 초자아의 금지를 폭로한다는 의미에서, 안티고네는 실행의 주인공이다. 우리가 안티고네나 또는 라캉까지도 지젝 식의 첫 번째 의미의 실행에 해당하는 사례로 간주해야 하는지 아닌지는 그러나 당분간은 그다지 중요치 않다. 더 중요한 것은 실행이 어떻게 해서 분석 상황이라는 권역을 초월하여 이데올로기 비판에서 기초가 되는 과업과 동일해지는지에 주목하는 일이다. 요컨대 실행이란 갑작스런 시야 전환, 혹은 왜상歪像을 암시하며, 이로 인해 첫눈에는 의미구성과 질서에 대한 최고의 이데올로기적 보장으로 보였던 것이 돌연 외설적이고 전적으로 당찮은 말과 바보같은 향락으로 채워진 자신의 이면을 드러낸다. 이는 주체 혹은 [이데올로기를] 비판하는 쪽에 순수한 형식상의 전환을 실행하며, 이를 통하여 이전에 주체의 실패 내지 무능으로 간주되던 어떤 것은 갑작스레 전체 상징[계] 구조 그 자체의 객관적 불가능 혹은 균열을 표시하는 것으로 나타날 수 있다. "조금 전에 우리에게 경외를 자아내던 것이 이제는 약간 다르게 잔혹하고 위법적인 폭력의 과시에 터무니없는 협잡이 뒤섞인 것으로 경험된다." 지젝은 『부정적인 것과 함께 머물기』에서 더 나아가 설명한다. "그러므로 이런 이동이 얼마나 순수하게 상징적인 본성을 갖는지는 명확하다. 곧 이 이동은 사회적 현실에서의 변화를 가리키지도 않으며(사회적 현실에서, 권력의 균형은 똑같이 남아 있다), '심리학적' 변화를 지시하지도 않는다. 다만 사회적 결합 관계를 구성하는 상징계의 표면조직texture에서의 이동일 따름이다."[18]

그렇다면 한편으로 실행이란, 어떤 방식으로건 이미 발생해 버린 일에 대해 주체가 떠맡아야 한다고 여겨지는 책임과 연관된다. 이에 관해 지젝은 다음과 같이 쓴다. "'주체'는 정확히 이 '텅 빈 몸짓'을 가리키는 명칭이다. 이 '텅 빈 몸

---

18. Žižek, *Tarrying with the Negative*, 234~235 [지젝, 『부정적인 것과 함께 머물기』].

짓'은 실질적인 내용의 수준에서는 (이 수준에서 모든 것은 이미 일어나 버렸기에) 아무 것도 변화시키지 못하지만, 그럼에도 불구하고 '내용' 자체가 그 완전한 효과를 발휘하기 위해서는 [이 텅 빈 몸짓이] 추가되어야만 한다." 그는 또 덧붙이기를, "우리는 문자 그대로 이 '텅 빈 몸짓'이 큰 타자를 상정하며, 그것을 실존하게 만든다고 말할 수 있다. 이 몸짓을 구성하는 순수한 형식상의 전환이란 단순히 상징계로 진입하기 전의pre-symbolic 실재가 상징화된 현실로, 곧 기표의 그물망에 사로잡힌 실재로 전환되는 것이다. 달리 말해, 이 '텅 빈 몸짓'을 통하여 주체는 큰 타자의 실존을 자신의 전제로 삼는다."19 라캉의 초기 작업의 내용대로라면, 실행은 그러므로 상징화와 거의 동의어로 작용하는 것처럼 여겨질 수 있다. "이 동어반복적인 몸짓은 바로 다음과 같은 의미에서 '텅 비어' 있다. 이 몸짓이 어떤 새로운 것에도 이바지하지 않으며, 그저 문제 삼고 있는 사태가 이미 그 조건들 속에 현시되어 있다는 사실, 곧 이런 조건들의 총체는 사태의 현실성이라는 사실을, 이 몸짓이 소급적으로 확인시켜줄 따름이라는 의미에서 이것은 '텅 비어' 있다. 이와 같은 텅 빈 몸짓은 우리에게 상징적 실행에 대한 가장 기초적인 정의를 제공한다."20 다른

---

19. Žižek, *The Sublime Object of Ideology*, 221, 230 [지젝, 『이데올로기의 숭고한 대상』].
20. Žižek, *Tarrying with the Negative*, 148~149 [지젝, 『부정적인 것과 함께

한편 실행이란, 또한 상징적 기입의 몸짓에 불과한 단계 너머에 한 발짝을 내딛는다. 주체가 이미 주어진 것으로 여겨지는 일을 그 혹은 그녀 자신의 활동^{activity}이라고 정립하는 것으로는 충분하지 않다. 이와 같은 정립의 실행 역시 전제되어야 하며, 더 구체적으로 말하자면, 그것은 애초부터 가로막힌 것으로 전제되어야만 한다. 이 추가된 한 발짝은 안다고 상정된 갖은 주체의 입장으로부터 자기 자신을 풀려나게 만드는 급진적 경험과 관련된다. 그러므로 진정한 실행을 평가하기 위한 규준은, 경험의 외상적 중핵을 상징적 질서에 기입하는 일로서 해석이 성공하였는지를 판단하기 위한 척도를 넘어서서, 주체에게서 상징계의 보장이나 큰 타자의 보장에 의존하는 능력을 벗겨내어 버리는 필연적 실패라는 지반에 대한 가정까지도 포괄한다. "이 '결핍 상태'에서 관건이 되는 것은 정확히 **주체가 더 이상 스스로를 주체로 전제하지 않는다는 사실**이다. 또한 이['결핍 상태']를 성취함으로써, 주체가 말하자면 형식상으로 실행한 전환의 효과를 무효로 돌린다는 사실이 중요하다." 지젝은 『이데올로기의 숭고한 대상』의 끝에서 이처럼 결론을 내린다. "달리 말하면, 주체는 큰 타자의 실존이 아니라 비#실존을 가정하며, 또한 주체는 그 의미 없는 극도의 아둔함 가운데서 실재를 받아

_____

머물기』1.

들이고, 또한 주체는 실재와 실재의 상징화 사이의 간격을 열어 둔다."21

이처럼 간략하게 요약하는 것만으로도, 실행의 첫 번째 억양이 실재가 아주 잠깐 출현하는 데 있다는 점은 명확히 보일 것이다. 여기에서의 실재는 상징적 질서의 바깥 혹은 너머에 위치할 수 있는 모종의 숨겨진 실질적 영역이 아니다. 반대로 이 실재는 상징적 질서가 시작부터 유기적 통일체로 폐쇄되어 버리지 못하게 가로막는 본질적인 불가능이다. 지젝은 체계를 정리하기 위한 몇몇 설명 속에서, 이데올로기 비판의 종결은 마치 분석의 종결과 마찬가지로, 최종심급에서는 순수한 죽음 충동의 순환circulation에 지나지 않을 실재의 위와 같은 외상적 중핵을 가정하는 지점에 위치해야 한다고 시종일관 제안하면서, 실재와 실행 둘을 거의 동일시한다. 윤리적이거나 정치적인 실행은 (실행에 대한 이론의 이 지점에서, 윤리와 정치라는 두 측면이 상호적으로 연루되는데) 일종의 사라지는 매개로 작용한다. [윤리적이면서 정치적인 실행이] 우리의 이데올로기 구성체계의 비일관성을 잠시 드러낸 끝에, 실재와의 이 같은 아주 잠깐의 조우가, 사물들의 기존 질서 속으로 대개는 거의 즉각 다시 흡수

---

21. Žižek, *The Sublime Object of Ideology*, 230~231 [지젝, 『이데올로기의 숭고한 대상』].

되어 버리기가 얼마나 쉬운지를 보여줄 뿐이[라는 점에서 그러하다. 실행에 대한 첫 번째 이해의 관점에서 보면 — 인간 소외의 조건을 극복하는 일은 고사하고 — 상징적 질서의 실제적인 변형 자체가 어떤 경우라도 가능하지 않은 것처럼 보인다. 정신분석적으로 말하자면 향락으로 충만한 성관계의 불가능에 기입된 외상적인 사실, 정치적으로 말하자면 분명한 유기적 총체성을 띤 사회의 불가능에 기입된 외상적인 사실을 덮어 감추는 모든 이데올로기적 연막이 다시 설치되는 일 없는 변형이란 불가능하다. 그러므로 공산주의란, 이런 첫 번째 관점에서 보자면 모종의 다른 공간 내지 새로운 사회적 질서의 가능성에 대한 잘못된 믿음에 기초를 두고 있는 것으로 드러난다. "이와 같은 이해로부터 보면, 맑스의 가장 기초적인 실수는 새로우면서도 더 높은 질서(공산주의)가 가능하다는 결론을 내린 일이었다."[22]

불가능의 기술

그런데 이후 이어지는 작업에서 지젝은 실행에 대한 그의 정의를 참된 변화의 가능성에 대한 설명 쪽으로 극적

---

22. Žižek, *The Fragile Absolute*, 17 [지젝, 『무너지기 쉬운 절대성』].

으로 이동시킨다. 이는 또한 참됨, 선함, 가능, 또는 불가능에 대한 규정의 근본적인 변화여야 할 것이다. 그는 자신이 "진정한 실행"the act proper이라고 부르는 것을 신경증에서의 [증상으로 구현되는] **행동화**acting out, 정신병에서의 [발작적인] **실행으로의 이행**passage à l'acte, 그리고 순수하게 형식적인 자기주장에서의 **상징적 실행**symbolic act 같은 다른 양식들과 대립시키면서, 『믿음에 대하여』에서 다음과 같이 쓴다. "이 세 양식 모두와 대조적으로, 진정한 실행은 행위자가 속한 상황의 그야말로 상징적인 좌표를 재구축하는 유일한 실행이다. 곧 진정한 실행은 일종의 개입이며, 이런 개입 과정에서 행위자의 정체성 자체가 근본적으로 변화한다."[23] 틀림없이 이는 또 다른 실행이 아니라, 실행에 대한 것으로서 동일한 기저 관념을 다르게 제시하는 것이다. 상징[계]의 구조에 모종의 위태로운 일관성을 부여하는 유일한 것인 근본적 불가능을 선차적으로 가정하거나 인식하는 대신에, 또한 이런 불가능을 가장 완강하게 구현하는 실재의 증상적 조각과 그저 동일화되기는커녕, 이제 윤리적이거나 정치적인 진정한 실행의 주체는 그 혹은 그녀 자신이 속한 상황의 상징 구조 자체를 변형시키는 일이 가능한 것처럼 보인다. 이전에는 상징계의 법이, 본질적으로 새로운 모든 것의

---

23. Žižek, *On Belief*, 85 [지젝, 『믿음에 대하여』].

가능성을 배제하는 일에서 일종의 과잉결정하는 심급이라고 여겨졌던 그런 자리에서, 이제 기적적이게도 진정한 새로움이 실행의 새로운 억양 혹은 실행에 대한 도발적인 재규정 가운데서 출현할 수 있게 된다. 지젝은 『전체주의가 어쨌다구?』에서 일련의 부정적 진술들로 이루어진, 실행에 대한 다른 개념파악들과 거리를 둔다. 그런데 지젝의 이런 거리두기는 다시금 [그의] 자기비판으로 받아들이거나, 특정한 방식 ─ 저자인 지젝이 보기에는 그의 초기 작업에 기초했기 때문에 그를 오해하기에 이르렀다고 믿게 되는 방식 ─ 에 대한 비판으로 받아들일 때 가장 잘 이해되는 것이다. 이 책의 한 장에서 지젝은 다음과 같이 주장한다. "이제 사람들은 '현실 원칙'의 지배와 관련하여, 윤리적 실행 ─ 혹은 나아가 실행 그 자체 ─ 의 위치를 정확히 잡을 수 있다. 그러니까 윤리적 실행은 '현실 원칙 너머에' ('시류를 거스르다'는 의미에서, 곧 현실과 관련 없이 현실의 원인이 되는 사태 자체Cause-Thing에만 집중한다는 의미에서) 있는 것만이 아니다. 오히려 윤리적 실행은 '현실 원칙'이 상호조정되는 좌표co-ordinates 자체를 변화시키는 개입을 가리킨다." 달리 말하면, "실행이란 그저 '불가능을 행하는' 몸짓만이 아니라, 사회적 현실에 대한 개입이자 '가능'하다고 받아들여지는 것들이 상호조정되는 좌표 자체를 변화시키는 개입이다. 실행이란 '선the Good의 피안'에 있는 것만이 아니라, '선'으로 여겨지는 것을 재규정한다."[24]

위에서 언급한 장은 『전체주의가 어쨌다구?』의 핵심을 이루는데, 정확히는 「우울증과 실행」이라는 제목을 붙인 장에서 다시 한 번 지젝은 위와 같은 진정한 윤리적 실행에 완벽하게 들어맞는 사례를 찾는 데 아무 어려움도 겪지 않는 것처럼 보인다. 부수적으로 보자면 사례들이 이처럼 늘어나는 일은 그 자체만으로 흥미로운 문제이기는 하다. 만약 우리가 사회에 대한 단순한 관리, 혹은 정치적인 것에 대한 관리에 불과할 탈정치[라는 관념]으로 특징지어지는 무채색 어조의 세계 속에 살고 있다면, 어떻게 해서 이처럼 기적적으로 실행에 대한 용기를 북돋우는 심급들이 휩쓸고 넘쳐날 수 있게 되는가? 계속하여 사건의 희소성 혹은 간헐적인 정치를 고수하는 바디우나 랑시에르와는 달리, 또한 철학의 내부에서 정치의 표상불가능성에 대한 에스뽀지또의 단호한 주장과도 달리, 지젝은 진정한 실행에 대한 완벽한 예증을 지겨울 정도로 자유롭게 쌓아올린다. 하지만 이런 사례들을 자세히 살펴보는 일은 실행에 대한 이해에서 새롭고도 예상치 못한 측면을 밝혀준다. 실상 세 번째 억양은 상징적 기입이자 자아 박탈로서의 실행[의 첫 번째 억양]과, 불

---

24. Žižek, *Did Somebody Say Totalitarianism?*, 167 [지젝, 『전체주의가 어쨌다구?』].

가능을 가능케 만드는 실행[의 두 번째 억압] 사이를 중재하는 것인 양 자기 소리를 내기 시작한다.

먼저 안티고네[의 사례]는 우리를 되돌려 실행이란 완전히 큰 타자의 비#실존을 가정하는 것이라고 이해하는 길로 데려간다. 안티고네는 사회적 현실로 받아들여지는 것을 지배하는 여러 규칙을 잠깐 중단시킴으로써, 사회적 현실의 근본적인 불완전성을 납득하게 만든다. "실행이란 이와 같은 겹쳐 있는 불가능/한계를 받아들이는 일과 연관된다. 불가능/한계가 겹쳐 있다는 것은 다음과 같은 상황을 가리킨다. 비록 우리의 경험적 세계가 불완전하다 할지라도, 이것이 우리의 경험적 세계를 지탱하는 또 다른 '참된' 현실이 존재한다는 사실을 의미하는 것은 아니다. 또 비록 우리가 스스로를 우리의 현실에 완전히 통합시킬 수 없다 할지라도, 우리가 '참으로 편안할' 법한 큼직한 다른 곳Other Place 따위는 존재하지 않는다."25 우리는 불가능이라는 지배적인 어조로 되돌아가는 데 그치는 것만이 아니라, 불가능이라는 관점에서 보자면 우리 세계의 비일관성이나 불완전성을 넘어서려는 어떤 희망이건, 이데올로기적 환상으로, 우리 인간의 조건인 존재론적 결핍 상태를 대신하려는 미망으로 [간주하고서] 떨쳐버려야만 한다. 바로 이 지점에서

---

25. 같은 책, 175.

우리는 『이데올로기의 숭고한 대상』에서 죽음 충동이, 소외를 없애려는 모든 구식舊式의 실행에 대해 어느 정도나 극복불가능한 장애물로서 서술되었는지를 기억해내는 것이 좋겠다. "이런 관점에서 보자면 '죽음 충동'은 소외된 사회적 조건의 한 표현으로 축소될 수 없으며, 이 근본적인 부정의 차원은 인간 조건la condition humaine 그 자체를 규정한다. 그렇기에 죽음 충동의 해결은 존재하지 않으며, 이로부터 벗어나는 길도 없다. 오히려 우리가 해야만 할 것은 죽음 충동을 '극복'하거나 '지양'하는 일이 아니라, 이것을 받아들이려고 애쓰는 일, 곧 그 무시무시한 차원에서 이것을 인식하는 법을 안 이후에 이 본원적인 앎에 기초하여 죽음 충동과의 잠정적 타협modus vivendi을 분명히 표현해 보려고 하는 일이다."26 그러나 『전체주의가 어쨌다구?』의 「우울증과 실행」 장에서 안티고네를 불러낸 직후에 지젝은 또 교황의 사례를 가지고 실행의 관념을 예증한다. 교황은 낙태에 관한 원칙적 자세에서, 서구인들이 달라이 라마라는 인물에게서 찾을 수 있다고 믿는 자유주의적인 관용 및 방임과 대조를 이룬다. "이제 사람들은 어째서 달라이 라마가 우리의 자유방임적 시대에 훨씬 더 적절한지 이해할 수 있

---

26. Žižek, *The Sublime Object of Ideology*, 5 [지젝, 『이데올로기의 숭고한 대상』].

을 것이다. 그것은 달라이 라마가 우리에게 어떤 특정한 의무도 부과하지 않고 어렴풋하고 기분 좋은 유심론spiritual-ism을 제시하"기 때문이라고 지젝은 시사한다. "반면에 교황은 진정한 윤리적 태도를 취하기 위해서는 지불해야 할 대가가 있다는 사실을 우리에게 상기시킨다. 곧 교황이 '오랜 가치들'을 완고하게 고수하는 일, 우리 시대의 '현실주의적인' 태도들을 (강간당한 수녀의 사례에서처럼) 주장의 근거가 '확실해' 보일 때조차도 무시하는 일이야말로 교황을 진짜로 윤리적인 인물로 만드는 것이다."27 달리 말하자면, 정치적이거나 이데올로기적인 내용에 관계없이 이런 마지막 의미에서 실행을 규정하는 것은, 원리들에 대한 엄격한 충실성이다. 이렇게 보면 [전 국민 의료보험이라는 내용을 담은] 헬스케어에 관한 빌 클린턴의 자세는 낙태 혹은 피임에 관한 교황의 시각과 마찬가지로 윤리적인 진정한 실행의 좋은 사례가 될 수 있을 것이다.

원리에 대한 충실성

이런 점을 감안하여 『잃어버린 대의를 옹호하며』와 같

27. 같은 책, 182.

은 최근의 책들로 잠시 돌아가 보면, 우리는 실행에 대한 세 가지 억양들이 시차를 두고 시간 순서로 나타난 이후에는 논리적으로 말해 일관성을 띤 하나의 평면을 차지하고 있는 것으로 이해되어야만 한다는 사실을 발견하게 된다. 내적인 차이들을 계속 중시하면서도 이런 일관성을 지각하는 일은 독자로 하여금 겉보기에 극히 미세한 세부와 강조점의 이동에 주의할 것을 요구한다. 새로운 함의가 지속적으로 추가되는 것은 당연할 터이나, 언제나 개념상 완전히 같다는 명목으로만 추가된다. 달리 말하면 여기에서 우리는 지젝을 읽는 법을 배우기 위해서, 레오 스트라우스가 밀교密敎, esotericism라는 용어로 규정했던 것 같은 작문법[즉, 비의적 글쓰기]에서 중요한 교훈을 이끌어내야만 한다. "프로이트적 시야에서 보자면, 박해받는 환경에서 '작문법'art of writing의 핵심적 전략은 반복이다. 한 작가가 이전에 자신이 전개하였거나 혹은 고전 텍스트에서 가져왔던 내용을 명백히 단순하게 반복하거나 아니면 되풀이하여 요약할 때, 단서가 되는 것은 반복되는 내용 속에 나타나는 약간의, 거의 식별이 힘든 변화이다. 추가된 요소 하나, 빠진 요소 하나, 요소들의 뒤바뀐 순서가 요소들이 단서가 되는 것이다."[28] '과다하다'는 인상에 대한 조야한 심리학적 설명이 아

---

28. Slavoj Žižek, *Iraq : The Borrowed Kettle* (London : Verso, 2004), 169

니라 바로 이런 것이야말로, 실행이라는 주제에 대한 지젝의 관점 변화에 관계된 것까지를 포함하여, 지젝의 모든 글쓰기에 나타나는 반복이라는 지반을 이해하기 위한 열쇠라고 나는 믿는다.

예를 들어 실행에 대한 다음과 같은 정의를 살펴보자. "하나의 실행이 가진 참된 용기란 언제나 큰 타자의 비非실존을 받아들일 용기이다. 다시 말해, 현존하는 질서를 그 증상적인 매듭이 위치한 지점에서 공격할 용기이다."[29] 이 인용문의 앞 문장을 설명하기 위한 것으로 겉으로야 중립적인 언급처럼 보이는 뒤 문장에서, 실상 우리는 구조적인 불가능을 가정하거나 감수하는 것으로서의 실행이라는 관념으로부터 미끄러져서, 공격의 방식을 취하여 현상태에 변형을 불러일으키는 개입으로서의 실행이라는 관념으로 옮겨간다. 이와 동시에, 증상적인 매듭이 위치한 지점이라는 말을 명료하게 이해하는 과정에서, 우리가 참조하는 바탕은 넓게 보면 라캉적이라고 이해될 법한 시야에서 바디우의 사건 개념에 의해 지배되는 시야 쪽으로 이동하게 될 것이다. [바디우에게] 사건이란, 상황 전체의 증상에 해당하는 것이자 그

[슬라보예 지젝, 『이라크 ─ 빌려온 항아리』, 박대진·박제철·이성민 옮김, 도서출판b, 2004]. "어떻게 지젝을 읽을 것인가?"에 대한 흥미로운 길라잡이는 Butler, *Slavoj Žižek : Live Theory*, 12~17쪽에서도 찾을 수 있다.

29. Slavoj Žižek, *In Defense of Lost Causes* (London : Verso, 2009), 152 [슬라보예 지젝, 『잃어버린 대의를 옹호하며』, 박정수 옮김, 그린비, 2009].

자체가 해당 상황의 특정한 역사성에 집중하는 사건의 자리eventai site를 경유하여, 주어진 상황 가운데 사실로서 위치하고 있는 것이니 그렇다. 실상 실행을 이처럼 다시 정의하는 일과 관련되는 라캉으로부터 바디우로의 이동을 간파하기만 하면, 우리는 이미 인용문의 앞 문장에 사용된 용기라는 관념이 『존재와 사건』의 저자에게 많은 것을 빚지고 있다는 사실도 또한 이해하게 된다.

이와 같은 작지만 결정적인 시야 이동은 변치 않는 개념 장치라는 불가피한 겉모습 뒤에 감추어져 있다. 그렇다면 지젝은 이 시야 이동을 기초로 하여, 한편으로는 실행을 역사 외부의 절대화되고 기적적인 돌발의 자리에 올려놓고 있다는 점을 가지고 자신을 비난하는 비평가들에게 반론할 수 있을 것이다. 지젝은 스타브라카키스에 대한 충실한 논박에서 "이와 같은 실행은 그저 그 우연적 조건들에 뿌리내리고 있는 것만은 아니다. 그렇기에 동일한 몸짓이라 하더라도, 잘못된 순간(너무 이르거나 너무 늦은 순간)에 수행되는 경우에 그것은 하나의 실행이 될 수 없다."라고 반론한다. 하지만 다른 한편으로 이것이, 실행이 그것을 결정하는 조건들로 순수하고 단순하게 환원될 수 있다는 사실을 의미하는 것도 아니다. 반대로 하나의 실행은 정확히 큰 타자의 비#실존을 눈으로 볼 수 있게 만드는 틈새들 내부로부터 출현한다. "그렇다면 실행과 상황 사이의 연결 관계는 명료하다.

곧 실행들이란 상황에 의해 결정되기는커녕 (혹은 알지 못하는 외부로부터 상황에 개입하기는커녕), 한 상황 내의 존재론적 개방non-closure, 비일관성, 여러 간격으로 인해 가능하다."[30] 느리지만 확실하게 실행의 서로 다른 판본들은 서로가 서로를 지탱하고 상호작용하기 시작한다. 이 판본들은 마치 나선 모양으로 확장되면서 수축된다. 때로는 아무 것도 바뀌지 않은 듯 초기의 결론으로 되돌아가고 또 다른 때에는 완전히 새로운 요소를 줄곧 원래 개념의 부분이었던 것처럼 다룬다. 이렇게 우리는 하나의 실행이 상징적 질서 내의 간격들에 자리를 잡을 때, 오직 그래야만 실행은 정말로 현존하는 상황을 변형시킬 수 있다는 점에 주목하게 된다. 그러나 동시에 실행에 대한 가장 처음의 이해로 되돌아가 보면, 이런 간격들은 오로지 주체가 그 혹은 그녀의 본원적인 환상을 횡단하고 큰 타자의 비#실존을 상정할 때에만 보이게 된다. 그리고 최종적으로, 시간적 순서가 아니라 논리적인 순서로 보자면, 실행의 두 측면 혹은 두 계기를 매개하는 유일한 것은 그 모든 결과들에 관계없이 견지되는 원리들에 대한 굳건한 충실성으로 여겨진다. 진정한 실행을, 이 세 가지 억양 ― 불가능에 대한 가정, 불가능이 가진 가능성, 원리들에 대한 충실성 ― 이 엄격히 말해 중첩되는 운동이라

---

30. 같은 책, 309.

고 이해할 수 있는 그런 지점에 도달하는 일이야말로, 가장 어려운 작업이다.

지젝이 위에 이어 스타브라카키스의 논변들에 반론하는 책인 『이라크』에서 뽑은 다음의 단편적 문장들은 앞에서 언급한 바와 같이 서로 다른 실행에 대한 억양들을 한데 모으면서, 실행에 대한 이 억양들을 — 또 다른 자기비판 가운데, 혹은 최소한 비판적인 자기 해명 와중에 — 굳건하게 여겨지는 라캉이라는 권위로 시종일관 되돌려 놓는다.

라캉적인 의미의 "실행들"이야말로 불가능한 명령과 실제로 이루어지는 개입 사이의 간격을 위태롭게 만드는 바로 그것이다. 곧 실행들은 "이루어질 리가 없다."는 의미에서가 아니라, 있을 수 없는 일이 일어나버렸다는 의미에서 "불가능"이다. 이런 것 때문에 나는 안티고네가 흥미로웠다. 안티고네의 실행은 불가능한 〈공백〉에 대하여 간격을 유지하는 전략적인 개입이 아니라, 외려 불가능을 "절대적으로" 실행하는 경향을 띠기 때문이다. 나는 이와 같은 실행의 "유혹[과 위험]"을 잘 알고 있기는 하지만, 실행에 대한 라캉의 후기 판본들에 이 "정신 나간" 순간이, 전략적 개입을 넘어서 여전히 남아 있다고 주장한다. 바로 이런 의미에서 실행이라는 관념은, 스타브라카키스에 따르면 내가 간과하고 있다고 하는 "〈타자〉Other의 결여"에 모순되기만

하는 것이 아니다. 실행이라는 관념은 "〈타자〉의 결여"를 직접 전제하기도 한다. 그러니까 오로지 어떤 실행을 통해서만 나는 결과적으로 큰 타자의 비⁺실존을 가정하게 되는 것이다. 이는 곧 내가 불가능을, 말하자면 현존하는 사회적이고도 상징적인 질서가 상호조정되는 좌표 속에서는 불가능으로 나타나는 것을, 실행으로 옮긴다는 것을 말한다.[31]

우리는 이처럼 서로 다른 실행에 대한 여러 정의 사이에 엄격한 개념상의 경계선을 긋고 싶다는 유혹을 느낄 수도 있겠지만, 이런 접근 방식은 판명한 구별을 끊임없이 거부하는 지젝의 작업을 완전히 약화시킬 수도 있다. 내 생각에 지젝의 작업이 갖는 매력의 일부는 바로 다음과 같은 사실에서 비롯된다. 즉, 이 작업의 저자가 단일한 개념 내지 설명용어(윤리적인 진정한 실행이나 정치적인 진정한 실행 같은 항목), 혹은 단일한 이론의 체제(엄격하게 헤겔적인 변증법이나, 주체에 대한 진정으로 라캉적인 이해 같은 얼개)를 견지하면서도, 줄곧 이것들을 조정하거나 이것들의 약호를 변환하여 여기저기에 적용한다는 사실 바로 그것으로부터 우리에게 호소하는 바가 생겨난다. 하지만 미세한 변이형과

---

31. Žižek, *Iraq*, 80 [지젝, 『이라크』].

억양들이 무수하게 존재함에도 불구하고, 이 모든 것들은 최종 심급에서는 안정적인 범주에 묶여 있으며, 이 범주는 변화하지 않은 채 남을 것이라고 추정된다. 이와 같은 추정은 의식적인 방법론적 원리로 된다. 이런 의미에서 지젝이 셸링에 관하여 다음과 같이 쓴 내용은 그 자신의 작업에도 완벽하게 적용된다. "셸링은 흔히 동일한 용어들을 완전히 바꾸어 사용하기를 계속하며, 때로는 직접 대립되는 의미조차 사용한다." 그러나 실행을 관건으로 삼는 경우에는, 이와 같은 의미상의 여러 차이를 안다고 해서 이를 다원론에 대한 옹호와 혼동해서는 안 된다.

어느 정도 상위의, 더 "정신적인"spiritual 수준에서 사람들은 대개, 우리의 이론적 상상의 자유로운 유희라는 것이, 확고하게 자리 잡은 "교조적인" 개념상의 여러 제약 집합을 배경으로 해서만 가능하게 된다는 사실을 알아차리는 데 실패한다. 우리의 지성적 창의성은 오로지 [우리에게] 부과된 모종의 관념상의 틀이 제시하는 테두리 내에서만 "자유로워질" 수 있으며, 정확히 이런 관념상의 틀 안에서 우리는 "자유로이 움직일" 수 있게 된다. 그런 점에서 이 부과되는 틀의 결여는 필연적으로 참기 힘든 부담으로 경험된다. 틀이 전혀 부과되지 않을 때, 우리는 우리 자신이 속한 모든 특수한 경험적 상황에 어떻게 대응하면 좋

은가라는 문제에 끊임없이 집중해야 하기 때문이다.[32]

그렇다면 우리가 실행의 서로 다른 범주들을 낱낱이 고려하여 따로 두면 어떤 일이 일어날 것인가? 우리는 지나간 좋은 시절의 (유일한 실행이 존재하는 것이 아니라 서로 다른 실행들의 다수가 존재할 뿐이라는) 유명론적인 방식으로 사태는 상대적이라는 결론을 내리거나, 아니면 어떻든 모호한 사이비 변증법의 방식으로 사태는 자기모순이라는(서로 다른 실행들 사이에는 일종의 맹점, 곧 예기치 못한 양립불가능성 혹은 알아채지 못한 불일치가 존재한다는) 결론을 내리고 싶은 유혹에 빠질 수 있다. 하지만 여기에서 중요한 사실은, 모순 없는 교조적 중단 지점에 대한 지젝의 참조야말로 지젝 자신으로 하여금 위와 같이 일반화된 원근법적 관조와 단절할 수 있게 만들었다는 점이다. 이제 우리는 실행에 대한 대립적인 억양들을 갑작스레 동시적으로 이해할 수 있을 것이다. 또한 이제 우리는 여기에서 저기로 이동하면서도 근래의 아둔패기 작가보다 한 수 앞섰다는 자기만족의 우쭐거림에 결코 빠지지 않을 수 있게 될 것이다. 달리 말하면 교조적인 일관성에 대한 선언이야말로 체계를 한데 모아두는 것이자, 포스트근대의 상대주의라는

32. Žižek, *The Indivisible Remainder*, 40, 25 [지젝, 『나눌 수 없는 잔여』].

미끄러지기 쉬운 경사면을 회피할 수 있게 만드는 것이다. 헤겔 혹은 라캉에 대한 소위 교조적인 참조에 대해서도 마찬가지이다. 만약 우리가 이런[교조적인] 중단 지점들을 제거한다면, 지젝이 우리 시대의 사회적 질서에 대해 숙고한 결과물은 반쯤은 신문기사같고 반쯤은 개념적인 메모들을 휘갈겨 쓴 뒤범벅으로 무너져 내릴 것이다. 보다 중요하게는, [교조적인 중단 지점이 제거될 때] 지젝은 독자들의 예상을 혼란시키지 못할 수도 있으며 우리의 통례적 이데올로기 틀의 내적 이동이나 전치를 불러일으키지 못할 수도 있다. 이 경우에 그는 인간성에 대한 자유주의적이고 반어적인 일상 회화에, 다만 몇 마디 인상적인 어구들을 덧붙이는 것에 불과할 것이기 때문이다.

새로운 사회적 질서를 향하여

실행의 논리적 시간은 그러므로 괴상한 순환고리 혹은 선실행bootstrap 기제를 따르며, 이런 기제에 따라 하나의 개입은 이 개입을 우선적으로 가능하게 만드는 조건들을 소급적으로 변화시킨다. 지젝은 『잃어버린 대의를 옹호하며』에서 "진정한 실행이란 그 자신의 여러 조건에 묶인 채 이루어지는 하나의 상황에 대한 그저 전략적인 개입이 아니다.

진정한 실행은 소급적으로 자기 자신의 조건들을 생성한다."는 결론을 내린다. 동일한 책에서 더 확실하게 확장한 표현으로 이 뒤를 이으면 다음과 같다.

이것은 아마도 진짜 실행act이 무엇인가에 대한 가장 간단명료한 정의이다. 그리하여 진정한 실행은, 현실적인 운동이 그것의 작인이 되는 존재의 잠재적virtual이고 "초월론적인" 좌표 그 자체를 (소급적으로) 변화시키거나, 프로이트의 용어로 말하자면 우리 세계의 현실성을 변화시킬 뿐만 아니라 "그 지옥을 눈뜨게 한다."는 점에서 역설인 반면에, 일상적인 활동에서 우리는 결과적으로 우리 정체성의 (가상적이면서도 환상적인virtual-fantasmatic) 좌표를 따른다. 그러므로 우리는 일종의 재귀적인 "조건의 포개짐, 즉 [우리 앞에] 주어진 것의 조건이었던 것이 주어진 것 위로 다시 접힌 상태"를 갖게 된다. 다시 말해, 순수한 과거는 우리의 여러 실행을 위한 초월론적 조건이지만, 우리의 여러 실행은 현실적actual인 새 현실reality을 생성할 뿐만 아니라, 소급적으로 [과거라는] 이 조건 자체를 변화시키기도 한다.[33]

---

33. Žižek, *In Defense of Lost Causes*, 311, 315 [지젝, 『잃어버린 대의를 옹호하며』].

따라서 우리는 나날의 현실의 최소한의 일관성을 보장하는 상징[계]의 그물을 인식하고 단념하는 행위, 또는 인식하거나 단념하는 어느 한쪽의 행위가 아니라, 새로운 현실의 창조로서의 실행이라는 관념을 근본적으로 고쳐 만들어 내기에 이른다. 사라지는 행위로서 실재가 흘깃 출현하는 상태 대신에 우리가 얻게 되는 것은, 실행 이전에는 힘에 겨운 불가능으로 나타나던 것을 가능하게 만들고 이것에 지속적인 일관성을 부여하는 일을 맡는 그런 실행이다. 마지막으로, 하나의 실행은 그 과정에서 점차로 순수하게 윤리적인 영역보다는 정치적 해방의 실행과 동일한 의미를 띠는 말이 되어 가는데, 이 실행의 진정성과 배신 양쪽 모두를 가늠하거나 둘 중 하나를 가늠하기 위한 규준은 모종의 외상적 경험을 상징적으로 기입하는 일에 국한되는 것도 아니며, 실재와의 만남이라는 숭고에 한정되는 것도 아니다. 지젝은 「공산주의적 가설」에서 다음과 같이 쓴다. "이와는 반대로, 모든 급진적 해방 운동에 대한 핵심적인 검증 방법은 그것이 **실천력을 잃은 채**practico-inert 규격화된 실천들, 투쟁의 백열이 끝나 버리고 사람들이 나날의 생업으로 돌아가기만 하면 우위를 점하게 되는 힘 **빠진** 실천들을 일상적 기초에서 어느 정도나 변형시키느냐에 있다." 나로서는 그가 또 한 번 부분적인 자기비판 가운데서 쓰고 있다고 주장하고 싶기는 하다. "혁명의 성공은 그 황홀한 순간의 숭고한 외경심에 의해 평가되어서는 안 된다. 혁명의 성공은 커다란 사건이 일상적 나날의 수준, 반란이 끝난 다음 날의 수준에서 남겨 놓은 변화들에 의해 평가되어야만 한다."[34]

실행이라는 관념의 약호를 이처럼 조금씩 변환하는 일의 가장 중요한 효과 중 하나는 지젝의 이데올로기 비판에서 공산주의의 위치에 대한 평가의 변화와 확실히 관련된다. 실행에 대한 첫 번째 억양에서 공산주의는 상위의 또 다른 사회적 질서의 실존을 가정한 맑스의 기초적인 실수에서 가장 핵심적인 부분으로 판단되었다. 무엇보다 맑스의 실수는 그저 수많은 족쇄로서 자본주의적 생산에 내재하는 여러 장애물을 제거함으로써 따라나오는 질서의 실존을 가정한 데에 있었다. 지젝은 이제, 우리가 사변적 좌익주의라고 불렀던 것이 짧은 기간 동안 호소했던 것을 넘어서 새로운 질서를 현실적으로 추동하는 일이야말로 공산주의의 과업이라고 간주한다. "이로부터 끌려 나와야 할 예기치 못한 결론이 있다. 곧 (바디우는 이 점을 계속 반복해서 강조하는데) 참된 〈사건〉이 단지 부정적인 몸짓에 지나지 않는 것이 아니라 〈새로운 것〉의 긍정적인 차원을 열어젖히는 한, 하나의 〈사건〉은 새로운 세계를 도입한 것이며, 새로

---

34. Slavoj Žižek, "The Communist Hypothesis," *First as Tragedy, Then as Farce*, 154 [지젝, 「공산주의적 가설」, 『처음에는 비극으로, 다음에는 희극으로』].

운 주인 기표를 (곧 바디우가 말하는 것처럼 새로운 〈명명〉 命名을, 또는 라캉이 "새로운 기표에 대한 지향"vers un nouveau signifiant이라 불렀던 것을) 도입한 것이다. 참된 사건적 변화는 옛 세계에서 새로운 세계로 건너가는 이행이다."[35] 이전에는 현상태의 이데올로기적 일관성을 실재의 어떤 지점이 가지는 근본적 부정성의 이름으로 분쇄해야만 했던 자리에서, 오늘날 정치의 임무는 공산주의라는 이름으로 세계를 단순화하고 질서를 부여할 지속적 가능성을 갖고서 전 지구적 자본주의의 끊임없는 유동에 대하여 반격하는 것이어야만 한다. 〈다른 공간〉의 실존에 대한 가설이나 (라캉의 가르침에도 불구하고) 〈타자에 대한 타자〉an Other of the Other에 대한 가설조차도, 이제는 순전한 이데올로기적 환상으로서 배척되어서는 안 된다. 왜냐하면 "실행의 관념에 단념의 필연성이 내재한다고 해서, 모든 유토피아적 상상이, 그것에 내재하는 위반의 함정에 사로잡히게 된다는 사실을 이런 단념의 필연성이 의미하는 것은 결단코 아니라는 점 또한 명확해야할 것"이기 때문이다. 그리하여, "제약된 사회적 현실 속에서의 삶을 견딜 수 있게 만들어 주는 환상적 〈타자성〉Otherness을 우리가 포기할 때, 우리는 이제 사회적

---

35. Žižek, *In Defense of Lost Causes*, 397 [지젝, 『잃어버린 대의를 옹호하며』].

현실에 붙어 있는 환상적인 부가물이라는 이유로 떨쳐버리지 않아도 되는 〈다른 공간〉을 일별하게 된다."[36]

우리 시대 정치철학에서의 존재론적 회귀에 대한 연구가 우리에게 무엇인가 가르쳐주는 것이 있다면, 그것은 유동, 차이, 그리고 생성이라는 것이 — 안정성, 동일성, 그리고 존재에 대한 지배적 이데올로기를 뒤집은 답변이기는커녕 — 후기 자본주의의 기저에 놓인 동일성이 겉으로 드러날 때 자연히 발생하는 형식이라는 점이다. "우리가 공산주의의 이념을 다시 현실화하기를 원한다면, 자본주의에 초점을 맞추는 일이 무엇보다 중대한 이유는 바로 이것이다. 곧 우리 시대의 '자기 세계를 갖지 않는'world-less 자본주의는 공산주의적 투쟁의 좌표 자체를 근본적으로 바꾼다. 그리하여 적은 더 이상 그 증상적 뒤틀림의 지점에서부터 허물어뜨려야 할 [고정적인] 상태가 아니라, 영속적으로 자기 내에서 혁명을 일으키는 일종의 유동이다." 지젝은 『처음에는 비극으로, 다음에는 희극으로』에서 우리에게 경고한다. "오히려 나의 제안은 이것이다. 오늘날의 전지구적 자본주의가, 바로 그것이 '자기 세계를 갖지 않는' 한에서, 모든 고정된 질서들에 대한 끊임없는 파괴를 수반하는 와중에, 혁명을 위한 공간을 열어젖힌다면 어쩔 것인가? 혁명과 혁명의 재기입이 반복되는

---

36. Žižek, *The Fragile Absolute*, 158 [지젝, 『무너지기 쉬운 절대성』].

악순환을 부숴버릴 그런 혁명, 달리 말해, 정상성으로의 귀환이 뒤따르는 사건적 폭발이라는 정형화된 양식을 따르지 않고 대신에 전지구적 자본주의의 무질서에 대항하는 새로운 "질서 형성"이라는 임무를 상정하게 될 그런 혁명을 위한 공간을 연다면 어쩔 것인가? 우리는 봉기로부터 빠져나와, 새로운 질서를 강요하는 쪽으로 부끄러움 없이 넘어가야만 한다."[37] 봉기와 논전의 짧고 간헐적인 스펙타클은, 랑시에르가 말하는 불화의 정치에 대해서 지젝이 인지하는 방식처럼, 손쉽게 격리되거나 흡수되어 버릴 수 있기 때문에 종국적으로는 진정한 정치적 실행의 임무 역시 어딘가 다른 데에 놓일 수 있다. 그러므로 "참된 과업은 기왕의 '치안' 질서를 약화시키는 찰나적인 민주주의의 폭발 가운데 있는 것이 아니라, 바디우가 '사건'에 대한 '충실성'의 차원이라고 지적하는 그런 차원에 놓여 있다. 민주주의의 폭발을 긍정적인 '치안' 질서로 번역하여/거기에 기입하며, 사회적 현실에 지속적 질서를 새로이 도입하는 차원에 놓여 있는 것이다."[38]

---

37. Žižek, "The Communist Hypothesis," 130 [지젝, 「공산주의적 가설」, 『처음에는 비극으로, 다음에는 희극으로』].

38. Žižek, *In Defense of Lost Causes*, 418~419 [지젝, 『잃어버린 대의를 옹호하며』].

실행 이전의 실행

그러나 이렇다고 해서, 진정한 정치적 실행을 새로운 사회적 질서의 강요와 결부시키는 것이 이 주제에 대한 지젝의 최종 발언이라고 이해해서는 안 된다. 우리는 아직 실행에 대한 네 번째 이해 방식, 곧 나머지 이해 방식보다 더 원천적이기 때문에 언제나 더 많이 의지하게 되는 이해 방식을 고찰해야 하기 때문이다. 이것은 최초의 원原실행arch-act이라 일컬을 수 있는 것으로서, 현실의 발생 혹은 주체의 탄생과 관련된다. 다시 말해 이것은 이러저러하게 이미 구성된 주체의 실행이 아니라, 자기의식과 주체성 그 자체를 구성하는 요소인 무의식적 실행이다. 가장 높은 수준의 사변에서 이 실행은, 전형적인 철학의 – 혹은 신학의 – 문제, 이를테면, 순수하고 불확정한 혼돈으로부터 질서정연한 우주cosmos가 창조되는 것처럼, 무로부터 무엇인가 탄생한다는 문제에 대한 답이 기묘하게 반복되는 것으로 나타나게 될 것이다.

실행 개념에서 이처럼 부가적으로 주안점이 이동하는 일과 관련되는 맥락은 부분적으로는 철학적이며 부분적으로는 정치적이다. 한편으로 [철학적 맥락에서] 지젝은, 적당한 자기비판을 보통의 오도된 개념파악에 대한 비판으로 제시하는 버릇을 버리지 않고서, 그가 "라캉을 두드러지게 '철학적'으로 읽어내는 일"이라고 지칭하는 것을 교정하기를 원한다. 이런 독해 방식은 "'거세'에 대한 잘못된 한 편의 시와 같은 모든 것, 희생과 단념이라는 모종의 시원적인 실행에 대한 시, 불가능으로서의 향략jouissance에 대한 시로 이어지며, 정신분석 치료의 종결에서 피분석자는 상징적 거세를 사실로 가정해야만 하고, 기초적이며 구성적인 상실 혹은 결여를 받아들여야만 한다는 관념 등등으로 이어지게 된다."[39] 지젝은 충분히 주의 깊게, 단순히 오독이라고 치부해 버릴 일이 아니라, 라캉의 이론에는 위와 같은 방향으로 향하는 지반들이 눈에 띄게 수도 없이 존재한다는 사실을 인정한다. 그리고 나는 여기에 일종의 "결여의 영웅적 행위"를 포함하여, 지젝 자신의 이론에서도 이는 마찬가지라는 점을 덧붙이고 싶다. 이 경우 "결여의 영웅적 행위"는 안티고네의 비극적 숭고라는 사례를 토대로 예증되거나 공격당할 수 있다. 하지만 그는 또한 이것이 "라캉에 대한 일종의 '관념론적' 왜곡"이라는 주장을 고집하는데, 이 왜곡은 또 한번 헤겔보다는 칸트에 더 가깝다. "그 배후에 잠복해 있는 것은, 물론 구성적인 측면과 규제적인 측면에 대한 칸트의 구별이다. 칸트에게 사태 자체the Thing는 (예를 들어, 자유는) 규제적 이념으로 남아 있어야만 한다. 그리고 이것을 완전히 실

---

39. Žižek, *The Indivisible Remainder*, 93 [지젝, 『나눌 수 없는 잔여』].

현하려는 어떠한 시도건 다만 가장 두려운 폭압적 독재로 이어질 수 있다. (자코뱅의 혁명적 공포정치에 나타나는 프랑스 혁명의 도착倒錯에 대한 칸트 비판의 윤곽을 여기에서 포착하기는 어렵지 않다.)"[40] 철학적으로는, 이런 독해의 관념론을 제거하는 일은 유한finitude의 분석론에 대한 대안을 찾는 일을 의미한다. 이런 유한의 분석론은 (형식적이고도 초월론적이기 때문에) 뛰어넘을 수 없는 [현존재의] 던져져 있음과 죄의식의 지평을 동반한다. 이것은 칸트에서 하이데 거를 거쳐 (초기의) 라캉에 이르기까지에서 교조적인 공통 문구가 되어 왔으며, 그리고 오늘날에 이르기까지 아마 지 젝 자신의 작업에도 끈질기게 남아 있다고 말할 수 있는 기본 요소가 되어 왔다.[41]

다른 한편으로, 정치적인 맥락에서 보자면 [지젝의] 비판은, 짧은 시간의 외상적 마주침과 전복의 몸짓 가운데 그저 번쩍 타오르고 마는 실재의 순수한 폭발로부터 우리를 멀어지게 하려 한다. 물론 이데올로기 비판에 대한 지젝 자신의 관념은 종종 권력의 덧없음, 상징적 질서의 비非실존 등을 순간 볼 수 있게 만드는 일에 스스로를 한정한다. 그러나

---

40. 같은 책, 96~97.
41. 나의 글 "The Jargon of Finitude, or, Materialism Today [유한성의 은어, 혹은 오늘날의 유물론]," *Radical Philosophy* 155 (2009) : 41~47쪽을 참조할 것.

이제, 그가 쓰기를 "어쩌면 〈타자〉를 '전복시키거나', '허물어 뜨리기' 위한 수단과 방법에 대한 옛날 좌파의 강박을 뒤에 두고 가야 할 순간이 왔다. 그리고 반대되는 질문, 즉 에르네스토 라클라우를 따라 우리가 〈체제〉의 질서형성'ordering of the Order이라 일컬을 수 있는 것으로서, 현존하는 질서를 어떻게 허물어뜨릴 수 있는가가 아니라, 애초에 무질서로부터 어떻게 해서 하나의 〈체제〉가 발생하는가라는 질문에 집중할 때가 왔다."[42] 무질서로부터 만들어지는 질서의 원천에 관한 이런 일차적인 질문만이, 결과적으로 우리로 하여금 새로운 질서의 강제적 실시를 마음속에 그려볼 수 있게 만들어 줄 것이다. 지젝은 이런 문제구성을 정신분석에서만이 아니라 정치에서도 그가 "사후의 아침"이라 부르는 표제를 달고서 주제로 삼는다. 그런데 이 "사후의 아침"에 대해서는 (칸트적이고 하이데거적이며 초기 라캉적인) 유한과 결여에 대

---

42. Žižek, *The Indivisible Remainder*, 3 [지젝, 『나눌 수 없는 잔여』]. 지젝은 질서의 존재(being)와 질서의 탄생 혹은 생성(becoming) 사이의 구별이라는 점에서 라클라우에게 의지할 뿐만 아니라, 또한 이 구별을 우리가 앞서 1장에서 논의했던 소위 정치 간의 차이와 비교하기도 한다. "정치 이론에서, 프랑스어에서 나타나는 'le politique'(정치적인 것)와 'la politique'(정치[정책]) 사이의 구별은 구조적으로 동일한 역할을 수행한다. 즉, '정치적인 것'은 정치적 질서가 생성되는 ('질서를 형성하는') 과정, 정치적 질서의 '창안', 정치적 질서가 발생하는 운동을 지칭하며, 반면에 '정치[정책]'은 사회적 존재로 구성되는 영역을 가리킨다."(Žižek, *The Indivisible Remainder*, 84, n. 36 [지젝, 『나눌 수 없는 잔여』]).

한 분석론도, (스피노자적이고 니체적이며 들뢰즈적인) 욕망과 풍부함의 생기론vitalism도 만족스러운 해결책을 제공할 수 없다. "여기에서 관건은 아마도 철학의 모든 질문 중 가장 근본적인 것이다." 지젝은 묻는다. "**욕망과 충동**이라는, **결여와 긍정**positivity이라는 대안은 — 한편으로 결여의 부정적 존재론이나 인간의 구성적인 '탈구된 상태' 등의 여러 제약 속에 남아 있는 일과, 다른 한편으로 자신의 대상을 영원토록 의욕하는 의지의 영겁회귀로서 충동의 순수한 긍정을 따르는 일 사이의 대안은 — 과연 우리의 삶에 대한 참으로 최종적이고 피할 길 없는 대안인 것인가?" 이 물음에 대한 그의 대답은, 아마도 지젝의 전체 작업에서 합리적 핵심을 이룰 법한 것이자, 나머지 모두는 다만 이 알맹이를 둘러싼 신비주의적이거나 대중문화적인 껍데기에 그치고 말 것을 요약하여 보여 준다. 곧 독일 관념론에서 찾을 수 있는, 매개하는 제3의 선택지가 실은 존재한다는 것이다.

우리의 전제는, 당연하게도, 독일 관념론의 기초작업 Grundoperation이 제3항의 존재tertium datur를 가리킨다는 것이며, 또한 더 나아가, 오직 이와 같은 제3의 입장만이 우리로 하여금 "사후의 아침"의 핵심적 문제와 마주칠 수 있게 만들어 준다는 것이다. "사후의 아침"이 제기하는 핵심적 문제란, 치료가 끝나게 되면, 그러니까 정신분석 치료가 종결되는 그 순간이 아니라 치료가 끝나고 난 그 후에, 대체 무슨 일이 일어나는가라는 것이다. 달리 말해 보자. 실재의 자격을 띤 실행의 도움으로 큰 타자를 중단시키는 일, 순간적인 섬광 가운데 "큰 타자의 비非실존"을 경험하는 일은 쉽다. 하지만 우리가 환상을 횡단해 버리고 난 이후에 우리는 무엇을 행하는가? 어떤 종류의 큰 타자에 다시 의존하게 되는 것은 필연이 아닌가? 어떻게 하면 큰 타자의 비非실존에 대한 경험, 실재의 자격을 띤 실행에 대한 경험이 단지 두 개의 〈체제〉Orders 사이에서 일순간에 "사라지는 매개"일 뿐이며, 그저 열광적인 중간 계기로서 큰 타자의 지배 가운데로 다시 냉정하게 빠져들게 되는 것이 필연이라는 고통스러운 결론을 회피할 수 있는가? 정치의 영역에서 이에 대응하는 짝은 체념한 듯 조심스러운 혁명에 대한 관념으로서, 이 관념의 내용인즉슨 혁명이 해방의 이행적인 계기이자 사회적 권위의 중단이며, 불가피하게 훨씬 더 억압적인 권력의 격렬한 반동을 일으킨다는 것이다.[43]

그러나, 또 다른 기묘한 순환고리 속에서, 사후의 아침에 대한 질문은 오직 고도로 사변적인 방식으로 인류사 최

---

43. Žižek, *The Indivisible Remainder*, 133 [지젝, 『나눌 수 없는 잔여』].

고최古의 여명기 및 세계 그 자체의 기원에 이르기까지 되돌아가면서, 답이 될 것을 찾는다. 따라서 현재의 지평을 넘어서는 새로운 긍정적 질서를 그려보는 일은, 우리로 하여금 무질서로부터 질서가 발생되던 순간을 파악하기 위해 한 걸음 뒤로 물러서기를 요구한다. "결국에, 여기에서 대안은 관념론과 유물론 사이에 있다. '큰 타자'(관념적[이상적]인 상징적 질서)는 언제나 이미 일종의 넘어설 수 없는 지평으로 여기 있는가? 그게 아니라면 우연한 물질적 특이성들이 흩어져 이루어진 '비非전체의' 그물망으로부터 상징적 질서의 '발생'을 전개시키는 일이 가능한가?" 지젝은 이렇게 묻고 나서 스스로의 질문에 긍정으로 답한다. "답은 확실히 '그렇다'이다. 이는 가장 근본적인 지점에 있는 창조에 대한 관념, 다시 말해 '무로부터의 창조'creatio ex nihilo라는 관념에 대한 라캉의 예상 밖의 증명 가운데 담겨 있다. 상징[계] 구조의 한가운데서 사물 자체의 공백에 연관됨으로써, 주체는 자신이 거주하는 상징[계] 공간을 '구부릴' 수 있으며, 그에 따라 그/그녀의 욕망을 특질에 맞게 규정할 수 있다."[44] 순수한 욕망의 결여이거나 순수한 충동의 긍정 그 어느 쪽의 대안으로도 제한되지 않은 채 새로운 질서를 열어젖힐 수 있는 실행, 즉 변형을 만들어 내는 실행이 가능하다는 자신의 믿음을

---

44. 같은 책, 107~108, 146.

정당화하기 위해서, 지젝은 요컨대 무질서로부터 질서를 야기하는 원천적인 실행, 또한 언제나 이미 현상태의 여러 제약과 단절하는 원천적인 실행에 대한 질문을 제기한다.

지젝이 신화적이고 신지학神智學적인 몽매주의의 함정에 빠질지도 모를 계속되는 위험을 감수하면서도, 이처럼 시작하는 순간으로 물러서는 일에서 참조하는 핵심 지점은 셸링이 제기한 원천적인 결정의 실행, 혹은 원천적인 분리의 실행이다. "셸링의 '유물론적인' 기여는, 참된 시작은 시작에 있지 않다는 명제로 거칠게 정리될 법한 그의 기초적 주장이 가장 잘 요약해서 보여 준다. 즉, 〈시작〉Beginning 그 자체에 선행하는 어떤 것이 존재한다는 것이다. 이는 일종의 회전 운동이며, 이 회전 운동의 악순환은 고르디우스의 매듭을 끊어버리는 일과도 유사한 어떤 몸짓 가운데서 깨져 버린다. 진정한 〈시작〉, 다시 말해 결정의 시원적인 실행에 의해서."45 시간 순으로만 보는 것이 아니라 논리적인 순서로 보자면, 이 실행은 변형과 자기결정의 어떤 구체적인 실행act 혹은 활동activity 전부보다도 먼저 전제되어야만 한다. 그러므로 이 실행은 아마 맑스가 초기에 『1844년의 경제학 철학 수고』를 통해 공산주의를 정의하면서 자기활성화self-activation 혹은 자기활동self-activity의 집단적 실행이라 일컬었던 것보다도 선차

---

45. 같은 책, 13.

적일 것이며, 이뿐만 아니라 『이데올로기의 숭고한 대상』이 래로 지젝 자신이 내세운 실행에 대한 개념들 전체보다도 선차적이며 그보다 더 근본적인 것으로 간주될 수 있다. 이 실행은 상징적 기입으로서의 실행이라는 개념이건, 아니면 원리들에 대한 이데올로기적 충실성으로서의 실행이라는 개념이건, 더 나아가 불가능을 가능케 하는 것으로서의 실행이라는 개념이건, 이 모든 실행들보다 더 근본적이다.

달리 말하자면, 이 네 번째 억양은 우리의 관심을 "실행 이전의 실행"의 현존으로 이끈다. 이로써 우리는 주체가 애초에 바로 그 혹은 그녀가 되는, "실행 이전의 실행"의 현존에 주목하게 되는 것이다. 지젝은 "요컨대 실재의 실행은 (특수하고도-사실상의) 활동에 선행하며, 또한 실재의 실행이란 사후에 우리의 (특수한, 사실상의) 실행이 기입될 우리의 상징[계]적 우주를 그 이전에 재구축하는 일에 있다."고 쓴다. "주체는 '실행 이전의 실행'이라는 수단을 통해 그의 활동의 전제 바로 그것을 정립하며, 이 '실행 이전의 실행'은 엄격하게 형식적인 본성을 띤다. 또한 이것은 순수하게 형식적인 '전환'conversion으로서 현실을 변형시켜 우리 활동의 결과로 인지되는, 즉 우리 행위의 결과로 상정되는 무언가로 만든다."[46] 선악의 선택에서처럼, 이 결정은 "일종의 무시간적

---

46. Žižek, *The Sublime Object of Ideology*, 216, 218 [지젝, 『이데올로기의

이고 선험적이며 초월론적인 실행"으로 파악되어야만 한다. 곧 "시간 속의 현실에서는 **결코 일어났던 적이 없지만**, 그럼에도 불구하고 주체가 발전하는 틀 자체를 구성하고, 주체의 실천적 활동의 바탕 자체를 구성한다."[47] 실행을 이처럼 이해하는 양상은 『나눌 수 없는 잔여』 같은 1990년대 중후반 지젝의 여러 저작에서 지배적으로 나타나며, 그러면서도 바로 전에 『이데올로기의 숭고한 대상』에서 구절 하나를 인용하였다시피 이른 시기에 이미 제시되었을 뿐만 아니라, 초기 저작 이후에 이 말을 끌어내어 사용하는 모든 경우에도 지속적으로 그 그림자를 드리워 왔다. 실행을 이처럼 이해할 때 실행은 유사 신화적인 시원성과 부정성의 측면으로 물들게 되며, 이런 시원성과 부정성은, 비교하여 예를 들어 생각하자면 사건에 대한 바디우의 이해와 붙어 다니는 것으로 여겨지는, 순진하다는 ─ 더 나쁘게 말하자면 순전한 비非사유 non-thought라는 ─ 추정에 맞서서 급진주의를 보장해 주는 역할을 맡게 된다.

[이상의 논의로부터] 실제로 도출될 첫 번째 결론은 지금 우리가 실행에 대한 서로 다른 억양이나 서로 다른 계기들을 다루고 있을 뿐만 아니라, 실행에 대한 하나의 같은 개념

숭고한 대상』1.
47. 같은 책, 166~167, 219~220.

을 서로 다른 여러 수준에 적용하는 일을 다루고 있기도 하다는 것이다. 무질서로부터 질서를 응축하고 팽창시키는 신의 자기분열self-sundering이라는 우주적인 실행이 존재하지만, 이것뿐만 아니라 특정하게는 인간의 주체성을 발생시키는 실행도 존재한다. 그리고 인간의 주체성을 발생시키는 실행은 이제 우리가 개체발생적인 것을 다루고 있는지 아니면 계통발생적인 것을 다루고 있는지에 따라 나뉘어야 한다. 다시 말해 [이 실행은] 개별적인 주체를 상징적 질서에 집어넣는 일을 다루고 있는지, 아니면 프로이트가 『토템과 타부』 및 『모세와 유일신교』에서 시원적인 부친 살해에 관해 전개하였던 몇 가지 건립신화에서처럼 인류라는 종 전체에 해당되는 상징적 질서 그 자체의 탄생을 다루고 있는지에 따라 나뉘어야만 하는 것이다. 더 나아가 우리는 이런 실행이 우연적인 여러 개입과 관련되지 않는지를, 다시 말해 개별적이거나 집단적인 주체가 때때로 ― 드물거나 간헐적으로 ― 자신이 속한 실존하는 상징[계] 구조의 좌표 자체를 겨우 바꿀 수 있게 만들어 주는 그런 우연적인 여러 개입과 또한 관련되지 않는지를 물어야만 한다. 최종적으로, 이 실행이 작동하는 서로 다른 수준들을 분명하게 구별하는 일에 더해서, 우리는 또 이 수준들 사이에서 어떤 종류의 관계가 정립되어야만 하는지를 물어야 한다. 이 질문에 대한 지젝의 답변은 근본적으로는 반복의 원리와 연관되는 것으로 여겨진다.

예를 들어 개체발생의 수준에서 하나의 주체를 탄생시키거나 상징적 질서 속에 던져 넣는 그런 실행은, 우주적인 수준에서 시원적으로 응축하고 팽창하는 신의 자기분열 경험을 반복할 수 있다. 이와 유사하게, 구성됨을 이미 마친 한 주체의 우연적인 모든 실행은, 프로이트적인 용어를 사용하여 말하자면 시원적 부친 살해에 대한 죄의식으로부터 만들어진 도덕성의 계통발생적 기원, 의식consciousness의 계통발생적 기원, 그리고 인류의 계통발생적 기원에 속한 기본요소들을 반복한다고 말할 수 있을 것이다.

하지만 이런 논의에서 가장 중요한 것은 원천과 원천의 반복이라는 논리가 갖는 효과이다. 다시 말해 가장 선차적인 실행을 차후에 나타나는 그 모든 반복 내지 중복으로부터 절연시킬 가능성, 언제나 현존하는 이 가능성이야말로 중요하다. 현상태를 변형시켜 불가능을 가능케 만들 정도의 기적적인 지점까지 도달하게 만드는 역할에 대하여, 그 모든 반복이 아무리 완전히 자기 권리를 주장할 수 있다고 할지라도, 이 반복은 저 〈최초의 실행〉Ur-act이 갖는 근원根原적인arch-radical 본성을 일부만 부인하는 것으로 보일 따름이다. 이 모든 반복은, 셸링이 꿈꾸었던 것인 〈최초의 실행〉 개념의 근원根源적 본성, 그리고 아마도 라캉이 죽음 충동, 즉 주체가 가진 자유의 가장 깊은 기초인 순수하게 자기연관적인 부정성으로 뛰어들면서 [셸링에 뒤이어] 반복하였다고 추정되는 것인 〈최초의 실행〉 개념의 근원根源적 본성에 대한 불완전한 부정에 그칠 뿐인 것이다. 실제로, 이 지점에서 우리는 "세계의 밤"에 관한 시, 좀비와 불사자의 "불멸의" 실체에 관한 시, 인간 자유의 (불)가능성의 "아찔한" 조건으로서 유한성에 관한 시, "의미"의 원천으로서 "광기"와 "무의미성"에 관한 시, 그 밖에도 이런 여러 가지 것들에 관해서 위험할 정도로 몽매주의적인 이 모든 "잘못된 시"를 다시 한 번 전형적으로 구경하게 된다. 그렇다면 원천적인 원原실행이 갖는 근본적인 부정성은 실행에 대한, [실행의] 작인에 대한, 혹은 [이런 원原실행과] 비교하여 흐릿해질 뿐인 사건에 대한 다른 관념들의 오류를 밝히는 일에 결정적인 수단의 역할을 수행하게 될 것이다.

예를 들어보자. 자신이 『이데올로기의 숭고한 대상』과 『향락의 전이』에서 알튀세르의 이데올로기적 호명이라는 관념에 대해 체계화했던 초기의 비판을 뒤풀이하면서, 지젝은 바디우의 사건 철학에도 이와 비슷하게 어떤 것이 필연적으로 사유되지 않은 채 존재한다고 주장한다. 더 나쁘게 말하자면, 조야한 비非사유 배후에서 부인되는 어떤 것이 바디우의 사건 철학에 존재한다고 주장한다. "바디우가 '죽음에 대한 병적인 강박'에 단호하게 반대할 때, 그가 〈진리 사건〉Truth-Event을 죽음 충동이나 그 밖의 여러 것들과 대립시킬 때, 그는 비非사유의 유혹에 굴복하면서 자신의 가장 약

한 지점에 위치한다."[48] 이에 더하여 "이런 이론적 태도는 '비
非사유'로의 '회귀', 곧 두 질서(실정적인 〈존재〉positive Being 49
의 유한성과 〈진리 사건〉의 불멸성이라는 두 질서) 사이의
순진한 전통적(전前비판적, 전前칸트적) 대립으로의 '퇴행'과
관련되는데다가, 두 질서를 이토록 순진하게 대립시키는 일
이, 〈진리 사건〉에 참여하면서 인간 존재가 차지하게 되는
특정한 '불멸성'을 위한 공간 자체가 어떻게 해서 인간의 유
한성 및 죽음의 가능성과 인간 자신이 맺고 있는 독특한 관
계를 통해 활짝 열리게 되는지 그 과정을 외면한 채" 남아
있는 한, 바디우의 원초적인 약점은 오직 존재와 사건 사이
의 잃어버린 제3항으로서 죽음 충동의 역할을 근본적으로
인정함으로써만 극복될 수 있다. 곧 "(바디우가 단호하게 반
대하는 범주인) 라캉의 죽음 충동은 그러므로 〈존재〉와 〈
사건〉 사이에서 다시 한번 일종의 '사라지는 매개'이다. 다시

---

48. Žižek, *The Ticklish Subject*, 145 [지젝, 『까다로운 주체』]. (우리가 지젝
의 작업을 범주화할 수 있는 방식으로서) 소위 말하는 반(反)철학 내부
에 나타나는 비(非)사유라는 범주의 전형적인 양가성(반동적이면서도
적극적이며, 허약하면서도 구제를 베푸는 양가성)에 관해서는 알랭 바
디우의 *Wittgenstein's Antiphilosophy* [비트겐슈타인의 반철학], trans.
Bruno Bosteels (London : Verso, 2011)를 참조하라.

49. [옮긴이] 이 장에서 보스틸스는 대문자가 포함된 'Being'을 존재와 사건
에 대한 바디우의 논변과 관련해서 특별하게 구별해서 사용하고 있다. 이
구별을 나타내기 위해 〈존재〉라고 옮겼다. 이 장에서 간혹 보이게 될 〈존
재〉는 본문에서 설명하고 있는 바대로 '유한하고' '실정적인' 질서 가운데
있는 것을 가리킨다는 점에 유의해주기 바란다.

말해, 주체를 구성하는 요소로서 일종의 '부정적인' 몸짓이 존재하며 이에 따라 주체는 〈존재〉(확립되어 있는 존재론적 질서) 가운데서 또 〈사건〉에 대한 충실성 가운데서 혼란을 겪는다."[50] 라캉 자신이 사드를 사용하여 우리에게 칸트를 괴롭히던 "진리"를 제시한 것과 대체로 동일한 방식으로 라캉의 담론을 전복의 도구로 사용함으로써, 지젝은 바디우의 철학에서 혼란스러운 채 남아 있을 수밖에 없는 것을 다음과 같이 대담하게 폭로할 수 있다. "요컨대 '죽음 충동'은 〈존재〉의 실제적 질서로 축소될 수 없는 〈진리〉에 대한 모든 단호한 주장에 구성적으로 포함된 이면이다."[51]

궁극적으로 볼 때, 철학자[바디우]의 바보 같은 착각은 진리의 위력을 사랑하는 일에 있으며, 반면 분석가[라캉]의 담론에서는 실재가 참인 것[진리]보다 강하다고 우리는 말할 수 있다. 그러므로 로마에서 열린 1953년 강연에서 가장 두드러지게 나타나는 바와 같이, 라캉이 자신의 국제

---

50. Žižek, *The Ticklish Subject*, 163, 160, 그 밖에 169쪽 주석 25번을 보라 [지젝, 『까다로운 주체』].

51. 같은 책, 159. 잘 알려진 라캉의 "Kant with Sade [사드와 함께 칸트를]," *Écrits*, trans. Bruce Fink (New York : W. W. Norton, 2006), 645~668쪽을 참조하라. 나는 "Badiou Without Žižek [지젝 없는 바디우]," *Poly-graph : An International Journal of Culture and Politics* [폴리그라프 — 문화 및 정치에 대한 국제 학술지] 17 (2005) : 223~246쪽에서 라캉의 글을, 지젝의 바디우 비판 뒤에 있는 논리를 드러내기 위한 틀을 짜는 도구로 사용하였다.

적인 경력을 정신분석이 진리를 가져다 줄 뿐만 아니라 지혜 또한 가져다줄 수 있다고 약속하는 것으로 시작하였다면, 1970년대에 들어와서 그는 일반적인 반철학에서처럼 진리라는 범주가 거의 결여된 상태 쪽으로 이동하며 실재 속의 지식이라는 특별한 종류의 지식을 옹호한다. 예를 들어 1970년 파리 프로이트 학교에서의 연설에서 라캉은 다음과 같이 주장한다. "진리는 납득시키지 못할 수도 있으며, 지식은 변하여 실행이 된다."[La vérité peut ne pas convaincre, le savoir passe en acte] 52 또 1975년에 다시금 그는 컬럼비아 대학에서 열린 질의응답에서, 때때로 "실재는 참인 것[진리]보다 더 강력하다."[le réel est plus fort que le vrai] 53는 생각을 제시한다. 이와 같은 발언들을 주석하자면, 실행 없이 실재에 대한 지식은 존재하지 않는다고 말할 수 있겠다. 실재에 속한 어떤 것이 전파 가능한 지식의 형식을 취하여 그 결과 [실재에 속한] 어떤 것이 실존하는 지식의 배열체계arrangements로부터 떨어져 나와야 할 때, 무엇보다 안다고 상정된 주체가 보장하는 대상까지를 포함하는 지식의 배열체계로부터 빠져나와야

---

52. Lacan, "Allocution sur l'enseignement [가르침에 관한 짧은 연설]," *Autres écrits*, 305.

53. Jacques Lacan, "Columbia University, Auditorium School of International Affairs ─ 1er décembre 1975 [컬럼비아 대학 국제대학원 강당에서 열린 질의응답. 1975년 12월 1일]," *Scilicet* ['바꿔 말하면'이라는 뜻을 가진 파리 프로이트 학교의 공식 기관지] 6/7 (1976) : 45.

만 할 때, 실행은 정확히 이 순간에 발생한다. 바디우가 언급하는 것처럼, "라캉에게 실재의 진리는 전혀 존재하지 않고, 실재에 대한 지식은 결코 없으며, 오직 지시에서 실재의 작용이 존재할 뿐이다. 또한 [라캉에게] 진리에 대한 지식은 결코 존재하지 않으며, 다만 기껏해야 작용하는 실재 속의 지식에 대한 진리가 존재할 뿐이다."[54] 요약하자면, 'le réel passe en savoir'라는 문장은 '실재가 변하여 지식이 된다'는 뜻일 뿐만 아니라, 이 문장과 같은 소리가 나는 'le réel pas sans savoir'라는 문장에서처럼 '지식이 없지 않은 실재'를 뜻하기도 한다. 후기의 라캉에게서 실재 속의 이와 같은 지식의 형식이 수학적 형식구성이라는 막다른 골목을 통해서 가장 잘 전달된다고 한다면, 지젝의 저술에서 이 역할은 대중문화와 농담이 맡아 왔다고 주장할 수 있을 것이다. 그러므로 라캉에게서 정신분석의 실행에 관하여 원原과학적인 archiscientific 어떤 것이 존재하는 반면에, 지젝에게 진짜 실행은 일종의 원原미학적인archiaesthetic 차원과 원原정치적인archi-political 차원 사이를 계속 오간다. 하지만 두 사람 모두의 경우에서 놓쳐서는 안 될 결정적인 지점은, 실재 속의 지식을 전파하는 일이 이제 진리 범주 가운데서 도움을 받기보다

---

54. Alain Badiou, *L'antiphilosophie lacanienne* [라캉의 반철학] (1994~1995년 윌름가 고등사범학교에서 열린 세미나), 1995년 3월 15일 수업.

4장 실행을 찾아서 **309**

는, 장애와 마주친다는 점이다. "분석은 오로지 다음과 같은 것을 목표로 삼을 뿐이다. 그 목표인즉슨 참말true speech을 출현하도록 만드는 일과, 주체가 자신의 [지난] 역사가 미래와 맺는 관계 가운데서 그 혹은 그녀의 역사를 현실로 만드는 일이다." 라캉은 자신의 초기 『에크리』에 실은 글 중 하나에서 이렇게 썼다. 하지만 일종의 충만한 말을 통하여 진리에 도달한다는 이 약속은, 이후에는 대학 담론이나 주인의 담론 등과 같은 다른 담론들의 관심사에 맡겨지는 것이 더 나은 일종의 속임수로서 묵살되기에 이른다. "네 가지의 담론이 있다. 이 담론 각각은 스스로를 진리라고 여긴다. 오직 분석가 담론만이 예외적이다."[55] 그러므로 후기의 라캉에게 결정적인 경계선은 진리를 새로운 종류의 지식으로부터 분리시키는 선이며, 이 새로운 종류의 지식은 환상과 향락 혹은 주이상스jouissance [56] 사이의 관계와 관련된다. 이 점에 대해서 지젝은 더 이상 명확할 수 없을 정도이다. "그리

---

55. Lacan, "The Function and Field of Speech and Language in Psychoanalysis [정신분석에서 말과 언어의 기능과 장(場)]," *Écrits*, 249. 그리고 "Transfert à Saint Denis? [생드니로의 이동?]," *Ornicar?* 17/18 (1979) : 278.

56. [옮긴이] 책의 저자인 보스틸스가 'jouissance'의 영어 번역어인 'enjoyment'를 먼저 쓰고, 그 뒤에 프랑스어 원어 'jouissance'를 붙여 놓았기에, 그 의미의 결을 살리기 위해 이 문장에서만은 'jouissance'를 '주이상스'라고 소리 나는 대로 읽었다. 다른 경우에 'jouissance'는 'enjoyment'와 마찬가지로 '향락'이라고 번역하였다.

하여, '고전적인' 라캉, 구조주의적인 라캉이 내게 진리에 감히 맞서기를dare the truth 청하고, 큰 타자에 새겨진 내 욕망의 진리를 주체적으로 상정하기를 요청하는 반면에, 후기의 라캉은 [진실을 말하거나 아니면 벌칙을 수행해야 하는] 진실 게임 truth or dare 비슷한 어떤 것에 훨씬 가까워지게 된다. 여기에서 (상징[계]적) 진리는 감히 시도하지 않으려는 자들에게 맡겨진다. 이들이 시도하지 않으려 하는 것이란 무엇인가? 바로 자기네 향락(의 실재)에 포함된 환상적인 핵심과 감히 맞서는 일이다. 향락의 층위에서 진리는 단순히 작동하지 않는 것이며, 결국에 가서는 아무런 관건도 되지 않는 어떤 것에 불과하다."57

초기와 후기 라캉 사이의 입장 변화를 따라가고 있기에, 바디우에 대한 지젝의 답변은 단지 진리를 지식에 대립시킨다기보다는 또 다른 차원을 덧붙인다. 이 차원에 대하여 향락의 실재는 매개하는 제3항을 구성한다.

철학의 측면에서 보자면, 여기에서 라캉은 바디우에게 빠져 있는, 상징[계]적 진리와 〈실재〉 속의 지식 사이의 구별

---

57. Žižek, "Foreword to the Second Edition : Enjoyment Within the Limits of Reason Alone," *For They Know Not What They Do*, lxvii [지젝, 「오직 이성의 한계 내에서의 향락」, 『그들은 자기가 하는 일을 알지 못하나이다』].

을 도입한다. 그리하여 바디우가 〈존재〉의 질서에 관계되는 객관적이고 중립적인 〈지식〉과, (키에르케고르 이후부터 근대적 사유의 표준적인 고정 주제topoi 중 하나인) 주체적으로 관여하는 〈진리〉 사이의 차이에 매달리는 데 반해, 라캉은 전례가 없는 또 다른 층위, 곧 견딜 수 없는 환상의 핵심이라는 층위를 주된 주제로 삼는다. 비록 이 핵심이 주체의 정체성에서 가장 중심이 되는 것을 형성한다 할지라도 ─ 아니 오히려 정확히 그러한 이유 때문에 ─ 환상의 핵심은 결코 주체화될 수 없으며, 주체적으로 상정될 수도 없다. 다만 이것은 주체가 빠져 있는desubjectivized 지식 가운데서 소급적으로 재구축될 수 있을 뿐이다.[58]

이제 우리는 어떻게 해서 지젝이 실행에 대한 자신의 관념을 통해 바디우의 사건에 대한 관념이 가지는 급진주의를

---

58. 같은 글, cv. 동일한 주장이 다음 글에서 반복된다. Slavoj Žižek, "From Purification to Subtraction : Badiou and the Real[정화에서 뺄셈까지 ─ 바디우와 실재]," *Think Again* [다시 사유하라], ed. Peter Hallward (London : Continium, 2004), 256, n.18. [바디우라는 철학자와 관련된 글들을 모아 놓은 책인] 『다시금 생각하라』에 실린 지젝의 짧은 글과 『그들은 자기가 하는 일을 알지 못하나이다』의 2판 서문에 포함된 이 논쟁적인 주장 대부분은 이전에 내가 지젝의 바디우 독해를 비판했던 다음 글에 대한 일종의 대답을 구성한다. Bruno Bosteels, "Alain Badiou's Theory of the Subject : The Re-commencement of Dialectical Materialism [알랭 바디우의 주체 이론 ─ 변증법적 유물론의 재시작]," *PLI : The Warwick Journal of Philosophy* 12 (2001) : 200~229 그리고 13 (2002), 173~208으로 나누어 출판.

능가한다고 주장할 수 있는지를 이해하게 된다. 이는 전형적으로 실행을 일종의 부정적 몸짓으로 정립하는 일과 관련되며, 이 경우 부정적인 몸짓으로서의 실행은 사건이 새로운 매개 변수들의 집합으로 능수능란하게 기입되는 것보다 언제나 필연적으로 선행한다. 『까다로운 주체』에서 읽어낼 수 있는 바와 같이, "라캉과 바디우 사이의 차이는 다음과 같다. 라캉은 모종의 새로운 ⟨주인 기표⟩Master-Signifier의 개입을 거쳐 '새로운 조화'를 (긍정적으로) 수립하는 일에 앞서는 (부정적인) 실행의 우선성을 고집하는 반면에, 바디우에게 부정성의 서로 다른 여러 측면(윤리적인 재앙들)은 긍정적인 ⟨진리 사건⟩에 대한 '배신'(혹은 ⟨진리 사건⟩에 대한 비*충실성이나 거부)의 흔하디흔한 여러 판본으로 축소된다."[59] 기존의 모든 상징[계]적 의미나 진리에 우선하는 자리를 차지하려는 위와 같은 작업은, 지젝이 주체[라는 단어]를 사후의 주체 형성 과정[이라는 관점]과 대립하는 관념으로 사용하는 일에도 마찬가지로 적용된다. 지젝은 자신과 반대되는 관점[주체의 형성을 사후의 과정으로 간주하는 관점]이 공히 바디우와 또 랑시에르, 발리바르, 라클라우 같이 이전에 알튀세르의 영향을 받았던 동료 집단 모두에게 중심적이라고 이해한다.

---

59. Žižek, *The Ticklish Subject*, 159 [지젝, 『까다로운 주체』].

라캉은 주체와 주체를 형성하는 몸짓 사이의 구별을 도입한다. 바디우와 라클라우가 기술하는 바는 주체를 형성하는 과정이며, 이들은 곧 〈사건〉에 대한 단호한 참여, 〈사건〉에 대한 충실성의 가정(또는 라클라우의 경우, 텅 빈 보편성을 어떤 특수한 내용과 동일시하여 그 보편성을 헤게모니적인 것으로 만드는 단호한 몸짓)을 기술한다. 반면 [라캉에게] 주체란 〈존재〉의 여러 제약에서 벗어나 가능한 주체 형성의 공간을 열어젖히는 부정적인 몸짓이다.[60]

여기에서 중심이 되는 축은, 주체가 주체를 형성하는 일 subjectivization보다 먼저 와야만 한다는 점과 더불어, 주체화란 주체가 전적으로 연관되어 있는 텅 빈 공간 내지 간격을 어떤 의미에서 이미 봉합해 버린다는 사실이다. 이와 같은 [주체의] 논리적 우선성이야말로 [분석가의 담론이] 철학적이거나 정치적인 모든 주인 담론을 근본적으로 의문에 부칠 때 분석가의 담론에 작업 수단을 제공한다. 그러므로 "라캉의 용어로 말하자면, 주체 형성에 우선하는 주체란, 모종의 새로운 〈주인 기표〉와 동일화되는 쪽으로 뒤바뀌는 일

---

60. 같은 책, 159~160.

에 우선하는 죽음 충동의 순수한 부정성이다."[61] 분명히, 선행하는 공백이라는 관점 내지는 주체의 선차적인 텅 빈 자리라는 관점에서 보면, 새로운 표지를 사후에 기입해 넣는 모든 일은 완전히 순진무구한 짓으로 여겨질 것임에 틀림없다. 즉, 이런 사후의 기입은 기껏해야 상징적 허구로서 진리에 대한 낡아빠진 속임수이거나, 최악의 경우에는 순전한 비#사유의 진부함이 된다. 이것은 라캉이 수행한 프로이트로의 회귀 이후에 진리라는 범주에 대한 믿음을 가지는 일을 그야말로 불가능하게 만든다. 다시 말해 "라캉은 바울 및 바디우와 결별한다. 신은 죽었을 뿐만 아니라 언제나 이미 죽어 있었다. 말하자면, 프로이트 이후에 사람들은 〈진리 사건〉에 대한 믿음을 직접적으로 가질 수 없으며, 그리고 이와 같은 모든 〈사건〉은 궁극적으로는 프로이트가 죽음 충동이라 이름붙인 선행하는 〈공백〉을 혼란시키는 일종의 가상semblance으로 남는다."[62] 그러므로 지젝에게 전형적인, 오늘날 우리에게 가장 도발적인 철학자들과 정치 이론가 가운데 몇몇 사람의 사유를 조급하게 도용하고 때로는 선제적으로 손상시키기도 하는 일은 더 넓은 경향의 한 부분으로 여겨질 수 있으며, 아마 그렇게 여겨져야만 할 것이다. 이런

---

61. 같은 책, 160.
62. 같은 책, 154.

경향은 분석가의 담론이라는 이름으로, 순수하게 구조적인 이유를 대며 신경증 환자를 밀어붙여서, 이제는 선차적이며 더 원천적인 것이거나 혹은 더 근본적으로 부정하는 실행에 관해서 바보처럼 무지한 것으로 밝혀진 주인의 담론을 항상 무너뜨리게 만든다. 이는 결국 다음과 같은 말로 요약된다. "네가 뭐라 말하건 간에, 그건 아냐!"

그렇다면, 지젝의 작업 전반을 관통하는 소급적인 자기비판과 예상되는 확실성의 논리를 예시하기 위해서, 그에게 잘 어울리는 방식으로 하나의 농담을 사용하는 일이 아마 가능할 것 같다. 이 농담은 정신병원에서 격렬한 말다툼에 열중하는 두 사람의 광인에 대해 말한다. 첫째 광인이 외친다. "너는 미쳤어!" 둘째 광인도 외친다. "아니야, 네가 미쳤어!", "아니, 미친놈은 너야!", "아니, 너라니까!"⋯⋯ 이렇게 서로에게 계속 고함을 지르다가 마침내 첫째가 의기양양하게 소리 지른다. "내일 쓸 거야. 새벽 다섯 시에 일어나서 네 문짝에다 네가 미쳤다고 쓸 거야!" 이 말을 들은 둘째가 미소를 띠고 으스대면서 답한다. "그러면 나는 네 시에 일어나서 네가 써놓은 걸 지울 거야!" 가장 근본적인 지점에서 이 농담은, 사건의 진리에 대한 바디우의 주장과 관련하여 지젝의 실행[이라는 관념]이 던질 수 있는 바로 그런 것이다. 죽음충동은, 새로운 진리 혹은 새로운 정치의 대의를 기입하는 일이라면 어떤 것이건 그것이 떠오를 가망조차 갖기도 전에, 구조적 필연성에 의해 아마도 이 과정을 미리 차단하면서 언제나 이미 먼저 와서 예정표를 말끔히 지워버렸을 것임에 틀림없다. 정신분석에서 영감을 얻은 담론은 철학의 여러 주장을 허물기 위해서 주체와 주체 형성subjectivization을, 공백과 가상semblance을, 실재와 상징[계]적 허구를 언제나 격렬하게 맞싸우게 할 수 있으며, 가장 일반적인 용어로 말하자면 죽음 충동을 진리의 대의에 대한 충실성과 대립시킬 수 있다. 그러므로 바디우와 지젝이 공산주의라는 공동의 대의를 위해 함께 작업할 수 있게 되기 전에, 필연적으로 한 쪽이 기우는 두 사람 사이의 논쟁에서, '언제나 내가 철학자보다 일찍 깨어나리라!'라는 다짐이야말로, 반박을 허용치 않으면서도 애정 어린 지젝의 내기이자, 무엇보다 심층에 위치한 그의 실행이라고 나는 생각지 않을 수 없다.

비非실행을 찬양하며

마지막으로, 지젝은 인류사의 모든 진짜 실행 가운데 반복된다고 할 법한 우주적인 원原실행으로 물러나는 일이 충분히 근본적이지 않은 듯이, 공산주의에 대한 자신의 서약을 갱신하기 바로 직전의 몇몇 글들에서 비非활동inactivity의 급진주의, 혹은 진짜 변형을 일으키는 정치 활동을 위한 기초를 유일하게 준비하는 것으로서 비#실행의 윤리라 부를 법한 무언가를 옹호하는 주장을 내세우기도 한다. 이런 접근 방식에서 우리는 지젝이 무위와 비작동성inoperativity이라는 비정치적인 처방을 이러저러하게 생각해 보고 있다고 여길 수도 있는데, 이처럼 새로운 접근 방식의 목표는 단지 말뿐만이 아니라 행위를 요구하고, 그저 이론만이 아니라 실천을 요구하는 협박장을 피하는 것이다. 이리하여, 결국에 가서 변화하는 것은 하나도 없다는 점이 확실해질 뿐이다. 지젝이 『이라크』에서 쓰는 것처럼 "우리는 그와 같은 [협박의] 태도에 반대하여 다음과 같이 확언할 용기를 가져야만 한다. 곧 오늘날과 같은 상황에서 실제로 혁명의 기회를 얻기에 여전히 유효한 단 하나의 방법은 직접적 행위에 대한 손쉬운 요구를 단념하는 것이라고 확언해야 하는 것이다. 직접적 행위에 대한 손쉬운 요구는 사태가 변화하게 된 결과 총체the totality는 동일하게 남아 있는 그런 활동에 우리가 필연적으로 말려들게 만든다." 이렇다면 실행하지 않는 쪽이 더 나을지 모른다. "참되고 근본적인 변화를 위한 토대를 놓는 단 하나의 방법은 실행에 대한 강박으로부터 물러나 '아무 것도 하지 않는' 상태가 되는 것이다. 요컨대 다른 종류의 활동을 위한 공간을 여는 것이다."63 그런데 채 두 페이지

---

63. Žižek, *Iraq*, 72 [지젝, 『이라크』]. 우리 책의 2장에서 논의했던 것처럼,

도 지나지 않아서 우리는 진정한 정치적 실행의 또 다른 규정과 만나게 되며, 이것은 불가능을 행하라는 이전의 주장과 다시금 비슷해 보인다. "다음과 같은 일이야말로 오늘날의 정치적인 실행일 수 있을 것이다. 현존하는 정치의 테두리를 자동적으로 지지하는 주문을 깨뜨리는 일, 곧 우리를 허약하게 만드는 선택지 — '그냥 직접적으로 자유시장의 전지구화를 보증하거나, 아니면 이렇게 할 때 케이크를 손에 들고서도 그것을 먹어치울 수 있다는 약속, 다시 말해 이렇게 할 때 세계화와 사회적 연대를 결합시킬 수 있다는 마술의 공식과도 비슷한 불가능한 약속을 하거나' — 를 깨고 나오는 일이야말로 정치적인 실행일 수 있다는 것이다."[64]

자. 이제 만약 지젝으로 하여금 자기 케이크를 손에 들고서도 먹을 수 있게 만들어줄 뿐만 아니라, 잔치에 차려진

니체를 무위의 비정치적인 철학자로 간주하는 논란의 여지가 많은 독해 이외에도, 로베르토 에스뽀지또는 칼 바르트의 『로마서 강해』에 관하여 무위의 논리, 혹은 칼 바르트가 "어떠한 행위이건 그 원천(Ursprung)을 규정하는 수단이 되는, 모든 행위의 무위"(das Nicht-Tun in allem Tun)라고 일컬었던 것의 관점에서 논급한다. 이와 같은 바르트의 말은 에스뽀지또가 가지고 있는 비정치적이고, 작동하지 않으며, 비주체적인 열쇠를 통해 인용되고 주석된다. Esposito, "Opera," *Nove pensieri sulla politica*, 151~152. 지젝의 경우에는 당연히 더 적절하게 참조하는 지점이, 분석이 진행되는 동안의 비(非)개입 혹은 행하지 않음(non-acting), 즉 무위(non-agir) 라는 정신분석가의 태도가 된다. 예를 들어 라캉의 글 "The Function and Field of Speech and Language in Psychoanalysis," 255쪽을 참조하라.

64. Žižek, *Iraq*, 74 [지젝, 『이라크』].

케이크를 누군가 손댈 수 있기도 전에 모조리 먹을 수 있게 만들어 주는 것이 하나 있다면, 그것은 비非활동에 대한 찬양을 포함하여 실행의 모든 억양들에 동시적으로 계속해서 의지하는 지젝의 작업이다. 그의 최근 책들 중 하나를 예로 들자면, 『처음에는 비극으로, 다음에는 희극으로』에서 우리는 실행이 아니라 사유에 대한 탄원의 반복과 거의 즉각 마주치게 된다. "아마도 지금이 한 걸음 물러나 올바른 일을 사유하고 **말할** 시간일 것이다. 참으로, 우리는 종종 어떤 것을 행하는 대신에 그에 관해 말하기도 하지만, 때로는 어떤 일들에 관해 이야기하고 사유하는 일을 피하기 위해서 그것을 행하기도 한다."[65] 뒤이어 곧, 실행에 대한 규정은 불가능한 것을 가능하게 만든다는 기적에 가까운 관점에 맞추어 이루어진다. "이렇게 해서 불가능한 것이 가능해진다. 적절한 근로 조건에 대해 [기존에] 확립된 여러 표준의 지평에서는 그전까지 생각조차 불가능하다고 여겨졌던 것이 이제는 받아들여지게 된다."[66] 하지만 발터 벤야민에게서 그 개

---

65. Žižek, *First as Tragedy, Then as Farce*, 11 [지젝, 『처음에는 비극으로, 다음에는 희극으로』].

66. 같은 책, 21. 여기에서 지젝은 어딘가에서 그가 테러 활동 혐의를 띤 죄수들에 대한 고문을 차츰 용납하는 분위기에 대해 언급했던 것처럼, 2008년 금융위기 이후 제너럴 모터스에 대해 이루어진 미국 정부의 긴급 구제에 관해서 말하고 있다. 이것은 불가능한 것을 가능하게 만들거나 생각조차 할 수 없는 것이 받아들여지게 만드는 실행이 진보적 정치, 좌파의 정치, 혹은 혁명적 정치에 결코 한정되지 않는다는 사실을 보여 준

념을 빌려 온 폭력적 중단에 대한 주석이 부가되었음에도 불구하고, 결국에 우리는 실행 관념에 대한 여러 조정 양상들 중 가장 이른 것이었던, 실행을 큰 타자의 비일관성 내지 비#실존을 상정하는 일로 파악하는 관념으로 돌아간다. "오늘날 진정한 정치적 실행일 수 있는 것은 새로운 운동을 불러일으키는 일이라기보다는, 현재의 지배적인 운동을 중단시키는 일이다. 그렇다면 '신적 폭력'divine violence의 실행이란 〈역사의 진보〉라는 열차에 올라타서 비상 정차용 줄을 잡아당기는 것을 의미할 수 있을 것이다. 달리 말하면, 사람들은 큰 타자란 존재하지 않는다는 사실을 완전히 받아들이는 법을 배워야만 한다."[67]

실행에 대한 여러 관념들 사이에서 이처럼 동요하는 운동의 정치적 결과는 결코 간단치 않다. 한편으로 지젝은 『그들은 자기가 하는 일을 알지 못하나이다』에서, 예를 들자면 지난 시절의 혁명적 대의大義들에 대한 기억을, 비록 [러시아에서는] 그 대의가 서구식 자본주의와 신인종주의로 돌아섬으로써 좌절되었다고 할지라도, 적어도 살려서 보존하고 있다고 할 만한 좌파적이며 라캉주의적인 정치 기획에 호소하면서, 구소련에 관한 자신의 숙고를 종결하였음이

다. 사실 다른 경우와 마찬가지로 여기에서도 실행에 대한 서로 다른 억양들과 관련된 이데올로기적 가림막은 구성적으로 걷혀 있는 채이다.
67. 같은 책, 149.

분명하다. "오늘날 그 어느 때보다 더하게, 우리가 살고 있는 불한당들의 시대의 한가운데서, 좌파의 임무는 모든 잃어버린 대의大義의 기억들을 보존하고, 좌파의 기획에 첨부된 것으로서 산산이 조각나고 삐뚤어진 모든 꿈과 희망의 기억들을 살려 놓는 일이다."[68] 또 마찬가지로 『나눌 수 없는 잔여』에서 상징[계]적 질서의 실제 발생 ─ 라캉이 촉박한 동일화a precipitate identification라고 부르는 것을 통해서 어떤 사람이 그 혹은 그녀로 되는 과정 ─ 에 대해 예를 들어 설명하려 할 때, 지젝은 소비에트 공산주의와 사회주의의 사례를 사용한다. 그리고 그는 이렇게 쓴다. "내가 스스로를 '사회주의자'라고 인지할 때, 그렇게 인지함으로써 나는 자신의 '주체적인' 정체성 규정을 허용하는 지시대상의 '대상적인' 틀 자체를 정립한다.[69] 혹은 약간 다르게 말하자면, 나는 (내가 이런 사람이라고 다른 사람들이 생각하고 있다고 내가 생각하는) 나다……"[70] 요컨대 라캉의 정신분석은 좌파의 정

---

68. Žižek, *For They Know Not What They Do*, 271 [지젝, 『그들은 자기가 하는 일을 알지 못하나이다』].

69. [옮긴이] 이와 같은 촉박한 동일화와 상징적 질서 사이의 연관에 대하여 지젝이 예를 들어 설명하는 또 하나의 경우는, 특정한 지시대상을 가리키는 모자를 쓴 여러 사람들이 자기를 제외한 다른 사람들의 모자를 보고 '내가 무엇이다'는 것을 알아채는 게임이다. 이 경우에도 나의 '주체적인' 정체성 규정 혹은 동일화는 모자에 새겨진 지시대상의 '대상적인' 질서 전체를 상정함으로써만 가능하다.

70. Žižek, The Indivisible Remainder, 143 [지젝, 『나눌 수 없는 잔여』]. 라

치적 대의大義, 사회주의적이거나 공산주의적인 정치적 대의
大義와의 동일화를 이해하고 확립하는 데 필요한 여러 가지
도구들을 우리에게 제공할 수 있다.

다른 한편에서 보자면, 이 희망적인 예상과 지젝에게 그
토록 깊이 영감을 준 바로 그 라캉 학파의 어떤 가르침 사
이에서 빚어지는 양립 불가능성에서 최종적인 역설이 야기
되는 것도 무리가 아니다. 지젝이 『까다로운 주체』에서 쓰
는 것처럼 "라캉에게 부정성negativity, 즉 물러남의 부정적
인 몸짓은 대의大義와의 열광적인 동일화라는 긍정적인 모
든 몸짓에 선행한다. 그렇다면 부정성은 열광적인 동일화의
(불)가능성의 조건으로 작용한다. 다시 말해 부정성은 열광
적인 동일화를 위한 기반을 닦고 이를 위한 공간을 열지만,
동시에 이런 동일화에 의해 혼란스러워지고 이것을 허물어

캉은 촉박한 동일화라는 관념을 "Logical Time and the Assertion of
Anticipated Certaintity [논리적 시간과 예상된 확실성의 단언]"이라는 글
에서 논의한다(*Écrits*, 161~175). 지젝은 또 다음과 같이 덧붙인다. "대개
조용히 건너뛰게 되는 중요한 세부는, 라캉이 이와 같은 집단적인 정체성
규정의 전형적인 정치적 사례로 스탈린주의적 공산주의자가 [자신의] 정
통성을 확인할 때 사용하는 다음과 같은 말을 인용하고 있다는 사실이
다. 나는 다른 사람들이 나를 수정주의 배신자라고 몰아낼지도 몰라서
서둘러 내 진짜 공산당 당증을 공개한다……."(*The Indivisible Remain-
der*, 135 [지젝, 『나눌 수 없는 잔여』]). 알랭 바디우는 자신의 『주체의 이
론』에서 이미 라캉의 『에크리』에 대해 길게 분석한 바 있다.(*Theory of
the Subject*, 248~258).

뜨린다."[71] 따라서 향락과 충동의 실재에 대한 어떤 원리적 인식이건 간에 이는 엄격히 말하자면 좌파의 대의^{大義} — 이미 잃어버린 것과는 다른 대의 — 와 동일화될 가능성을 미리 앞서 허물어뜨리는 것처럼 여겨질 수도 있을 것이다. [그런데] 과연, 정신분석의 시야에서 볼 때에 살려 놓아야 할 대의들이란 대체 어떤 것인가? 정신분석에서 가장 근본적인 실행은 이에 적합할 법한 모든 대의들에 선행하며 그것을 허물어뜨리는 순수한 부정성으로서 주체가 행하는 규정적인 몸짓에 있는 데 말이다. 어쩌면 마지막 수순으로서 아마 정치적 대의^{大義}와의 촉박한 동일화는 이제 제3세계에 넘겨진 어떤 것일지 모른다. "제1세계와 제3세계 사이의 분열은 사실상, 물질과 문화적 풍요로 가득 찬 길고 만족스런 삶을 사는 일과, 자신의 삶을 어떤 초월적인 〈대의〉에 바치는 일 사이의 대립이라는 모양새를 점점 더 많이 띠게 되는 것처럼 보인다."[72]

실상 지젝 자신은 단념^{renunciation}의 이중적 실행, 혹은 두 겹의 포기^{Versagung}를 자주 요청한다. 우리는 자신에게 가장 깊숙이 위치한 [스스로의] 아둔한 실체를 포기하고 우리

---

71. Žižek, *The Ticklish Subject*, 154 [지젝, 『까다로운 주체』].

72. Žižek, "Foreword to the Second Edition : Enjoyment Within the Limits of Reason Alone," *For They Know Not What They Do*, lxxiv [지젝, 「오직 이성의 한계내에서의 향락」, 『그들은 자기가 하는 일을 알지 못하나이다』].

자신보다 더 위대한 대의를 위하여 특수한 모든 것을 모든 것을 희생해야 하지만, 이럴 뿐만 아니라 그 가장 근본에서 근대적 주체는 이런 대의 자체를 희생시키고 단념한다고 간주된다.

달리 말하자면 근대적 주체는 "두 번째 죽음 너머"의 차원과 정확히 관계된다. 여기에서 첫 번째 죽음은 보편적인 〈대의〉를 위하여 우리의 특수하고 "병적인"pathological 실체를 희생하는 일이며, 두 번째 죽음은 이와 같은 〈대의〉 자체를 희생시키고 "배신"하는 일이다. [대의 자체에 대한] 배신의 결과 남게 되는 것이라고는 '$'라는 기호, 즉 "빗금친" 주체로서의 공백일 뿐이며, 그러므로 주체란 그것을 위해서라면 스스로 모든 것을 포기할 준비가 되어 있었던 그런 〈대의〉 자체에 대한 이 같은 이중적이고 자기 연관적인 희생[혹은 단념]을 통해서만 출현한다.[73]

---

73. Žižek, *The Indivisible Remainder*, 121 [지젝, 『나눌 수 없는 잔여』]. 자신의 작업 전체를 통해 지젝은 이와 같은 거듭 이중적인 단념과 자기희생을 한정된 몇 가지 사례들을 가지고 설명한다. 이 사례는 에우리피데스 희곡의 인물인 메데이아에서 출발하여 라캉이라는 사람 자체에 이르는데, 그 과정에서 〈유주얼 서스펙트〉의 카이저 소제 및 토니 모리슨의 『빌러비드』에 등장하는 인물인 시이스를 거친다. 예를 들어 *The Fragile Absolute*, 149~155 [지젝, 『무너지기 쉬운 절대성』]을 보라. (〈대의〉를 위해 모든 것을 희생하는) 안티고네로부터 (〈대의〉 그 자체를 희생시키는) 메데이아로 이동하라는 요청은 다른 책들 중에서도, 특히 『시차적 관점』에서 반복된다. Slavoj Žižek, *The Parallax View* (Cambridge: MIT Press,

이런 내용에 비춰 보자면, 어떤 것이건 간에 대의와 [자신을] 동일화하는 주체에 대한 희망은 거의 없는 것으로 여겨질 수도 있다.

그런데 결국은 지젝이 옳았던 것일지도 모른다. 이처럼 근본적인 부정성 쪽으로 물러나는 일은 아마도 그가 되돌아와 공산주의라는 이념 및 이 이념과 더불어 새로운 사회적 질서를 – 새로운 국가까지도 – 설립하는 정치적 실행으로의 복귀를 제안할 수 있게 예정표를 말끔히 지워버리기 위해 필요했던 것이리라. 그가 『처음에는 비극으로, 다음에는 희극으로』에서, "공산주의의 이념에 관하여" 열린 2009년의 런던 학술대회에 참여한 거의 모든 사람들이 공유하던 반국가주의적인 입장과 공공연하게 논쟁하며 언급하는 바와 같이 "만약 당신이 국가를 대신할 것으로 무엇을 원하는지에 대한 분명한 이념을 갖고 있지 않다면, 당신은 국가로부터 물러날/빼낼 어떠한 권리도 갖고 있지 않다. 국가로부터 거리를 취하는 대신에 수행해야 할 진정한 과업은 국가 자체를 비非국가적 양식으로 작동하게 만드는 일이어야 한다." 곧 엄격히 레닌적인 의미로 작동하게 만들어야 하는 것이다. "이 자리에서 사람들은 부끄러워하지 않고 레닌의 『국가

2006), 397, n.30 [슬라보예 지젝, 『시차적 관점』, 김서영 옮김, 마티, 2009].

와 혁명』[74]이 가르치는 교훈을 되풀이해야만 한다. 그의 가르침에 따르면, 혁명적 폭력의 목표는 국가권력을 손에 쥐는 것이 아니라, 국가권력을 변형시키는 일, 즉 그 작용 방식 및 그것이 자신의 기반과 맺는 관계 등을 근본적으로 바꾸는 것이다.”[75] 라틴아메리카의 볼리비아는 확실히 그와 같이 비#국가적인 방식으로 국가권력을 장악하는 일이 시도되고 있는 중인 곳이며, 따라서 낡은 것이건 아니면 새것이건 간에 다시금 공산주의가 실현될 법한 그런 곳이다. 서구와 미국에서의 내부적 형편이 — 일찍이 맑스와 엥겔스가 『독일 이데올로기』에서 우려했던 것처럼 — 국수주의적 미신에 둘러싸이지 않도록 해야 한다는 필요성을 알기에, 다음 마지막 장에서 나는 볼리비아의 사례에 의지함으로써 국제주의의 정신을 불러일으킬 작정이다. 우리는 알바로 가르씨아 리네라가 수행한 이론적 작업이라는 창을 통해서, 볼리비아의 사례가 제시하는 앞으로의 가능성과 문제점을 살펴볼 것이다.

---

74. [한국어판] 블라디미르 일리치 울리야노프 레닌, 『국가와 혁명』, 편집부 옮김, 새날, 1993.
75. Žižek, *First as Tragedy, Then as Farce*, 130~131 [지젝, 『처음에는 비극으로, 다음에는 희극으로』].

5장

공산주의의 현실성

[오늘날] 출현하는 것은, 현재의 상황에 대한 깊고 근본적인 비판이나 또는 현상태에 대한 강렬한 대안 없이도 작동하는 좌파이다. 그러나 아마 훨씬 더 곤란하게도, 그 잠재적인 유익함과 연관되기보다는 그 불가능성과 더 많이 연결되어 왔던 것이 좌파이다. 좌파는 희망 가운데 머무르는 것이 아니라 그 자신의 주변성과 실패 가운데 머무르는 일이 가장 편하다고 느끼며, 또 좌파는 그 자신의 죽은 과거가 주는 어떤 부담에 우울증적 애착 구조로 붙들려 있다. 그의 정신은 유령과도 같으며, 그의 욕망의 구조는 회고적이고 벌하는 것이다.

—웬디 브라운, 「좌파의 우울증에 저항하며」—

공산주의라는 지평

주변성과 실패에 대한 자신의 우울증적 애착을 극복하기 위해서 〈좌파〉Left는 다시 한번 공산주의적인 대안, 즉 우울한 〈좌파〉에 대한 대안을 포함하는 그런 대안의 이름으로 현재의 상황에 대한 근본적인 비판의 과업을 떠맡아야 하는 것이 아닌가? 대체 어느 정도나 우리는 오늘날의 공산주의가 현실성이며 그저 유령이 아니라고 말할 수 있는가? 또한 오늘날의 공산주의가 실제의 운동이며 죽은 과거로부터의 유령 같은 정신에 불과한 것이 아니라고, 혹은 그것의 미래를 계획하는 유일한 운동이라고는 칸트적인 것이건 플라톤적인 것이건 사변적이고도 철학적인 이념Idea의 필요성을 상정하는 것에 불과한 그런 정신이 아니라고, 우리는 어느 정도나 말할 수 있는가? 더 나아가, 공산주의는 좌파의 끝없는 자기학대에 뒤따르는 정치의 도덕화로부터 빠져나올 방법을 제공할 수 있는가? 아니면 공산주의적 가설이라는 희망 섞인 기원祈願이야말로 특히 이것이 지금의 상태를 지양하기 위한 실제의 운동과는 전혀 접점을 갖지 않을 때에, 언제나 똑같은 자기희생적인 도덕의 계보학에서 본질적인 부분인가?

2005년 대선에서 에보 모랄레스와 동반 출마하여 당선되었고 현재[2011년, 2014년] 볼리비아의 부통령인 알바로 가르씨아 리네라는 우리가 위와 같은 질문들에 대한 답을 구하는 데 도움을 줄 것 같다. 그는 결코 공산주의자로서의 자기 과거와 연결된 모든 것들을 존재하지 않았거나 사멸해 버린 것으로서 부인하지도 거부하지도 않는다. [과거의 경력에 대한] 이런 부정은 미국의 간접적이고 지속적인 감시의 눈길 아래서 선출된 관료에 대해 사람들이 익히 예상할 법한 태도이지만, 그러기는커녕 실제로 가르씨아 리네라는 과거의 유산을 마치 세상에서 가장 자연스런 것인 양 옹호한다. 그는 파블로 스테파노니와의 인터뷰에서 "이 시대의 일반적 시야의 지평은 공산주의적인 것"이라고 언명한다. 이 인터뷰에서 그는 이전의 기대를 반추하고, 민주적으로 국가권력을 장악하였기 때문에 자신이 속한 MAS(사회주의운동)당 앞에 놓이게 된 과업을 고찰하고 있다. 보다 구체적으로는 다음과 같다.

우리 시대의 지평에 걸려 있는 일반적 징조는 공산주의적입니다. 그리고 이 공산주의는 사회의 자기조직 능력에 기초를 두고, 공동체주의적이고 자급자족적인 성격을 띤 부를 만들어 내고 분배하는 과정에 근거하여 건설되어야만 할 것입니다. 하지만 현재로서는 평등의 획득, 즉 부의 재분배와 권리들의 확장에 집중하는 일이 당장의 지평이 아니라는 점도 명백합니다. 평등이란 가장 근본적입니다. 다섯 세기에 걸친 불평등의 사슬을 끊어내는 것이기 때문입니다. 또한 평등이란, 사회의 힘이 우리에게 허락하는 범위 내에서 해당 시기의 목표입니다. 이것은 우리가 마땅히 그러해야 한다고 정하기 때문에 목표가 되는 것이 아니라, 우리가 보는 것이 바로 그것이기 때문에 목표가 됩니다. 실은 우리는 기대하고 욕망하는 시야를 공산주의의 지평에 맞춤으로써 운동에 접어듭니다. 그런데 우리는 운동의 여러 한계를 표*함을 통해서, 용어의 사회적 의미에서 진지했고 또 객관적이었습니다. 그리고 그런 자리야말로 무엇을 할 수 있는가에 관해서 각양각색의 동지들compañero 사이에 싸움이 일어났던 자리입니다.[1]

이와 같은 분석이 구식 단계론으로 되돌아가는 일이라는 점에 기대어 이를 비난하고, 또 바로 이런 비난과 틀림없이 관련되는, 각양각색의 동지들 사이의 싸움을 비난하기야 쉬울 수 있다. 이와 같은 구식 단계론 속에서 부의 생성 및 분배는, 가르씨아 리네라는 주지하다시피 이따금 이를 "안데스 자본주의"Andean capitalism라고 부르는데, 사회주의 건설에

---

1. Álvaro García Linera, "El 'descubrimiento' del Estado [국가의 '발견']," in Pablo Stefanoni, Franklin Ramírez, Maristella Svampa, *Las vías de la emancipacíon : Conversaciones con Álvaro García Linera* [해방의 길 ─ 알바로 가르씨아 리네라와의 대화] (Mexico City : Ocean Sur, 2008), 75.

필연적이고 선차적인 조건으로 여겨지며, 그리고 오직 그 이후에만 공산주의적인 미래에 대한 이야기가 이루어질 수 있다. 그러나 나는, 나로 하여금 공산주의의 지평이라는 관념에 담긴 풍부함에 주목하게 했던 [나의 동료 학자] 조디 딘에게 자극을 받아서, 이 관념을 자본주의로부터 사회주의, 또 공산주의로의 이행이라는 통속적인 상까지는 아니라 하더라도, 어쨌건 정통주의적 견해에 정반대되는 것으로 읽어내고자 한다. 실은 가르씨아 리네라 자신에게도 이 관념은 저 멀리 끊임없이 멀어지기만 하는 지평선이라는 진부한 심상과 연결되어 있다기보다는, 맑스주의를 우리 시대의 초월할 수 없는 지평이라고 규정하는 장-폴 사르트르의 낡았다고 여겨지는 정의를 떠올리게 한다. 공산주의라는 지평을 불러내는 일이 생산하려는 대상, 혹은 다시금 현실성이 되게 하려는 것은 다른 게 아니다. 공산주의라는 지평을 불러냄으로써 시야에서의 완전한 이동, 혹은 급진적인 이데올로기적 방향 전환이 다시금 현실성이 된다. 그 결과 이제는 자본주의가 어찌해볼 수 없는 일로 여겨지지 않고, 우리 역시 사회적 관계들을 달리 조직하는 일에 지금 여기에서 기대와 소망의 눈길을 보내는 것을 이제 꺼릴 필요가 없게 된다. "그렇다면 '지평'은 [도달하지 못하고 따라서] 잃어버린 미래를 뜻하는 것이 아니라, 우리가 결코 잃어버릴 수 없는 경험의 차원, 즉 설령 안개 속에서 길을 잃거나 제 발밑에만 집중하게 된다고 하더라도 우리가 절대로 보지 못할 리 없는 경험의 차원이라는 점을 표시한다. 지평은, **불가능하다** ― 결코 도달할 수 없다 ― 는 의미에서뿐만 아니라, 우리를 둘러싼 환경의 **현실적인** 구성 방식이자 조건이며, **현실적인** 모양새라는 의미에서 **실재**Real이다. (나는 실재에 대한 이 둘 모두의 의미가 라캉적인 것이라고 여긴다.)" 조디 딘은 그녀가 가르씨아 리네라에게서 빌려 오기도 한 공산주의의 지평이라는 관념을 그녀 나름대로 간략히 다루면서 이렇게 설명한다. "우리는 방향을 잃어버릴 수도 있다. 하지만 이 지평은 우리 **현실성**의 필연적인 조건, 혹은 필연적인 형성이다. [우리가 자리 잡은 특이성singularity의 결과이건 아니면 하늘과 땅의 맞닿음이건, 지평이란 우리가 현재 위치한 자리를 만들어 내는 가장 기초적인 구획이다."[2]

권력을 서민에게?

가르씨아 리네라는, 카난치라는 필명으로 쓴 『혁명의 순간들과 숨어 있는 악마에 대하여』 및 『가치형태와 공동체 형태』을 포함하여, 맑스와 맑스주의에 관한 중요한 책들

---

2. Jodi Dean, "The Communist Horizon [공산주의라는 지평]"(저자의 필사본).

을 쓴 사람이다. 이 중에서 『가치형태와 공동체 형태』은 그가 전복활동과 무장봉기 혐의로 라파스의 촌초코로 형무소에 1992년에서 1997년까지 수감되었을 때 썼다. 이뿐만 아니라 그는 최근에 『서민의 잠재력』이라는 제목을 붙여서 정치적, 사회적 저술 선집을 펴내기도 하였다. 그런데 이 선집의 제목은 공산주의의 지평에 대한 직접적인 헌신을 나타낸다기보다는, 우선은 좌파 사상에 깊숙이 빚을 지고 있다는 사실을 제시하는 것처럼 여겨진다. 게다가 여기 실린 몇몇 저술에서 가르씨아 리네라는 자신을 분파주의적이며 파국을 초래한다고, 혹은 신비주의적인 "사이비pseudo 좌파"라고 묘사하는 사람들을 정확히 겨누어 타격하고 있는데, 이는 그가 스스로를 공산주의자라기보다는 아마도 "진성" 좌파라고 암묵적으로 자기규정하고 있다는 사실을 확인시켜줄 수 있을 것이다. 더 나아가, 가르씨아 리네라의 이전 동지compañera이자 투팍 카타리 게릴라[3] 활동 시절의 동료 전사였던 멕시코 출신 라껠 구띠에레스 아길라Raquel Gutiérrez Aguilar도, 칸타 와라 와라Qhantat Wara Wara라는 필명으로 "부르주아 좌익주의"에 대한 비판을 체계화하고 있다는 사실

---

3. [옮긴이] EGTK(Ejército Guerrillero Túpac Katari). 18세기 말에 인민 봉기를 주도했던 투팍 카타리의 이름을 딴 볼리비아의 빨치산 조직. 1991년에 라파스에 인접한 도시 엘알토의 발전 시설을 파괴한 것이 그들의 첫번째 파괴활동이었다. 알바로 가르씨아 리네라는 이 빨치산 조직에 속하여 있었다.

또한 참된 좌파 사상에 대한 [이들의] 헌신을 제시한다. 그러나 거꾸로, 자칭 정통 맑스주의 입장에서 보자면 가르씨아 리네라와 라껠 구띠에레스 두 사람 모두 "좌익 수정주의"라는 점에서 공격받아 왔다.[4]

최근 가르씨아 리네라의 저술 선집에 나타나는 "서민"에 대한 여러 언급(무장한 서민la plebe armada, 반란을 일으키는 서민la plebe facciosa, 봉기하는 서민 대중las plebes insurrectas 등)은 한편으로 보자면, 대규모 공장 노동자를 전형으로 삼은 프롤레타리아에 대한 고전적인 형상을 우회하고 혁명적 주체를 더 폭넓고 훨씬 유동적으로 구성하기 위한 끊임없는 시도를 의미한다. 가르씨아 리네라는 이렇게 구성한 것을 "어중이떠중이"motley, 스페인어로 "abigarrada"라고 부른다. 이 용어는 볼리비아의 유명한 사회학자 레네 사발레따 메르

---

4. Qhantat Wara Wara, *Los q'aras izquierdizantes : una crítica al izquierdismo burgués* [좌파의 이해관심 — 부르주아 좌익주의에 대한 비판] (La Paz : Ofensiva Roja, 1988, 카난치리가 쓴 소개의 글을 붙여서 출판). Qhantat Wara Wara, *Contra el reformismo : Crítica al "estatismo" y al "populismo" pequeño burgués* [개량주의에 반대하며 — 쁘띠부르주아의 "국가주의"와 "포퓰리즘" 비판] (La Paz : Ofensiva Roja, 1989, 카난치리의 소개글과 함께 출판). Carlos M. Volodia, *Contribucíon a la crítica del revisionismo : Crítica de las posiciones ideológicas de Raquel Gutiérrez* [수정주의 비판을 위한 의견 제시 — 라껠 구띠에레스의 이데올로기적 입장에 대한 비판] (La Paz : Bandera Roja, 1999). 그리고 Fernando Molina, *Crítica de las ideas políticas de la nueva izquierda boliviana* [볼리비아 신좌파의 정치 이념에 대한 비판] (La Paz : Eureka, 2003).

까도에게서 빌려온 것으로 여겨지나, 사실 이 개념과 그 명칭은 좌익 공산주의에 관한 레닌의 잘 알려진 소책자를 스페인어로 번역한 데에서 이미 나타나고 있다.

만약 "순수한" 프롤레타리아가 다음과 같이 무엇과 또 다른 무엇 사이의 중간에 처한 어중이떠중이 유형의 절대 다수에 의해 둘러싸이지 않는다면, 자본주의는 자본주의가 아닐 수도 있다. 중간에 처한 다수란, 곧 프롤레타리아와 준프롤레타리아(즉 부분적으로 자신의 노동력을 판매함으로써 삶을 꾸려가는 이들) 사이의 잡다한 절대 다수, 준프롤레타리아와 소농(및 소규모 장인, 수공업자, 일반적인 소상점주) 사이의 잡다한 절대 다수, 또 소농과 중간층 농민 등등 사이의 잡다한 절대 다수이다. 그리고 프롤레타리아 자체가 더 발전한 층위와 덜 발전한 층위로 나뉘지 않는다면, 프롤레타리아가 출신 지역 및 그들이 하는 일에 따라서, 또 때로는 종교와 그 밖의 다른 것들에 의해서 나뉘지 않는다면, 자본주의는 자본주의가 아닐 것이다. 이 모든 것들로부터 프롤레타리아의 전위이자 그 계급의식 부분을 구성하는 집단, 즉 〈공산당〉Communist Party이 여러 다양한 프롤레타리아 집단과, 또한 노동자들과 소상인들의 다양한 정파들과 협정을 맺고 타협하는 술책에 의지할 필요성이 생겨나며, 이 필요성은 절대적인 것이다. 프롤레타리아의 계급의식, 프롤레타리아의 혁명 정신, 싸워 이길 수 있는 프롤레타리아의 능력이 놓인 일반적 수준을, 낮추는 것이 아니라 드높이기 위해서 이런 전술을 적용하는 문제는 전적으로 요령의 차원에 속한 것이다.[5]

가르씨아 리네라가 프롤레타리아의 재생성reproletarianization [6] 과 노동 계급의 소멸이라고 불리던 현상에 대한 자신

---

5. V. I. Lenin, "Left-wing's Communism, an infantile Disorder [공산주의에서의 좌익 소아병]," *Selected Works* (Moscow : Foreign Language Publishing House, 1961), vol. 3, 421. 내가 참조한 스페인어 번역본은 *La enfermedad infantil del "izquierdismo" en el comunismo* [공산주의에서의 좌익 소아병] (Moscow : Progreso, n.d.)이다. "사회적 어중이떠중이들의 형성"이라는 관념에 관해서는 René Zavaleta Mercado, *Las masas en noviembre* [11월의 대중] (La Paz : Juventud, 1983)과 *Lo nacional-popular en Bolivia* [볼리비아의 국민국가적 인민] (Mexico City : Siglo XXI, 1986; La Paz : Plural, 2008)을 참조하라. 그 밖에 사발레따의 사유를 광범위하게 개관한 Luis Tapia, *La producción del conocimiento local* [지역에 대한 앎의 생산] (La Paz : Muela del Diablo, 2002), 사발레따의 에세이들을 모은 *René Zavaleta Mercado : Ensayos, testimonios y revisiones* [르네 사발레따 메르까도 — 시도, 증명, 그리고 수정], ed. Maya Aguiluz Ibargüen, Norma de los Ríos (Mexico City : FLACSO, 2006)을 참조할 수 있을 것이다. 이 개념은 또한 안또니오 네그리, 마이클 하트, 주세뻬 코코, 주디트 흐벨이 가르씨아 리네라 및 루이스 타삐아와 함께 한 세미나에서도 논의된 바 있다. *Imperio, multitud y sociedad abigarrada* [제국, 다중, 그리고 잡색 사회] (La Paz : CLACSO/Muela de Díablo/Comuna, 2008).

6. [옮긴이] 1985년 이후 상당 기간 볼리비아에서 조직적이고 명시적인 프롤레타리아 운동은 언제나 탄압받았다. 여기에서 우리말로 '노동 계급'으로 옮긴 'working class'는 공장노동자들만을 가리키는 것이 아니라 사회 전

의 투쟁적인 사회학 연구를 이용하면서, 사회 경제적인 측면과 문화 상징적인 측면이 언제나 동시에 사유되어야만 하는 새로운 계급 구성을 설명하는 방식, 즉 어중이떠중이로 모인 "서민들"이 사회적으로 새롭게 계급을 형성하는 양상을 기술하는 방식 또한 이와 다르지 않다.

더 일반적으로 말하자면, 서민에 대한 언급은 형태가 없거나 아직 형태를 이루지 않은 대중을 가리키는 여러 이름들에 좌파적이고 민중적으로 호소하려는 태도와 잘 맞아떨어진다. 이 이름들은 헤겔의 "군중"rabble부터 들뢰즈의 "무리"hordes 및 "패거리"packs, 그리고 맑스가 사용한 이름을 다시 가져 온 라클라우의 "룸펜"에 이르기까지 다양하다. 랑시에르 부부가 1970년대 프랑스 좌익주의의 궤적을 다룬 글에서 설명하였다시피, 이 이름들 대부분, 특히 서민이라는 명칭이 보장하는 것은, 모든 해방 정치가 좌초해 버리게 되는 주된 장애물인 재현[대표]의 문제를 피해가는 방법이다. 자크 랑시에르와 다니엘르 랑시에르는, 일찍이 미셸 푸코 편에서 사용되었던 경우는 아니라 할지라도 앙드레 글뤽스만 같은 신철학자들 편에서 이 관념이 사용되는 경우를 언급한다. 랑시에르 부부는 어떻게 해서 "한 서민plebs 의 형상이

체에서 노동을 수행하는 광범위한 계급을 모두 가리키는 말이다. 그리고 'reproletarianization'은 그럼에도 불구하고 엘알토 등지의 소규모 공장과 서비스직을 중심으로 프롤레타리아가 새롭게 생성되던 상황을 가리킨다.

지식인이 지난날에 프롤레타리아를 재현했던 것과 꼭 같이
재현되어 나타나는지"를 설명하고, "그러나 정확히는 재현
을 거부하는 방식으로, 서민[이라는 명칭]이 어떻게 해서 고
통 및 인민의 웃음이 가지는 그 모든 긍정성과, 이에 수반되
는 거절 및 부정성의 부분 둘을 동시에 의미하면서 지식인
과 인민의 직접적인 통일을 실현시키게 되는지"[7]를 기술한

---

7. Rancière(with Danielle Rancière), "La légende des philosophes,"
   307~308. 우리 책의 3장에서 내가 논의한 바를 참조하라. 나는 거기에
   다 서민이라는 형상의 역할에 대한 이런 [인민과 지식인의 직접적 통일이
   라는] 고찰이 랑시에르 자신으로 하여금 [프랑스 혁명 시기 마루판을 까
   는 노동자였던] 가브리엘 고니의 수기를 "서민 철학자"의 저술로 제시하지
   않을 수 없게 만들었으며, 혹은 "이단적인" 노동자들의 앎에 대한 "서민적
   인" 전유의 역사를 탐구하지 않을 수 없게 만들었다는 점을 덧붙여야만
   하겠다. 랑시에르가 이와 같은 초기의 용법을 정당화하는 논변은 여기에
   서 도움을 준다. "나는 애매함을 피하기 위해 '프롤레타리아적'이라는 형
   용사보다는 '서민적'이라는 형용사를 사용한다. 분명 몇몇 사람들은 '프
   롤레타리아적'이라는 말이 근대적 산업이 낳은 특정한 유형의 노동자를
   지칭해 주기를 완강하게 고집한다. 이와는 대조적으로 '서민적'이라는 말
   이 노동[이나 작업]의 유형이 아니라 상징적인 관계를 지칭한다는 점은
   명백할 것이다. 서민이란 역사를 형성하는 말하기에서 배제된 존재이다."
   Rancière, "Savoir hérétiques et émancipations du pauvre [이단적 앎과
   빈자의 해방]," *Les Scènes du peuple*, 38. 푸코가 1972년에 인민의 정의
   라는 주제에 관하여 마오주의자들과 논쟁하면서 사용했던 서민 개념을
   최근 다시 주목하는 경향에 대해서는 Tiqqun, *Tout a failli, vive le com-
   munisme!* [전부 실패했다. 공산주의 만세!] (Paris : La Fabrique, 2009)
   39~41쪽을 참조하라. 프레드릭 제임슨 역시 『헤겔 변주』에서 "서민화"에
   대해 반복적으로 말하고 있다. 가르씨아 리네라의 경우에, 또 다른 중요
   한 참조 문헌은 E. P. Thompson의 "The Patricians and the Plebs [귀족
   과 서민]," *Customs in Common : Studies in Traditional Popular Culture*
   [평민의 관습 – 전통적 민중 문화 연구] (New York : New Press, 1993),

다. 이런 의미로 사용될 때, 서민에 대한 언급은, 정치적 적대가 정화되어 형태 없는 대중과 국가의 억압기구를 직접 비변증법적으로 대립시키는 이원론으로만 나타나는, 그런 좌파의 전통에 필요불가결한 부분이다.

『서민의 잠재력』에서 서민에 대한 언급을 통해서 추구되는 지식인과 민중 사이의 직접적 통일은, 매개하는 제3항의 모든 형상들을 역설적으로 포기하려는 일이기도 하다는 점을 덧붙일 수 있겠다. 라틴아메리카에서 매개하는 제3항은 대개 백인 식자letrado(말뜻 그대로 보면 "문자를 안다."는 것이지만, 보다 광범위하게는 "학식 있음"을 뜻하는 말), 혹은 라디노ladino(어원상 "라틴어를 아는 사람"이라는 말에서 온 것이나, 넓게 "백인" 혹은 크리오요criollo 8를 뜻하는 말)의 모습을 띠었다. 그러나 역설적이게도 가르씨아 리네라의 2005년 선거운동 포스터에 사용되었던 'un hombre que sabe', 즉 '알고 있는 사람'이라는 표어뿐만 아니라, 그가 감옥에서 저술한 글과 투팍 카타리 게릴라 시절의 소책자에 서명하는 데 사용하곤 했던 아이마라[중미 원주민]식 이름 카난치리Qhananchiri 역시, '사태를 밝히는 사람' 혹은 '계

16~96쪽이다. 이 글은 E. P. 톰슨의 유명한 논문인 "Patrician Society, Plebeian Culture [귀족 사회, 서민 문화]," *Journal of Social History* 7 (1974) : 382~405쪽을 다듬고 확장한 것이다.

8. [옮긴이] 'criollo' 스페인 식민지에서 태어난 백인을 가리키던 스페인어. 이후에는 백인과 원주민 사이의 혼혈을 가리키는 말로 의미가 확장되었다.

몽하는 사람'이라는 뜻을 가지고 있다. 그렇기에 『서민의 잠재력』에서 대표하는 인간으로서 지식인이라는 형상에 대해 수행했던 공격 대부분은 통찰력 있는 자기비판으로 읽힐 수도 있다. "헌신적 지식인"을 둘러싸고 있는 다음과 같은 위험 요인에 대비하는 글을 가르씨아 리네라 자신보다 더 열렬하고 설득력 있게 쓸 수 있는 사람은 아무도 없다. 그는 서발턴이자 원주민인 대중"에게" 혹은 이 대중을 "위해서" 말한다고 주장하면서도, 머리가 여럿 달린 국가 장치 속이나 이에 인접한 특권적 위치로부터 파생되는, 도덕적이면서도 물질적인 이득에 줄곧 시선을 높이 고정시키고 있는 "헌신적 지식인"을 괴롭히는 위험성에 대해 그토록 열렬하고 설득력 있게 쓴다. [그러나] 이런 식의 비판을 그 비판을 수행하는 저자에게 돌리는 일은 너무도 쉽다. 이뿐만 아니라 요즘에는 어떤 모험도 하지 않으려는 태도가 우파 출신 비평가들 못지않게 좌파 출신 비평가들 쪽에서 훨씬 더 흔하다.

다른 한편, 재현[의 관념]을 극복하기 위한 탐색은 우리 시대 좌파 사상의 이차적 형태의 근원으로서 내재성과 관계된 전통으로 되돌아가되, 가르씨아 리네라의 책 제목에 포함된 잠재력^{potencia}이라는 지반을 거쳐 한층 더 진전된다. 네그리의 'potenzia'라는 말만큼이나 스페인어 'potencia'는 영어로 번역하기 참으로 난감하다. 가령 '가능태'^{potentiality}라는 말은 화이트헤드나 아감벤에서 그런 것과 같이 현실태

actuality라는 절반을 잘라낸 아리스토텔레스주의처럼 여겨진다. '능력potency이라는 말은 지나치게 성性적이고 남성적이다. 또 '권력'power은 스페인어 'poder'나 이탈리아어 'potere'에 대한 관습적 번역과 완전히 뒤섞일 것이다. 그래서 나는 이런 말들 대신에 '잠재력potential이라는 단어를 선택하겠다. 그러나 영어[및 다른 언어]를 사용하는 독자는 스페인어에서 'potencia'라는 명사는 '힘을 부여하다'to empower는 뜻 내지 문자 그대로 '가능하게 하다'to potentialize는 뜻을 가진 동사 'potenciar'로 손쉽게 바뀔 수 있다는 부가적 특징을 가진다는 점에 유념해야 할 것이며, 이는 곧 다른 경우라면 단지 잠재적인 채 남아 있을 어떤 것을 현실성으로 이끌어낸다는 뜻과, 현상태 속에 실질적으로 숨어 있는 잠재력을 이끌어낸다는 뜻 둘 모두를 동시에 의미한다는 사실에 또한 유의해야 할 것이다.

『서민의 잠재력』의 가장 놀라운 구절들 중에는 『공산당 선언』의 동시대적 적절성을 언급하는 것이 있다. 가르씨아 리네라는 맑스의 『정치경제학비판 요강』 및 이에 대한 네그리의 독창적인 다시 읽기를 따라가면서도, 『공산당 선언』 가운데서 자본주의에 내재하는 반反결과성[9]을 드러내

---

9. [옮긴이] counterfinality. 사회적 실천이 의도와는 정반대의 결과를 가져오는 경우를 칭하는 사르트르의 개념이다. 바로 다음에 사용된 반(反)경향성(countertendency)은, 그렇다면 의도와 정반대의 경향을 가져오는

며, 동시에 [이 반反결과성을] 공산주의가 현실성이 되기 위한 여전히 추상적인 잠재력을 품고 있는 자리로 보여 준다. 그가 쓰는 바 "『선언』 속에서 이와 같은 자본의 전지구화에 대한 맑스의 태도는 단순하다. 이는 자본의 전지구화 가운데 감추어져 있지만 지금껏 지배적인 자본주의적 합리성에 의해 변형되고 비틀린 채 나타나는 해방적 잠재력을 이해하는 일에 있다." 그러므로 "비판적인 분석은 반反결과성, 즉 자본의 한가운데에 물질적으로 깃들어 있는 노동의 해방적인 반反경향성을 밝혀내야 하며, 맑스주의자는 바로 이것을 이해하고 그들이 이용할 수 있는 모든 수단을 다해 이것에 힘을 부여해야만〔potenciar〕 한다."10 이는 또한 서민의 잠재력

경우를 가리키는 것이 되겠다.

10. Álvaro García Linera, "El *Manifesto comunista* y nuestro tiempo [공산당 선언과 우리 시대]," *El fantasma insomne : Pensando el presente desde el* Manifiesto Comunista [잠들지 않는 유령 — 『공산당 선언』으로 현재를 사유하다] (La Paz : Muela del Diablo/Comuna, 1999). 이 글은 *La Potencia plebeya : Acción colectiva e identidades indígenas, obreras y populares en Bolivia* [서민의 잠재력 — 볼리비아에서의 집단 행동과 원주민, 노동자, 민중의 정체성], ed. Pablo Stefanoni (Buenos Aires : Prometeo Libros/CLACSO, 2008), 59~60쪽에 재수록되었다. 애석하게도 가르씨아 리네라의 저작은 영어로는 아직 광범위하게 읽을 수 없다. 가르씨아 리네라의 글 중 영어로 번역된 다음과 같은 문서를 참조하라. "State Crisis and Popular Power [국가 위기와 민중 권력]," *New Left Review* 37 (2006) : 73~85. "The 'Mulititude'['다중']," in Oscar Olivera and Tom Lewis ed., *¡Cochabamba! Water War in Bolivia* [코차밤바! 볼리비아의 물 전쟁] (Cambridge : South End Press, 2004), 65~86. "The State in Transition : Power Bloc and Point of Bifurcation [이행기의 국

이 현재로서는 여전히 잠든 채 추상적이라 할지라도, 순수한 비권력에 대한 몽상을 도구로 삼아 모종의 유토피아적이거나 상상적인 외부로부터 자본의 힘에 반대하는 대신에 이미 자본의 힘 내부에 자리 잡고 있다는 사실을 의미한다. 달리 말하자면, 실재로서의 공산주의, 혹은 지금의 상태를 지양하는 현실적 운동으로서의 공산주의는 사변적이고 관념적인 어떤 몽상이 아니다. 이것은 변증법적인 방식은 아니라 해도 충분히 유물론적이고 비판적인 방식으로 자본주의에 내재하는 경향들 및 반ㄷ결과성과 연결되어 있다.

그렇다 하더라도, 서민들의 권력은 자본주의의 위기와 무기력에서 자연발생적으로 출현하지 않는다. 자본은 더한 자본을 생산할 뿐이기 때문이다. 요즘 같은 전지구적인 [자본주의의] 위기 가운데서조차, 혹은 바로 이런 위기에는 특히 더 그러하다. 맑스가 말하곤 했던 바와 같이 "사회 개혁은 강자의 약점 때문에는 결코 이루어질 수 없으며, 언제나 약자의 힘의 결과로 쟁취된다."[11] 이처럼 약자에 힘을 부여하는 일은 대규모의 실행 및 비틀거나 강제하는 주로 폭력

가 — 권력집단과 분기점]," *Latin America Perspective* 37 (2010) : 34~47. 2007년 코넬 대학에서 열린 "라틴아메리카에서의 맑스와 맑스주의" 학술대회에서 가르씨아 리네라가 행한 중요한 개회 연설, "Marxismo e indianismo"("Marxism and Indianism [맑스주의와 인디오주의]")의 녹화본을 www.cornell.edu/video 에서 영어 자막으로 볼 수 있다.

11. 가르씨아 리네라의 맑스 인용, *La potencia plebeya*, 65.

적인 실행에 달려 있다. 이전에 수학을 전공한 가르씨아 리네라는 이런 실행을 공산주의의 자기결정 곡률^{curvature}이라고 명명한다. "달리 말하면, 자본은 사회적 노동의 잠재력을 오로지 추상된 것으로서만, 상품 가치의 합리성에 끊임없이 종속되고 그것에 의해 거세된 힘으로만 펼쳐낸다. 이런 경향이 수면 위로 드러날 수도 있다는 사실은 이제 더 이상 자본의 관심사가 아니며, 자본이 존재하는 한, 자본이 존재한다는 사실 자체가 노동의 잠재력이 스스로 떨쳐나기를 허용하지 않을 것이다. 그러므로 위와 같은 사실은 자본이 이제까지 요컨대 무엇을 해 왔는지에 기초해서 자본에 대항하고 이것을 무너뜨리려는 노동의 관심사가 된다." 가르씨아 리네라는 이렇게 결론을 맺고, 다음과 같이 덧붙인다. "이와 같은 [자본의] 결정을 깨뜨리는 일, 계급의 정의역을 다른 방향의 **곡선으로 구부리는** 일, 다르게는 노동을 노동 자체에 기초하여 규정하는 일이란, 남에게 의지하지 않는 노동자를 일으켜 세우는 문제이자, 노동에 대한 자본의 결정에도 불구하고 노동이 스스로 노동을 결정하는 문제이다. 즉 이것은 자기결정이라는 역사적이고 유물론적인 문제이다."[12]

---

12. 같은 책, 79, 114. 리네라가 보기에 이런 결정의 곡률은 정당에 대한 맑스의 정의에 정확하게 상응한다. "그렇다면 당이란, 자본에 의해 만들어진 것과 다른 현실을 생산할 수 있는 여러 거대한 실천 형식들을 완성함으로써 프롤레타리아 대중을 자신의 운명을 담당하는 주체로 역사적으로 구성해 내는 거대한 운동이다. 이런 의미에서 당은 대중 전체의 결정

현재의 상황과 우리의 과업

이론가로서 가르씨아 리네라의 최근 저술에 관한 너무도 간략한 위의 언급으로부터 나는, 좌파 사상과 끝없이 변증법적으로 투쟁하는 공산주의의 현실성과 관련하여 두 가지 일반적인 과업을 도출하겠다. 다시 말해 결국에는 공동 전선을 불러일으킬 수 있는 이론적 자기 해명의 두 가지 과업을 이끌어내는 것이다. 희망하건대 이 공동 전선 가운데서는 정당과 국가로부터 빠져나올 것을 주장하는 여러 논변이, 우리가 오늘날 볼리비아에서 펼쳐지고 있는 것과 같은 실험들을 진지하게 — 이상화하지도 않고 편견을 갖지도 않고서 — 생각하는 일을 더 이상 배제할 필요가 없었으면 한다.

첫 번째 과업은 우리로 하여금 공산주의적 가설을 역사화하는 일을 능동적으로 계속 수행하기를 요청한다. 우리는 이념의 아름다움이면서 동시에 이념으로부터 단순함을 제거하는 것이 과연 무엇인지와 관련해서, 혹은 이념에 관한 이차적인 이념과 관련해서, 서구와 구소련의 경계를 벗어나 계속 나아갈 필요가 있다. 이념에 관한 이차적 이념이

적 사실(material fact)이지, 분파나 전위의 결정적인 사실이 아니다. 또한 당은 실천적 행위들의 운동이지, 단지 이론으로 얻게 된 것이 아니다. 그리고 당은 노동 계급 자체에 의해 수행되는 계급투쟁이지, 하나의 강령이거나 혹은 '현실이 그에 맞추어 조정되어야 할 일종의 이상(ideal)'이 아니다."(같은 책, 122쪽).

란 바디우의 『이데올로기에 대하여』에서부터 최근의 『공산주의적 가설』에 이르는 저작에 계속 남아 있는 것이다. 이에 따르면 공산주의는 한편으로, 집결된 대중이 소유, 위계, 권력authority의 특권과 직접 맞서는 때라면 언제든 나타날 수 있는 일련의 공리적 불변항에 의해 규정되며, 또 다른 한편으로, 역사 속에서 이 동일한 공산주의적 불변항들을 실행하고, 이를 성공이나 실패의 다양한 눈금 위에서 시행하는 특정한 정치 실행 주체들political actors에 의해 규정된다. 달리 말하자면 이 첫 번째 과업은, 이를테면 공산주의가 가지는 영원성의 역사를 써내려가는 일이며, 마치 보르헤스가 써내려 간다면 그렇게 할 것처럼 쓰는 일을 말한다.[13] 이런 점에서 핵심을 이루는 개념은 선형적인 변증법적 시기구분에 사용되는 단계들 및 이행 과정이라는 정통주의적 개념이 아니다. 오히려 중요한 것은 엄밀하게 내재적인 결정 과정 가운데 나타나는 공산주의적 가설의 서로 다른 우발적 순서라는 개념이다. 이와 같은 [서로 다른 우발적 순서라는] 개념이, 무엇을 실패라고 부르는지 그 본질 자체에 대한 평가와, 앞선 장면에서 뒤 순서에 이르도록 미해결인 채 넘겨진 유산의 본질 자체에 대한 평가를 포함하여, 갖가지 실패한 일들

---

13. [옮긴이] 우리 책의 4장에서 보르헤스의 「파스칼의 구(球)」에 대한 보스틸스의 인용과 언급을 참조할 것.

에 대한 평가라는 점에서 수많은 다음 과제들을 불러일으 킨다고 해도 그렇다.

두 번째 과업은 다음과 같다. 공산주의적 가설을 플라 톤의 이데아나 칸트적인 이념이 그러하듯 시간과는 동떨어 진 광휘로 영원토록 빛나게 둘 것이 아니라면, 공산주의는 역사적 필연성과 단계론에 대한 그 모든 가정 바깥에서 다 시 역사화해야 하는 것일 뿐만 아니라, 현재의 상태를 지양 하는 실재적 운동으로서 현실화되고 조직되어야만 하는 것 이다. 달리 말해 공산주의는 다시금 구체적인 몸에 새겨질 방법을 찾아야 한다. 즉, 공산주의는 국제주의적인 정치적 주체성을 갖춘 사유와 신체의 집합을 찾아야만 한다. 이처 럼 주체를 형성하는 실행이 구현되기 위해서 정당이라는 전 통적인 형식을 거칠 필요가 이제는 없을지라도 그래야 한 다. [공산주의가 가지는] 영원성을 역사화한 이후에, 이것이야 말로 우리의 현재 상황에서 공산주의를 갱신하는 일에 필 요한 두 번째 과업이 될 것이다. 바디우가 『모호한 재앙에 대하여』에서 쓰는 것처럼 "사유의 심급이 스스로를 국가로 부터 빼내면서 이 뺄셈을 존재에 새기는 지점이야말로 정치 의 실재를 구성한다. 그리고 정치 조직은 '획득한 자리를 고 수하는 일' 말고는 다른 목표를 갖지 않는다. 다시 말해 정 치 조직은, [애초에] 그것을 만든 불복종의 공적인 몸짓을 발 견할 수 있었던 사유, 집합적으로 기억되고 재통합되는[remembered 사유에 [구체적인 실체로서] 몸을 제공하는 것 말고 다른 목표를 갖지 않는다."[14] 그렇기는 하지만 당연하게도, 공산주의가 조직되고 구현될 수 있는 길은 모든 주된 의심과 불일치가 나타나는 바로 그런 장소이기도 하다.

정당과 국가

가르씨아 리네라는 『서민의 잠재력』의 몇몇 논의 가운데 흥미롭게도 맑스가 페르디난트 프라일리그라트에게 1860년 2월 29일에 보낸 서신에 주목한다. 맑스는 이 편지에서 1852년 11월에 자신의 지령대로 공산주의자 동맹이 해산한 이후에, 스스로가 "다시는 지하조직이건 공식조직이건 어떤 회합에도 속했던 적이 결코 없으며, 그러므로 내게 정당은, 이처럼 전적으로 단명하였다는ephemeral 의미에서 8년 전에 존재하기를 그쳤다."고 쓰지만, [또 한편] 이런 고백이 이

---

14. Badiou, *D'un désastre obscur*, 57 [바디우, 『모호한 재앙에 대하여』]. "획득한 자리를 고수하라"(Tenir le pas gagné)는 문장은 아르투르 랭보의 『지옥에서의 한 철』 가운데 한 구절을 인용한 것이다. 이 책의 제목인 『모호한 재앙에 대하여』가 바디우의 마지막 소설 제목인 『이 아래, 고요한 돌』(*Calme bloc, ici-bas*)과 마찬가지로 말라르메의 시 「에드가 포의 무덤」의 한 구절[모호한 재앙이 쓰러뜨린 이 아래, 고요한 돌(Calme bloc ici-bas chu d'un désastre obscur)]에 대한 일종의 인유인 것과 마찬가지이다.

용어가 품고 있는 의미를 끝까지 보여 주는 것은 아니라고 쓴다. "나는 정당이라는 말을 넓게 역사적인 의미에서의 당이라는 뜻으로 사용하였다."[15] 가르씨아 리네라는 이 편지에 기초해서 정당에 대한 이 같은 두 가지 의미, 즉 일시적 의미와 커다란 역사적 의미 둘 사이의 변증법을 복구하고 또 정당하게 재평가하기를 요구하기 시작한다. 이와 같은 방식은, 후기 저서인 『메타정치론』에 이르러서도 잘 알려지지 않은, 동일 주제에 대한 바디우의 몇몇 견해들이 취하는 방식과 잘 맞아떨어질 수 있다. 이런 견해가 아니었더라면 『메타정치론』은, 국가로부터 거리를 두고 정당이 존재하지 않는 전투적 투쟁의 정치 형식에 대한 옹호[만]을 모아 놓은 책이었을 것이다. 가르씨아 리네라는 맑스의 서신을 다음과 같이 해석한다.

정당의 역사적 의미와 일시적 의미는 맑스에게서 정당에 대한 일종의 역사적 변증법을 형성하며, 오늘날 우리는 이것의 정당성을 옹호해야만 한다. 전 세계에 걸친 대부분 좌파의 조직된 경험 가운데서 널리 겪은 당국가the party-state에 대한 비극적 경험에도 불구하고 그래야만 하는 것이

---

15. 런던에서 Ferdinand Freiligrath에게 보낸 서신. Karl Marx and Friedrich Engels, *Collected Works*, vol. 41 (New York : International Publishers, 1985), 가르씨아 리네라가 *La potencia plebeya*, 82쪽에서 재인용.

다. 모든 경우에 줄곧 당국가는 위계적인 국가 전제를 축소 복제한 것에 불과했으며, 이것은 전투적 투쟁의 의지를 정당 직원과 간부들의 전능한 권력 속에서 소외시켜 왔다. 이와 같은 장치[당 기관의 구성장치들은 혁명적인 사회 변혁이 나타나기 무섭게, 일반의지를 점유하는 배타적인 작용을 통해 스스로를 재구축하기 위하여 국가 기구와 융합하는 특별한 재능을 보여 주며, 이렇게 됨과 동시에 국가 기구를 출현시키는 자본주의적 재상산의 합리성은 강화된다.[16]

커다란 역사적 의미에서 정당을 되찾는다는 이와 같은 착상을 『메타정치론』에서 제기된 바 있는 정치의 정당형태에 대한 바디우의 다소 의외의 옹호와 합쳐볼 수는 없을까? "맑스와 레닌은 다음과 같은 점에서 일치한다는 것, 곧 그들에게 정당의 실제 성격은 그 견고함에 있는 것이 아니었으며, 오히려 정당이 사건에 [열려 있는] 투과성을 띠며, 예견할 수 없는 정황들에 직면하여 산포적인 유연성을 가진다는 데 있었다는 점을 강조하는 일은 매우 중요하고 결정적이다." 바디우는 『공산당 선언』과 『무엇을 할 것인가?』[17]를

16. García Linera, *La potencia plebeya*, 130.
17. [한국어판] 블라디미르 일리치 울리야노프 레닌, 『무엇을 할 것인가? 우리 운동의 절박한 문제들』, 최호정 옮김, 박종철출판사, 2014.

직접적으로 언급하며 이처럼 쓴다.

> 요컨대 정당이란, 노동계급의 단단하게 뭉친 부분 ─ 스탈
> 린이라면 '분견대detachment라고 부를 법한 집단 ─ 을 가리
> 킨다기보다는, 고정될 수 없고 편재하는 어떤 것을 가리
> 킨다. 정당의 정당한 기능은 계급을 대표하는 것이 아니
> 다. 오히려 이것은 역사가 이해관심의 견고함 ─ 그 이해관
> 계가 물질적인 것이건 국가적인 것이건 ─ 과 관련하여 있
> 을 수 없으며 초과되었다고 제시하는 모든 것과 계급이란
> 동일하다는 사실을 확실히 함으로써, 계급의 한계를 벗어
> 나 그 범위를 정하는de-limit 것이다. 따라서 공산주의자는
> 묶여 있지 않은 다수 의식multiplicity of consciousness, 이것의
> 선구적인 양상을 구현하고, 그럼으로써 유대의 견고함보
> 다는 유대의 위태로움을 상징한다. [프롤레타리아가] 잃을
> 것은 사슬이요, 얻을 것은 세계라는 문장이 프롤레타리
> 아적인 것의 공리가 되는 데에는 충분한 이유가 있다.[18]

달리 말해, 이제 정당은 우리가 기관원들과 일치하여 갈채
를 보내는 동안에 우리 배후에서 사태를 운영하는 역사적

---

18. Badiou, *Metapolitics*, 74. Marx and Engels, *The Communist Mani-
festo*, 95 [맑스·엥겔스, 「공산주의당 선언」, 『칼 맑스 프리드리히 엥겔스
저작선집 1』]을 보라.

필연의 철칙이 현실에 실현된 것이 더는 아닐 수 있다. 정당이란 예견할 수 없는 여러 정황의 한가운데서 사건들에 대한 충실성을 유연하게 조직하는 일에 붙인 이름에 불과할 수 있는 것이다.

마지막으로 국가와 관련해서 가르씨아 리네라가 품고 있는 생각은, 파리 코뮌의 경험 이후에 이미 맑스와 엥겔스가 충분히 표현했던 것이자, 오늘날 바디우와 네그리가 끊임없이 반복하고 있는 이념을 명백하게 공유한다. 이 이념이란 말하자면 "현대 국가는, 그것이 어떤 형태를 띠건 간에, 본질적으로 자본의 기구이다. 현대 국가는 자본주의자들의 국가이며, 자본주의의 이상적 집합체"라는 것이다.[19] 카난치리

---

19. Friedrich Engels, "From Utopian Socialism to Scientific Socialism [공상적 사회주의와 과학적 사회주의]," García Linera, *La potencia plebeya*, 101 n. 157에서 재인용. 잘 알려져 있다시피 이 점에서 맑스 자신의 관점은 파리 코뮌의 결과, 코뮌 이후에는 변동하였다. 가르씨아 리네라는 국가와 관련하여 『공산당 선언』을 이렇게 "수정"한 것에 주석을 달면서, 에티엔 발리바르의 연구 "La 'rectification' du *Manifeste communiste* [공산당 선언의 '수정']," *Cinq études du matérialisme historique* [역사적 유물론에 대한 다섯 가지 연구] (Paris : François Maspero, 1974) 65~101쪽을 언급한다. 어디에선가 가르씨아 리네라는 맑스와 라틴아메리카 사이의 빗나간 만남에 관한 호세 아리꼬의 잘 알려진 주장에 논쟁을 걸면서, 다음과 같은 결론을 이끌어낸다. "그러니까 구식의 국가 내에서는 어떤 사회 혁명도 결코 가능하지 않으며, 구식 국가로부터는 어떤 민족국가의 건설도 있을 수 없다. 이 과업은 오로지 사회가 자기를 조직하려는 (self-organization) 운동, 시민사회가 스스로를 민족국가(nation)로 조직하려는 창조적이고 활력에 찬 충동으로서만 현실에 나타날 수 있다." 그러면서도 그는 다음과 같이 덧붙인다. "이것이 [사회 혁명과 민족국가

라는 필명으로 감옥에서 집필한 초기의 한 텍스트에서 가르씨아 리네라가 공산주의는 의회 같은 [국가] 장치들을 때려 부수는 일 말고는 이 장치들과 아무런 관계도 없다는 정통주의적 좌파의 관점을 반복하는 이유는 바로 이 때문이다. 그는 다음과 같이 쓴다. "부숴라! 태워라! 정부와 국가 장치 전부와 함께 없애 버려라! 대신에 사장에게 하인처럼 부려지는 일에 넌더리가 난 노동자들을 내세우라."[20] 그럼에도 불구하고, 국가라는 형식state-form 그 자체에 내재하는 타락의 가능성을 [앞에서처럼] 경고하며 주장하는 것과 꼭 마찬가지로, 몇 년 뒤에는 곧 볼리비아의 부통령이 될 가르씨아 리네라는 또한 자신이 "조야한 무정부주의가 꿈꾸는 일종

의 건설이라는] 과업에서 국가(the State)가 할 수 있는 역할을 앗아가는 것은 아니다. 맑스가 유럽의 절대왕정이라는 사례에서 찾아 보여 주었던 것이거나, 멕시코의 크레올 엘리트들의 사례에서 나타났던 것을 참조하자면 그렇다." Qhananchiri, *De demonios escondidos y momentos de revolución* [혁명의 순간들과 숨어 있는 악마에 대하여] 제1부 (La Paz : Ofensiva Roja, 1991), 255~256쪽을 보라. 이 부분은 *La potencia plebeya*, 50쪽에도 또한 포함되어 있다. 맑스와 라틴아메리카 사이의 빗나간 만남 및 이 주제에 관한 아리꼬와 가르씨아 리네라 사이의 논쟁에 대한 보다 상세한 논의를 위해서는 나의 책 *Marx and Freud in Latin America : Politics, Religion, and Psychoanalysis in the Age of Terror* [라틴아메리카에서의 맑스와 프로이트 ─ 테러의 시대 속의 정치, 종교, 정신분석] (London : Verso, 2011)의 서문을 참조하라.

20. Qhananchiri, *Crítica de la nación y la nación crítica naciente* [민족국가에 대한 비판과 발생기의 위태로운 민족국가] (La Paz : Ofensiva Roja, 1990), 34.

의 비非국가 상태non-statehood"라 부르는 것에 반대하며 경고
한다.

국가가 어떻게 해서 사회 전체의 자원으로 "먹고 살아"가
며, 어떻게 해서 사회 각 부분들의 총체가 갖는 힘에 따라
이 물자들을 위계적으로 배분하고, 또 사회 구성원 전체
로부터 국가 자신이 획득한 합법성과 국가가 행사하는 강
제력을 수단으로 삼아 어떻게 해서 이와 같은 권력에 접
근할 권한을 성별性別하는지가 결국 "망각되거나" 감추어
진다는 사실을 고려하지 않으면, 국가 바깥의 사회라는
순진한 생각은 순수한 사변일 뿐이다. 요컨대 국가는 사
회관계의 총체이다. 국가는 그저 "할 수 있음"capable에 대
한 의욕 혹은 "권력에 대한 갈구"라는 야망에 그치는 것이
아니다. 이뿐만 아니라 어느 면에서 보자면 국가란 우리
전체를 속속들이 횡단하는데, 국가의 공적 의미는 바로
이 자리로부터 뻗어 나온다.[21]

21. García Linera, "Autonomía indígena y Estado multinacional [원주민
자치주와 다민족 국가]"(2004), *La potencia plebeya*, 231~232, n. 277에
재수록. 볼리비아의 최근 역사에서 발생한 원주민, 프롤레타리아, 농민
반란과 대중적으로 가능한 국가의 역할에 대해 지속적으로 이루어지고
있는 논쟁에 관한 간략한 개괄은, 선집 *Las armas de la utopía. Marx-
ismo : Provocaciones heréticas* [유토피아의 무기. 맑스주의 — 이단 지역]
(La Paz : CIDES/UMSA, 1996) 가운데 하이메 이뚜리 살몬과 라껠 구띠
에레스 아길라가 쓴 논문들에서 확인할 수 있다.(66~76쪽) 뒤이어 가르

달리 말해, 궁극적으로 국가는 바로 서민의 잠재력을 기반으로 삼아 유지되며, 이는 지난 다섯 세기 동안 라틴아메리카에서 이루어진 근대적 권력과 주권에 대한 강도짓을 규정해 왔던 것을 되찾기 위해 착취자들을 착취함으로써 언제나 선명해질 수 있다.

카난치리라는 필명으로 쓴 글 중에서 가장 급진적인 텍스트일 『민족국가 비판과 발생기의 위태로운 민족국가』에서조차, 이미 가르씨아 리네라는 "발생기의 위태로운 민족국가"뿐만 아니라, 대안으로서 "비⁎자본주의" 국가의 가능성을 환기시킨다. 한편으로 "현재 이루어지고 있는 아이마라와 케추아 지지자들의 투쟁은, 그러므로 우리로 하여금 비⁎자본주의 건설이라는 문제를 살펴보게 한다." 다른 한편, 이와 같은 비⁎자본주의 국가 형성의 가능성은 풀뿌리 수준에서 이루어지는 집단 행위의 힘에 달려 있을 것이다.

이와 같은 공동체들의 연합 가운데 아이마라 노동자들의 국가, 케추아 노동자들의 국가, 볼리비아 노동자들의 국가, 또 그 밖의 노동자 국가 형성을 위한 장소가 존재하

씨아 리네라는 두 동지의 비판에 답하는 서신들을 썼다. García Linera, "La lucah por el poder en Bolivia [볼리비아에서의 권력 획득을 위한 싸움]," *Horizontes y límites del estado y el poder* [국가와 권력의 지평과 한계] (La Paz : Muela del Diablo, 2005) 뒤의 글은 *La potencia plebeya*, 350~373쪽에 부분적으로 재수록되었다.

는지 아닌지는, 어떤 경우에건 집단적인 결정의 결과일 것이며, 자본주의적 민족국가의 억압이 낳은 불신의 상처를 아물리기 위해 이제까지 줄곧 도시 노동자들과 산골 일꾼들 사이에서 가꾸어 온 공동체주의적인 유대 및 [이들의] 반란이라는 정황 가운데 약동하는, 자연적이고도 문화적이면서 역사적인 차원의 활력에 의해 [관건으로서] 인식될 것이다.[22]

마지막으로 살펴볼 문제는 다음과 같다. 가르씨아 리네라는 스테파노니와 인터뷰를 하던 중에, 국가가 스스로를 구성하는 새로운 권력에 맡겨질 수 있다면, 국가는 공산주의의 지평을 안에서부터 "가능하게 만들거나"potentialize 혹은 공산주의의 지평에 "권한을 부여하는" 실체embodiment 중 하나가 될 가능성이 있다고 제안하는 데까지 나아간다. 헤겔이나 베버 같이 고전적이라 할 만한 관점을 지지하면서 더 교조적인 자치론에 가까울 정도로 네그리의 작업에 충실했던 과거를 차츰 포기해온 현직 부통령에게 이만큼이라도 들으리라고는 아무도 기대하지 않았을 것임에 분명하다. 그렇지만 가르씨아 리네라가 하는 말은 여느 때와 마찬가지로

---

22. Qhananchiri, *Crítica de la nación y la nación crítica naciente*, 18~19, 28~29.

유창할 뿐더러 도발적이기도 하다.

제가 정부에 들어가서 하고 있는 일은 이처럼 현재의 계기를 읽어냄으로써 국가 수준에서 법령을 비준하고 운영을 시작하는 것입니다. 그리고 나면 공산주의는 어떻게 될까요? 이 공산주의의 지평에 의지하여 국가에서는 무엇을 할 수 있을까요? 가능한 한 최대한으로 사회의 자율적인 조직 능력을 펼쳐내는 일을 지지하는 것입니다. 이것이야말로 좌파의 국가, 혁명적 국가가 무엇을 할 수 있느냐라는 문제와 관련하여 해낼 수 있는 최대한입니다. 노동자의 기반을 넓히고 노동자 세계의 자치권을 확장하는 일, 보다 공동체주의적인 그물망과 절합과 기획이 있는 곳곳마다 [공산주의적] 공동체 경제의 형식을 가능하게 만드는 [potenciar] 일 말입니다.[23]

이는 공산주의와 국가 사이의 관계에 대한 해석에서 거의 완전히 방향을 바꾼 것이며, 어찌되었건 정당의 문제와 관련하여 다른 공산주의 사상가들의 작업에서 찾을 수 있는 방향 전환과 마찬가지로 — 주류 매체 쪽으로부터야 언제나 최대한의 연민과 동정을 얻게 되는 참회자의 변절은 말할 것

---

23. García Linera, "El 'descubrimiento' del Eestado," 75.

도 없이 ─ 논란의 여지가 있다. 이와 같은 방향 전환에 대응하여 나는 우리가 두 개의 극단적이면서 마찬가지로 문제가 있는 대답을 피해 갈 필요가 있다고 주장하고 싶다. 그중 하나는 공산주의적 가설과 국가 사이의 이와 같은 모든 절합을 소련과 유럽 공산주의 모두의 붕괴와 서구의 사정에 초점이 맞추어진 제한적인 역사적 경험historicization을 들먹이며 도매금으로 비난하는 일이고, 나머지 다른 하나는 파리나 볼로냐에서 문제가 될 수 있는 것이 카트만두나 코차밤바에서는 좋을 수 있다거나 혹은 반대가 될 수도 있다고 상대주의적인 결론을 내리는 일이다.

우리에게는 맹목적이고 오만한 보편론도 필요하지 않으며, 비열하고 결국에는 생색을 내게 될 문화주의도 쓸모가 없다. 대신 필요한 것은, 공산주의와, 국가의 역사 및 이론과, 여러 정치 조직 양식들의 역사 및 이론 사이의 연결 양상에 대해서, 거대 서사나 변절 없이, 포괄적이고 집합적으로 재사유하는 일이다. [특히] 여러 정치 조직의 양식들과 관련해서는 정당만이 아니라, 라틴아메리카와 아시아, 아프리카의 정황 가운데서는 적어도, 정당과 국가에 대한 오래된 여러 질문보다 더 중요하다고야 할 수 없을지라도 그만큼 중요성을 띨 것임에 분명한 대중반란행위와 무장투쟁의 유산 역시 포함시켜야만 한다.

공산주의의 미래와 여러 전^前자본주의 공동체 형태

하지만 가르씨아 리네라가 사회주의와 공산주의 이론 및 역사에 대해서 가장 독창적으로 기여한 바는 맑스 및 맑스주의가 민족국가^{nation}, 민족성^{ethnicity}, 공동체 문제와 맺게 되는 간단치 않은 관계와 연관된다. 그는 우선 맑스주의와 원주민주의^{indigenism} 사이, 혹은 맑스주의와 볼리비아에서는 [원주민주의라는 말]보다 일상적으로 인디오주의^{indianismo}라는 말로 가리키는 무언가 사이의 "빗나간 만남" 혹은 엇나감^{desencuentro} 배후의 여러 이유에 관해 논한다. 이뿐만 아니라 가르씨아 리네라는, 대개는 무시되고 마는 민족학에 관한 초고들 및 러시아 활동가 베라 자술리치에게 보낸 서신과 초안들을 포함한 맑스의 저술들로 공들여 되돌아가면서, 공산주의와 전자본주의적 형태를 띤 공동체, 소위 고대적이고 전래된 것이자 농민적이고 농업적인 형식을 가진 공동체 사이의 연결 관계에 대해 조사함으로써 이 문제를 진지하게 다루기 시작한다. 가르씨아 리네라가 길게 독학한 1990년대, 곧 감옥에 들어가기 전과 수감 중이던 기간 동안에 수행했던 야심에 찬 과업은 위와 같은 내용을 담고 있다. 이 내용이 부분적으로 반영된 책은 『혁명의 순간들과 숨어 있는 악마에 대하여』와 『가치형태와 공동체 형태』이며, 두 책은 모두 라껠 구띠에레스가 붙인 서문과 함께 출판되었다. 가령 지젝 같은 이가 자본주의와 반자본주의 사이의 문명 충돌의 본성에 대한 에보 모랄레스의 언급을 무성의하게 거부할 때 생각했을 법하게 이 논의를 손쉽게 일축할 수는 없다. 에보 모랄레스의 언급은 근대 과학과 기술이 교란시킨 본래적인 균형과 조화에 대한 반동적이거나 몽매주의적인 이데올로기적 신기루를 표상하는 것이 결코 아니다. 그렇기는커녕 그런 언급은 계급에 기초하여 사회주의와 공산주의를 정의하는 일에 고유하게 내재하는 긴장 상태, 곧 계급에 기초로 삼은 정의가 인종^{race}, 민족국가^{nation}, 민족^{ethnicity}, 공동체^{community}라는 [집단 규정과 관련된] 여러 쟁점들을[24] 설명하고자 할 때 겪는 어려움

---

24. [옮긴이] 여기에서 나열되는 각각의 술어들은 우리말로 번역할 때 혼동의 여지가 있다. 다른 단어들의 경우에는 위에서처럼 고정해서 번역하였지만, 'nation'의 경우에는 때로는 '민족국가', 때로는 '민족'으로 번역하였다. 일찍이 에른스트 르낭이 설명한 바와 같이, 'nation'이란 혈통을 기준으로도, 언어를 기준으로도, 혹은 기존의 지배집단(가령 왕조국가)과 같은 정치적 범위를 기준으로도 일관성 있게 설명되지 아니한다. 특히 볼리비아의 경우에는, 그 공식 국가명인 "볼리비아 다민족국"(Estado Plurinacional de Bolivia)에서 알 수 있는 바와 같이 케추아와 아이마라를 포함한 여러 민족(nation)이 함께 구성하고, 또한 인디오와 메스티소, 스페인계 백인이라는 여러 혈통(ethnic)이 함께 구성하는 국가(the State/Estado)이다. 그러므로 이 책에서 저자가 사용하고 있는 'nation'이라는 단어는 볼리비아라는 국가가 독립한 이후 형성된 국민들의 집단정체성, 볼리비아 독립 이전 라틴아메리카 이전 왕국과 제국 시대에 형성되었을지라도, 현재의 관점에서 소급적으로 규정된 케추아나 아이마라 원주민들의 집단정체성 등을 모두 가리킬 수 있다. 전자의 경우를 가리킬 때에는 '민족국가'나 '국가'라는 말을 사용할 수 있을 것이며, 후자의 경우는

과 관련된 긴장 상태를 증상적으로 드러낸 것으로 읽어낼 수 있다.

가르씨아 리네라가 『혁명의 순간들과 숨어 있는 악마에 대하여』의 「머리글」에서 설명하고 있는 바와 같이, 그가 혼자서 연구를 기획하며 애초에 잡았던 전반적인 목표는 바로 "계속 진행 중인 민족국가적 자기조직의 여러 형식에 대한 문제와, 우리가 볼리비아라고 부르는 어떤 대상 가운데서 지난 몇 해간 일어난 농업 노동 대중의 투쟁이 갖는 의미를 맑스주의적으로 해명하는 일"이었다. 다시 말해 "케추아-아이마라 민족국가 운동과 볼리비아의 대중적이고 프롤레타리아적인 자기결정 운동에 비추어서 볼리비아라는 부르주아 국민국가nation-State를 비판하는 일"[25]이었다. 실제로는, 이것에 앞서 가르씨아 리네라는 보다 더 광범위한 [자신의] 기획을 출판 형식으로는 영영 완성되지 못하게 만들 결정을 내리면서, 현존하는 맑스주의의 자칭 정통성과는 거리를 둔 그 자신의 개념적 도구를 발전시키는 데 필요한 우회로를 거쳐 갈 것을 생각한다. "이런 이유로 우

'민족'이라는 말을 사용할 수 있을 것이다. 이처럼 현재 존재하는 집단정체성이 특정한 시기를 지나면서 형성된 경우에 nation이라는 술어를 사용한다고 이해하였기에, 번역 과정에서는 맥락에 따라 '민족국가'와 '민족'이라는 우리말을 선택하여 옮겼다.

25. Qhananchiri, "Palabras preliminares [머리글]," *De demonios escondidos y momentos de revolución*, xii.

리는 맑스와 또 그에 이어 맑스주의에서 '민족국가적인 것과 농민공동체주의적인 것에 대한 문제구성'을 알아차리고 그에 관여하는 이런 운동을 추적하기를 택하였다. 이를 거쳐 우리가 이런 문제구성이 갖는 국지적이고 현실적인 중요성에 ─ 의미 없고 죽어 버린 처방들은 이제 내다버리고, 민족국가적인 것과 농업적인 것을 이해하는 운동 그 자체를 갖추고서 ─ 파고들기 위해서이다."[26]

---

26. 같은 책. 가르씨아 리네라는 이 포괄적인 연구를 네 부분으로 나누어 구상하였다. "첫 번째는 맑스와 엥겔스가 이 과제에 기여한 바를 연구하려 한다. 이들의 처방은 결과적으로 이 책의 나머지 부분에서 결정적 무기로 사용될 것이다. 두 번째 부분은 제2인터내셔널[1889.7.14.] 시기에서부터 소비에트의 성립과 그 시대의 저술가들에 이르는 [영역에서 이 과제에 대한] 기여를 다룰 것이다. 세 번째 부분에서는 볼리비아 공화국 수립 [1825.8]부터 1952년에 이르기까지 이 지역의 저술가들이 조사한 결과를 연구하고자 한다. [앞선 세 부분의 연구는] 최종적으로는 네 번째 부분에서, 1825년 이래 볼리비아의 국민국가 형성 과정이 최근 몇 년간 아이마라와 케추아의 민족적 자기조직을 위한 가능성과 조건들이 출현하는 데까지 발전해온 것을 연구하기 위함이다."(같은 책). 지나치게 야심적인 이 기획 중 단지 첫 번째 부분의 삼분의 일, 즉, 맑스와 엥겔스가 민족, 공동체 그리고 국가라는 주제에 관해 『정치경제학비판 요강』에 이르기까지 저술한 것들에 대한 연구만이 『혁명의 순간들과 숨어 있는 악마에 대하여』라는 제목이 붙은 책으로 출판되었다. 그런데 감옥에 갇혀 가르씨아 리네라가 성찰한 주제들은 『자본론』의 대부분뿐만 아니라 맑스의 후기 저술들, 특히 러시아 농업공동체 및 이 농업공동체가 공산주의와 연결될 가능성에 관하여 베라 자술리치에게 보낸 유명한 서신과 초안들, 그리고 '아이유'(ayllu)[안데스의 케추아와 아이마라 사람들이 구성하는 혈연이 확장된 형태의 아주 오래된 공동체]의 역사와 안데스 산맥의 전자본주의적 사회 형성에 관한 것이다. 수감 시절의 이 고찰들은 Qhananchiri, *Forma valor y forma comunidad : Aproximación teórica-abstracta a*

무엇보다 이 연구들이 수행된 시기 자체가 이것을 특별한 문서로 만든다. 1990년대, 곧 소련이 붕괴한 뒤이자 니카라과에서 산디니스타 정부가 패배[1990년]한 이후이며, 소위 워싱턴 합의[1989]의 영향력 하에서 신자유주의 정책들이 전세계적으로 한창 시행되던 시기에 라껠 구띠에레스가 『혁명의 순간들과 숨어 있는 악마에 대하여』에 붙인 서언에 나타나는 것 같은 확신 가운데에는 활기를 띠게 하면서도 동시에 당황스럽게 만드는 무언가가 있다. "우리는 맑스주의자이며, 이는 최초에 이루어진 당파적 결단이다." 또 가르씨아 리네라 자신의 머리글에 나타나는 확신도 마찬가지이다. "사회주의가 죽었다고? 멍청한 소리이다. 이는 마치 인류 사분의 삼의 미충족된 요구가 사라져 버린 것처럼 취급하는 소리이다. 사회주의란 이상이 아니며, 운명이 그에 맞추어 강제로 조정되어야만 할 대상이 아니다. 그것은 무엇보다 살아 있는 노동이 자신의 착취당한 능력을 되찾기 위해 공동체의 형태를 띠고 수행하는 일반적인 투쟁의 실천

---

los fundamentos civilizatorios que preceden al Ayllu Universal [가치형태와 공동체 형태 — '아이유' 보편화에 선행하는 문명의 기초에 대한 추상적이고 이론적인 접근] (La Paz:Chonchocoro, 1995)에 담겨 있다. 이와 관련된 가르씨아 리네라 자신의 전기적 맥락과 관련해서는 최근 간행된 『가치형태와 공동체 형태』의 재판[*Forma valor y forma comunidad* (La Paz:Muela del Diablo/CLACSO, 2009)]에 붙인 그의 서문(7~12쪽)을 참조하라. 이후에 내가 인용하는 부분은 원래의 판본에서 따온 것이다.

운동이다."27 이론적으로도 마찬가지로 이 저술들은 스스로가 속한 시대를 거스르는 것처럼 여겨진다. 어쨌든 우리는 중차대한 시기에 처해 있다. 이 시기는, 대부분의 좌파가 회개하는 반(反)맑스주의자라고까지 말하지는 않는다 하더라도 자신을 포스트맑스주의자라고 자랑스럽게 선언하는 그런 시기이며, 또한 포스트식민 이론은 여태껏 에드워드 사이드의 『오리엔탈리즘』의 사례를 따라서 맑스의 소위 유럽중심주의를 맹렬하게 몰아내기에 아직도 한참 바쁜 시기이며, 또한 아이자즈 아마드, 가야트리 스피박, 혹은 케빈 앤더슨 같은 이들에게는, 인도와 그 밖에 자본주의의 주변부 일

---

27. Qhantat Wara Wara, "Prólogo[서언]," in Qhananchiri, *De demonios escondidos y momentos de revolución,* 쪽수 기재 없음. Qhananchiri, "Palabras preliminares," 같은 책, vii. 이와 같이 시기에 맞지 않는 사회주의 혹은 공산주의에 대한 확언은, 사르트르적인 의미에서 우리 시대의 초월할 수 없는 지평인 맑스주의와 결합되어 있으나, 수정될 필요를 물리치지 않는다는 점은 분명하다. "요컨대, 문제는 '패러다임의 수정'을 진전시키는 일, 맑스가 파리 코뮌, 그러니까 19세기에 이루어진 국제적 프롤레타리아들의 자기결정의 실행이 최대한으로 승리하고 또 패배했던 순간인 파리 코뮌의 경험을 가지고 1871년에 내세웠던 것과 같은 엄밀성을 진전시키는 일이다. 그 당시에 [맑스주의 패러다임에 대한] 수정 작업이 문제 삼았던 것은 국가 장치와 직접 대면하고 있는 살아 있는 노동의 역할이었다. 그 다음에 이 수정 작업은 중국 농민의 문제와 더불어 생산력(productive forces)의 영역을 포함하는 데까지 확장되었으며, 1970년대 초의 유럽과 중국 노동자들과 더불어 [노동]작업의 조직화 및 부분적으로는 문화의 영역에 이르기까지 확장되었다." María Raquel Gutiérrez Aguilar and Álvaro García Linera, "A manera de introducción[서문을 대신하여]," in Qhananchiri, *Forma valor y forma comunidad*, xv를 보라.

반에 대한 맑스의 관점을 재평가하는 일을 통해서, 따질 것이 한참이나 더 남은 그런 시기이다.[28] 이와 같이 국제적으로 광범위하게 펼쳐져 있던 정황 속에서도, 1990년대 초 가르씨아 리네라가 1970년대와 1980년대의 맑스주의 이론에서 이루어진 작업과 계속 교감하려고 시도하는 일에 함께

---

28. 맑스의 식민주의적 편견에 대해 에드워드 사이드가 수행한 너무도 축약적인 비난은 그의 고전적 저서인 *Orientalism* (New York : Vintage, 1979) 153~157 [에드워드 W. 사이드, 『오리엔탈리즘』, 박홍규 옮김, 교보문고, 2007]에서 찾을 수 있다. 아이자즈 아마드는 사이드의 무신경한 접근 방식을 그의 선집 *In Theory : Classes, Nations, Literatures* [이론 가운데서 – 계급, 민족, 문학] (London : Verso, 1992)에 수록한 "Marx on India : A Clarification [인도에 관한 맑스의 시각 – 하나의 해명]"이라는 글(221~242쪽)에서 바로잡았고, 가야트리 차크라보르티 스피박은 *A Critique of Postcolonial Reason : Toward a History of Vanishing Present* (Cambridge : Harvard University Press, 1999, 67~111 [가야트리 스피박, 『포스트식민 이성 비판』, 태혜숙·박미선 옮김, 갈무리, 2005]에서 맑스의 저서 가운데 아시아적 생산양식의 역할에 대해서 이를 일종의 증상으로서 다시 읽어내는 작업을 수행한다. 더 최근의 책으로는 케빈 B. 앤더슨의 *Marx at the Margins : On Nationalism, Ethnicity, and Non-Western Societies* [주변부에서의 맑스 – 민족국가주의, 민족성, 그리고 비서구 사회] (Chicago : University of Chicago Press, 2010)를 참조하라. 그럼에도 불구하고 맑스의 유럽중심주의적 편견에 대한 사이드의 확인과 배제는 여러 포스트식민 연구에서 끊임없이 매력을 느끼는 접근 방식이다. 그 증거로 Olivier Le Cour Grandmaison, "F. Engels et K. Marx : le colonialisme au service de 'l'Hitoire universelle' [엥겔스와 맑스 – '보편사'에 기여하는 식민주의]," *ContreTemps* 8 (2003) : 174~184 같은 연구와, 바로 이어지는 반박으로 Sevastian Budgen, "Notes critiques sur l'article d'Olivier Le Cour Grandmaison [올리비에 르 쿠르 그랑메종의 논문에 대한 비판적 촌평]," 같은 책, 185~189을 보라. 이 문제에 대한 신중한 개괄로는 Kolja Lindner, "L'eurocentrisme de Marx [맑스의 유럽중심주의]," *Actuel Marx* 48 (2010) : 106~128을 보라.

하는 동반자는 거의 없었다. 그가 살펴본 맑스주의 이론 작업은 로렌스 크레이더가 편집한 『아시아적 생산양식』이거나 테오도르 샤닌의 『후기 맑스와 러시아의 길』 같은 것들이었다. 이 중에서 테오도르 샤닌이 편집한 책은 맑스와 자술리치 사이에 오고간 서신을 포함하고 있으며, 로렌스 크레이더의 책은 맑스가 남긴 소위 코발레프스키 비망록을 포함하고 있는데, [맑스가 코발레프스키에 관해 쓴] 이 비망록은 이전에 가르씨아 리네라가 볼리비아에서 스페인어로 번역해서 출판하려고 준비했던 것이다.[29]

29. Lawrence Krader ed., *Ethnological Notebooks Of Karl Marx (Studies of Morgan, Phear, Maine, Lubbock)* [칼 맑스의 민족학 초고들 (모건, 피어, 메인, 러복에 대한 연구 기록)] (Assen: Van Gorcum, 1974), in Lawrence Krader ed., *The Asiatic mode of production: sources, development and critique in the writings of Karl Marx* [아시아적 생산양식 — 칼 맑스의 저술에 나타난 자료, 발전, 그리고 비판] (Assen: Van Gorcum, 1975). Teodor Shanin ed., *Late Marx and the Russian Road: Marx and "the Peripheries of Capitalism"* [후기 맑스와 러시아의 길 — 맑스와 "자본주의의 주변부"] (New York: Monthly Review Press, 1983)를 참고하라. 가르씨아 리네라의 머리말을 붙여서 볼리비아에서 출판된 코발레프스키 비망록은 Karl Marx, *Cuaderno Kovalevsky* (La Paz: Ofensiva Roja, 1989)이다. 이보다 전에 가르씨아 리네라는 볼리비아에서 맑스의 『민족학 초고들』을 출판하려고 준비하기도 했다. 그의 "Introducción a los estudios etnológicos de Karl Marx [칼 맑스의 민족학 연구에 붙이는 서문]," *Cuadernos etnológicos de Marx* [맑스의 민족학 초고들] (La Paz: Ofensiva Roja, 1988)을 보라. 『가치형태와 공동체 형태』에서 가르씨아 리네라는 후기 맑스가 남긴 이런 자료들을 부연하고 확장한다. 그는 Pedro de Cieza de León에서 Guamán Poma de Ayala, Tupac Katari에 이르는 스페인과 [라틴]아메리카, 메스티소와 원주민 출신 연대기 편찬자들을 방대

그렇다면, 가르씨아 리네라가 안데스라는 주변부의 시점에서 조사한 민족국가의 문제, 공동체의 문제, 농업의 문제에 관한 내용으로부터 끌어내야 할 결론은 어떤 것들인가? 이 조사에서 추려내야 할 첫 번째 통찰은 바로 맑스의 유럽중심주의라는 떠들썩한 쟁점에 관한 것이다. 가르씨아 리네라는 프러시아, 아일랜드, 인도, 폴란드, 터키, 스페인, 러시아, 그리고 다른 어디보다 라틴아메리카에 관한 [맑스와 엥겔스의] 사례 연구를 참조한 결과, 맑스와 엥겔스의 저술 가운데 특정한 민족이 가진다고 말해지는 천성적인 혁명적 자질 혹은 반혁명적 자질 따위에 관한 편견, 그리고 농민 공동체와 주변부 나라 일반의 소위 후진성에 관한 편견이 지속적으로 나타남에도 불구하고, [이들의 저술에서] 각각의 주어진 상황을 평가하기 위한 준거는 항상, 일종의 국제주의적인 시야에서 볼 때의 근본적 해방을 위한 해당 상황의 잠재력이었다는 점을 보여 준다. 훨씬 더 중요한 사실은, 이와 같은 사례 연구가 어떻게 해서 맑스로 하여금 그 자신이 『프랑스에서의 계급투쟁』에서 처음 체계를 잡은 모종의 원리를 점차 더 분명하게 확언하도록 이끌어갔는지 그 과정을 가르씨아 리네라가 보여 주고 있다는 점이다. "폭력적인 봉기는 부

하게 참조하고, 또 Claude Meillassoux에서 Silvia Rivera Cusicanqui에 이르는 동시대 학자들이 수행한 아이마라와 케추아 공동체에 대한 민족지(民族誌)적이고 사회학적인 연구들을 풍부하게 살펴보고 있다.

르주아의 마음에서보다 부르주아의 신체적 말단extremities에서 더 먼저 자연스럽게 터져 나온다. 순응은 신체보다는 마음에서 생겨날 가능성이 훨씬 크기 때문이다."30 소위 원시적 공산주의 혹은 전자본주의적인 공동체의 생산양식은 사멸해 버려야만 한다거나, 어쨌건 이런 생산양식이 배제되어 버릴 수 있는 역사 발전의 불변적 법칙에 굴복해 버리는 대신에, [수행해야 할] 과업은 정확히 자본주의라는 몸체의 위와 같은 말단으로부터 시작하는 변화를 국제적인 수준에서 촉진하는 일이다. "이는 가장 강력한 자본주의 국가가 붕괴하기를 기다리는 것에 관한 문제가 아니라, 가장 힘이 약한 국가에서 발생하는 혁명 내부로부터 그 붕괴를 밀어붙이는 것에 관한 문제이다."라고 가르씨아 리네라는 쓴다. "요는 사회 혁명을 단일한 나라에 제한하여, 장기적으로는 부분적인 혁명에 그치고 최종적으로는 패배에 봉착하게 될 것이 아니라, 가장 강력한 나라에 가 닿을 때까지 즉각 사회 혁명을 다른 나라들로 넓히는 것이다. 또한 요점은 기다려 보는 것이 아니라, 전지구적인 시야에서 가능한 원재료들을 가지고 실행하는 것이다."31

종속적 민족에 관해 맑스와 엥겔스가 쓴 여러 저술에

---

30. 맑스의 구절. Qhananchiri, *De demonios escondidos y momentos de revolución*, 153쪽에서 재인용.
31. 같은 책, 153~154.

나타나는 소위 유럽중심주의에 대한 이 같은 비판이 방법론적으로 도달하게 될 귀결은 맑스주의적으로 역사를 처리하는 방식이라고 여겨지는 것과 관련된다. 여기에서, 목표는 다음과 같이 짝을 이루는 두 극단을 피하는 것이다. 곧 맑스의 설명을 뒤바꾸어 "그 최상의 미덕이 역사보다 상위에 supra-historical 위치하는 데 있는 일종의 역사철학적인historico-philosophical 이론"으로 만든다거나, 아니면 "애초부터 특이성과는 동떨어져 있는 일종의 역사주의"[32]에 빠져들거나 하는 두 극단을 피하는 것이 목표가 된다. 특히 1870년 이후에 맑스 자신은, 정황 및 장소에 따라 특정하게 관련되는 역사에 대한 관점, 경로가 여럿인multilinear 역사관의 필요성을 고집스레 옹호한다. 역사에 대한 이와 같은 관점은, 주변적이고 종속적인 나라들에 대한 연구에 한정되거나 요즘이라면 대안적 근대라고 불릴 법한 것에 제한되기는커녕, 서구에도 마찬가지로 적용될 수 있을 것이다. 가르씨아 리네라는 다음과 같이 언급한다.

실제로, 유명한 한 편지에서 맑스는 『자본론』에서 상술

---

32. 같은 책, 204, 171. 마이클 로위는 맑스의 『민족학 초고들』에 대한 로자 룩셈부르크의 작업을 독해하면서 이와 유사한 통찰을 제공한다. Michael Löwy, "Rosa Luxemburg et le communisme [로자 룩셈부르크와 공산주의]," *Actuel Marx* 48 (2010) : 22~32.

하였던 서구에서의 자본주의 발전에 관한 자기의 역사적 개괄을 "일반 경로에 대한 역사철학적 이론"으로 바꾸어서, "인민들이 스스로가 놓인 자리를 발견하는 역사적 정황들을 고려하지 않은 채, 모든 인민에게 숙명처럼 강요하는 것"을 단호하게 거부한다. 맑스는 자신의 사유를 "역사에 대한 철학의 일반 이론이라는 만능열쇠"로 만들려고 하는 이런 모욕적 용법에 반대하면서, 새로운 사회 체제로 변형되기에 이르는 물질적인 위력과 가능성을 찾아내기 위해서 "제각각의 역사적 과정"을 구별하여 연구하기를 요청한다.[33]

이 원리는 특히 오늘날의 상황을 고려하는 데 중요하다. 볼리비아의 원주민과 농민 공동체들에 대한 가르씨아 리네라의 지금의 시각이, 이제는 그가 부통령이기에, 바로 역사에 대한 선형적이고 발전주의적인 철학을 채택하고 있다는 비난을 받아오고 있는 한에서는 그러하다. [그런데] 이런 [선형적이고 발전주의적인] 종류의 철학이 갖는 오류는 그가 『혁명의 순간들』과 『가치형태와 공동체 형태』을 통해서

---

33. Qhananchiri, *De demonios escondidos y momentos de revolución*, 204~205. 이 글이 참조하고 있는 것은 맑스의 "A Letter to the Editorial Board of *Otechestvennye Zapiski* [『조국의 기록』 편집부에 보내는 편지]"이며, Teodor Shanin, ed., *Late Marx and the Russian Road* [후기 맑스와 러시아의 길], 136쪽에서 재인용한 것이다.

드러내려고 그토록 애썼던 것이다. 이뿐만 아니라 최근 가르씨아 리네라를 비판하는 사람들 중에, 그가 자본주의라는 몸의 말단으로부터 유래하는 해방적 잠재력에 관해 저술한 1990년대부터의 여러 글에서 가르씨아 리네라가 맑스와 엥겔스를 지지하는 방식에 담긴 그의 관점을 실질적으로 탐구하는 일에 같은 정도의 진지함을 보이는 이는 거의 없다.

가르씨아 리네라의 저술들에서, 그중에서도 특별히 『가치형태와 공동체 형태』의 마지막 장에서 단연코 가장 중요한 통찰은, 가르씨아 리네라가 러시아 농업 공동체의 공산주의적 잠재력에 관해서 1881년 2~3월부터 이루어진 맑스와 베라 자술리치 사이의 서신 교환으로 주의 깊게 되돌아간 데에서 비롯된다. 이 둘 사이의 서신 교환은 독특하고 비#선형적이며 우발적인 역사의 경로라는 관념을 자세히 부연하면서, 전자본주의적 공동체를 이루는 기본 원리가 보다 우월한 – 공산주의적이며 보편적인 – 환경에서 변형된 채 되살아날 가능성을 집중적으로 강조한다. "러시아의 농업 공동체에 가능한 미래를 언급하는 맑스의 말을 따오자면, 우리 자신의 현실성을 위해서 민족적인 범위에서 공동체가 보존되어 왔던 곳에[34] 자리 잡은 공동체 형식을 '구

34. [옮긴이] 앞에서 나왔던 것처럼, 안데스 산맥의 공동체 형식인 '아이유'는

조하려고'salvage 할 때 필요한 것은, 이 형식을 공동체주의적이며 보편적인 생산 및 점유에 기초를 둔 사회 조직의 새로운 체계를 건설하기 위한 '직접적인 **출발점**'으로 변형시킴으로써 이 공동체를 '발전시키는' 일이다."[35] 이와 같은 견해는 과거에서 비롯된 목가적 몽상으로 향수에 잠긴 채 되돌아가는 것도 아니고, 불가피한 진보라는 개발주의적 신기루도 아니다. 그게 아니라 오로지 동시적인 국제적 교류와 자본주의의 보편화 내부로부터만, 맑스가 자술리치와 서신을 교환하며 그려보았던 공산주의와 공동체 사이의 재절합을 위한 가능성이 [자본주의의 보편화라는] 정세와 동시에 떠오르게 된다.

선조들의 공동체를 오늘날 "고대적 [공동소유의] 사회 유형"이라는 "보다 우월한 형태"로 재구축하는 이 역사적인 작업은, 모든 공동체 형식을 파멸시키려는 바로 그 체제 regime, 즉 세계체제world system가 된 자본주의가 쏟아 내놓은 여러 반反결과성 덕분에 가능해졌다. 왜냐하면 공동체 형식과 관련하여 세계체제로서 자본주의가 갖는 동시

케추아 사람들과 아이마라 사람들 사이에서 계속 유지되어 왔다.

35. Qhananchiri, *Forma valor y forma comunidad*, 335. 이 안에서 인용한 문구들은 "Marx-Zasulich Correspondence : Letters and Drafts"[맑스, 자술리치 서신 교환 ─ 편지와 초안]에서 가져온 것이다.(*Late Marx and the Russian Road*, 121).

성은 이 공동체들이 "자본주의의 끔찍한 부침^{浮沈}을 겪지 않고도 그 긍정적 성취 전부를 전유할" 수 있게 해주기 때문이다. 이는 특히 새로운 사회적 형식 아래에서 생산자들 사이의 전세계적 상호소통과 상호의존을 회복함으로써, 또 발전의 과학적이고도 기술적인 형식이 내포한 특정한 우수성들을 되찾음으로써, 사회적 부의 척도인 노동시간의 억제를 다시 추구함으로써, 그리고 그 밖의 많은 일들을 통해서 그렇게 한다. 하지만 이 모든 일은 사회가 자신의 창조적인 위력을 진정으로 재전유하는 양상으로 실현되기 위하여, 공동체의 주체적이면서 물질적인 자기통일self-unification을 그 전제조건이자 견인줄로 삼는다. 공동체의 이런 자기통일은, 여러 공동체들이 서로 간에 대해서 또 동시대 사회의 나머지 다른 노동력에 대해서 스스로가 그런 상태에 처해 있다고 여기는 국지적인 고립과 낙담으로부터 공동체 자체를 해방시킬 것이다. 사회의 해방이란 이것 이외의 다른 것이 아니다.[36]

가르씨아 리녜라는 자치적 공동체들이 실행하는 해방 활동을 가로막는 지역주의와 이산^{離散}된 상태의 위험성을

---

36. Qhananchiri, *Forma valor y forma comunidad*, 335. 인용한 문구들은 「맑스, 자술리치 서신 교환 ― 편지와 초안」, 106~107.

잘 알고 있다. 실제로 『가치형태와 공동체 형태』의 몇몇 단락에서 그는 이미 문화적 자치와 차이를 옹호하는 부류를 선제적으로 거부하는 것처럼 보이는데, 요즘 그는 문화적 자치와 차이를 국가 안에 집중된 새로운 패권적 정치에 종속시키고 있다고 비난받는다. 여기에서 반어적인 사실은 이와 같은 비난이 주로 취하는 형태가 맑스가 자술리치에게 보낸 편지와 초안들에 대한 놀라운 발견이라는 식이며, 나아가 이런 발견을 볼리비아의 부통령을 공격하는 방향으로 돌려놓고 있다는 점이다. 마치 부통령이, 이 서신 교환이 오늘날에도 계속해서 관련성[시의성]을 가진다는 사실에 대해 수백 쪽을 할애했던 일이 있지도 않았다는 듯이! "맑스에게 러시아의 공동체는 공산주의의 새 세상을 건설하기 위한 기반일 수 있었다. 그런데 맑스가 주장했던 바와는 반대로, 가르씨아 리네라에게 이 '전통적인' 세계는 변화의 장애물이다." 라울 씨베치는 어떤 논변에서 이렇게 주장하며, 바로 뒤이어 호세 라바사는 다음과 같이 이를 지지한다. "'아이유'의 기풍ethos, 아이유의 정치, 아이유의 인식구조에 뿌리내리고 있으며, 대중을 움직이는 '아이유'의 힘에 뿌리내린 천 년에 걸친 공통감각을 억압하려는 [가르씨아 리네라의] 의지는, 다음 순서로 정복과 식민화의 폭력을 재연再演하게 될지 모른다. 스페인의 정복 양식으로건, 아니면 신자유주의적 식민화나 혹은 '국가 자본주의'의 양식으로건."37 하지만 가르씨아 리네라가 보기에 행정적인 권한 이양에 노력을 쏟는 일이 아니라 타자성을 문화적으로 옹호하는 일이야말로 식민 지배의 유산과 은밀하게 공모할 위험을 안고 있다.

이에 반해, 공동체들이 와해되는 수난에 대한 숭배를 옹호하는 사람들은 수많은 "타자", 문화, 그리고 "차이"에 대

37. Raúl Zibechi, *Dispersar el poder : los movimientos como poderes antiestatales* [권력의 분산 ― 반(反)국가적 힘으로서의 운동] (La Paz : Textos Rebeldes; Buenos Aires : Tinta Limon, 2006), 195~196. José Rabasa, *Without History : Subaltern Studies, the Zapatista Insurgency, and the Specter of History* [역사 없는 자리 ― 서발턴 연구, 사빠띠스따 반군, 그리고 역사의 유령] (Pittsburgh : University of Pittsburgh Press, 2010), 280. 이 비판들에는 가르씨아 리네라가 맑스와 자술리치 사이의 서신 교환에 관해 전통적인 '아이유'를 감안하면서 길고 자세한 책을 저술했다는 사실을 인지하고 있음을 보여 주는 약간의 단서조차 없다. 마지막으로, 가르씨아 리네라 자신이 볼리비아에서 가능한 "원주민" 국가의 선택지와 결과를 정리해서 제시하고 있다는 점을 지적해 두어야 하겠다. 예를 들어 『서민의 잠재력』에 실린 "Autonomía indígena y Estado multinacional [원주민 자치와 다민족국가]"(240~242쪽)와 이 책에 재수록된 "Indianismo y marxismo. El desencuentro de dos razones revolucionarias [인디오주의와 맑스주의. 혁명의 두 이치 사이의 엇갈림]"(2005년에 처음 발표한 글, 373~392쪽)에서 정리하고 있다. 그는 냉정하게 결론을 내린다. "이처럼 다양하게 펼쳐진 인디오주의적 사유에 관하여 고찰해야만 할 내용은, 인디오주의적 사유가 국가에 대한 지배적인 개념파악의 형태를 취하는 하나의 세계관이 될 것인지, 아니면, 조직적인 취약점과 정치적인 오류 및 이 사유를 요구하는 집단 내부의 균열이 암시하는 것 같이, 인디오주의적 사유가, 관습적으로 권력을 가져 왔던 바로 그 정치 주체 및 사회 계급이 휘두르는 국가 주권의 과도한 전횡을 단지 조정(regulate)할 뿐인 몇 사람의 정치 활동가에게 속한, 일종의 이데올로기에 불과하게 될 것인지이다."(*La potencia plebeya*, 391).

한 그들의 수상쩍은 "관용"의 뒤편에다, 끔찍한 식민지적 절단, 학대abuse 및 약탈과 공모하는 비밀스런 침묵을 감추어 둔다. 이런 절단과 학대와 약탈은 자본의 체제가 공동체들에 맞서 [자본 체제 내의] 무한한 모세혈관, 즉 상업적인 배제에서부터 인종적이고 정치적인 배제에까지 이르고, 문화적으로 업신여기는 일에서부터 공동체의 노동 능력, 활력, 또 주관적이며 객관적인 위력을 내놓고 착취하는 일에까지 이르는 체제의 모세혈관을 경유하여 시행하는 것이다. 위선적인 "관용"은 정복당한 사람들에 대한 고고학적 호기심이자, 이 사람들의 공동체주의적 자결권을 근본적으로 부정하는 짓이다. 또한 위선적인 "관용"은 이 사람들의 것을 무자비하게 파괴한 자들 ― 이 사람들에게도, 정치적으로 경제적으로 또 문화적으로 있는 그대로 자기 자신을 실현하고 존재할 실질 권리가 있다는 사실을 부인하는 자들 ― 의 정치, 문화, 그리고 사회성격을 타도할 이 사람들의 권리를 근본적으로 부정하는 짓이며, 줄여 말하자면 이 사람들에게서 인간성을 부정하는 자들에게 이들이 반대할 권리를 부정하는 짓이다. 요컨대 [관용에 내포된] 이런 관조는, 보편화된 공동체를 만들려는 역사적인 노력을 무해한 민속학적 호기심으로 바꾸어 버리려는 시도가 탈바꿈한 것이다.[38]

맑스 또한 되풀이하여 말하는 바와 같이, 순수하게 시간을 되돌린다는 선택지는 결코 존재하지 아니한다. 역사의 확실성을 조금도 전제하지 않는다면, 이용 가능한 조건은 사실상 전지구적 자본이 만들어 내는 조건들이며, 오로지 이런 조건 내부에서부터만 우리는 고대적 공동체를 공산주의적으로 되살린다는 문제를 제기할 수 있다. "[케추아나 아이마라 같이] 오래된 민족들nations은 실존할 수 없거나 스스로를 독립적으로 재생산할 수 없다. 부르주아 국가nation가 존재하는 잠재적인 공간 속에 자기들이 통합되어 있다는 사실을 이미 깨달았기 때문이다. 이들은 약탈적이고 잔인한 착취에 박해당한 끝에 부르주아 국가에 굴복하거나, 아니면 힘을 키우고 일어나 자기들의 사회성의 형식forms of sociality을 지키기 위해 부르주아 국가에 저항한다. 무관심이란 결국 이런 비非자본주의 형식을 진압하고 파괴하는 일이 된다."고 가르씨아 리네라는 덧붙인다. "사용가치의 오래된 측면, 즉 사용가치가 노동생산물에 대한 사회적 형태의 직접적 구성물이라는 측면은, 사용가치의 보편적 성격이 갖는 새로움에 여전히 의지하며, 이 사실은 실존하는 모든 것을 압도하는 고차적인 종합으로 향하게 된다. 곧 사회적이고도 보편적인 공동체, 또는 우리가 〈보편화된 '아이

---

38. Qhananchiri, *Forma valor y forma comunidad*, 333~334.

유’)라고 불러야만 할 무언가에 도달하는 것이다.”[39]

국가에 맞서는 사회?

그렇기는 하지만, 공동체의 이른바 풀뿌리 수준과, 또 동시에 강력히 중앙으로 집중된 근대 국가의 장치들 내부, 이 양쪽 모두로부터 공산주의의 서민적 잠재력에 힘을 넘겨주자는 이념을 비판하는 사람들은 오늘날 전혀 줄고 있지 않다. 이런 비판자 중에서 가장 강력하고 설득력 있는 사람이 바로 라껠 구띠에레스라는 사실은 매우 흥미롭다. 그녀는 가르씨아 리네라의 이전 게릴라 전우였으며, 그가 국가와 공산주의의 관련 양상 문제에서 전향한 것처럼 보이기 전에 쓴 혁명적이고 공동체적인 정치에 관한 많은 저술에서 공동저자였던 사람이다. 개인적인 관계에서나 정치적으로나 이 두 사람 사이의 결별은 오늘날의 공산주의 이론 및 역사가 대면하고 있는 핵심 쟁점과 관련하여 여러 면에서 증상적이다. 그러니까 가르씨아 리네라의 경우에는 자신의 보다 과격한 반反국가적인 언사rhetoric를 버리고 사회주의운동당을 위해 에보 모랄레스의 선거운동에 합류하여 결국에는 자기

---

39. 같은 책, 195~196.

나라의 부통령이 되었다. 구띠에레스는 볼리비아를 떠나 고국 멕시코로 가서, 뿌에블로에서 『권력의 쟁취 없이 세상을 바꾸라』[40]라는 책에 요약된 반反국가주의 정치로 잘 알려진 저자 존 홀러웨이와 공동 연구를 수행한 뒤, 지금은 정치 활동가이자 『라 호르나다』*La Jornada* 라는 신문의 기자가 되었다.

그녀 자신의 주요 저서인 『빠차꾸띠[41]의 리듬』을 마무리하는 논평에서, 구띠에레스는 볼리비아의 최근 역사에 줄지어 나타난 여러 운동과 폭동에서 두 가지의 주된 조류를 구별한다. 하나는 공동체주의적인 것이자 반反국가적인 것이며, 나머지 하나는 민족국가적이면서 대중적인national-popular 것이자, 언제나 국가 권력의 쟁취를 목표로 삼는 것이다. 그녀에 따르면, 이 두 번째 조류는 불행하게도 – 위임의 불가피성이라는 이념을 수단으로 삼아 – 첫 번째 조류를 조정하고 흡수하며 침묵시키는 것 같았다. 구띠에레스가 보기에 이는 21세기 벽두부터 볼리비아에서 발생한 여러 봉기 및 약진 운동에 2005년을 기점으로 일어난 일이다.

---

40. [옮긴이] John Holloway, *Change the World Without Taking Power : The Meaning of Revolution Today* (London : Pluto, 2002) [존 홀러웨이, 『권력으로 세상을 바꿀 수 있는가』, 조정환 옮김, 갈무리, 2002].
41. [옮긴이] 빠차꾸띠는 잉카 제국의 황제 이름이자 MAS(사회주의운동당)와 함께 2000년대 초반 볼리비아의 원주민 운동을 이끌었던 단체의 이름이다. 케추아말로 "대지를 흔드는 자"라는 뜻을 가지고 있다.

그러므로 2005년에 사실상 볼리비아 전역에 걸쳐 다양한multiple 사회 세력이 참여하여 전개한 광범위한 충돌과 투쟁 활동은, 비록 외적인 — 겉보기의 — 형식으로는 2001년, 2002년, 2003년의 투쟁들과 확실히 유사하지만, 이 투쟁들과 동일한 내적 특질을 갖지는 않았다. 즉 서서히 이 다양한 사회 세력은 민족국가적이며 대중적인 지평에 닻을 내렸다. 그런데 이 지평에서 민중적이고도 공동체주의적인 시야의 여음餘音은, MAS당의 패권적 기획과 여전히 모순적인 MAS당의 민족국가적이면서 대중적인 제한 범위로부터 배제된 사람들의 목소리를 통해 어렵게 발화되었음에도 불구하고, 무시와 고립의 부담을 밑에서부터 떠받치다가 결국에는 불편함과 침묵 속에서 들리는 내부의 잡음이자 과거의 메아리인 양 사라져 버렸다.[42]

---

42. Raquel Gutiérrez Aguilar, "Cuatro reflexiones finales [최후의 네 고찰]," *Los ritmos de Pachakuti : Movilización y levantamiento indígena-popular en Bolivia (2000~2005)* [빠차꾸띠의 리듬 — 볼리비아에서 원주민-민중 운동과 봉기 (2000~2005)] (La Paz : Ediciones Yachaywasi/Textos Rebeldes, 2008), 305. 라울 J. 쎄르데이라스는 구띠에레스의 책에 대해 중요한 반론을 제기하였다. Raúl J. Cerdeiras, "La transmisión de política al Estado [국가 정책의 전파]," *Acontecimiento : Revista para pensar la política* [사건 — 정치에 대한 사유] 38~39 (2010) : 27~29. 볼리비아의 상황을 유사하게 비판적으로 평가하는 글로는 Forrest Hylton and Sinclair Thomson, *Revolutionary Horizons : Past and Present in Bolivian Politics* [혁명의 지평 — 볼리비아 정치의 과거와 현재] (London : Verso, 2007), 127~143쪽을 보라. 제임스 페트라스와 헨리 벨트마이어는 MAS당과 모랄레스/가르씨아 리네라의 선거 수법에 훨씬 더 비

원리상으로도 그렇지는 않다고 하더라도 사실의 차원에서 보자면, 공산주의적 공동체주의의 지평과 민족국가적이면서 대중적인 국가의 야망 사이에 상호이행적 성격transitivity은 존재하지 않을 수 있다. 달리 말해 우리는, 모랄레스 및 가르씨아 리네라와 함께, 여전히 좌파의 전통적 해석방식에 갇혀 있는 것일지 모른다. 이 전통적 해석방식은 유일하게 가능한 변화의 작인 및 사회운동과 정치 사이의 단 하나의 연결고리를 국가에서 찾는다.

라껠 구띠에레스는 사회와 국가 사이, 운동과 [국가]장치 사이, 아니면 주관적인 것과 객관적인 것 사이에서 난문의 성격을 띠는aporetic 이런 긴장이, 자기 동지의 15년 동안의 작업에서, 또 그 사람 자신에게서조차 재생산되고 있다고 파악한다. "가르씨아 리네라의 작업 일반에는 항상 두 개의 서로 충돌하는 어조가 있다. 하나는 거의 실증주의적인

판적이다. James Petras and Henry Veltmeyer, *Social Movements and State Power : Argentina, Brazil, Bolivia, Ecuador* [사회운동과 국가 권력 ─ 아르헨티나, 브라질, 볼리비아, 에쿠아도르] (London : Pluto, 2005), 175~219. 모든 관점에서의 전반적인 평가를 위해서는 *Latin American Perspectives* [라틴아메리카 전망]의 두 특별호(통권37~3호, 4호, 2010년 5, 6월호) 및 더 최근의 책인 Jeffery R. Webber, *From Revolution to Reform in Bolivia : Class Struggle, Indigenous Liberation, and the Politics of Evo Morales* [볼리비아의 혁명에서 개혁까지 ─ 계급투쟁, 원주민 해방, 그리고 에보 모랄레스의 정치] (Chicago : Haymarket Books, 2011)를 참조하라.

객관성과 어느 정도 친족유사성을 띠는 어조이며, 나머지 하나는 이와 대조적으로 볼리비아 사회 투쟁의 해방적 의지 속에 깊숙이 자리 잡은 어조이다." 그녀는 흔치 않게 사적인 내용을 다룬 한 여담에서 이렇게 쓴다. "이와 같은 두 경향은 가르씨아 리네라의 작업에 공존하는데, 이는 아마도 그 자신의 힘들고 불연속적인 삶의 궤적 때문일 것이다. 게릴라 투사에서 시작해서 삼엄한 감옥에 갇힌 정치범으로, 또 대학 교수와 사회 운동과 결부된 여론의 해설가를 거쳐 에보 모랄레스 정부의 부통령에 이르는 궤적이 바로 그것이다."[43] 그럼에도 불구하고, 최종적으로 나는 우리가 이 불연속적 궤적의 서로 다른 순간에 함께한 이론적 전략을 재검토하기를 제안하고 싶다. 그럴 때 우리는 가르씨아 리네라가 모랄레스 대통령 밑에서 수행한 일의 공과를 평가하는 데 필요한 개념적 도구를 그가 초기의 많은 저술에서 제공하고 있다는 사실을 알아차리게 될 것이다. 이뿐만 아니라, 라껠 구띠에레스 역시도, 가르씨아 리네라와 함께 저술한 초기의 바로 그 텍스트 중 몇 편에서, 해방적인 대중 운동과 국가의 정치권력 사이의 연결 양상에 대해 더 변증법적이고 덜 난문적인 이해방식을 구상했던 것으로 여겨진다.

---

43. Raquel Gutiérrez Aguilar and Luis A. Gómez, "Los múltiples significados del libro de Zibechi [씨베치의 책이 내포하는 다양한 의미]," (Zibechi, *Dispersar el poder*, 22).

한편으로 구띠에레스와 가르씨아 리네라는 국가 권력의 점령이라는 전통적 관념에 내재한 위험성에 대해 다음과 같이 경고한다. "우리는 '권력의 정복'이라는 통속적인 관념을 완전히 내버려야만 한다. 이 조야한 관념은 계몽된 지도층이 제 것이 아닌alien 소유물과 조직을 점령한 이후에 제 것이 아닌 권력을 차지하고서는, 사회에는 여전히 국외적인alien 바로 그 소유물과 조직과 권력의 관리자로 변모하는 일을 뜻해 왔[기 때문이]다."[44] 하지만 다른 한편으로, 이 모든 경고는 오로지 권력의 원천을 사회의 내재성 속에 확고하게 위치시키고자 하는 것이다. "요는 사회가 스스로를 지배적인 사적 권력으로부터 해방시키기 위해서 사회의 권력을 건설하고, 사회의 권력을 사회 속 권력의 유일한 형식으로 자리 잡게 하는 일이다. 전체 사회가 (가장 모세혈관에 가까운 수준으로부터 전국적全局的이고 정초적인 중심부에 이르기까지) 자신의 권력을 건설하지 않는다면, 해방이란 결국 [사회에 외부적인] 권력을 대체하는 장난질에 불과하다."[45]

몇 번이고 되풀이하건대, 이렇게 해서 또한 가르씨아 리네라 자신은 이후 『혁명의 순간들과 숨어 있는 악마에 대하여』에서 사회와 국가 사이의 절합을 제시한다. 물론 가

44. Gutiérrez Aguilar and García Linera,"A manera de introducción," in Qhananchiri, *Forma valor y forma comunidad*, xvi~xvii.
45. 같은 곳.

장 중요한 문제는, 모랄레스/가르씨아 리네라가 내린 처방 formula이, 다음 내용과 관련하여 몇 세기나 지속된 불가능성의 유산을 극복해 왔는지 아닌지이다.

> 한 세기가 넘는 기간 동안 국가는 사회를 혁명하는 일은 물론이고, 이를 유기적 전체로 만들어낼 수도 없었다. 이와는 반대로, 사회를 민족국가로 재형성하고 조직하는 일에서 그 절정의 순간들은 대중 반란의 거대한 운동, 국가에 대한 사회의 자기조직이라는 거대한 움직임, 국가에 맞서는 사회가 조직적이고 혁명적인 활기를 펼쳐내는 위대한 운동과 결부되어 왔다. 이런 운동들의 외부에서, 위로부터의 여러 노력에도 불구하고, 이루어지는 민족국가 건설과 사회 개혁은, 군주에 의한, 과두집단에 의한, 또 대토지소유자들에 의한 허구에 지나지 않았다.[46]

분명히 말해, 이런 평가가 전제하는 것은 공산주의가 전방위적인 집단적 자기 해방의 실행이라는 생각이며, 공산주의를 통해서 어떤 인민 – 공동체, 시민사회, 민족국가, 혹은 국제 조직으로서의 인민 – 이 자기 자신의 운명을 손에 쥘 수 있다는 생각 바로 그것이다.

---

46. Qhananchiri, *De demonios escondidos y momentos de revolución*, 255.

결론

공산주의가 죽어버렸다고 하더라도, "애도하기"를 거부하는 일, "처리해 버리기"를 거부하는 일, 어떤 짓이건 행하기를 거부하는 일은 여전히 가능하다. 공산주의가 갖는 최선의 특징을 계속 "실행하기"는, 특히 더 나은 대안이 전혀 없을 때라면, 여전히 가능하며 또 바람직할 것이다.

— 지오프 와이트, 『니체가 죽어 남긴 것』 —

지금까지의 이론적 조사를 바탕으로 삼아, 이제 나는 오늘날의 좌파 사상과 공산주의를 위한 지평에 관하여 다음과 같은 결론을 도출하고자 한다. 더 정확히는 다음 쟁점들과 각각 관련되는 다섯 가지 결론이다. 첫째, 정치와 철학 사이의 관계, 둘째, 역사와 몰역사적인 것 사이의 관계, 셋째, 차츰 증가하는 정치의 도덕화, 넷째, 유적으로 이해되는 공산주의 속에서 사변적 좌익주의가 갖는 양가적 지위, 마지막으로 공산주의가 국제주의internationalism와 맺는 관계가 그것이다.

먼저, 앞선 분석들이 엄격한 의미에서 철학적이라기보다는 이론적인 것이고자 한다는 바로 그 점에서, 나는 또한 이 분석들이 정치와 철학의 범위 설정을 둘러싸고 진행 중인 논쟁에 대한 개입으로 읽혔으면 한다. 그러므로 분석의 대상이 되었던 여러 저작들을 다루면서 내가 품고 있던 질문은, 이 저작들이 어느 정도나 오늘날의 철학으로부터 공산주의의 현실성으로 이어지는 통로를 열어젖히는지(혹은 그러지 않는지)에 관련되는 것이다. 이는 [우선] 정치가 모종의 고등 철학 내지 제일第一철학에서 파생된다는 옛 도식으로 [논의가] 되돌아가는 것을 의미하지 않으며, 이뿐만 아니라 이와 같은 형이상학적 도식을, 이론과 실천 사이의 연관에 대한 맑스주의의 규정 ─ 더 정확히는 레닌주의의 규정 ─ 으로 대체하는 일, 즉 이론과 실천 사이의 연관에 대한 규정의 기초를 이루는 교훈적pedagogical 위계구조로 대체하는 일을 의미하지도 않는다. 예술이나 문학과 마찬가지로, 분명 철학은 현상現狀의 허구적 연장, 혹은 현상의 유적인 보유補遺[라는 형태]로 교조적이지도 않고 공상적이지도 않게 미래를 예견할 수 있다. 이 일이 우리 자신의 신체 구성에 새겨졌다고 간주되는 자질과도 단절하고 미리 할당된 과업을 폐기하는 일인 한, 모든 해방 정치는 어느 정도 허구에 의존한다고 말할 수조차 있을 것이다. 다시 말해, 모든 해방 정치는 주어진 과업과, 어떤 주체 혹은 주체 집단을 이 과업에 적합하게 만든다고 여겨지는 그런 자질 사이의 상상된 간격에 의존한다고 말할 수조차 있을지도 모르는 것이다.

그러나 가장 정교하게 수행된 형이상학 비판 작업 가운데 몇 가지를 따라가며 우리가 목도한 바는, 위에서와 같이 허구의 힘이 갖는 가치를 다시금 강조하는 일과는 정반대되는 것이며, 이는 랑시에르나 바디우의 저술에서 서로 다른 판본으로 확인할 수 있었다. 헤겔 혹은 맑스에 대한 일반적인 참조에 대한 보상으로건, 아니면 이들에 대한 지난날의 참조를 대신한 것으로건, 이런 과거의 참조 이후에 요컨대 오늘날의 칸트나 하이데거에 대한 참조는, 대개 개념 혹은 이념의 범위 안에 놓이는 것으로서 합법적으로 현시되거나 사유될 수 있거나 그럴 수 없는 것이 무엇인지, 이 경계를 다시 설정하려는 경향을 띤다. [그런데] 불행하게도 이와 같이 비판적이거나 탈구축[해체]적인 범위 설정은 해방적이거나 혁명적인 모든 정치를, [이런 정치가] 현존하는 상태를 철폐하고 넘어설 힘을 주는 허구에 기초하기보다는 초월론적이거나 형이상학적인 신기루에 기초한다는 이유로 배제하는 경향을 종종 띠기도 한다. 명확한 일례로서 리오타르는 자신의 『열정』에서 다음과 같이 쓴다. "혁명적 정치란, 정치 영역에서의 초월론적 신기루에 기초하고 있다. [그리하여] 이 것은 인식론적 문장의 대상으로 현시될 수 있는 어떤 것을, 윤리적이고 사변적이거나 혹은 둘 중 하나의 성격을 띤 문장의 대상으로 현시될 수 있는 것과 뒤섞는다. 다시 말해 혁명적 정치는 도식이나 전형을 **유동대리물**^{類同代理物} 1과 혼동한다."² 게다가 형이상학의 탈구축[해체] 혹은 사변적 언어 게임 비판이라는 명목으로 사유 가능한 것이나 현시 가능한 것의 경계를 주의 깊게 경찰하는 일은, 역사가 어떤 방식으

---

1. [옮긴이] analogon. 유동대리물(類同代理物)은 현실에 존재하지 않는 개념이나 심상을 현시하고 현실의식이 지각할 수 있게 만들어낸 물질적 대상을 가리키는 사르트르의 개념이다. 예를 들어 하나의 조각은 그것이 표현하고자 하는 이념의 유동대리물이 된다. 여기에서 리오타르는 혁명적 정치가 일반적으로 이해 가능한 것이 되기 위해 윤리적인 용어들이나 관념적인 용어들로 제시되는 사태를 이 술어로 표현하고 있는 것으로 여겨진다.

2. Jean-François Lyotard, *Enthusiasm : The Kantian Critique of History* [열정 – 칸트주의적 역사 비판], trans. Georges Van Den Abbeele (Minneapolis : University of Minnesota Press, 2009), 22.

로건 평결을 내렸다고 이미 말해진 것을 철학이 추인追認하는 일과 관련되는 것으로 종종 여겨질 뿐만 아니라, 가능한 정치적 대안들을 어떤 것이건 모조리 ― 미래의 지양止揚[조차] 없이 ― 대개는 선제적으로 취소하고 억압하기도 한다. 예를 들어 에스뽀지또는 "공동체와 폭력"이라는 최근 강연에서 지난 몇 년간 수행한 자신의 작업을 요약하면서 회의적이면서도 보수적인 어조를 취하는데, 이런 어조는 프로이트 혹은 라캉에게 영감을 얻은 동시대의 정치에 대한 성찰 가운데 또한 발견할 수 있는 것이다. 그는 작금의 전지구화 시대 가운데서 정점에 오른 생체정치를 언급하면서 주저 없이 다음과 같이 확언한다. "전지구적 역동성을 중화하려는 오늘날의 면역학적 시도는 실패할 수밖에 없습니다. 일차적으로는 이런 시도를 시작하는 것 자체가 불가능하기 때문이며, 이차적으로는 설령 시작한다 하더라도 이런 시도가 의도와 반대되는 결과를 낳기 때문입니다. 이런 시도는 자신이 억누르려는 갈등에 의도와 걸맞지 않은 힘을 부여하게 되어 있습니다."[3] 어떤 경우이건 불가능하다고 여겨지게 되는 것을 이처럼 비난하거나 금지하는 일이야말로, 바로 억압에 대한

---

3. 로베르토 에스뽀지또, "공동체와 폭력"(티모시 캠벨이 조직하고 『다이어 크리틱 ― 우리 시대의 비평 휘보』지의 주관 하에 2010년 9월 24~25일 양 일간에 걸쳐 코넬 대학에서 열린 국제 학술대회 〈공통성(Commonalities) ― 동시대 이탈리아 사유에서 공통된 것을 이론화하기〉에서의 강연)

교과서적 정의 그 자체라고 읽어내서는 안 되는가?

철학의 지혜에 대하여, 혹은 정치를 탈구축[해체]하기 위한 사유의 진가에 대하여, 이처럼 자신 있게 의존하는 태도의 배후에는 암시적이건 명시적이건 두 가지 전제가 작동하고 있다. 한편으로 상정되는 것은 이제까지 실존해 왔던 정치양식이, 그것이 파시스트적이건 공산주의적이건, 자유주의적이건 반동적이건 간에, 모두 본질적으로 잘못 판단한 결과라는 점이다. 이 설명에 따르면, 가령 맑스의 근본적인 오류, 그리고 현실사회주의의 실패 이유는 주체의 자명한 자기 생산에 형이상학적이거나 인본주의적으로, 혹은 본질주의적으로 의존한 데 있는 셈이다. 이제 우리는 정치철학에서의 존재론적 회귀에 따라, 생산력, 자명함, 현실성, 충만함, 내재성 같은 이 모든 관념들이, 스스로 좌파라고 말하는 이들에게는 애초에 잘못 만들어진 부채[liabilities]로서 지속적이고 거의 끝나지 않을 탈구축[해체]를 필요로 하는 것에 불과하다는 교훈을 얻어야만 할 것이다. 에스뽀지또는 데리다, 낭시, 라쿠-라바르트 같이 하이데거[의 존재론 비판]에 영향 받은 철학자들의 작업에서도 다양한 모습으로 나타난다고 볼 수 있는 이 첫 번째 전제를 요약하면서, 단순한 정치적 해방과 대립되는 것으로서 맑스주의가 촉발한 인간 해방이라는 이념의 실패가, 존재론적 차이를 불충분하게 이해한 데서 비롯된 것일지 모른다는 말을 꺼내는 데까지 나아간다. "당연하게도, 맑스가 인간성 해방의 잠재력이 최대로 부여된 장소라고 지목하는 '공동체'는 개별자가 그 안에서 언제나 이미 스스로가 '피투thrown되었다고 깨닫게 되는 그런 곳이 아니다. 반대로 개별자들이 언제나 이미 던져져 있는 장소에 대한 완전한 부정은, 정치가 스스로를 철학으로 '지양'하고, 동시에 철학이 스스로를 정치 안에서 '실현'하는 일을 통해서만 가능할 따름이다." 에스뽀지또는 자신의 『정치에 관한 아홉 가지 사유』의 "신화" 장을 여는 부분에서 이렇게 쓴다. "헤겔과 함께 볼 때 (그리고 칸트와는 반대로 볼 때) 악이란, 있는 그대로의 상태에 머무르려는 유한의 완강함, 총체성 가운데로 사라지지 않으려는 개별자 편에서의 거부, 다시 말해 변증법의 부정성이 '작동하지' 못하게 막는 장애물 가운데 자리한다. 악의 문제를 소외의 문제로 되돌리면서, 곧 악의 문제를 [우리가] 넘어설 수 있는 특수한 조건에 의해 역사적으로 결정된 문제로 되돌려 놓으면서, 맑스주의적 인본주의는 모든 '존재론적 차이'를 가장 분명하게 거부하는 데로 나아간다."[4] 다른 한편으로, 최근의 정치적인 것의 회귀 속에서 철학이 두드러지게 되는 또 다른 이유는 다음과 같은 전제에서 비롯된 것이다. 즉, 이전에 실존했던 모든 해방적 실천을 떠받치면서도 이 실천을 전체주의의

---

4. Esposito, "Mito," 120.

행위와 유사하게 만드는 형이상학적 신기루를 — 수정하는 것까지야 아니더라도 어쨌건 — 진지하게 다루어야만 위에서와 같은 좌파의 실패를 치유할 수 있다는 전제로부터 철학[과 사유의 역할]이 두드러지게 되는 것이다. 이로부터 어떤 정념 — 일 뿐만 아니라 문체상의 숭고함이라고 해야 할 것 — 이 생겨나서, 앞서 언급한 철학자들은 이 정념을 가지고 정치적인 것에 대한 새로운 이해가 철학에 긴급하게 맡겨진 과업으로 나타날 수 있다고 공언한다. 조금 다르게 의무적mandatory인 어법으로 말하자면 정치적인 것을 새롭게 이해하는 일은, 우리가 단순하고 위협적으로 흔히 최악의 사태라고 언급되는 일을 피하려고 할 때 철학이 사유해야만 하는 유일한 과업으로 나타날 수 있다고 공언한다.

철학 내지는 포스트형이상학적 사유의 구제救濟하는 위엄을 내세우는 이 같이 거창한 여러 주장 앞에서 내가 이론 작업을 호소하는 이유는, 분과학문이나 방법론, 혹은 조사 영역들 사이에서 결국에는 극히 사소한 영역 다툼에 그치게 될 싸움에 단지 보결이나 샘 많은 경쟁자로 끼어들고자 함이 아니다. 반대로 내 목표는 정치와 철학에 관련된 성찰에 약간의 조심스러움과 현실 감각realism을 불어넣는 것이다. 현실사회주의와 공산주의는, 지금 이것들이 구제 불가능할 정도로 사실상 파산 상태라고 한다면, 실패했던 것이 아니라 패배했던 것이며, 이들의 패배와 파산이란 — 달리 말하자면 아마도 이들의 계속되는 현실성이란 ─ 애초에 철학적인 문제가 아니라 정치적이고 이데올로기적인 문제이다. 물론 이런 점이 실천철학의 이론적 한계와 전망을 철저하게 조사할 필요가 없다는 사실을 뜻하는 것은 아니다. 다만, 다시 한 번 강조하건대, 그런 조사는 스스로가 정치라고 착각해서는 안 된다. 정치적인 것의 본질에 대한 (칸트 이후의) 비판적인 탐구나 (하이데거 이후의) 존재론적인 탐구가 종종 자신을 이미 정치적인 성질을 띤 것으로 ─ 더 나아가 이제까지 실존했던 모든 정치에 비해 형이상학적 신기루에 빠져 있는 경향이 더 적기에 보다 더 근본적으로 정치적이라고 ─ 제시하는 경우에서처럼, [정치적인 것에 대한 비판적이거나 존재론적인] 조사 그 자체를 정치라고 오인해서는 안 되는 것이다. 예를 들자면 리오타르는 다음과 같이 단언한다. "정치적인 것에 대한 철학, 다시 말해 정치적인 것과 관련한 '자유로운' 성찰 내지 비판은, 정치 세계^{universe}를 현시하는 외래적이고 이질적인 어구군語句群을 각각 구별함으로써, 그리고 이 어구군 사이에 나타나는 (칸트는 '실마리'^{Leitfaden}라고 쓴) '문장'을 좇음으로써, 스스로를 정치적인 것으로 보여 준다. (가령 1968년의 '열정'은 칸트가 1789년의 열정에 대해 분석한 것 ['문장']을 닮지 않았는가?)"[5]

---

5. Lyotard, *Enthusiasm*, xviii.

책의 두 번째 결론은 이론 내지 철학의 지위에 관한 질문과 밀접하게 연결된 것으로서, 철학과 역사 사이의 관계에 관한 것이다. 실제로, 최근 되살아나는 공산주의적 가설에서 지배적인 경향은 역사로부터 적극적으로 물러나서 영원성으로 향하려는 것임을, 혹은 최소한 불변하는 이념^{Idea}으로서 역사를 횡단할 수 있는 공산주의의 능력으로 향하려는 것임을 우리는 쉽게 관측할 수 있다. 바디우가 『모호한 재앙에 대하여』에서 적은 바와 같이, "스파르타쿠스에서 마오쩌둥(반체제의 극단이자 복합적인 인물이지, 실존하기도 했던 국가[주석으로서]의 인물은 아닌 마오)에 이르기까지, 그리스의 민주주의 반란으로부터 전세계를 아울렀던 1966년에서 1976년 사이의 십 년에 이르기까지, 이런 의미에서 보자면, 공산주의야말로 문제였으며, 지금도 문제는 공산주의이다. 공산주의라는 단어가 오염되고, 이 단어에 포함된 개념, 곧 반역적 주체성에 대한 철학적 개념이자, 그렇기에 [반역적 주체성이라는] 영원히 변치 않는 개념을 지시하는 말이 다른 것으로 바뀌는 경우가 닥친다 하더라도, 문제는 언제나 공산주의일 것이다."[6] 『공산주의적 가설』에서 바디우는 『세계의 논리』에서 언급한 바 있는 간략한 제안을 끝까지 밀고 나간다. 곧 "계보와 서사를 숭배"하는 "역사

---

6. Badiou, *D'un désastre obscur*, 14 [바디우, 『모호한 재앙에 대하여』].

에 대한 열정"은 "민주주의적 유물론"과 연루되어 있는 "진짜 사적 유물론"이며, 그렇기에 "진리들을 통한 해방의 철학인 변증법적 유물론을 언어들에 의한 소외의 철학인 사적 유물론으로부터 떼어놓는 일이 긴요하다."는 내용의 [『세계의 논리』에서의] 제안에 뒤이어 바디우는 [『공산주의적 가설』에서] 모든 역사란 오직 국가^{State}에 귀속된다고[국가의 부분집합에 불과하다고] 확언하는 데까지 나아가는 것이다. "사실 史實들로 이루어지는 〈역사〉^{History} 그 자체는, 국가 권력으로부터 절대로 빠져나오지 아니한다. 〈역사〉란 이[렇게 불리기]보다 국가의 역사[국사 혹은 세계사]라고 말해져야만 한다."[7] 지젝 또한 이와 유사하게, 자신의 근본적 실행[개념]을 모종의 비#역사적 핵심의 반복으로 간주하며, 이 비역사적 핵심 없이는 단순한 역사주의와 대립하는 참된 역사성이 애초부터 가능하지 않다고 주장한다. 정치와 이데올로기를 사유하기 위한 라캉주의 정신분석의 틀은, 극복할 수 없는 한계 혹은 장애물로서 실재라는 지점에 의존하는 한 충분히 역사화될 수 없다는 주디스 버틀러의 비판에 반박하면서, 지젝은 오늘날 필요한 것은 역사적 우연에 대한 더 거창한 앎이 아니라 역사의 몰역사적 기초에 대한 인식이라고 주장한다. "그러니까 내가 최종적으로 말하고자 하는 점은, 칸트적

---

7. Badiou, *Logics of Worlds*, 509. 그리고 *The Communist Hypothesis*, 245.

인 형식주의와 근본적인 역사주의가 실제로 반대인 것이 아니라 동전의 양면이라는 것이다. 역사주의의 모든 판본은 최소한의 '몰역사적인' 형식적 뼈대에 의존하며, 이 형식적 뼈대는 우연한 포섭/배제, 대체, 재검토, 전치 등등의 미확정적이고 끝이 없는 시합이 치러지는 영역을 규정한다."[8]

지금의 정황 속에서라면, 이처럼 영원한 것이나 불변항, 혹은 몰역사적인 것에 의지하는 일이 분명 정당화될 수 있다. 역사화하라는[사실史實에 근거하라는] 끊임없는 요구가 정치를 배제하는 효과를 낳는다는 점을 고려한다면, 이런 요청이 세계사의 법정 따위의 형상을 불러내는 한층 더 파멸적인 효과를 낳는다는 점은 논외로 하더라도, 우리는 분명 다음과 같이 주장할 수 있을 것이다. 곧 역사는 이제 그 자체로는 일찍이 19세기에, 말하자면 맑스가 고전정치경제학은 자본주의 생산양식이 — 자본주의 생산양식이 자연스럽기 때문에 — 영원하다는 증명을 전제로 삼는다는 점을 비판하던 시절에 가지고 있었던 해방적인 힘을 더 이상 갖고 있지 않다고 확실히 말할 수 있는 것이다. 오늘날 모든 것을 역사

---

8. Slavoj Žižek, "Class Struggle or Postmodernism?" in Judith Butler, Ernesto Laclau, and Slavoj Zizek, *Contingency, Hegemony, Universality : Contemporary Dialogues on the Left* (London : Verso, 2000), 111 [슬라보예 지젝, 「계급투쟁 혹은 포스트근대주의?」, 주디스 버틀러·에르네스토 라클라우·슬라보예 지젝 지음, 『우연성, 헤게모니, 보편성 — 좌파에 대한 현재적 대화들』, 박미선·박대진 옮김, 도서출판b, 2009].

화하려는 충동은, 차이, 유동, 다수에 대한 강조가 그러한 것과 마찬가지로, 외려 후기자본주의 이데올로기 그 자체를 구성하는 본질적인 부분이다. "또한 이것은 역사에 대한 물신숭배가 어째서 새로움, 영속적 변화, 그리고 근대화하라는 명령에 관한 굽힐 줄 모르는 담론을 수반하는지를 설명해 준다."라고 『세계의 논리』에서 바디우는 덧붙인다. "모든 것은 매 순간 변한다. 이야말로 우리가 변하지 않는 것의 장엄한 역사적 지평을 관조해야 하는 이유이다."[9]

이 모든 이유로 인하여, 공산주의가 가지는 영원하고, 불변하며, 시간에서 벗어난 본성을 다시금 새로이 고수하는 일이 오늘날에는 현저하게 전술적이고 전략적이기도 한 효력을 띠게 되었다는 점에는 의심의 여지가 없다. 그렇다 하더라도, 공산주의를 주어진 모든 시공간 바깥에서 정화시키려는 극좌파[의 시도]에 휘말려 들어가는 일을 피해야 한다는 마찬가지로 화급한 요구를 고려할 때, 나는 또한 좌파 정치와 사회주의 정치 및 공산주의 정치의 역사성에 대한 구체적인 분석과, 비#역사적인 것 사이의 변증법적 절합을 지지하는 쪽이고자 한다. 이는 지젝이 다음과 같이 내세운 변증법[적 관계] 가운데 앞 절반[곧 역사의 변화 영역]에 대해 이제까지보다 더욱 주목한다는 것을 의미할 수 있다. "역사

---

9. Badiou, *Logics of Worlds*, 509~510.

의 우연성에 대한 참으로 근본적인 확신은, 역사의 변화 그 자체의 영역과, 그 (불)가능성의 조건으로서 역사의 외상적인 '몰역사적' 핵심 사이의 변증법적 긴장을 아울러야만 한다."[10] 몰역사적 핵심 혹은 영원한 핵심에 대한 인식만이 역사가 상연되는 영역 그 자체를 바꿀 가능성을 열어젖힐 수 있다. 하지만, 그렇다면 우리는 이런 구조적인 인식을 통해 가능해질 구체적인 역사의 변화를 조사하는 과업 또한 생각해야만 하지 않겠는가?

구체적 역사성과 해방 정치의 몰역사적 핵심 사이의 변증법에 착수하는 일은, 내가 보기에는, 또한 국가의 관점에서가 아니라 아래로부터 인민의 역사를 쓰는 일을 의미하기도 할 것이다. 이 일은 민중의 반란과 서민의 봉기가 기록된 문서들을 철저하게 조사함으로써 이루어진다. [우리는 이 문서들을] 철학적 성찰의 무거운 서진書鎭에 짓눌릴 위험이 있는 역사라는 휴지통 속 깊이 던져 넣어서는 안 된다. 이런 철학적 성찰은 실천에서 이미 패배했던 것을 이론에서 재차 소거하는 도착적인 결과를 낳을 뿐이[기 때문이]다. 결국 우리는 냉전이나 "테러와의 전쟁" 따위가 우리로 하여금, 미국에서조차도 공산주의[라는 단어]는 정의, 평등, 연대, 그리고

---

10. Žižek, "Class Struggle or Postmodernism?," 111~112 [지젝, 「계급투쟁 혹은 포스트근대주의?」, 『우연성, 헤게모니, 보편성』].

착취의 종식에 걸친 투쟁의 엄숙한 범위를 가리키는 이름이었다는 사실을 망각하게 만들도록 내버려 두어서는 안 된다. 하지만 종종 기억의 정치라는 이름으로 가장한 망각의 정치에 참여하기를 거부하는 일은, 우리로 하여금 우선 좌파와 관계된 공산주의 역사편찬에 작용하는 반ᴿ공산주의의 효과들과 직면하기를 요구한다. "냉전의 논리는 이십 년 전이나 마찬가지로 오늘날에도 우리와 함께 있다. 그 논리가 가장 직접적으로 적용될 대상내용이 공산당이나 공산주의 정부를 가리키는 식으로 특정하게 실체화되는 일이 이제는 없을지라도 그렇다."11

그렇다면, 이 책의 세 번째 결론이 될, 20세기 후반의 반ᴿ공산주의 역사라는 부분은 점차 늘어나는 정치의 도덕화가 빚어내는 효과와 관련된다. 이 [정치의 도덕화] 과정은 특히 1980년대 신자유주의 정책의 시행으로 이루어진 전지구적 반동의 시기에 직면하여, 1960년대와 1970년대의 가두투쟁에 반대하면서, 〈선〉과 〈악〉이라는 멜로드라마적인 용어로 권력과 전략의 문제를 다시 쓰는 – 대개는 허무주의적이게도 〈선한 것〉을 단지 〈악〉의 회피에 지나지 않는 것으로 축소시키면서 다시 쓰는 – 경향을 띠었다. 웬디 브라운이 제안하

11. Michael E. Brown, *The Historiography of Communism* [공산주의 역사편찬] (Philadelphia : Temple University Press, 2009), 26. 이 중요한 책에 주목할 수 있게 만들어준 랜디 마틴에게 감사한다.

듯, 우리는 정치에 나타나는 이 갱신된 도덕주의를, 또 다른 정치, 사회, 경제 세계에 대한 잃어버린 꿈의 징후로 읽어야만 한다. "이전에 나는 정치에 나타나는 우리 시대의 몇몇 도덕적 주장은 애착들이 서로 결합한 어떤 것 — 탈기초의 시대에 (권력과 대립하는) 〈진리〉에 대한 애착과, 경쟁에서 살아남은 사람들의 이야기로 구성된 정치 영역에서 상처로서의 정체성에 대한 애착 둘 모두가 결합한 것 — 에서 비롯되었다고 주장하였다." 브라운은 이전에 『상처의 국가』에서 개진한 자신의 논변을 이렇게 요약하면서, 『역사 바깥의 정치』에서 다음과 같이 쓴다. "이제 나는 정치를 도덕화하는 일이 정치적 목적론에 나타난 위기를 표시한다고 고쳐 생각한다. 우리는 이와 같은 정치를 진리와 무력함 사이의 동일시에 고집스레 매달리는 신호이거나 상처 입은 의지에서 비롯된 행위라고 읽어내야 할 뿐만 아니라, 대신할 것을 아직도 구축하지 못한 채 파괴되어 있는 역사적 서사의 징후라고 읽어내야 할 것이다."[12] 따라서 부분적으로 우리는 냉전 이후 좌파의 지속적인 역사편찬에서 [요구되었던] 앞서 언급한 대로의 과업으로 되돌아가게 된다.

---

12. Wendy Brown, "Moralism as Anti-Politics [반(反)정치로서의 도덕주의]," *Politics out of History* [역사 바깥의 정치] (Princeton : Princeton University Press, 2001), 22~23. 브라운의 *States of Injury : Power and Freedom in Late Modernity* [상처의 국가 — 후기 근대의 권력과 자유] (Princeton : Princeton University Press, 1995)도 참조하라.

이런 점에서 "전체주의"의 역사와 그에 대한 이론은, 특히 1967년 제3차 중동전쟁13 이후 소련 집단수용소뿐만 아니라 무엇보다 유태인 대학살[이라는 역사적 사건들]을 통해 나치즘과 스탈린주의 양쪽을 서로 상쇄시켜 없애버리는 데 결정적인 역할을 해 왔으며, 좌파의 정치를 어쨌든 본질적으로 반유태주의적이라고 고발하는 일에 ─ 그리고 대개는 [좌파 사상가들이] 후회하며 자기를 고발하고 변절하는 일에 ─ 핵심적인 준거였다. 개념적인 수준에서 보자면, 좌파의 역사 ─ 그 대부분은 이제 써내려가야 할 테지만 ─ 에서 이와 같은 중요한 변동은, 노동자나 투사 같은 범주에서 희생자나 생존자 같은 범주로 이동하는 일과 관계를 맺어 왔다. 이런 이동은, 어떤 때는 〈타자〉에 대한 존중의 윤리를 말하는 레비나스적 언어로 꾸미고, 또 다른 때는 역사를 수용소에서 그 예를 찾을 수 있는 형이상학적 폭력의 역사라고 간주하는, 하이데거 이후의 역사 비판으로 치장한 채, 고의건 아니건 주체적 투쟁 혹은 주체적 행동activism의 가능한 모든 형상을, 나타나기도 전에 없앤 것은 아니더라도 어쨌건 지워버리는 결과를 낳기도 하였다. 주체적인 투쟁과 행동의 형상 대신에 그리고 이런 형상 배후에 웅크리고 있다

---

13. [옮긴이] 중동전쟁에서 소련은 아랍 편에 군사적 지원을 제공하였으며, 뒤의 '반유태주의'라는 표현은 이 역사적 사실과 연관되는 것으로 여겨진다.

고 말해지는 악한 본성을 일깨워주는 표지로서, 우리가 마주하고 있는 것은 피해자의식이라는 일반화된 상태이며, 이런 상태 속에서 모든 인간은 태어났다는 바로 그 사실로부터 이미 어떤 이의 동일함sameness 혹은 다른 이에게서 비롯된 폭력의 외상적인 피해자이다. "오늘날 악은, 그 가해자 및 피해자와 관련해서, 가해도 피해도 알지 못하는 정신적 외상으로 전환되어 왔다. 이와 같은 정신적 외상은 가해와 피해를 구별하지 않고, 심리적 동요와 사회적 불안을 구별하지 않는 지대에 놓여 있다." 랑시에르는 이렇게 쓴다. "어린 시절의 심리적 외상은 태어남에서 비롯된 외상이 되었다. 곧 너무 일찍 태어난 동물이라는 이유로 모든 인간 존재에게 들이닥친 단순한 불운이 된 것이다. 누구도 빠져나갈 길 없는 이 불운은 정의를 시행함으로써 불의를 없앨 수 있다는 관념 자체를 없애 버린다."[14] 윤리적 전회, 내지는 정치에서 나타나는 도덕주의 쪽으로의 이동이 불러일으키는 이와 같은 반反정치적인 효과는, 무엇보다도 해방적 보편화의 역설적 논리를 다음과 같은 경우에서처럼 도착적으로 재서술하는 일에서 가장 명백하게 나타났던 것 같다. 즉, 1968년 5월에 [사람들을] 동원했던 "우리는 모두 위험인물이다." 혹은

---

14. Jacques Rancière, "The Ethical Turn of Aesthetics and Politics [미학과 정치의 윤리적 회귀]," *Dissensus*, 186~187.

"우리는 모두 독일 출신 유태인이다."라는 표어가 (프랑스 정부의 눈에는 바람직하지도 않고 불법적인 이방인으로 보이던 당시 학생운동 지도자 다니엘 콘-벤디트의 특이한 지위에 관한 표어가), 9·11 직후에 (당시 몇몇 유럽 신문의 표제에 쓰인 대로) "지금 우리는 모두 미국인이다."라는 표어 아래에서 특수한 경우에 한정되는 피해자의식과 심리적 외상을 가짜로 공유하는 일로 탈바꿈되었던 경우에서 보았듯이 말이다.

정치배제의 군림에서 벗어나기 위해서는, 혹은 도덕적 분노와 의분의 사이비정치적 수사학으로부터 빠져나가기 위해서는 어떻게 해야 하는가? 그러나 이에 대한 답은, 도덕이나 역사, 경제, 혹은 사회적인 것 외부의 순수한 정치로 되돌아가자는 명목으로 예정표를 깨끗이 지워버리려는 일에서 구할 수는 없다. 백지 상태에 대한 이 같은 욕망, 그노시스주의적이거나 마니교적인 이런 욕망은 내가 반복해서 사변적 좌익주의라고 진단하였던 것이며, 또한 이런 점에서는 랑시에르와 바디우의 작업을 따라가는 것—[더 나아가]『불화』나『공산주의적 가설』같은 이들의 글에서 사변적 좌익주의에 관한 어떤 요소들을 찾기조차 하는 것—이다. 이로부터 도출될 결론, 곧 이 책의 네 번째 결론은, 하지만 사변적 좌익주의를 성숙한 공산주의를 통해 극복하거나 치료해야 할 유치한 장애나 소아병이라고 단순히 비난함으로써 맑스주의적이고 레닌주의적이면서 동시에 마오주의적인 사상경찰의 태도를 취하는 것이 아니다. 이뿐만 아니라 우리는 1968년 다니엘 콘-벤디트와 가브리엘 콘-벤디트 형제가 좌익 공산주의에 대한 레닌의 유명한 진단[즉 '좌익 소아병'이라는 진단]을 영리하게 뒤집어서 노망 든 공산주의를 치료할 약으로 좌익주의를 내세웠을 때 그랬던 것처럼, 그저 레닌의 진단을 전도시키는 일에 만족하려 해서도 안 될 것이다. 오히려 나는 내가 공산주의들을 위한 공산주의라고 불러왔던 어떤 것을 위한 공간이 존재한다고 믿는다. 여기에서 사변적 좌익주의는 순수함에 대한 맹렬한 욕망의 증상이겠지만, 단지 그럴 뿐만 아니라 또한 공산주의에 새로이 활력을 불어넣는 마르지 않는 원천 역할도 수행한다.

결국 이런 종류의 것 ― 공산주의의 현실성을 내세우면서, 그 속에 전략전술 못지않게 운동과 가설이 자리 잡을 여지를 품고 있는 기획 ― 은 내가 보기에 다니엘 벤사이드가 우리에게 유산으로 남긴 꿈의 일부이기도 하다.

공산주의는 순수 이념도 아니고, 교조적인 사회 모형도 아니다. 또 모종의 국가 체제에 붙인 이름도, 새로운 생산양식에 붙인 이름도 아니다. 공산주의는 현존하는 질서를 영구히 폐지하고/넘어서는 운동의 이름이다. 하지만 공산주의는 또한, 이런 운동으로부터 빚어져서 운동을 이끄는 목표이기도 하다. [목표로서의 공산주의는] 원리가 빠진 정치나 결과를 결여한 행동 혹은 일상적으로 이루어지는 즉흥적 대처 방식과는 다른 것으로서, 이 지양하는 운동으로 하여금 무엇이 목표에 근접하며 무엇이 목표로부터 벗어나고 있는지를 결정할 수 있게 만들어준다. 이런 점에서 공산주의는 목표와 목표를 성취할 수 있는 방도에 대한 과학적 지식이 아니라, 규제적인 전략적 가설이다. 공산주의란, 정의와 평등과 연대의 다른 세상에 대한 최소한의 꿈, 자본의 시대에 현존하는 질서를 전복시키려는 영구한 운동, 그리고 최악으로 가는 지름길일 수도 있는 자잘한 악에 결코 물들지 않은 채 소유와 권력 사이의 관계를 근본적으로 변형시키는 길로 이 운동을 이끄는 가설, [이 셋이] 서로 분리될 수 없는 상태에 붙인 이름이다.[15]

마지막으로, 공산주의는 또한 국제적이지 않고서는 현실성이 될 수 없으며, 현실성이 되지 않을 것이다. 이 책의 결론 중 마지막 내용의 핵심을 너무 세련되지 않게 만들기 위해 말하자면, 지오프 와이트가 쓰는 것처럼 "사회주의가 일국 혹은 일개 지역에 국한될 때, 사회주의가 곧 공산주의라

---

15. Bensaïd, "Puissances du communisme," 16.

고 주장하는 모든 사회주의자는 멍청이이거나 범죄자이다."
[그런데] "이 말은 당연히 사회주의가 촉발한 혁명에 반대하는 논변이 아니며, 무서운 내외적 압박 하에서 사회주의를 수단으로 삼아 공산주의를 건설하려는 투쟁을 비난하는 것도 아니다. 오히려 이는 공산주의가 원리상 역동적이고 국제적이라는 점을, 나아가 자본주의가 특허를 낸 세계화 internationalism라는 상표와 싸우고 이를 없앨 수 있는 여전히 유일하고 주요한 국제적 이념이라는 점을 말하는 것이다."[16] 내가 앞서 가르씨아 리네라의 저술을 읽어내며 마침 인용하였던 『공산당 선언』의 마지막 구절에서, 맑스와 엥겔스는 사회적이고 정치적인 현존 질서에 저항하는 운동이 이루어지는 시기에 공산주의자를 둘러싸고 있는 봉건적 사회주의자, 비판·공상적 사회주의자, [독일의] 과학적 또는 "참된" 사회주의자라는 다양한 부류와 공산주의자를 구별할 수 있는 것이 무엇인지 규정한다. 요컨대 맑스와 엥겔스가 이 구별을 위해 제시하는 단 두 가지의 특징은 다음과 같다. "이러한 모든 운동에서 공산주의자들은 소유 문제가 더 발전한 형태를 취하고 있느냐 덜 발전한 형태를 취하고 있느냐를 가리지 않고 이 문제를 운동의 근본 문제로 앞에 내세운다." 그리고 "공산주의자들은 모든 나라 민주주의 정당의

---

16. Waite, *Nietzsche's Corps/e*, 5.

단결과 협력을 위해 어디서나 애쓴다."[17]

　아마 우리는, 이 [소유와 국제주의라는] 두 가지 고유성과 이에 상응하는 두 가지 타격 지점 — 공산주의자들이 동등하게 관심을 기울여야만 하는 사적 소유와 국수주의적 민족의식 — 사이에서 빚어지는 극심하게 상충하는 긴장을, 아직 제대로 다루지 않았던 것 같다. 발리바르가 쓴 것처럼, "이런 점에서 우리가 공산주의를 계속 사유하기 위해 필요함에도 불구하고 오늘날 결여되었다고 여겨지는 것은, 소유 비판

---

17. Marx and Engels, *The Communist Manifesto*, 120 [맑스·엥겔스, 「공산주의당 선언」, 『칼 맑스 프리드리히 엥겔스 저작선집 1』]. 마찬가지로 좀 더 앞에서 우리는 다음과 같은 문장을 찾아볼 수 있다. "공산주의자는 다른 노동계급 정당들과 대립하는 분리된 정당을 만들지 않는다." "공산주의자는 오직 다음과 같은 점에서만 다른 노동계급 정당과 구별된다. 첫째, 공산주의자는 여러 다른 나라에서 이루어지는 프롤레타리아의 민족적(national) 투쟁에서 어느 민족에 속하느냐(nationality)와 관계없이 프롤레타리아 전체의 공통된 이해관심을 내세우고 고수한다. 둘째, 공산주의자는 프롤레타리아와 부르주아지 사이의 투쟁이 여러 발전 단계를 거치는 동안에 언제 어디서나 운동 전체의 이해관심을 대표한다."(95쪽) 라켈 구띠에레스 또한 자신이 "좌파의 정치 조직"이라는 명칭을 붙인 것을 일반적이고 최대한 넓은 의미에서 규정하기 위해 이 단락을 끌어온다. "Leer el *Manifiesto* 150 años después [150년이 지나 읽는 『선언』]," Álvaro García Linera et al., *El fantasma insomne*, 9~34. 이 밖에 "México 2006 : el incierto tránsito desde la impotencia civil hacia la soberanía social [멕시코의 2006년 — 시민적 무능에서 사회적 주권을 향한 불확실한 이행]," Raúl Zibechi et al., *Los movimientos sociales y el poder : La otra campaña y la coyuntura política mexicana* [사회운동과 권력 — '다른 선거'와 멕시코의 정치 상황] (Guadalajara : Brigada Callejera, 2007), 281~312에서도 마찬가지이다.

과 민족국가 비판이 저절로 하나로 수렴된다고 여길 수 있는 능력이며, 한층 강력하게 말하자면ª fortiori [이 두 비판이] 비록 '부정적인' 것이라 하더라도 일종의 존재론을 통해 서로가 서로에게 뿌리내린 관계가 될 가능성이다."¹⁸ 마지막으로 덧붙이자면, 아마 우리는 정치경제학 비판이 소유와 상품 물신의 문제에 초점을 맞추었고 그렇기에 [공산주의의] 유일한 관심사는 아니라 하더라도 지금껏 공산주의의 지배적인 관심대상이자 정통적 공산주의자들이 극좌파의 초과를 비난하기 위해 가장 즐겨 사용하던 잣대였는데, 실은 국제주의적 관점을 채택하지 않고서 정치경제학 비판은 수행될 수조차 없다는 사실을 정면으로 다룬 적이 없었던 것 같다. [결국] 이는 서구의 [역사를 가르치는] 위대한 스승들이 낙담하거나, 열광하거나, 혹은 조울증 상태로 낙담과 열망을 반복하는 것과는 상관없이, 서구 역사의 교훈이 [서구를 뺀] 나머지 세계의 의제를 결정하게 내버려둘 수는 없다는 사실을 의미한다. 또한 이는 내가 이 책의 마지막 장에서 미약하게나마 시도하려 했고, 또한 다른 이들이 다른 지역을 놓고 실행해 주기를 바라는 것과 같이, 공산주의의 현실성이라는 가설을 시험에 부칠 모형이나 대안적 모형을 어딘가에서 찾아보자는 제안을 건넨다.

---

18. Balibar, "Remarques de circonstance sur le communisme," 39.

1장은 "Afterword : Thinking, Being, Acting; or, On the Uses and Disad-vantages of Ontology for Politics," ed. Carsen Strathausen, *Leftist Ontol-ogy : Beyond Relativism and Identity Politics* (Minneapolis : University of Minnesota Press, 2009), 235~251쪽을 고쳐 쓴 것이다.

2장은 "Politics, Infrapolitics, and the Impolitical : Notes on the Thought of Roberto Esposito and Alberto Moreiras," *CR : The New Centennial Review* 10 : 2 (2010) : 205~238을 고쳐 썼다. 두 번째 부분 역시 나의 기고 문 "Archipolitics, Metapolitics, Parapolitics," ed. Jean-Philippe Deranty, *Jacques Rancière : Key Concepts* (Durham, UK : Acumen, 2010), 80~92쪽 을 다시 작업한 결과물이다.

3장은 "Rancière's Leftism, or, Politics and Its Discontents," eds. Gabriel Rockhill and Philip Watts, *Jacques Rancière : History, Politics, Aesthetics* (Durham, NC : Duke University Press, 2009), 158~175를 고쳐 쓴 것이며, 이 글은 본래 프랑스에서 "La Leçon de Rancière," ed. Laurence Cornu and Patrice Vermeren, *La Philosophie déplacée : Autour de Jacques Rancière* (Lyon : Horlieu Editions, 2006), 49~70라는 제목으로 발표했던 것이다.

4장의 이전 판본은 "정신분석과 사회 변화"라는 주제로 2001년 11월 9~11 일 사이에 럿거스 대학 정신분석과 문화연구 학회가 주최한 제7차 연례 학 술대회 자료집에서 찾아볼 수 있다.(the Seventh Annual Conference of the Association for Psychoanalysis and Cultural Studies on the topic of "Psy-choanalysis and Social Change," Rutgers University November 9~11, 2001)

5장은 "공산주의 이념에 관하여"라는 주제로 열린 런던 학술대회의 마지 막 순서에서 발표한 글을 다듬은 것이며, 이 발표문은 "The Leftist Hypoth-esis : Communism in the Age of Terror," ed. Costas Douzinas and Slavoj Žižek, *The Idea of Communism* (London : Verso, 2010), 33~66라는 제목으 로 출판되었다.

∷ 감사의 말

일찍부터 내 기획을 믿어 주고, 기한을 넘길 때마다 나를 괴롭혀 주었으며, 버소(Verso) 출판사와 함께 이 책이 빛을 보게 만들어준 친우 세바스티앙 뷔쟁(Sebastian Budgen)에게 특히 감사한다. 또 팀 클라크(Tim Clark)의 편집 능력에 특히 감사한다. 마지막으로 최종 집필 단계에서 인용된 책의 쪽수를 힘들여 확인해 주신 내 아버지 라프 보스틸스(Raf Bosteels)에게 감사드린다.

내가 하는 다른 모든 일과 마찬가지로, 이 책을 나의 반려 시몬느 피넷(Simone Pinet), 그리고 우리 아이들 루카스(Lucas)와 마누(Manu)에게 바친다.

이 책을 펼쳐 든 독자가 유념하였으면 싶은 것은 다음 두 가지이다. 하나는 '공산주의'라는 이름이 지칭하는 대상이 무엇인가이며, 나머지 하나는 '공산주의'와 '현실(성)', 이 두 단어를 합친 말인 '공산주의의 현실성'이 대체 어떤 의미를 내포하는지이다.

2013년 가을, 서울에서 네 번째 〈공산주의의 이념〉 학술대회가 열렸다. 서울 대회의 "멈춰라, 생각하라"라는 표제처럼, 이 책에서 브루노 보스틸스는 공산주의라는 말이 다시 돌아온 것처럼 보이는 현재의 상황을 점검하고, 그것이 어떤 양상으로 되돌아왔는지를 검토한다. 이와 같은 검토 과정에서 떠오를 수밖에 없었던 질문이 "공산주의는 무엇의 이름인가?"이다. 책의 내용 전체를 지배하는 이 물음의 답은 결론에서 제출된다. 우리가 '공산주의'라는 이름을 붙여 부를 수 있는 대상은, 사적 소유의 폐지를 내세우면서 또한 이를 위한 노력이 하나의 개별 국가에 한정되지 않는 운동이라는 것이다. 서론의 말미에 등장한 '현실성'이라는 말은 이 질문에 답하기 위해 반드시 검토해야만 하는 개념으로 제출되었다. 그리고 전체 다섯 개의 장으로 구성된 이 책에서, 마지막 제 5장의 표제는 바로 '공산주의의 현실성'이다.

무엇보다 이 책의 원래 제목이 바로 '공산주의의 현실성'이며, 이는 보스틸스 자신이 서론에서 밝히고 있다시피, 아무도 동시에 사용할 법하지 않은 두 단어를 병렬해서 한 뭉치로 만든 것이다. 현실과 공산주의가 하나였던 적은 한 번도 없으며, 지금도 그 가능성조차 보이지 않기 때문이다. 이론가들의 논의에서 공산주의는 오로지 '이념'Idea이라는 말, 혹은 '가설'이라는 말과 함께 사용될 뿐이다. 완전히 동떨어진 것일 수밖에 없는 이 두 개의 단어가, 시적 영감의 불꽃 속에서가 아니라 논변 가운데서 함께 사용될 수 있으려면 어떻게 해야 할 것인가? 이 책은 공산주의와 현실성이라는 두 단어 사이의 거리를 비유를 통해서 압축하는 것이 아니라, 그 거리를 논변으로 뚫고 나가 그 둘을 서로 연결하는 하나의 경로를 제시하려 한다.

저자 브루노 보스틸스는 현재의 좌파 사상과 연관되어 있는 여러 사유들을 세심하게 주석하는 작업으로 잘 알려져 있다. 에스뽀지또, 모레이라스에서 랑시에르, 지젝을 거쳐 가르씨아 리네라에 이르기까지, 이즈음 활발한 논의의 대상이 되고 있으며, 또한 이들 스스로 활발하게 사유를 생산하는 수많은 사상가들이 이 책(곧 위에서 언급한 바로 그 경로)에 담겨 있다. (개별적인 장으로 독립해서 다루어지고 있지는 않지만, 이 책 전체에 그 그림자를 드리우고 있는 바디우까지 포함한다면, 이 책은 다섯 개로 나뉜 책의 장들보다 많은 수의 사상가들, 사유의 스승들을 다루고 있는 셈이다. 이것은 과잉인가? 과잉으로 여겨질 수도 있겠지만, 이 과잉 또한 지금의 공산주의와 좌파 사상을 둘러싸고 있는 조건이기에, 논변을 만들어 내려면 그것을 도외시할 수 없다. 이뿐만 아니라 보스틸스 자신이 지젝의 경우를 들어 과잉 혹은 초과는 그 자체로 의미를 가질 수 있다고 말한다. 어떤 시각에서 볼 때, 지젝과 같은 이의 수다스러움이 없었다면, 우리가 오늘날 '공산주의의 이념'을 도대체 관심의 대상으로 삼을 수나 있었겠는가?) 이하에서는 책 본문에서 여러 문장들을 인용함으로써 이 경로들이 어떻게 이어질 수 있는지를 더듬어보고자 한다.

1장은 존재론의 귀환에 대한 장이다. "가장 급진적인 좌파 사상가들 중 몇몇이 일단 존재론으로 회귀할 필요를 상정하고 있다는 방법론 자체에 대한 이해에 도달해야만 하겠다. 요컨대 이들은 정치를 수행하는 사회주의 양식 혹은 공산주의 양식이, 정치의 존재 자체를 일단 존재론적으로 조사하는 우회로를 필연적으로 거쳐 가야만 한다고 제안한다." "우리 시대 좌파의 정치철학에서 나타나는 이런 존재론적 회귀의 흐름이야말로 우리가 첫 번째로 고찰해야 할 대상일 것이다."

2장은 '정치'라는 단어에 덧붙어서 정치의 의미를 확장하는 여러 말들을 살핀다. 출발점은 지젝 및 바디우와도 연관되는 랑시에르의 세 개의 도식이지만, 이 장에서는 각각 에스뽀지또와 모레이라스와 결부된 '비정치적인 것'과 '하부정치'라는 개념을 다룬다. 이 개념들이야말로 "정치 이론에서 발생하는 존재론적 회귀의 배후에 자리 잡은 아주 중요한 질문"과 관련되기 때문이다. 이 개념들은 "오늘날의 해방정치가 전투적 주체의 형성이라는 형식을 여전히 취할 수 있는지"라는 질문과 연관되며, "정복당하고 희생당한 자들을 증언하는 여러 불안과 심리적 외상 바로 그것에 대한 주체적 충실성의 어떤 형식이 존재할 수 있는지"라는 질문과 연관된다. "존재에 대한 질문이 가지는 근본적 성격을 놓치지 않고서도, 존재론의 수많은 '타자들' 중 하나를 위해서" 주체적 충실성의 형식을 논하는 것이 가능한지를 살펴보는 것이 2장의 목표이다.

'비정치적인 것'과 '하부정치'라는 개념은 결국 "철학적 급진성의 측면에서 얻게 되는 것을 정치적 효과라는 면에서는 포기"하는 것일 수도 있다. 그런데 랑시에르의 작업은 모든 "규범적 요구와 위계적 으스댐으로부터 단절"하고자 하면서도, "우리에게 현실성의 정치에 관해서 가르쳐 줄 나름의 교훈"을 담고 있다. 3장은 랑시에르가 수행하는 '작업 방식'을 살펴보면서, "하버마스의 '합의'에서 나타나는 민주주의의 낭만적 목가 및 리오타르의 '쟁의'에서 내세우는 절대적 오류 둘 다에 대항하는" 랑시에르의 작업 방식이 어떤 잠재력을 내포하며 또한 어떤 어려움을 겪을 수 있는지 검토한다.

보스틸스가 보기에, 랑시에르는 현실에 잠재된 위력으로서 공산주의의 현실성을 말하는 논리가 현실성이라는 관념 자체를 선차적으로 비판하는 과정을 반드시 거쳐야 한다고 말한다. 어떤 관점에서 이런 태도는 마치 공산주의의 비현실성을 옹호하는 것처럼 여겨질 수도 있다. 공산주의의 비현실성을 옹호하는 듯한 이런 태도가 보스틸스로 하여금 "때와 장소로부터 벗어난 공산주의의 실행 내지는 활동에 대한 탐색에 나서도록" 강제하며, 4장은 지젝의 여러 작업을 관통하는 여러 억양의 '실행'들을 중심으로 '비정치적인 것', '하부정치', 또 앞서 언급한 '비현실성'이 담고 있는 성찰을 포함하면서도 여전히 가능한 '실행'이 어떤 양상을 띨 수 있는지를 탐사한다. 이 탐사를 이끄는 질문이자, 4장의 관건이 되는 내용들을 인용하면 다음과 같다. "하나의 실행이 실제로 처음에 불러일으키는 것은 무엇인가? 실행이 불러일으키는 것의 성질은 분석적이라고 규정되는가, 아니면 윤리적이거나, 또는 정치적이라고 규정되는가? 하나의 실행은 [바디우가 말하는] 하나의 사건과 어떻게 유사하거나 또는 다른가? 실행과 사건에 관한 이 개념들이 공유하는 것은 무엇인가?

이 개념들이 완전히 구별되어야 한다면, 이런 개념들에 응답하는 주체의 형상은 무엇인가? 이러한 실행 혹은 사건들의 사례나 심급은 어디에서 찾을 수 있는가?"

5장은 볼리비아와 라틴아메리카에서 현재 실행 중인 '공산주의'와 '현실성' 사이의 절합 과정을 살핀다. "라틴아메리카와 볼리비아는 비국가적인 방식으로 국가권력을 장악하는 일이 시도되고 있는 중인 장소이며, 그렇기에 낡은 것이건 새것이건 간에 다시금 공산주의가 실현될 법한 곳"이기 때문이다. 5장에서는 "알바로 가르씨아 리네라가 수행한 이론적 작업의 창을 통해서, 볼리비아의 사례가 제시하는 앞으로의 가능성과 문제점을" 살펴본다.

보스틸스는 이와 같이 정리할 수 있는 경로를 거쳐 가면서, 맨 앞에서 제기한 두 개의 문제, 공산주의란 무엇인가, 공산주의와 현실은 어떻게 결합될 수 있는가라는 질문에 대해 나름의 타당성을 갖춘 결론을 내리고 있다. 문제가 무엇이며 그에 대한 답이 무엇인지를 찾고자 한다면, 이 책의 결론과 서론을 먼저 읽어봄으로써 모종의 실마리를 얻는 것도 '과다함'에 휩쓸리지 않고 이 책에 접근하는 한 방식이 될 수 있다고 본다.

*　*　*

두 번째 번역서를 내어놓는다. 나는 이 책에서 보스틸스가 '공산주의'라는 개념의 귀환을 둘러싸고 이즈음 이루어지고 있는 사상적 흐름에 한편으로 편승하면서, 다른 한편으로 이 흐름이 가질 수밖에 없는 관념적 성격, 혹은 과거지향적 성격을 거슬러 이 개념 자체에 담겨 있는 현실형성적 성격을 다시 되살리려 하고 있다고 여겼다.

다음은 염상섭 소설 『만세전』(1924)의 한 부분이다. 식민지 조선 출신 일본 유학생인 '나'는 조선으로 건너오는 배를 타기 직전에, 제국의 경찰들로부터 불심검문을 받는다.

원래 나에게는 사회주의라는 '사' 자나 레닌이라는 '레' 자는 물론이려니와, 독립이라는 '독'자도 없을 것은, 나의 전공하는 학과만 보아도 알 것이었다. 아니, 설령 내가 볼셰비키에 관한 서적을 몇백 권 가졌거나 사회주의를 연구하거나, 그것은 학문의 연구라 물론 자유일 것이요, 비록 독립 사상을 가진 나의 뇌 속을 X광선 같은 것으로나 심사법審査法으로 알았다 할지라도, 실행이 없는 다음에야 조사하기로 소용이 무엇인가 —

우리말로 쓰는 현대소설에서 '나'를 언술의 대상으로 삼음으로써 다층적으로 매개된 현실의 얼개를 제시하기 시작하던 거의 첫 번째 시기에조차, 한정하는 절을 바꾸자면, 우리말로 '레-닌'과 '쏠쓰비크'라는 이름을 전사하던 거의 첫 번째 시기에조차, 이 이름들은 강제적인 '조사'의 대상이었으며 '뇌 속'에 감추어두어야 할 것이었고 '독립'(곧 해방) 및 '실행'과 바로 관련된 말이었다. '실행이 없는 다음에야'라는 자조가 뒤따르는 것조차 포함해서 그렇다. 물론 백여년 전 한국 소설 속의 한 장면을 인용하는 일은, 한편으로 과거로 회귀하는 일이기에 이 책의 의도에 반하는 것으로 여겨질 수 있다. 하지만 다른 한편으로 이 책의 의도 중 하나가 유럽 바깥의 공산주의에 주목하려는 것인 한, 한국의 근대 초기 지식인들에게조차 '레닌'과 '볼셰비키'라는 이름이 해방의 가능성과 탄압의 공포 사이에 놓여 있는 기호였다는 사실을 상기하는 일은 오늘날 한국에서 그 이름과 직접 연관된 이념 – 공산주의라는 이념 – 을 우리가 다시 사유하는 데 어떤 확신과 위안을 동시에 주는 것 같다.

왜냐하면, 위의 인용에서 확인할 수 있다시피, 공산주의의 이념은, 처음부터, 이미 오랜 기간 이 땅의 사람들을 끌어당기는 이념이었으며, 그러면서도 제국의 감시 아래에서 그에 매혹된 자기를 부인하게 만드는 이념이었기 때문이다. 공산주의라는 이름은, 그리고 이 이름과 연관된 수많은 다른 이름들은, 이곳에서는 실행의 가능성은커녕 지금도 여전히 매혹과 부인 사이의 어딘가에 놓여 있다. 나는 보스틸스의 이 책이 매혹과 부인과 실행 사이에서 공산주의라는 이름과 우리 사이에 설정된 거리를, 그리고 그 속에서 나 자신의 위치를 가늠할 수 있게 하여 주기를 기대한다.

번역 과정에서 많은 분들에게 폐를 끼쳤다. 무엇보다 약속했던 기한 내에 원고를 넘기지 못하여 애를 끓였을 갈무리출판사 관계자 분들에게 미안함을 전한다. 초고를 열심히 읽으며 더 나은 번역을 만들기 위해 애써주신 분들이 없었다면 어처구니없는 잘못이 그대로 남았을 것이다. 그럼에도 불구하고 여전히 남아 있는 오류와 불편함은 모두 나의 모자람 탓이다. 요 몇 년간 나를 물심양면에서 지원해 준 내 어머니와 이아람, 두 사람에게 말로 다하지 못할 고마움을 전한다. 내 스승이신 김인환 선생님께서는 "참으로 중요한 일은 메마름을 견디는 일이다. 메마름 속에서 어둡고 깊은 직관이 겸손과 사랑을 기른다."고 가르치셨다. 나는 이 말을 우리가 개별자로서 각자의 고뇌를 진정으로 마주할 때, 참된 평등과 연대의 순간이 우리에게 찾아올 것이라는 의미로 이해한다. 다 같은 사람들이 만나 이루어내는 일의 힘을 믿으면서도 나를 방기하지 않는 삶을 살자.

2014. 8. 1.

염인수